«SAGGI»
Storia

GIAMPAOLO PANSA

SCONOSCIUTO
1945

SPERLING & KUPFER EDITORI
MILANO

SCONOSCIUTO 1945

Proprietà Letteraria Riservata
© 2005 Sperling & Kupfer Editori S.p.A.

ISBN 88-200-3967-2
92-I-05

VI EDIZIONE

Indice

Parte seconda

Parte terza

Parte quarta

Al lettore

COME ho fatto in libri precedenti, anche in questo ho introdotto la figura di un interlocutore immaginario: l'avvocato Giorgio Alberti. È un personaggio che nasce soltanto dalla mia fantasia e non corrisponde a nessuna persona esistente.

L'avvocato Alberti è il mio alter ego, l'altro me stesso. E di lui mi sono servito per spiegare sin dal Prologo le ragioni che mi hanno spinto a scrivere «Sconosciuto 1945». Sono le stesse che, due anni fa, mi avevano deciso, per non dire obbligato, a preparare «Il sangue dei vinti».

Quel libro provocò subito un'ondata di polemiche, iniziate ancor prima dell'uscita. Venivano tutte da una parte sola: da quanti, sessant'anni dopo la fine della guerra civile, ancora pretendevano che non si parlasse della resa dei conti imposta ai fascisti sconfitti. E consideravano un'offesa alla Resistenza aprire una porta che, a sentir loro, doveva restare sbarrata per l'eternità.

In molte interviste e in tanti dibattiti pubblici, ho replicato nel modo che mi sembrava giusto. La mia risposta era forte di cinque semplici verità. La prima è che, come accade in tutte le guerre, le parti coinvolte sono sempre due: i vincitori e i vinti. La seconda è che nessuna guerra si può raccontare senza tener conto dei punti di vista di entrambi i contendenti. La terza è che ascoltare e riferire le ragioni degli sconfitti non significa condividerle. La quarta è che, anche volendolo, è impossibile costringere al silenzio le migliaia e migliaia di persone che hanno messo in gioco la loro esistenza e quella dei loro famigliari in una battaglia che, per quel che mi riguarda, ho sempre ritenuto sbagliata. La quinta e ultima verità è che in una società democratica, nata dalla vittoria contro una dittatura, tappare la bocca a chi ha perso significa contraddire un principio che tutti dovremmo aver caro: la superiorità del sistema liberale rispetto a qualunque regime autoritario, nero o rosso che sia.

Queste cinque verità sono anche alla base di questo libro. Le storie che rivela sono tutte accadute dopo la conclusione della guerra civile o appena prima. Molte le ho ricostruite interrogando famigliari di fascisti, o presunti tali, uccisi o scomparsi nella resa dei conti: una fase brutale, durata per più di un anno dopo il 25 aprile 1945 e che ha visto la morte violenta di almeno ventimila italiani, secondo un calcolo prudente e che per me rimane inferiore alla realtà.

Le persone che ho rintracciato hanno accettato quasi sempre di parlarmi e di firmare la loro testimonianza. Qualcuno ha preferito scriverla e consegnarmela. Altri, invece, hanno voluto che la loro storia restasse anonima o venisse soltanto siglata. A tutti va la mia gratitudine per la generosità con cui mi hanno accolto. E anche per il coraggio dimostrato nel rendere pubbliche vicende private dolorose e, per di più, con il marchio del disonore politico, secondo il ferreo metro di giudizio imposto dai vincitori e da chi millanta di esserne l'erede.

Altri ancora, pur apprezzando la mia richiesta di raccogliere le loro storie, hanno scelto di non parlare per motivi ai quali mi sono arreso. Per esempio, la posizione pubblica, in un'area partitica opposta a quella dei padri o dei fratelli che avevano militato nella Repubblica sociale italiana. O lo status professionale, tanto particolare da indurli a non esporsi. Sono casi che provano quanta strada dobbiamo ancora fare prima di poterci definire un Paese libero.

Ringrazio anche loro, così come ringrazio chi mi ha scritto le lettere qui pubblicate e le tantissime che non potevano trovare spazio in questo libro. La mia riconoscenza va pure a chi ha reso possibile incontri nei quali non speravo, primo fra tutti l'amico Michele Tosca.

Alcune vicende le ho ricostruite io, sulla base di fonti che ho controllato al limite del possibile. Nel trascrivere le testimonianze raccolte ho ritenuto giusto cancellare le mie domande: sono le risposte quelle che contano. In qualche caso, ho deciso di omettere, o di celare sotto la sigla X.Y., i nomi dei responsabili o dei mandanti di alcuni delitti compiuti per vendetta o per odio politico e sociale. «Sconosciuto 1945» non è una requisitoria giudiziaria né una collezione di sentenze, ma soltanto un contributo a conoscere un po' meglio la realtà terribile di un conflitto sanguinoso fra italiani.

Infine, nell'ultima parte del libro ho inserito vicende che hanno protagonisti diversi dai fascisti sconfitti. L'ho fatto perché anche queste ci aiutano a comprendere quanto sia stato aspro e duro il primissimo dopoguerra.

A questo punto mi resta da spiegare il titolo. Lo devo all'oggetto riprodotto sulla copertina. È una piastra metallica rettangolare, forse di piombo, larga 14 centimetri e alta 8, che ci riporta ai giorni della resa dei conti a Milano, nella primavera del 1945. La targa veniva legata al corpo dei fascisti uccisi e non identificati, prima di gettarli nelle fosse comuni al cimitero di Musocco. Dai fori ai quattro angoli passava la corda che fissava la piastra al petto del cadavere. E la scritta, in rilievo, diceva: «Sconosciuto 1945»

G.P.

Prologo

L'avvocato

«ALLORA devo scriverlo un seguito del 'Sangue dei vinti'?» gli domandai.

«Ci ho riflettuto a lungo e sono arrivato alla conclusione che, sì, lei debba scriverlo», mi rispose Alberti.

L'avevo sempre chiamato così, con il solo cognome, subito dopo il nostro primo incontro, venti anni fa. Il giorno che l'avevo conosciuto, nel suo studio legale a Milano, alle spalle del Palazzo di Giustizia, mi ero rivolto a lui come era buona educazione fare: «avvocato Alberti». Anche se la sua perizia professionale e la sua fama mi avrebbero imposto un «signor avvocato» o, meglio ancora, un «signor grande e imbattibile avvocato Giorgio Alberti». Ma quel dio in terra delle aule giudiziarie aveva tagliato corto: «Senta, lasci perdere il titolo, per lei sono Alberti e basta».

Da quella prima volta, nel gennaio del 1985, quando Alberti aveva già varcato la soglia dei sessant'anni, il suo aspetto fisico non era cambiato granché. Era un signore piccoletto, di una magrezza energica, i pochi capelli bianchi tagliati cortissimi, il volto ornato da due baffi sottili. Dietro gli occhiali, un paio di lenti quadrate

3

senza montatura, guizzava uno sguardo bonario, però molto attento, che ti faceva sentire scrutato a fondo, con una tensione senza pause, anche se venata da lampi di scetticismo allegro.

Mi aveva mandato da Alberti un amico che lo conosceva bene. Avevo in corso una causa civile che un potente della finanza più disinvolta mi aveva intentato per un capitolo di un mio libro dove si raccontava di lui, forse con parole un po' troppo accese. Mi sentivo difeso con cura dai legali della casa editrice, ma avvertivo il bisogno di essere confortato dal parere di un altro avvocato.

«Vai dal vecchio Alberti, è il numero uno dei civilisti di Milano», mi aveva consigliato quell'amico. «Non rimarrai deluso, ma rassegnati alla sua parcella...»

Alberti mi chiese di esporgli il problema che mi teneva in ansia, pregandomi di essere chiaro e di non sprecare troppe parole. E sbrigò la mia questione in un batter d'occhio: «La sua difesa mi sembra impostata bene, si fidi di chi l'assiste e viva tranquillo».

Non mi presentò nessuna parcella, anzi m'invitò a colazione per il giorno dopo. Con uno scopo che dichiarò subito: «Ho sempre letto i suoi articoli e qualcuno dei suoi libri. Mi piacerebbe conoscerla meglio. Ci sta?»

Fu il primo di tanti incontri. E anch'io conobbi meglio lui. L'avvocato Alberti era nato a Milano nel 1920, figlio di due maestri elementari, aveva fatto il militare negli alpini, come sottotenente di complemento, ed era stato in Russia con l'Armir, nella Divisione «Tridentina». Sopravvissuto alla ritirata, dopo l'8 settembre 1943 non aveva aderito alla Repubblica sociale e, nella primavera del 1944, era andato con i partigiani in val Trebbia, una zona che conosceva bene perché i genitori avevano dei parenti a Bobbio.

Aveva combattuto sino alla fine in una brigata garibaldina, la famosa «Cichero», comandata da un eroe partigiano, Aldo Gastaldi, «Bisagno». Dopo il 25 aprile era tornato all'università, si era laureato in Giurisprudenza e aveva iniziato una carriera da avvocato che, poco alla volta, lo avrebbe portato ai vertici della professione.

Pur avendo un'età non più verde, andava ogni giorno allo studio. Uno studio ormai molto grande, con una decina di avvocati assai più giovani di lui, che Alberti si era scelto con cura. E che continuava a guidare con la tranquilla fermezza di chi conosce come pochi quel mestiere difficile e, per me, costretto spesso a fare l'imputato, decisivo e affascinante.

A poco a poco, tra noi nacque un'amicizia. Andavo spesso a trovarlo, dopo una telefonata di preavviso per non capitare in momenti inopportuni. E, incontro dopo incontro, quasi senza rendermene conto Alberti era diventato una figura preziosa nella mia vita: un consigliere sapiente e generoso, un vecchio saggio al quale potevo rivelare dubbi, incertezze, inquietudini.

Avevamo continuato a darci del lei, senza averlo deciso. Un giorno Alberti ci rise sopra: «Potremmo essere zio e nipote, ma seguitiamo a trattarci da avvocato e cliente. E forse è meglio così, in una società dove tutti si danno del tu, hanno abolito i cognomi e si comportano da compagni di merende anche quando si odiano!»

Nell'estate del 2002 gli avevo chiesto se dovevo scrivere il libro che poi si sarebbe chiamato «Il sangue dei vinti». Alberti si fece spiegare, sempre con poche parole, che cosa avrei raccontato. Quindi mi disse: «Lo scriva. Avrà un mucchio di fastidi. Ma è bene che qualcuno del nostro campo, un antifascista, affronti questo capitolo della guerra civile che molti di noi fingono di non ricordare. O addirittura negano che ci sia stato».

A libro finito, lesse il manoscritto. E quando tornai da lui per sentire che cosa ne pensasse, il suo giudizio mi sorprese: «Tutto qui? Credo che ci sia stato ben di peggio. Quando sono sceso a Genova con i miei compagni della Divisione 'Cichero', ho sentito raccontare cose orribili. Anche per questo, me ne sono tornato subito a Milano. Ma pure qui mi sono trovato di fronte a un bagno di sangue».

Verso la metà dell'ottobre del 2004, andai a portargli una delle prime copie di «Prigionieri del silenzio», la storia di Andrea Scano, un partigiano comunista deportato in un gulag di Tito. E gli dissi che, dopo questo libro, intendevo dare un seguito al «Sangue dei vinti».

«Che cosa la spinge a farlo?» mi domandò Alberti.

«Le tantissime lettere che ho ricevuto», risposi. «Sono quasi duemila. Molte mi raccontano vicende che non conoscevo. O mi suggeriscono in che modo rintracciarle. Ma a colpirmi di più sono stati i lettori e soprattutto le lettrici che, nel ringraziarmi per il libro, mi hanno parlato di se stessi. Del dolore che ancora brucia nella memoria, anche a sessant'anni da quei giorni di sangue. E di quale sia stata la loro vita, dopo la morte violenta di un padre, di una madre, di un fratello, di un amico, scomparsi nel grande rogo che ha concluso la guerra civile. Il libro che voglio preparare dovrebbe essere la risposta a tutte le lettere. Un modo per dire a chi mi ha scritto: guardate che non vi ho dimenticato, farò mia la vostra memoria, la memoria dei vinti.»

Alberti mi ascoltò con un sorriso che sapeva di rimprovero. Sorrideva sempre così quando qualcuno gli scaricava addosso molte parole. E io dovevo aver parlato un po' troppo, per i suoi gusti. Poi replicò: «Andiamo al sodo. Come ha già fatto due anni fa, lei, di nuovo, vuol sapere da me se deve scrivere un certo libro».

«Sì. Sono venuto a chiederle lo stesso parere di allora.»

L'avvocato si alzò, per segnalarmi che aveva da fare e il nostro colloquio si era concluso. Mi disse soltanto: «Voglio leggere tutte quelle lettere. Me le faccia avere al più presto, qui allo studio».

«Sono due casse zeppe di carte», lo avvisai.

Lui sbuffò: «Mi porti queste due casse!»

Ritornai quindici giorni dopo, quando Alberti mi convocò. Disse: «Ho letto tutto. Sono rimasto colpito. Scriva questo libro».

Mi aspettavo un parere meno telegrafico. E per sollecitarlo, gli chiesi: «Perché dovrei farlo?»

L'avvocato sorrise: «Lei è un incontentabile. Il perché lo sa. Ma vuole sentirselo dire da me. Leggendo quella montagna di lettere, mi sono reso conto che lei è entrato nell'esistenza di tantissime persone che hanno vissuto questi sessant'anni in silenzio, senza poter raccontare a nessuno quanto hanno visto e sofferto. La loro tragedia è stata doppia rispetto a quella patita dai famigliari dei partigiani e dei civili uccisi dai fascisti e dai tedeschi. Questi erano dei vincitori e i loro morti erano i martiri della nuova Italia che aveva ritrovato la libertà. Invece, i parenti dei fascisti uccisi dovevano nascondere il dolore e il rimpianto, perché i loro morti erano dei vinti, appartenevano al mondo che noi giudichiamo del disonore, delle scelte sbagliate, delle dittature sconfitte. Ma c'erano anche questi italiani nella storia del nostro Paese. Perché ignorarli? Perché tagliargli sempre la lingua? Vada a trovare i vivi o racconti le vicende di chi non c'è più. Quelle lettere sono un incitamento a farlo. Non tutti glielo scrivono in modo esplicito. Però tutti, mi pare, le chiedono di andare avanti. Lo faccia».

Non avevo mai sentito da Alberti un discorso tanto lungo. La sorpresa mi bloccò, non sapevo come replicare. Lui mi regalò un sorriso sornione e chiese: «Come intende muoversi? Immagino che abbia già qualche idea...»

Mi riscossi: «Sì. Partirò dalle lettere: pubblicandone alcune o cercando le storie che mi rivelano. Tenterò dei colloqui. Non sarà semplice arrivarci e, soprattutto, convincere i miei interlocutori a consegnarmi la loro memoria e a firmarla. Ma tanti anni di giornalismo mi hanno insegnato che bisogna sempre provare, mai smettere di provare. Dopo tornerò dal mio amico Alberti, con una proposta che spero non respinga».

«Che genere di proposta?» mi domandò lui.

«Le porterò quello che ho raccolto, trascritto e messo in ordine. E le chiederò di leggere il libro con me, capitolo per capitolo, storia dopo storia. Giudicheremo insieme pagina su pagina...»

«È un impegno pesante per un signore di 85 anni», osservò Alberti, con un gesto che significava il contrario: la mani aperte, come ad accettare un invito atteso.

«Però ci sto. Per amicizia verso di lei. Ma soprattutto per la mia maledetta curiosità di vedere dove l'avrà portata questa nuova strada. Faremo il nostro lavoro qui, nel mio studio. Sono vecchio e posso permettermi di vivere sulla fatica dei miei giovani avvocati.»

«La ringrazio. Ci rivedremo quando sarò pronto», gli dissi.

«Ossia? Azzardi una data», mi ordinò Alberti.

«Fra sette o otto mesi. Verso la fine di giugno del 2005.»

«Bene. Le auguro di trovarmi ancora vivo e con la testa sveglia», concluse lui, cordiale e un tantino beffardo.

Parte prima

Memoria di un padre

«VORREI cominciare il libro con la testimonianza delle due figlie di Giuseppe Solaro, il federale fascista impiccato a Torino il 30 aprile 1945, quando aveva 31 anni», dissi all'avvocato Alberti.

«Perché?» mi domandò lui.

«Prima di tutto, perché le fotografie di quell'esecuzione, e delle cose orribili che accaddero subito dopo, mi sembrano l'icona o l'emblema della sanguinaria resa dei conti che ha chiuso la guerra civile. Niente processo, impiccagione pubblica in un viale di Torino, al cospetto di una gran folla chiamata ad assistere, il cadavere portato in processione per la città e, infine, scaraventato nel Po. 'Alla festa della forca': avevo intitolato così quel capitolo del 'Sangue dei vinti'.»

«C'è poi un altro motivo. Franca e Gabriella Solaro non avevano mai parlato del padre e di se stesse con tanta schiettezza. L'hanno fatto con me. Ho un ricordo incancellabile del pomeriggio trascorso nella casa di Franca a Torino. Mi sono sembrate due donne speciali. Mi hanno aperto la loro memoria con dolore, ma anche con

grande coraggio. E mi sento onorato di averle incontrate.
Leggiamo questo racconto.»

FRANCA. Quando hanno ucciso mio padre, avevo sette
anni e mezzo. Ero una bambina attenta e riflessiva. Os-
servavo lo svolgersi dei fatti con un certo timore. Eravamo in guerra e chi può mai dire chi vincerà? Le espe-
rienze forti di quel periodo mi avevano reso precoce. I
bombardamenti su Torino. Le corse nei rifugi quando
suonavano le sirene, con la nonna che non scendeva mai
perché diceva di non avere paura. Lo sfollamento fuori
città. E, nell'ultimissimo periodo, la vita domestica al
primo piano della Casa Littoria, a Palazzo Campana, in
via Carlo Alberto. Ci avevano trasferite lì per ragioni di
sicurezza. Era, sì, la nostra casa, ma anche caserma e ufficio, quello di nostro padre.

L'ultima volta che ho visto il babbo vivo è stato proprio lì, quando ci ha congedate. Ricordo la mamma in
piedi davanti a lui, con noi al fianco. Papà era in divisa e
ci ha salutate. Un saluto molto breve: «Devo partire per
un viaggio, dobbiamo separarci temporaneamente». Volevo dirgli: «Salvati, perché ci siamo noi!» Ma con lui
c'era un altro ufficiale e m'imbarazzava. Papà si è china-
to, ci ha dato un bacio e tutto è finito.

Erano le otto di mattina del 27 aprile 1945. Una camionetta della federazione ci aspettava per portarci in
una casa sicura, sempre in città. La camionetta ci ha lasciato poco prima di quell'indirizzo, per non far scoprire
dove ci saremmo nascoste, la mamma e noi due bambine. La strada era deserta. È passata un'auto di gente ar-

14

mata e con i fazzoletti rossi. Dovevamo incontrare un uomo, però non vedevamo nessuno davanti a noi.

Allora sono stata io che ho detto: «Mamma, provia mo ad attraversare». Lo abbiamo fatto e, subito dopo, ecco di fronte a noi chi ci aspettava: un signore con il giornale sotto il braccio. Ci ha portato in un alloggio di corso Peschiera. No, non rammento il numero né l'aspetto dello stabile.

GABRIELLA. Io ero troppo piccola. E il babbo non lo ricordo. Del giorno della partenza da Casa Littoria rammento soltanto la mamma che ci dice: «Franca, Gabriella, sbrigatevi a vestirvi e venite da me che vi faccio le trecce!» Dalla strada salivano grandi clamori. La voce della mamma non era quella dolce di sempre. Era una voce imperiosa, che non ammetteva disubbidienze o ritardi. Una voce che tradiva una forte ansia e molta preoccupazione.

Che cosa può aver provato, in quei momenti terribili, una mamma giovane, una bella signora di 35 anni? Si chiamava Martina Magnani ed era la moglie del federale fascista di Torino. Era sola, nella città in tumulto, con le sue figlie per mano, senza più una casa, senza un possibile rifugio, senza molte speranze, con la morte nel cuore.

Mi pare di ricordare il rumore del portone di corso Peschiera che si richiudeva alle nostre spalle, quasi a inghiottirci nel buio dell'androne. Per noi, quel portone fu la salvezza. Ma per nostra madre rappresentò una separazione netta tra la vita di prima e la nuova esistenza che l'attendeva: un portone chiuso, una vita spezzata.

FRANCA. Nell'alloggio di corso Peschiera siamo rimaste pochi giorni. Senza sentire la radio, né leggere i giornali. Un pomeriggio sono arrivati dei partigiani. Cercavano i fascisti, perquisivano gli appartamenti piano dopo

15

piano. Quel signore e la moglie ci hanno ordinato: «Andate nell'ultima stanza e mettetevi a letto, diremo che c'è una nostra cognata con le bambine ammalate».

Ci siamo coricate vestite. Con le forbicine, la mamma mı na staccato la S dalla cifra ricamata sulla blusa, SF, Solaro Franca, perché non corrispondeva al cognome del signore che ci nascondeva. I partigiani hanno bussato, lui ha aperto e ha detto che aveva in casa la cognata malata con «le cite», le bambine, anche loro ammalate. E i partigiani se ne sono andati.

Chi era quel signore? Un uomo «sicuro», forse il papà di un partigiano che il babbo aveva aiutato. Dopo qualche giorno è arrivato don Giuseppe Garneri, il parroco del Duomo che aveva assistito il babbo nelle ultime ore di vita. Lui ci ha portate all'Istituto delle suore missionarie di Valsalice, sulla collina di Torino. Siamo rimaste lì per un anno, ci ho fatto pure la terza elementare. Con il mio nome vero: Franca Solaro.

GABRIELLA. Anch'io sono andata a scuola lì. A 4 anni e mezzo mi hanno messo a frequentare la prima elementare. Ma ero davvero piccola e ho preso dei voti pessimi. Vivevamo in una stanza, ammonticchiate. La mamma faceva da mangiare sul fornellino elettrico.

FRANCA. La mamma ha saputo della fine di papà dalla superiora dell'Istituto. La suora, vestita di bianco, l'ha presa per mano e l'ha portata fuori dalla camera, su un prato verde con le margheritine. Noi le abbiamo seguite. Si sono sedute sul prato. Il vestito della suora era una corolla candida. Ha detto che il babbo non c'era più. Mi è sembrata un angelo per la sua dolcezza, eppure veniva a darci una notizia tristissima. Poi siamo rientrate nella nostra stanza e la mamma ci ha fatto l'uovo fritto sul fornellino.

La superiora non ha rivelato alla mamma il modo in cui era stato ucciso papà. La mamma l'avrà saputo dopo, quasi subito credo. Noi l'abbiamo di certo appreso da lei. Soltanto la mamma poteva dircelo. A pronunciarla, la parola impiccagione faceva senso, era orribile. Noi due bambine avevamo molto pudore nel rappresentarci la fine di nostro padre, benché sapessimo tutto. Già il sapere era molto pesante. Anche gli altri avevano ritegno nel mostrarci le fotografie dell'esecuzione. Diciamo che certi particolari li abbiamo scoperti da adulte, molto adulte.

GABRIELLA. Non mi ricordo quando ho appreso della morte del babbo. Però conosco bene le conseguenze che la sua fine ha avuto su di me. Prima di tutto, ho patito molto l'assenza della figura paterna, anche se la mamma è stata brava a svolgere un doppio ruolo. Tutta la mia vita è stata sovrastata dal senso di una mancanza, di un'assenza, di una lacerazione.

E poi quella morte crudele mi ha costretta a un'opera di rimozione che, all'inizio, è stata completa. È normale, no? Si va incontro alla vita. Si vuole essere felici. In seguito, l'onda dei ricordi ritorna. E arriva la consapevolezza piena e dolorosa di quell'orribile esecuzione.

FRANCA. Per me è stato il contrario. Quando ho saputo, mi sono detta, disperata: il babbo non lo vedrò più. Mi sono calata in pieno dentro quella morte. Il mio carattere si è velato di malinconia. Ho cominciato a tenere tutto dentro di me. Avevo sempre accanto la figura di nostro padre. Lo ammiravo per il suo estremo disinteresse personale, al punto che non aveva neppure pensato al «dopo» di sua moglie e delle sue figlie. L'ho anche mitizzato. Mi dicevo: chi dopo di lui?, nessuno! L'ho paragonato al padre del poeta Giovanni Pascoli, ucciso sulla strada del ritorno a casa mentre «portava due bambole in dono».

GABRIELLA. Dopo la rimozione, quando ho cominciato a ricordare, sono vissuta anch'io nel culto di mio padre. Nel 1962 mi sono sposata. Mio marito è un lettore onnivoro: sapeva tutto del babbo, di com'era vissuto e di com'era stato ucciso. Che vita ho fatto da adulta? Grazie a tanti sacrifici, la mamma è riuscita a portarci entrambe al diploma di ragioneria. Con una borsa di studio sono poi andata negli Stati Uniti, dove ho frequentato l'ultimo anno della High School. Al mio ritorno in Italia, mi sono iscritta all'Università Bocconi, facoltà di Lingue e letterature straniere.

Sono arrivata alla laurea lavorando, come aveva fatto nostro padre che si era laureato in Economia e commercio da studente lavoratore. In seguito, ho lavorato all'estero, prima per la Fiat e poi per una grande banca, l'Istituto San Paolo di Torino. Abbiamo una figlia, ormai adulta, che è ballerina classica alla Scala.

FRANCA. Siamo vissute nell'Istituto di Valsalice per un anno, dall'aprile 1945 al maggio 1946. Poi siamo passate a due camerette subaffittate sotto il monte dei Cappuccini. Non osavamo andare nella casa dei nonni paterni, in via Ormea: i partigiani l'avevano invasa, mettendola sottosopra. Il nonno Solaro, un ferroviere, che non era coinvolto nella politica del figlio, era stato epurato. Viveva in ristrettezze materiali e in una situazione precaria.

Noi stavamo accatastate nelle due camerette, in attesa di trovare qualcosa. Nel frattempo continuavo a fare le elementari, dalle Suore Protette di San Giuseppe. Ci andavo da sola, tenendo per mano mia sorella. Poi siamo passate ad altri alloggi, una peregrinazione continua. In realtà siamo state senza una casa nostra fino al 1951.

La mamma ci ha mantenute lavorando, prima come segretaria presso un sacerdote, poi come impiegata in due piccole aziende. Infine, grazie all'interessamento della segretaria del professor Vittorio Valletta, presidente della Fiat, come responsabile dell'amministrazione in un ente di ricerca. Anch'io ho fatto l'impiegata, sono ragioniera e mi sono occupata di numeri e di bilanci in un'importante industria torinese.

Nostra madre era una donna solida, pratica, con i piedi ben piantati per terra. Non pianse sul latte versato. Non recriminò più di tanto. Non ci insegnò a odiare. Si rimboccò le maniche per trovare un lavoro, allevarci e consentirci di studiare, con grandi sacrifici ed economie. Questo scopo divenne anche la sua terapia.

GABRIELLA. Lei ci chiede se abbiamo riflettuto sul fatto che nostro padre ha dato la vita per una causa ingiusta e indifendibile. Le rispondo con un'altra domanda: è possibile distinguere la relazione affettiva che si ha con il proprio padre dal giudizio storico sul ruolo svolto da Giuseppe Solaro come federale di Torino? Io dico che è difficile, perché esiste un conflitto emotivo molto profondo.

Però un minimo di elaborazione storica l'ho fatta anch'io. E so che il 25 aprile 1945 è arrivata la pace, la libertà, la democrazia. Però so pure che, tra i partigiani, alcuni lottavano per un Paese libero, altri per una dittatura rossa invece che nera. Oggi dico che si può essere davvero antifascisti solo se si è antitotalitari.

Certo, nostro padre è stato uno dei protagonisti «della parte sbagliata». Ma i suoi erano valori profondi: la nazione, la Patria, l'onore, l'ordine, la giustizia sociale. Su questi valori era cresciuta una generazione. Per ben giudicare, bisogna collocarli nel tempo in cui erano dominanti e formavano i caratteri delle persone. Soltanto così si capisce che, nel loro contesto, erano valori autentici e meritano il nostro rispetto e la nostra comprensione.

Ho trovato una descrizione del tipo di uomo che era nostro padre in un libro del grande filosofo Isaiah Berlin: «Le radici del romanticismo», pubblicato da Adelphi nel 2001. A proposito degli idealisti romantici dice: «Credevano nella necessità di battersi sino all'ultimo respiro per le proprie convinzioni… Non erano disposti a vendersi, ma erano pronti a salire sul rogo per qualcosa in cui si crede, per la sola ragione che ci si crede, ammiravano la dedizione incondizionata, la sincerità, la purezza dell'anima, la capacità di dedicarsi al proprio ideale, qualunque esso fosse».

FRANCA. Nostro padre era un dirigente politico, ma anche uno studioso, un economista, animatore del Centro studi economici e sociali del Gruppo universitario fascista di Torino, convinto sostenitore della socializzazione. Nell'ambito del Partito fascista repubblicano era della corrente di sinistra, sensibile al benessere dei lavoratori. Il quadro in cui si muoveva era il corporativismo, allora terza via fra capitalismo e comunismo. Era un'utopia, ma anche quella coltivata dai comunisti era un'utopia.

Giuseppe Solaro era contro il capitalismo e il bolscevismo. L'hanno sempre presentato soltanto come un ca-

20

po della Brigata nera, ma nel fondo lui era ben altro. E ha dato la vita per le sue idee.

GABRIELLA. Se il babbo non fosse stato ucciso, avrebbe continuato i suoi studi di economia. E avrebbe fatto politica, anche se non so immaginare in quale partito. Era un uomo serio, molto impegnato nel suo lavoro, lo riteneva una missione. Aspirava alla giustizia sociale. Nell'ambito del programma di socializzazione delle imprese, ha tentato di instaurare un dialogo con gli operai della Fiat, rendendosi però, in tal modo, inviso sia agli industriali che ai comunisti.

FRANCA. Lei ci chiede che cosa ha significato per noi essere figlie di Giuseppe Solaro. Io non mi considero né fortunata né sfortunata. Nostro padre era una figura carismatica. E anche un uomo coerente sino al sacrificio estremo. La sua idealità non l'ha smentita mai ed è morto per questo. È rimasto a Torino per testimoniare un trapasso, quando tutto era già caduto: perché c'è un debito di fedeltà anche nella sconfitta.

GABRIELLA. Mi sono domandata spesso perché non abbia tentato di mettersi in salvo, mentre tutto attorno a lui crollava e le illusioni si frantumavano. Quella di fuggire è una decisione che hanno preso in tanti, a cominciare da Mussolini. Ho pensato al capitano della nave che non l'abbandona mentre affonda, ma s'inabissa con lei. Ha fatto lo stesso mio padre, con estremo disinteresse personale. E chissà quali pensieri avranno attraversato la sua mente, e con quale angoscia avrà rivolto il suo cuore alla moglie e a noi due bambine.

La mia venerazione è per la sua coerenza e la fedeltà alle proprie idee fino all'ultimo sacrificio. È il primo lascito che ho ricevuto da lui, insieme alla simpatia per i perdenti. Sempre Isaiah Berlin scrive che gli idealisti, i romantici «trovano che il fallimento sia più nobile del successo, il quale ha qualcosa di meschino, qualcosa di volgare».

Il secondo lascito è la lezione della sua vita, così fervida di opere e densa di eventi: gli studi, il lavoro, la famiglia, l'attività giornalistica, la guerra di Spagna, la guerra sul fronte francese, la vita politica, la tremenda responsabilità di quegli ultimi due anni, dal 1943 al 1945, sotto il peso incombente di una catastrofe. Il terzo lascito è la sua profonda aspirazione alla giustizia sociale. Il senso di fratellanza per la classe operaia gli derivava non soltanto dalle umili origini, ma anche dal suo animo naturalmente proteso verso un ideale di giustizia.

Non mi ha mai pesato essere figlia di Solaro. Anzi, ne sono orgogliosa. Sono cresciuta e vissuta nel culto della sua straordinaria avventura terrena e della sua orgogliosa sconfitta.

FRANCA. Lei vuol sapere che cosa ho pensato quando ho visto le foto del babbo mentre viene condotto alla morte. Quello che mi pesa di più è immaginare quanto abbia sofferto per i suoi ideali non realizzati. Noi abbiamo perso il padre. Ma lui ha sopportato cose atroci. L'hanno insultato. Gli hanno tolto la sua dignità. Aveva fatto anche degli sbagli, ma non dovevano ucciderlo in quel modo tanto crudele.

GABRIELLA. Penso le stesse cose di Franca. Nelle fotografie sull'autocarro che lo conduce all'esecuzione, lo vedo con quella giacchetta abbottonata male... Mi immagino che abbia avuto anche freddo, mentre lo uccidevano..

In ricordo di una madre

«ANCHE questa è una storia torinese», dissi all'avvocato Alberti. «Racconta la fine di una signora uccisa dai partigiani il 1° maggio 1945, in una strada della città.»

«Uccisa per quale motivo?» mi domandò Alberti.

«Per nessun motivo. Se non quello di avere un figlio che, a 16 anni, si era arruolato nei reparti della Repubblica sociale.»

«Chi ci racconta questa vicenda?»

«La figlia della signora. Si chiama Edvige Spina e l'ho conosciuta grazie al 'Sangue dei vinti'. Una donna molto forte, colta, che ha lavorato all'estero e ha tradotto libri per un editore importante. Ha scritto lei la testimonianza che leggeremo, ricorrendo anche ai ricordi della sorella minore, Anna Maria Spina Valsania.»

Per poter parlare della tragedia che colpì la nostra famiglia, è indispensabile che le dica anzitutto chi eravamo.

23

Il papà, Eugenio Spina, era nato ad Atripalda, in provincia di Avellino, in una famiglia strettamente tradizionale, ultimo dei figli. Suo padre, Giuseppe, medio proprietario terriero, amato e rispettato nel paese, veniva considerato il tipico patriarca. Alto, forte, segaligno, era un uomo tutto di un pezzo, d'aspetto severo e burbero, ma anche saggio e ponderato. E aveva deciso quale via dovessero seguire i suoi figlioli.

Nonno Giuseppe stabilì che il piccolo Eugenio avrebbe studiato. Ottenuto lodevolmente il diploma, papà intraprese la carriera scolastica come maestro elementare. E nel 1923 conobbe e poi sposò Elisa Imperati, figlia di un noto imprenditore di Castellammare di Stabia.

Dopo aver vinto il concorso direttivo, papà fu destinato come direttore didattico ad Aversa. Qui nacqui io, la prima figlia. Papà mi volle chiamare Edvige perché, incurante delle consuetudini tradizionali, aveva deciso di dare alla primogenita un nome che lui considerava bellissimo.

Trasferito ad Ariano Irpino, qui nacquero Giuseppe, nel 1928 e, due anni dopo, nel 1930, Anna Maria, una bimbetta rosa con un nasino a patatina, il cui apparire non destò particolari entusiasmi nella sorella maggiore: un impiccio, un fastidio, visto che le sarebbe bastato il fratellino Pino.

Alla fine di luglio del 1930 ci fu lo spaventoso terremoto che sconvolse tutto il territorio irpino, con molti morti e feriti. Papà compì il proprio dovere, accorrendo dovunque a portare aiuto a quella povera gente affranta. Poi pensò alla sua famiglia e chiese il trasferimento in Piemonte, dov'era stato in precedenza come maestro elementare, prima a Saint Vincent, in Valle d'Aosta, e poi a Nole, in provincia di Torino.

Non era una cosa da poco prendere una simile decisione, ma non restavano alternative. Papà venne destinato a Racconigi, la cittadina in provincia di Cuneo dove, nel castello dei Savoia, era nato il principe Umberto. Qui la nostra famiglia arrivò nel novembre 1930. Faceva un freddo cane, inusitato per chi veniva dal sud, con una nebbia fittissima che cancellava ogni cosa, una specie di strano deserto di gelo.

Papà prese possesso della sede e iniziò il servizio di direttore nella scuola elementare di Racconigi, dove un «terun» era un fatto inaudito, se non scandaloso. Ci eravamo sistemati in un appartamento in affitto, prospiciente la piazza Vittorio Emanuele II. Tra le tante incombenze, papà aveva il dovere di far visita alle scuole dei paesi circostanti e, per potersi muovere rapidamente, si comprò una bicicletta da donna. La mamma Elisa si prendeva cura della casa e di noi tre bambini piccoli.

Lei mi domanderà: ma non si parlava di fascismo? Sì, noi ragazzi, quando c'era una cerimonia, un raduno, una sfilata, indossavamo la divisa di balilla o di piccola italiana, frequentavamo la scuola e studiavamo con più o meno entusiasmo. Ma il fascismo? C'eravamo dentro, quella era la nostra vita. Non ci creavamo problemi, come tutti i ragazzini di quell'età, perché il fascismo faceva parte integrante della nostra vita. Eravamo orgogliosi di essere italiani.

Poi papà chiese il trasferimento a Torino: i figli stavano crescendo e dovevano iniziare un nuovo percorso scolastico.

Eccoci finalmente a Torino. Papà è destinato alla direzione didattica della scuola «Pietro Baricco». Sì, è vero, deve indossare la camicia nera, portare il distintivo all'occhiello o, in altre occasioni, vestirsi con l'orbace. Ne farebbe volentieri a meno, non si compiace dell'uniforme, anzi, perché la sua formazione è ottocentesca e risorgimentale. In casa non si parla mai di questioni politiche. Sul tema, i ragazzi non hanno molto da dire. E le conversazioni non vanno oltre il limite del linguaggio famigliare e comune.

Ma nel frattempo cominci a renderti conto che l'orizzonte si sta allargando. Il seme dell'orgoglio di essere fascista e italiano si va sviluppando e rafforzando. Anche i nostri professori ci ripetono che l'Italia è una grande, forte nazione, riconosciuta e rispettata in tutto il mondo. È splendido essere italiani!

A Torino troviamo casa in via Passalacqua 4, nelle immediate vicinanze di piazza Statuto. La facciata d'angolo del nostro appartamento dà su via Juvarra. L'alloggio è al primo piano, ampio e comodo. Per accedervi si deve attraversare il cortile. Poco oltre il portone d'ingresso, sta la portinaia: occhiuta e chiacchierona, pronta a controllare chi va e chi viene. La posizione dell'edificio è ideale, perché dal palazzo si raggiunge facilmente via Cernaia e la stazione ferroviaria di Porta Susa.

Nel periodo che precede lo scoppio della guerra, il nostro mondo, e la vita di tutti i giorni, subiscono un cambiamento radicale. Il pericolo del conflitto imminente turba e preoccupa non pochi adulti. Ma la maggior parte dei giovani e dei ragazzi è entusiasta. Certo, l'Italia sfiderà il mondo e vincerà, diventando sempre più forte e ammirata. E poi arriva la dichiarazione di guerra…

Nei primi tempi, Torino prosegue nel suo ritmo normale. Nonostante tutto, è ancora una città bella, pulita, elegante e gentile. Poco distante dalla nostra abitazione, sorge la Cittadella, un intrico di gallerie sotterranee. Qui si rifugeranno i cittadini quando gli aerei nemici colpiranno a caso la città.

Cominciano a mancare gli alimenti, si deve ricorrere al razionamento. Le privazioni si fanno sentire e la gente inizia a lamentarsi. L'inquietudine aumenta di giorno in giorno. Ma i giovani non si curano di questi «dettagli». L'amore per l'Italia ci infiamma. Saremmo disposti ad affrontare ogni sacrificio per la nostra Patria.

Ed ecco il fatidico 25 luglio. Di notte, alla radio, una voce insolita annuncia che Mussolini è stato destituito. Un istante di silenzio e poi le grida di felicità: «La guerra è finita!» Stupore e spavento per quei ragazzi che non potevano credere vera la notizia. Il giorno successivo, le vie di Torino brulicano di gente scomposta e furente, che urla, minaccia, scaraventa dalle finestre e dai balconi oggetti, carte, documenti, quadri, sculture con l'immagine di Mussolini. Gli esaltati formano un corteo scatenato che scorrazza per tutte le strade.

Coloro che amano la Patria, cresciuti nel fascismo e nutriti idealmente dal fascismo, sono disperati e sgomenti. In quei momenti non resta loro che piangere, disgustati e attoniti nel vedere come, nel volgere di poche ore, i cittadini «normali» si siano trasformati in un ammasso di odio e di violenza. Fino a ieri la vita era più o meno tranquilla, anche se non mancavano i mugugni e l'insofferenza. Ma chi di noi ragazzi poteva aspettarsi questa terrificante sorpresa?

Edvige, cioè io, la sorella maggiore, e Pino si mettono a discutere, alla ricerca di una via di uscita. Che cosa possiamo fare per salvare l'Italia? La piccola Anna Maria no, non partecipa alle nostre discussioni, che cosa capirebbe di queste domande assillanti? Naturalmente, siamo scontenti che il papà ci ordini di essere cauti e di non commettere sciocchezze. Siamo anche indispettiti perché lui, quando è possibile, ascolta di nascosto Radio Londra. Come può fare una cosa tanto orribile?

Poi Badoglio annuncia che la guerra continua e, subito dopo, che l'alleato è diventato nostro nemico. Siamo esterrefatti! Ma dove stanno la coerenza e il rispetto per l'impegno preso? Continuiamo a essere frastornati. E ci sentiamo traditi. L'Italia non può permettersi di commettere una simile viltà, si deve reagire.

Arriva l'8 settembre. E comincia la nostra Via Crucis. Pino abbandona il ginnasio «Cesare Balbo» per arruolarsi con la Repubblica sociale italiana. Come scriverà nel suo libro, «Diario di guerra di un sedicenne. 1944-1945», pubblicato nel 1998 da Settimo Sigillo, vuole andare a combattere. La mamma e il papà lo cercano con affanno in ogni dove: vogliono rintracciarlo e riportarlo a casa. Invano! L'ansia e le preoccupazioni regnano nella nostra famiglia, mentre tutto precipita.

A guerra finita, dopo le vicende che ci avevano coinvolto, trovatici finalmente insieme, il papà non ci raccontò mai che cosa fosse accaduto dopo l'assassinio di nostra madre. Ci disse che era stata uccisa. Eravamo fuori di noi, ma il grande cuore e l'immensa forza d'animo di nostro padre riuscirono a risparmiarci l'orrore. Per decenni, non ci fu possibile, né avremmo osato, parlare della nostra tragedia. La pena e il dolore sono stati i nostri compagni.

Dalla nostra sorellina Anna Maria sapevamo che, in quei giorni dell'aprile del 1945, la mamma era rimasta a Torino. Ma non avemmo mai il coraggio di chiederle come erano andate le cose. Anche lei, ancora quasi bambina, è stata vittima della ferocia di quell'assassinio.

È una fatica inaudita, oggi, parlarne. E con grande fatica e sofferenza, a distanza di decenni, ho chiesto ad Anna Maria se sarebbe disposta a ricordare quei giorni. Lei mi ha risposto di sì, perché è bene che questo racconto sia il più esauriente possibile. E aiutata a ricordare dal marito, Giovanni Valsania, ha stilato una serie di appunti su quanto era accaduto. Così adesso lascio la parola a lei. Ma mentre mi accingo a scrivere quel che mi ha detto, ho il cuore a pezzi.

Verso la metà dell'aprile 1945, racconta Anna Maria, a casa nostra, in via Passalacqua, mamma, papà e io eravamo molto afflitti. Ascoltavamo alla radio i bollettini di guerra, pensando a Pino, volontario nei reparti delle Fiamme bianche, e parlavamo continuamente di lui. Mamma diceva: «Dove sarà adesso? Starà bene? Speriamo che non gli succeda niente di male!»

Sempre generosa, la mamma non perdeva l'occasione di aiutare per quanto possibile i ragazzi sbandati che si trovavano in difficoltà. Ma papà le ripeteva, accorato: «Elisa, sii prudente. Fra i tanti, potrebbero essercene anche di quelli pronti a farci del male». Lei gli rispondeva: «Ma no, Eugenio, vedrai che non succederà nulla. E poi vorrei tanto che una madre facesse la stessa cosa per il nostro Pinuccio», e sospirava, nascondendo le lacrime.

Sono frammenti di ricordo. Alcuni giorni prima del 25 aprile, un pomeriggio la mia amica Enrica e io decidemmo di andare al cinema «Alpi» in via Garibaldi, per vedere non so più quale film. Nell'uscire dalla sala, mi cadde dalle mani il portafoglio che conteneva anche la tessera dell'Opera nazionale balilla. Un uomo, in apparenza gentile, si offrì di raccogliere i foglietti sparsi. Quando vide la tessera della Onb si turbò. E con tono severo ci impose di seguirlo. Impaurite, andammo con lui. Fatti pochi passi, c'imbattemmo in una pattuglia di militari tedeschi. Con tutte le nostre forze, ci mettemmo a correre verso di loro per chiedere aiuto. E l'uomo si dileguò in fretta.

Allora, vista l'atmosfera di minaccia incombente, papà chiese alle suore di un istituto religioso nei pressi della scuola elementare «Baricco» di ospitare la mamma e me. Lui si sistemò alla meglio nei locali della stessa scuola. Tornare a casa sembrava ormai pericoloso. Era già arrivato il 25 aprile e il cortile del nostro palazzo era pieno di partigiani armati che vi si erano accampati.

Nonostante questo, il pomeriggio del 1° maggio ci avventurammo verso casa. La mamma voleva dare da mangiare ai conigli che aveva messo in una gabbia sul balcone. Percorso un tratto di strada, la lasciai per andare a trovare la mia amica Enrica. Nel frattempo papà era andato a incontrare un suo conoscente, l'avvocato Trevisan.

Nel tardo pomeriggio, papà venne a prendermi a casa di Enrica. Era terreo e sconvolto. In quel momento, a casa di Enrica, si trovava anche un coppia di sposi. Soltanto in seguito, venni a sapere che quell'uomo, lo sposo, era l'assassino della mamma. Conosco soltanto il suo nome da partigiano: «Giuliano», e so che era di origine sarda.

Sulla via del ritorno, papà mi disse che la mamma era morta. Mi abbracciò piangendo e aggiunse: «Anna, ora siamo rimasti soli». Incontrammo una conoscente caritatevole che, nel vederci, esclamò sgomenta: «Ma cosa vi hanno fatto? Per pietà, andate via subito perché siete in pericolo!»

Papà mi accompagnò dalle suore e lui ritornò alla scuola «Baricco» dove si era rifugiato. Lì alcuni figuri minacciarono di fucilarlo. Stavano già mettendolo al muro, quando un ragazzo, un suo ex allievo, gridò: «Che cosa state facendo? Questo è il nostro direttore che non ha mai fatto del male a nessuno!» E quelli, riluttanti, sospesero l'esecuzione.

Nell'istituto delle suore, che non si fecero mai vedere, a eccezione di qualche inserviente, rimasi ancora una settimana. Potevo incontrarmi con papà soltanto di rado, mi sembrava d'impazzire senza il suo conforto. Lui doveva preoccuparsi della sepoltura della mamma: il suo corpo era stato trovato abbandonato in via Juvarra, sulla strada.

Per quel che abbiamo ricostruito dopo, la mamma era entrata nel nostro appartamento di via Passalacqua per controllare se tutto era a posto e poi per dare da mangiare ai conigli sul balcone. Pochi minuti dopo il suo arrivo, irruppe nell'alloggio una squadra di partigiani, avvisati da qualcuno. Forse volevano sapere dalla mamma dove stava nostro fratello Pino. E cominciarono a interrogarla in modo duro. Lei tentò di fuggire, riuscì a lasciare lo stabile e ad arrivare alla vicinissima via Juvarra. I suoi persecutori la raggiunsero e la uccisero, lasciando il corpo sulla strada. La nostra mamma morì così, all'età di 46 anni.

Con grande coraggio, e nella Torino di quei giorni terribili, papà riuscì a fare tutte le pratiche relative alla morte della mamma. Lei venne sepolta al campo «F» del cimitero generale di Torino. Senza la benedizione e una preghiera di un sacerdote. Anche loro avevano paura.

Soffrendo, ritornammo in quella che era stata la nostra casa. Nel cortile c'erano ancora dei partigiani. L'appartamento, tutto a soqquadro e saccheggiato, ci incuteva paura. Papà andava e veniva, nella speranza di ritrovare Pino. Poi, non volendo lasciarmi sola in quella casa, chiese a una signora di fiducia, che stava in via Bertola, di tenermi a pensione. Così avevo almeno la possibilità di incontrarlo a pranzo.

Un giorno, come spinto da un presentimento, papà andò nella nostra casa e ci trovò Pino, asserragliato. L'abbracciò stretto e gli disse: «Povero figlio mio, la mamma è stata uccisa!» Dopo avergli raccontato che cosa era accaduto, lo accompagnò in un istituto di Salesiani, dove, sia pure con molta difficoltà, riuscì a farlo ospitare. Con Pino al sicuro, papà volle che andassi con lui al cimitero, perché vedessi la tomba della mamma. Stava fra numerosi tumuli con la scritta «Sconosciuto».

Poi papà decise di lasciare l'infelice appartamento di via Passalacqua e ne trovò uno in corso Grosseto, poco lontano dalla scuola «Beata Vergine di Campagna» dove aveva chiesto di essere destinato. Facevamo una vita molto ritirata, vedendo pochissimi amici.

Andavo spesso al cimitero, a far visita alla tomba della mamma. Un giorno della tarda primavera del 1945 conobbi una mia coetanea, sui 15 anni come me. Si chiamava Ginetta ed era figlia di un militare della Rsi, assassinato dai partigiani. La incontrai al camposanto parecchie volte, poi non la vidi più. Al suo posto, trovai la madre. Piangendo mi disse che anche la figlia era stata uccisa dai partigiani, dentro il cimitero. E mi raccomandò di non andarci più, almeno fino a quando le acque non si fossero calmate.

Questo è il racconto di mia sorella Anna Maria. Mi restano da aggiungere soltanto poche frasi. La nostra famiglia, grazie alla forza miracolosa di papà, riuscì a restare unita, a compattare i naufraghi. Ricominciammo a vivere, affrontando enormi difficoltà di ogni genere, fra la diffidenza e la paura di chi avevamo conosciuto, sempre oppressi dal lutto terribile che ci aveva colpito.

In queste sintetiche parole, noi, i superstiti, forse incapaci di trasmettere il vero senso del nostro dramma, concentriamo la sostanza della nostra vita. Soltanto Pino, oggi scomparso, anni fa è riuscito a descrivere in modo adeguato i momenti tragici vissuti dopo la guerra. Ma i tempi non erano ancora maturi.

Concludo con un ricordo. Alcuni mesi dopo la morte della mamma, mentre camminavamo sotto i portici di piazza Statuto, papà mi indicò un uomo e mi disse: «Vedi, quello è l'assassino di tua madre». Mi voltai ammutolita e lo guardai. Poi pensai: «Povera famiglia nostra! Che Dio abbia misericordia di noi».

Il giglio di Jolanda

«CHE cosa pensa dei racconti delle sorelle Solaro e delle sorelle Spina?» domandai all'avvocato Alberti.

«Non speri in una risposta», mormorò lui. «Sono vecchio e abbastanza esperto della vita. Ma qualunque cosa dicessi non sarebbe all'altezza delle parole che abbiamo ascoltato. Andiamo avanti, per favore.»

«D'accordo. Adesso le presento la testimonianza di un lettore di Paularo, in provincia di Udine. È S.F. e ci narra la storia di una sua parente, Jolanda Spiz, ausiliaria del Saf, il Servizio ausiliario femminile della Repubblica sociale.»

L'ausiliaria Jolanda Spiz era sorella della mia nonna materna Domenica Spiz, detta Mina o Minutta. Di questa sua sorella, la nonna, ormai scomparsa in tarda età, parlava sempre. E il dispiacere per la sua orribile fine, in lei non si era mai sopito.

Jolanda era nata il 9 maggio 1922, a Graz, in Austria,

ultima dei cinque figli di una coppia originaria di Paularo, un paese di circa 2800 abitanti in Carnia, a una manciata di chilometri dal confine austriaco. Il padre Giacomo e, prima ancora, suo nonno erano emigrati nella città di Graz, per esercitare il mestiere di arrotino. L'inizio era stato molto duro. Poi, in virtù di grandi sacrifici, gli Spiz erano riusciti a migliorare la loro condizione economica.

Tutti gli Spiz, pur vivendo da molti anni all'estero, erano legatissimi al paese natale, dove tornavano appena possibile. Di conseguenza, anche il legame con l'Italia era fortissimo. Penso che Giacomo Spiz abbia trasmesso il proprio patriottismo ai figli. E forse anche l'ideologia fascista, che io considero sbagliata e che non ho mai condiviso. Ma voglio dire subito che sia lui che i suoi famigliari non hanno mai commesso alcun crimine, anzi, l'hanno subito.

Una delle figlie di Giacomo Spiz, Maria, chiamata Etta, nella seconda metà degli anni Trenta aveva trovato lavoro in Italia. Faceva l'impiegata in una ditta importante di Milano. Andò a stabilirsi a Varese, dove conobbe il futuro marito. Nei primissimi anni Quaranta, anche Jolanda, la sorella minore, decise di ritornare da Graz in Italia e andò a vivere pure lei a Varese. Era una bella ragazza, piuttosto alta, mora e abbastanza formosa.

Dopo l'8 settembre e con la nascita della Repubblica sociale, Jolanda decise di arruolarsi nel Servizio ausiliario femminile e venne destinata a Milano, presso il Comando militare regionale. Da qui fu poi trasferita in altre zone dell'Italia del nord. Devo ricordare che, essendo vissuta in Austria, parlava bene il tedesco e dunque era in grado di essere un'ottima interprete.

Per comprendere il patriottismo di Jolanda, penso siano interessanti alcuni passi di una lettera del 13 luglio 1944, spedita a Paularo e indirizzata alla sorella Mina dal Veneto, la località non era precisata. Scriveva: «Ho raggiunto il mio sogno, lavoro e do tutta me stessa per la nostra idea, per la salvezza dell'Italia... Il nostro destino è segnato. Quando viene il momento, la morte ci sorprende sia sul campo di battaglia, sia a casa. Si vede che non è ancora giunta la mia ora, poiché sono sempre fortunatissima nei bombardamenti e sento che Dio mi è vicino...»

«Il mio pensiero è tutto concentrato nel lavoro, duro, responsabile, ma infinitamente soddisfacente. Invece, a tarda sera, quando rientro in caserma e mi butto stanca morta sulla branda, allora, a occhi aperti, ricordo i tempi passati. Penso alla nostra mamma adorata e a tutti voi. Vi penso con tanta nostalgia. Di voi serbo tanti dolci ricordi. E vi sento vicini.»

Per fare la sua parte in quella guerra, Jolanda aveva sacrificato anche una storia d'amore che per lei contava molto. Sempre nella lettera alla sorella Mina, la ricorda così: «Tu sai che avevo vissuto quattro anni di lotta interiore per quell'amore infelice all'estero, e poi mi ero sentita guarita. Ma il destino volle farmi un altro regalo, assai più prezioso. E io l'accettai con cuore commosso e felice. Durò sei mesi, era il momento in cui stavo al Comando regionale di Milano. L'avvenire mi sorrideva, il mio sogno era bello, troppo bello per diventare realtà. Poi la mia fede, il mio patriottismo, m'impedirono di continuare la vita più o meno comoda che conducevo a Milano. Volli dare tutta me stessa alla Patria e allora feci domanda per essere mandata al fronte».

«La mia domanda», continuava Jolanda, «venne esaudita. Però dovetti scegliere: o lui o la Patria! Ho lot tato tanto, in modo disumano: prima con il mio cuore, quindi con lui e i suoi genitori, che mi adorano. Ho scelto la Patria, come ideale più alto. Lui, benché patriota puro, anch'egli volontario alle armi e fascista, si sentì troppo umiliato e non comprese il mio passo. Voleva che io fossi tutta e soltanto per lui. La mia coscienza mi tormentava. Non volevo, non potevo conquistare questa felicità al prezzo di tradire, o di trascurare, i miei sentimenti patrii. E rinunciai a lui.»

Il mittente di questa lettera era «Jolanda Spiz – Interprete presso II Gruppo Caccia. Posta da campo 857» Ma lei non si limitava al lavoro di interprete: faceva l'infermiera negli ospedali da campo, per curare i soldati feriti. Mia nonna era preoccupata per il lavoro della sorella accanto a dei militari giovani. Allora Jolanda le fece avere una propria fotografia in divisa, accompagnata da un giglio. E le scrisse di stare tranquilla perché si considerava pura come quel fiore.

Alla fine della guerra, si trovava a Cuneo. Possiedo una foto che la ritrae con un'altra ausiliaria e un gruppo di soldati in quella città, nell'aprile 1945. E adesso posso aggiungere quello che mi hanno raccontato mia nonna e mia madre, rispettivamente sorella e nipote di Jolanda.

Attorno al 25 aprile, Jolanda abbandonò Cuneo, su un camion dove c'erano altre otto ausiliarie e una ventina di militari, tra ufficiali e soldati. Nei pressi di Biella, pare a San Lorenzo, una frazione di Mongrando, l'autocarro, dopo aver sbagliato strada, venne fermato dai partigiani. Gli ufficiali fascisti consigliarono alle ausiliarie di sal varsi, dichiarando di essere le prostitute della casa di tolleranza di Cuneo che avevano voluto seguire i militari.

Ma Jolanda e una sua compagna, Marcella Batacchi, che aveva 18 anni ed era di Firenze, non vollero saperne di passare per prostitute. E si dichiararono per quello che erano, ossia ausiliarie del Saf. Furono quindi pestate a sangue, ripetutamente violentate e, il 3 maggio 1945, fucilate. Infine vennero sepolte in una stessa fossa, una sull'altra. Questo racconta lei nel «Sangue dei vinti».

Secondo la versione di mia nonna Mina, invece, i partigiani dissero alle ausiliarie che, se volevano essere risparmiate, dovevano concedersi a loro. Alcune acconsentirono. Ma Jolanda e Marcella rifiutarono e fecero la fine che sappiamo. I militari, invece, furono tutti rilasciati, dopo aver consegnato gli oggetti di valore.

Sempre secondo mia nonna, Jolanda non venne violentata perché si difese con tanta forza che i partigiani rinunciarono a farle questo affronto. Successe invece un'altra cosa. Jolanda e Marcella vennero rapate a zero e poi gli fu ordinato di denudarsi. Loro chiesero di poter tenere indosso almeno le mutandine e questo gli venne concesso.

Poi i partigiani le obbligarono a salire su un piccolo carro agricolo e le portarono in giro per tutto il paese, dileggiandole, trattandole da prostitute e torturandole. Infine le condussero davanti al cimitero e qui le fucilarono. Jolanda venne raggiunta da una ventina di colpi. Quindi le due ragazze furono gettate in una fossa comune. Di lì a sei giorni, Jolanda avrebbe compiuto 23 anni.

Tutte queste notizie le ha raccolte l'altra sorella di Jolanda, Maria, detta Etta. Non avendo più saputo nulla di Jolanda, si mise a cercarla. Impegnandosi allo spasimo e rischiando anche lei di essere uccisa, perché andava in giro troppo e faceva troppe domande. Dopo sette o otto mesi, venne a sapere dove Jolanda era stata fucilata. E rintracciò pure alcune delle ausiliarie che erano con lei e che si erano salvate concedendosi ai partigiani. E si sentì dire da alcune di loro: «Beata sua sorella che ha finito di soffrire, e non noi che portiamo in grembo il frutto d'una violenza».

Infine Etta riuscì a dare una degna sepoltura a Jolanda. E rispetto a tante altre vittime di cui non si è trovata traccia, almeno in questo è stata fortunata. Da alcuni anni, i suoi resti sono stati traslati nel cimitero di Belforte, il camposanto principale di Varese. Su una foto ricordo di Jolanda, Etta ha fatto scrivere: «I soldati la chiamavano sorella».

Il bambino e il partigiano

«QUESTA è una testimonianza scritta che ho ricevuto da Carlo Gianotti, un impiegato di banca in pensione, che abita a Chieri, in provincia di Torino», dissi ad Alberti. «Mi sono anche incontrato con lui. E l'abbiamo completata insieme.»

«Che cosa racconta?» domandò l'avvocato.

«Le vicende di una famiglia, quella di Gianotti, prima e dopo l'uccisione del padre, un milite della Brigata nera. È una storia scritta bene. Ma soprattutto vista con gli occhi di un bambino, com'era l'autore nella primavera del 1945.»

I giorni della memoria

Questi miei ricordi hanno una data d'inizio: il 19 aprile 1945. E il posto è Chieri, una città vicina a Torino. Ho 8 anni e frequento la terza elementare dalle suore di Sant'Anna, in piazza Mazzini. Quel giovedì mattina, senza spiegazioni, ci viene detto di preparare le cartelle perché le lezioni terminano in anticipo e si va a casa.

Abito in via Carlo Alberto, nel centro della città. Da qualche tempo la mia strada ha cambiato nome. Ora si chiama via della Repubblica, ed è a meno di cento metri dalla scuola.

A casa la mamma, Dina Agnesa, non c'è, sta in giro per il suo lavoro di ostetrica condotta. La porta è chiusa. Sul pianerottolo, trovo il più piccolo dei miei fratelli che ha 4 anni e mia sorella Annamaria che ne ha 3. Indossano il grembiule bianco perché vanno all'asilo, anche loro dalle suore. Poi arrivano il mio fratello maggiore, Luigi, di 10 anni, e l'altro che ne ha 6. Come me, hanno il grembiule nero delle elementari con il colletto bianco inamidato e un fiocco azzurro.

La vicina, che di solito ci apre la porta quando la mamma non c'è e non possiamo entrare in casa, stavolta non si fa vedere. Allora Luigi decide di andare dal nostro papà, che è un militare della Brigata nera «Ather Capelli». La caserma sta nella ex Casa Littoria, in piazza Mazzini, sul lato opposto rispetto alla nostra scuola. L'ingresso della caserma è difeso da un grosso rotolo di filo spinato. Da una finestra, papà vede arrivare Luigi e gli getta le chiavi del nostro alloggio.

Luigi ritorna con le chiavi, ma ci rendiamo conto che sta accadendo qualcosa di insolito. La signora del piano terreno si sta affannando a chiudere il portoncino d'ingresso alla casa. Poi un signore che abita sopra di noi ci invita a entrare da lui. È la prima volta che succede di stare tutti insieme nel suo alloggio, i miei quattro fratelli e io. Ci sediamo ammutoliti, attorno a un tavolo.

Il signore si chiama Lorenzo, è un tipo taciturno e sereno. Sua moglie, Michina, è sempre sorridente e molto buona. Entrambi hanno passato la trentina da un pezzo e non hanno ancora figli. Sono gli unici nella casa a possedere una bella bicicletta da donna, color verde metallizzato e con le gomme Balloncino bianche Qualche volta ci hanno lasciato fare un giro sulla piazza, con molte raccomandazioni di stare attenti, per non rovinare la bici.

Anche se non ci siamo ancora resi conto dei motivi di queste novità, annusiamo un'aria grave e come di attesa. Infatti, si cominciano a sentire degli spari, in lontananza. Ma poi la nostra attenzione si rivolge alla tavola apparecchiata. Arriva per noi un fumante risotto in bianco e una fetta di salame a testa, una leccornia rara in quel tempo di guerra.

Gli spari si fanno più vicini. I colpi di fucile esplodono su piazza Mazzini, che si può vedere dalla finestra. Si comincia a sentire forte il suono della mitraglia, che si ferma dopo pochi colpi, per poi riprendere ogni tanto, con irregolarità. Tentiamo di mangiare un po' di risotto, per le dolci insistenze dei signori che ci ospitano. Ma siamo cinque bambini spaventati, ci guardiamo negli occhi, con tante domande che non riusciamo a esprimere.

Vorremmo affacciarci alla finestra. Però il signor Lorenzo ci accompagna in un'altra parte dell'alloggio, da dove piazza Mazzini non si vede. Restiamo lì con loro sino al tardo pomeriggio, quando arriva la mamma a prenderci e ci riporta a casa.

Sapremo poi che tutti i militi della caserma sono stati catturati dai partigiani che hanno fatto quell'irruzione a Chieri. L'arciprete è stato condotto alla Casa Littoria con la bandiera bianca a chiedere la resa del piccolo presidio, dicendo: «Arrendetevi, se volete avere salva la vita».

Nel frattempo, siamo sempre al 19 aprile, un gruppo di armati con il fazzoletto rosso al collo ha sfondato la porta di casa nostra. Quando la mamma arriva, i partigiani le puntano i fucili addosso e le ordinano di consegnare le armi. Ma in casa nostra di armi non ce n'è nessuna.

Fra questi partigiani c'è Cesco, un ragazzo di 16 anni che fino a pochi giorni prima lavorava dal fruttivendolo che sta al pianterreno della nostra casa. Ogni tanto scherzava con noi, quando si giocava a pallone. Il fratello maggiore era un capo partigiano, ma questo noi non lo sapevamo. I genitori abitano sul lato opposto della nostra via. Qualche volta li vedevamo affacciati alla finestra.

La mamma viene spinta giù per le scale e, una volta in strada, finisce nella fila degli altri ostaggi. Il caso vuole che la madre del garibaldino Cesco veda tutto dalla finestra. Si precipita fuori, prende il figlio per il bavero della giacca e gli grida, in dialetto: «Guai a te se osi toccare quella donna, non ti faccio più ritornare a casa!»

Il tipo che scorta la colonna degli ostaggi va a confabulare con chi sta in testa, poi ritorna da nostra madre e le dice che può andarsene.

Il giorno seguente, venerdì 20 aprile, nelle prime ore del mattino, arriva a Chieri una colonna di forze armate della Repubblica sociale. Sul mezzo corazzato che la precede, c'è un milite che spara raffiche in aria. La mamma si affaccia alla finestra e grida di non sparare, ma rischia di prendersi una sventagliata di proiettili.

Abbiamo saputo dopo che cos'era successo il giorno precedente. A fare l'azione su Chieri era stato un raggruppamento di diverse formazioni partigiane, con 230 armati circa. Il comandante del presidio della Brigata nera, il tenente Carlo Nicola, venne ucciso nella caserma. Il figlio Gianfranco, detto Gianni, di soli 13 anni, fu catturato insieme ad altri dieci militi, tra i quali c'era mio padre.

Dieci dei prigionieri furono portati sulla collina di Vallunga, una frazione di Piea, un piccolo comune in provincia di Asti. E lì vennero fucilati in un bosco, tutti, compreso il ragazzo di 13 anni. I partigiani li sotterrarono sul posto, dove vennero ritrovati nel luglio del 1945. Fra gli uccisi c'era un milite di 63 anni, Giacomo Benna, faceva l'agricoltore e aveva un figlio disperso in Russia.

Tra i fucilati c'era anche nostro padre. Si chiamava Guido Gianotti, aveva 47 anni, era stato orologiaio e poi operaio in una segheria. Si era iscritto al Partito fascista nel 1937, quando la mamma era stata nominata ostetrica condotta di Chieri. Dopo l'armistizio, aveva aderito al Pfr e nell'autunno del 1944, come si chiedeva agli iscritti, era entrato nella Brigata nera. Me lo ricordo così: un uomo alto, magro, bruno di capelli, con i baffi, dolce e tranquillo.

Sergio, il figlio del comandante

Ha 10 anni, due più di me, per questo non frequentiamo la stessa classe. Suo padre, Carlo Nicola, comanda il presidio della Brigata nera di Chieri. Sono stato qualche volta a casa di Sergio e ho sentito parlare il papà. È un uomo interessante: decorato nella prima guerra mondiale, corridore in moto e in auto, una volta ha battuto Tazio Nuvolari. Prima di venire a Chieri, lavorava alla Microtecnica di Monfalcone, collaudava le bussole dei sommergibili.

Sergio ha tre fratelli più piccoli di lui, l'ultimo è nato

all'inizio dell'aprile 1945. Poi ha un fratello più grande: Gianni, di 13 anni. È il ragazzo fucilato dai partigiani nel bosco di Vallunga. Nel luglio 1945, a guerra finita, ci troviamo entrambi in un collegio di preti. Ed è lì che Sergio mi racconta alcune cose di quel fatidico 19 aprile. Cose che ha visto perché lui si trovava con il papà nella sede della Brigata nera.

Durante l'attacco dei ribelli alla caserma di piazza Mazzini, la mitraglia dei militi fascisti s'inceppa più volte e dopo un po' smette di sparare. Passando da una casa attigua, un ribelle armato di pistola mitragliatrice arriva nel corridoio centrale del primo piano della caserma. Il padre di Sergio lo scorge e si appiattisce nel vano di una porta. Sergio, che stava per seguirlo, rimane fermo nel vano della porta di fronte.

Il ribelle avanza e, fatti pochi passi, scopre il papà di Sergio. Il comandante ha la pistola nel fodero e non tenta nessuna resistenza. Ma il ribelle gli spara una raffica dalla testa verso il basso, dicendo: «Finalmente, Carbone, stavolta ti ho preso». Carbone era il cognome del precedente comandante della Brigata nera di Chieri. Il papà di Sergio, come ho già detto, si chiamava Carlo Nicola.

Sergio rimane impietrito. E vede il padre che si accascia, scivolando lungo la parete. Ha il capo reclinato sul petto e il sangue gli esce da un angolo della bocca. Poi arrivano altri armati e fanno allineare tutti i militi lungo la parete del corridoio, compreso Sergio.

In quel momento entra un prete. Non è il curato del Duomo che aveva chiesto la resa del presidio, ma il vice-parroco di San Giorgio, la seconda parrocchia di Chieri. Uno degli armati gli domanda: «Chi l'ha chiamata?» Il sacerdote gli risponde: «Ho sentito sparare e ho pensato che ci fosse bisogno di me». Poi si accorge di Sergio e, senza dir nulla, lo prende per mano e lo porta via con sé. Insomma, l'ha salvato. Il fratello Gianni, invece, verrà poi fucilato a Vallunga.

Altre memorie

Aggiungo dei particolari sugli eventi dopo la cattura. I militi furono portati da piazza Mazzini a piazza Umberto, vicino all'arco. In questo tragitto, e anche dopo, vennero picchiati e insultati. Mio padre fu colpito alla testa con una chiave inglese e qualcuno gli diede uno schiaffo che lo fece cadere a terra.

Poi il corteo dei prigionieri ripassò per via della Repubblica, quindi per via San Giorgio sino a porta Garibaldi, detta il Murè. Qui i ribelli li caricarono sopra un camion che li trasportò a Vallunga. In questa frazione di Piea, sede del comando della 19ª Brigata Garibaldi, c'era una casa che era il luogo degli interrogatori e delle sevizie. E lì venivano decise le condanne a morte.

Quella stessa notte, furono uccisi dieci dei militi catturati. L'undicesimo, un certo Avataneo, venne risparmiato per scambiarlo con un partigiano detenuto nelle Carceri Nuove di Torino.

Nelle settimane successive capitarono diversi fatti che ebbero per vittime delle persone additate come spie collaborazioniste e altro. Con fucilazioni, rapature e sevizie varie, tutto con grande concorso di folla, come negli autodafé dell'Inquisizione in Spagna. Nessuno di noi conosceva quale fosse stata la sorte di mio padre e degli altri catturati il 19 aprile, anche se i più sapevano! Il ge suita padre Angelo Maria Barberis, interpellato da mia madre, era stato vago. Aveva risposto che i partigiani li «avevano portati lontano lontano». Lo diceva con una mimica che non presagiva niente di buono.

Alcuni giorni dopo la fine della guerra, la mamma, con me al seguito, andò alla caserma di Torino dove stavano quelli della 19ª Brigata Garibaldi. Qui chiese al piantone di parlare con il comandante. Venne un partigiano, Piero Carmagnola. Disse a mia madre che era stato proprio lui a dare l'ordine di fucilare papà. Ce lo descrisse anche fisicamente, perché la mamma fosse certa che si trattava proprio di nostro padre.

Nei mesi successivi, mia madre, con una tenacia straordinaria, riuscì a ottenere i permessi per il recupero della salma di papà. In luglio, con una lettera del comandante Carmagnola diretta a un certo Gino, un partigiano di Capriglio, comune dell'Astigiano, la mamma si recò a Vallunga. Questo Gino sapeva in quale luogo erano stati sepolti i corpi e, secondo la lettera, doveva fare il possibile per il recupero.

Al terzo tentativo, la fossa venne trovata. I cadaveri erano stati ricoperti con poca terra e poi da uno strato di calce. Tutti erano privi di vestiti: li avevano fucilati in maglietta e mutande. Il medico condotto di Piea, chiamato per redigere l'atto di morte, disse che il colorito nero di papà era dovuto a «morte per soffocamento». Ma sul certificato gli venne consigliato di scrivere che il decesso era stato causato da un colpo di arma da fuoco. A modo loro era la verità, però non si trattava di un proiettile alla nuca, bensì di un colpo inferto con il calcio di un fucile.

La salma di papà venne messa in una cassa di zinco sigillata e fu sepolta nel cimitero di Santena. La mamma ha continuato a fare l'ostetrica condotta, non si è più risposata e si è dedicata tutta a noi cinque figli. È mancata a 92 anni; quando mio padre è stato ucciso ne aveva 39.

La lettera del partigiano

Questo ricordo non sarebbe completo se non rammentassi una lettera spedita a mia madre da uno dei capi della 19ª Brigata Garibaldi, quella che aveva ucciso mio padre. Era il settembre 1949 e la mamma aveva richiesto una dichiarazione sulla fine di papà. Gliela inviò, il 21 settembre, Piero Carmagnola, che la firmava come ex commissario di guerra di quella formazione.

Diceva: «Il nominato Gianotti Guido, fu Luigi, venne catturato in combattimento durante l'occupazione di Chieri in data 19 aprile 1945. Secondo le disposizioni impartite dal comando del Corpo volontari della libertà, quale appartenente alle Brigate nere (Brigata 'A. Capelli', distaccamento di Chieri) fu passato per le armi all'alba del 20 aprile 1945. Al milite Gianotti Guido, per il valore dimostrato in combattimento, fu concesso l'onore militare. La presente dichiarazione è stata rilasciata su richiesta della famiglia. In fede di quanto sopra, Piero Carmagnola».

Ma la lettera importante è un'altra. Era scritta a mano, su un foglio intestato «dr. ing. Piero A. Carmagnola». La riproduco integralmente.

«Torino, 21 settembre 1949. Gentile Signora, con profonda pena adempio al mio dovere e Le allego la dichiarazione richiestami. Quanto è accaduto a Suo marito purtroppo è stato inevitabile, e il nostro tribunale non ha potuto far altro che applicare la dura legge di guerra allora in vigore. Questa legge venne emanata in seguito ad analoghe disposizioni applicate dai fascisti e dai tedeschi.»

«Chiedere alle famiglie di coloro che sono stati colpiti nei loro affetti più cari di dimenticare è forse chiedere troppo. Pure io lo chiedo a Lei, come lo chiedo alle famiglie dei partigiani uccisi. La morte accomuna e glorifica tutti questi uomini: gli uni e gli altri sono morti per una fede. Non importa che la Patria fosse da una parte sola, e cioè dalla parte dell'unico governo legale, il governo del Re. Un uomo che abbia combattuto e abbia fatto onestamente e coscientemente sacrificio della vita merita tutto il rispetto.»

«La guerra civile è stata atroce, come tutte le guerre civili. Ma ora dobbiamo cercare di ricostruire l'unità del popolo, di placare gli odi, di affratellarci. Io credo che solo così i morti possano essere onorati. La mano che la democrazia ha teso e tende ai fascisti non è un segno di debolezza: è un segno di civiltà, un invito alla fratellanza, un invito a ricordare, tutti, che simili orrori non dovranno più ripetersi.»

«Signora, vorrei scriverle parole di conforto, ma non riesco, non ne sono capace. Accetti il mio cordoglio sincero, e si faccia coraggio. Suo Piero Carmagnola.»

Mi sono sempre domandato se quel comandante partigiano dicesse la verità, se fosse sincero, per usare la parola che usa lui. Mi piacerebbe pensare di sì. Ma non ne sono del tutto sicuro.

Delitto all'Alfa Romeo

«QUANDO lei è ritornato a Milano alla fine della guerra civile, ha sentito parlare dell'assassinio del direttore generale dell'Alfa Romeo, Ugo Gobbato?» domandai al l'avvocato Alberti.

«Mi pare di sì», rispose lui. «Ma in quel tempo, a Milano, gli omicidi politici o per vendetta personale erano davvero molti, ogni giorno. E tanti erano quelli di dirigenti industriali o di imprenditori, anche piccoli, giudicati sporchi capitalisti, e dunque nemici del proletariato, e per questo ritenuti carne da macello. Però di Gobbato so poco o nulla...»

«Anch'io nel 'Sangue dei vinti' ho dimenticato di raccontare questo delitto. E un paio di lettori me l'hanno fatto notare subito, pochi giorni dopo l'uscita del libro. Per rimediare, sono andato alla ricerca di un testimone particolare: il figlio di Gobbato.»

«L'ho trovato a Torino. Si chiama Pierugo Gobbato, ha 87 anni, ma ne dimostra 20 di meno e possiede una memoria di ferro. È stato un valoroso pilota militare. Dopo la guerra, ha lavorato per grandi aziende. Dapprima come dirigente della Società Motori Marini Carraro, poi alla Fiat di Torino, dove si è occupato della Grandi Motori e della SpA. Quindi è stato direttore generale della Ferrari Auto di Maranello e infine direttore generale della Lancia. Ecco il suo racconto.»

Lei mi chiede di dire qualcosa di me, prima di raccontare di mio padre Ugo Gobbato e del suo assassinio a Milano, il 28 aprile 1945. Sono nato a Firenze nel 1918 e a 23 anni mi sono laureato in ingegneria meccanica al Politecnico di Milano. Mentre studiavo, avevo preso il brevetto di pilota civile di primo grado, presso la scuola della Breda a Sesto San Giovanni. Così nel luglio 1941, quando mi chiamarono alle armi, venni destinato all'Aeronautica.

Nel febbraio 1942, sono stato assegnato alla Scuola allievi ufficiali piloti di Pistoia. E qui ho avuto un guaio politico. Con altri allievi ufficiali avevo parlato male dei gerarchi fascisti, dicendo che raccontavano balle sulla guerra. Qualcuno ci ha denunciato e in tredici siamo stati arrestati e spediti in carcere a Firenze, alla Scuola di applicazione dell'Aeronautica che si trovava alle Cascine. Non sapevamo neppure il motivo dell'arresto. Poi a Firenze abbiamo sentito parlare di complotto militare in tempo di guerra. E allora si è capito che potevamo rischiarla grossa.

Chi ci ha salvato è stato un ufficiale dei carabinieri: il colonnello Ugo Luca. Comandava il servizio di sicurezza al ministero dell'Aeronautica e nel dopoguerra sarebbe diventato il capo delle forze di repressione del banditismo in Sicilia. Era di Feltre e conosceva la mia famiglia. Quando si svolse il processo, alla fine dell'aprile 1942, il colonnello Luca partecipò a tutte le udienze e fu decisivo per la nostra sorte. Non ci degradarono, ma ci mandarono a Fano, alla scuola allievi sottufficiali piloti.

Nell'ottobre 1942 passai alla scuola di Gorizia, per il brevetto militare nella specialità della caccia terrestre. Di qui venni inviato a Campoformido, in provincia di Udine, che era l'università della caccia italiana. Fui nominato sottotenente pilota e nel maggio 1943 entrai nella 73ª Squadriglia del IV Stormo da caccia «Francesco Baracca». Eravamo di base a Ciampino, per la difesa di Roma.

A metà giugno ci spostammo in Sicilia, nella piana di Catania, e poi in Calabria. Quando ci fu lo sbarco alleato, in uno dei tanti scontri con l'aviazione anglo-americana, venni abbattuto su Rosarno e rimasi ferito a una spalla. Dopo una breve licenza a Feltre, tornai in servizio. Il 7 settembre mi trovavo a Gioia del Colle, in provincia di Bari, dove si era trasferito il nostro stormo da caccia.

L'8 settembre 1943, sostenemmo l'ultimo combattimento contro bombardieri americani. Poi fu il caos. Andammo a Lecce, con quindici aerei da caccia. Di qui ci ordinarono di portarci a Brindisi, a disposizione del governo italiano del sud. E fu lì che entrammo a far parte della Balkan Air Force inglese. Dovevamo operare in Jugoslavia, in Albania e sulle coste adriatiche. Accettammo, ma dopo aver chiarito che non avremmo mai sparato contro altri italiani e sul territorio italiano.

Fu questo il nostro contributo alla guerra contro la Germania. Alla fine mi ritrovai sempre sottotenente, ma con una medaglia d'argento e una croce di guerra. Dal settembre 1943 non avevo più notizie della mia famiglia.

E così ottenni il permesso di ritornare al nord. Il 29 aprile 1945 stavo a Roma. Un amico mi portò a vedere una partita di calcio della Lazio. Allo stadio incontrammo un milanese appena arrivato nella capitale. Quando sentì che mi chiamavo Gobbato, chiese: «Sei parente di quello che hanno ammazzato a Milano?»

Lo seppi in questo modo, improvviso e brutale. Andai a parlare con Luigi Gasparotto, in quel momento ministro dell'Aeronautica nel governo Bonomi, perché mi aiutasse a trovare un passaggio su qualche volo diretto a Milano. Lui mi disse: «Se ci vai, fai qualche pazzia». Soltanto ai primi di maggio mi consentirono di ritornare a casa, con un volo militare.

Arrivato dai miei, in via Aurelio Saffi, trovai mia madre, Dianella Marsiaj, nello stato che lei può immaginare. Mi abbracciò piangendo e mi disse: «Giurami che non farai niente!»

Adesso le ricorderò le tappe essenziali della vita di mio padre. Ugo Gobbato era nato il 16 luglio 1888 a Volpago del Montello, in provincia di Treviso, da una famiglia di modesti proprietari terrieri. Ottenuta la licenza tecnica, aveva cominciato a lavorare come operaio apprendista nella Officina idroelettrica di Treviso. Mentre lavorava, continuò a studiare e prese il diploma di perito elettromeccanico e filotessitore.

Spinto dal desiderio di imparare, andò in Germania. Qui si guadagnò da vivere progettando impianti per piccole aziende e completò gli studi frequentando la Scuola d'ingegneria di Zwickau, in Sassonia. Divenne ingegnere meccanico e poi ingegnere elettrotecnico. Era il settembre 1909 e lui aveva appena 21 anni.

Ritornato dalla Germania in quell'anno, assolse l'obbligo del servizio militare e poi riprese a lavorare in varie aziende del Milanese, ricoprendo incarichi di sempre maggiore responsabilità. Nel 1912 la Ercole Marelli, una delle poche imprese italiane a fare la produzione in serie, gli affidò la direzione del reparto che fabbricava piccoli motori industriali e ventilatori elettrici.

Nel 1915, allo scoppio della prima guerra mondiale, venne richiamato alle armi e destinato al genio minatori. In trincea, sul Carso, si guadagnò la Croce di guerra. E venne poi trasferito alla costituenda Brigata specialisti, per l'assistenza tecnica all'Aeronautica militare che si andava formando.

Congedato nel 1918, fu subito assunto dalla Fiat, con il compito di riorganizzare le officine che passavano dalla produzione bellica a quella civile. A quel punto, iniziò il suo lungo cammino di dirigente industriale, a livelli via via più alti. Divenne direttore del Lingotto a Torino, dove furono concentrate tutte le produzioni del marchio Fiat Poi seguì la costruzione di officine Fiat in Germania e in Spagna, dal 1929 al 1931.

In quell'anno venne chiamato dal senatore Giovanni Agnelli che, oltre a essere il presidente della Fiat, era proprietario della Riv di Villar Perosa, fabbrica di cuscinetti a sfere. Agnelli lo incaricò di costruire a Mosca il primo grande stabilimento per la produzione di cuscinetti a sfere e a rulli, destinati a tutta l'industria russa. La Riv, infatti, aveva vinto una gara internazionale bandita dal governo sovietico, nell'ambito del piano quinquennale, battendo la svedese Skf. Mio padre ci lavorò per due anni. E alla sua partenza da Mosca, nella primavera del 1933, l'impianto era in pieno funzionamento e occupava quattordicimila operai.

Al momento di lasciare l'Urss, l'ambasciatore italiano a Mosca, Bernardo Attolico, gli propose di prendere la tessera del Partito nazionale fascista: tessera «ad honorem», vista l'importanza del complesso industriale che aveva realizzato. Mio padre rispose che la cosa non gli interessava, dal momento che il suo lavoro a Mosca non era stato di carattere politico.

Nel dicembre 1933, il governo italiano e l'Iri lo chiamarono a organizzare e a dirigere le officine Alfa Romeo di Milano. L'Alfa stava a terra. Aveva un deficit di oltre 90 milioni di lire. Il personale, in gran parte licenziato, era ridotto a un migliaio di dipendenti che vivevano sotto l'incubo della chiusura totale della fabbrica. Bisognava riformare tutto: edifici, impianti, macchinari, programmi di produzione e maestranze.

Da direttore generale, mio padre fu l'artefice numero uno di questo miracolo. Cominciò con l'infondere fiducia agli operai e agli impiegati. In un anno, l'Alfa Romeo passò da mille a tremila dipendenti. Pochi anni dopo, al Portello lavoravano diecimila persone, costruendo automobili e motori ed eliche per l'aviazione.

Nell'autunno del 1938, l'Iri affidò all'Alfa Romeo la costruzione di un grande stabilimento aeronautico a Pomigliano d'Arco, in provincia di Napoli. Sembrava un'impresa impossibile. Ma sotto la guida di mio padre, il 1° aprile 1940 uscirono dalla fabbrica i primi motori per aereo.

Dopo l'8 settembre 1943, mio padre non volle lasciare l'Alfa Romeo. Avrebbe potuto dimettersi e andarsene, magari in Svizzera. Ma agire così gli sarebbe sembrato un tradimento nei confronti della fabbrica, una sua creatura, e dei dipendenti che considerava fratelli o figli.

Rimase sul ponte di comando e fu costretto ad accettare l'iscrizione al Partito fascista repubblicano. Era un passo obbligato per chi dirigeva l'Alfa Romeo. Tuttavia mio padre rifiutò di giurare fedeltà alla Rsi, anche se era un atto richiesto agli ufficiali in congedo come lui.

In quei mesi, l'Alfa Romeo fabbricava autocarri e motori per l'aviazione, destinati ai tedeschi. Al Portello, in Milano, e nelle officine sparse lavoravano tra i quattro e i cinquemila dipendenti. Le auto da corsa erano state nascoste sul lago d'Orta. Tutte le testimonianze dicono che mio padre tentò il possibile per rallentare la produzione. E che svolse anche un'opera paziente, abile, sottile, non appariscente, spesso incompresa e sempre pericolosa per impedire lo smantellamento e il trasferimento in Germania degli impianti e del macchinario del Portello.

Cercò pure di bloccare o di limitare l'arresto e la deportazione degli operai conosciuti come antifascisti. E soprattutto di quelli che avevano partecipato allo sciopero generale del 1° marzo 1944, proclamato dal Cln in tutte le regioni occupate dai tedeschi. In alcuni casi ci riuscì ed esistono le lettere di ringraziamento a mio padre, scritte dagli operai che lui aveva salvato dalla prigionia in Germania.

Ma i tedeschi avevano un solo obiettivo: far man bassa di quanto serviva alla loro produzione bellica. Fronteggiarli era molto difficile. Lo rivela un appunto di mio padre, ritrovato da uno studioso, il professor Duccio Bigazzi. Risale al 10 ottobre 1944.

Quel giorno, al Portello era in corso una riunione per discutere di problemi tecnici. L'incontro andava per le lunghe. E mio padre si mise a scrivere un paio di pagine che non avevano nulla a che fare con la riunione. Ma che mostravano, cito le parole pronunciate dal professor Bigazzi a un convegno su Ugo Gobbato del 25 novembre 1995, al Museo nazionale della scienza e della tecnica di Milano, «la complessità degli stati d'animo che agivano dentro questo personaggio, come dentro molti altri che avevano fatto scelte diverse».

Le leggo quell'appunto: «Sensazione: noi non sbocchiamo; i tedeschi non seguono il nostro governo e non lo badano; il nostro governo non segue né capisce noi. Allora noi palpiamo la realtà attraverso un guanto spesso che non ci dà sensazioni esatte e che ci porterà al disastro senza che ce ne accorgiamo e quando credevamo di evitarlo. Le trattative con il governo repubblicano e il generale Leyers, capo tedesco della produzione bellica in Italia, sono pannicelli caldi. La situazione dipende da Kesselring per i reparti combattenti e dal generale Wolff per la politica delle SS. Trattare direttamente con questi due per avere sensazioni. E se queste volessero dire la nostra morte morale? Non potremo ribellarci perché, con la situazione del nostro governo, vorrebbe dire tradire ancora. Allora, per non tradire, bisogna morire. Oppure bisogna disobbedire al proprio governo e svincolarsi dalla schiavitù di un'obbedienza ingiustificata in cui ci tiene e tentare di non morire. O morire facendo qualche cosa per evitare la morte per strangolamento lento progressivo».

Il professor Bigazzi osserva: «Queste parole rappresentano il dramma di un uomo con un fortissimo senso del dovere e della coerenza, che si trova in una condizione di impasse. Gobbato non sa che cosa fare. Non può lasciare l'Alfa perché rischierebbe di perdere tutto quello per cui si è battuto per anni. Deve quindi rimanere, ma non vuole fare il doppio gioco, ancora una volta per coerenza. Né sa essere un camaleonte. Vuole essere giusto con se stesso. E alla fine paga».

Posso aggiungere quel che ho saputo dopo il mio ritorno a Milano. Durante l'occupazione, mio padre era molto amareggiato, si sentiva con le mani legate dai tedeschi e dai fascisti. Malgrado la sorveglianza delle autorità germaniche, era riuscito ad avere rapporti con esponenti della Resistenza. Gli aveva fornito denari e viveri. E aveva consentito a parecchi dipendenti legati al movimento partigiano di continuare a prestare servizio in fabbrica, indisturbati.

Il 21 aprile 1945 mio padre accolse a braccia aperte l'ingegner Giulio Giorgis, inviato a Milano dal comando alleato e dal nostro ministero della Marina. Aveva già salvato il fratello di Giorgis, ricercato dai tedeschi come collaboratore del generale Raffaele Cadorna, comandante del Corpo volontari della libertà. E con l'ingegner Giorgis concordò tutte le misure utili per impedire i sabotaggi finali dei tedeschi agli stabilimenti dell'Alfa Romeo.

Il 25 aprile 1945, mio padre si trovò nella Milano che lei ha descritto nel «Sangue dei vinti». Il Cln aziendale prese di fatto le redini dell'Alfa Romeo, esautorandolo. I collaboratori più stretti gli suggerirono di abbandonare il Portello e di nascondersi. Ma lui rifiutò. A quel punto, come accadde a decine e decine di altri dirigenti industriali milanesi, il 26 aprile fu portato di fronte a un cosiddetto Tribunale del popolo, che dopo un processo rapido lo assolse e gli disse di ritenersi libero.

Il giorno successivo, era il 27 aprile, venne processato una seconda volta, sempre da un tribunale politico improvvisato ed estraneo all'ambiente dell'Alfa Romeo. Per quel che ho saputo, a giudicarlo fu un gruppo partigiano, quello comandato da Giuseppe Marozin, aggregato alle formazioni Matteotti, socialiste. Lei ha scritto che Marozin, il comandante «Vero», in quei giorni dettava legge a Milano e che si trattava di un tipo che era meglio non incontrare sulla propria strada.

Questo secondo processo si svolse in via Paolo Uccello al 15, in quella che veniva chiamata «Villa Triste» perché era stata la sede di un reparto speciale di polizia fascista, una banda di torturatori guidata da Pietro Koch. Ma mio padre uscì assolto anche da questo secondo giudizio. Tanto che Marozin si offrì di farlo riaccompagnare in auto negli uffici dell'Alfa Romeo.

Sia nel primo che nel secondo processo, due soli operai dell'Alfa si presentarono a testimoniare contro di lui. Però le loro accuse furono ritenute irrilevanti. Sembrava tutto finito e invece...

La mattina del 28 aprile, mio padre uscì di casa presto, in bicicletta. Era stanco e demoralizzato, per l'incomprensione, la malafede e l'opportunismo che aveva visto dilagare attorno a sé negli ultimi giorni di guerra civile. Disse a mia madre che andava in ufficio all'Alfa per ritirare dei documenti personali. Arrivò al Portello, prese quel che cercava e si mise sulla via del ritorno, sempre in bicicletta.

Verso le 9.30, mentre transitava accanto alla porta della Fiera di Milano che dà su via Domodossola, si trovò la strada sbarrata da un'auto piccola e scura. Dall'interno della macchina, un tizio si sporse a chiamarlo: «Ingegner Gobbato!»

Lui rispose a quello che sembrava un saluto. Subito dopo, dall'auto balzò un uomo che impugnava un fucile mitragliatore, affiancato da una o due persone anch'esse armate. Cominciarono a sparare su mio padre e lo uccisero all'istante. Morì così l'ingegner Ugo Gobbato. In luglio avrebbe compiuto 57 anni.

Mia madre e i miei fratelli seppero quel che era accaduto quando il corpo di nostro padre venne portato all'obitorio del cimitero Monumentale. Era stato depredato di tutto ciò che aveva un valore: l'orologio, la penna stilografica, persino i gemelli d'oro che portava ai polsini della camicia, un regalo della mamma. Gli avevano lasciato in tasca soltanto i documenti personali. Una fortuna, dato che agli assassinati in quei giorni toglievano tutto quanto poteva servire a identificarli.

Un'inchiesta vera sull'assassinio venne condotta soltanto quindici anni dopo, da un sostituto procuratore della Repubblica di Milano, Mauro Gresti. Le conclusioni, datate 23 giugno 1960, non lasciano dubbi su chi sia stato l'uomo che gli ha sparato per primo. Era uno dei due operai che avevano testimoniato contro di lui nei processi davanti ai Tribunali del popolo.

Costui era un operaio italiano che aveva lavorato nello stabilimento di cuscinetti a sfere costruito da mio padre a Mosca. La sua faccia compare in una foto scattata all'inaugurazione dello stabilimento. In quell'immagine si vedono Gobbato, Palmiro Togliatti, un dirigente sovietico che era il capo del primo piano quinquennale dell'Urss e un gruppo di operai italiani, tra i quali l'uomo che poi ucciderà mio padre.

Rientrato in Italia, questo operaio era stato assunto all'Alfa Romeo. Secondo la requisitoria del dottor Gresti, militava nel Pci clandestino ed era stato deportato in Germania, ma era riuscito a fuggire e a ritornare a Milano. Riteneva mio padre un fascista e responsabile della deportazione in Germania di operai dell'Alfa dopo lo sciopero del marzo 1944, cose entrambe assolutamente non vere. Nei giorni del delitto guidava un'auto Lancia Augusta, identica a quella usata per l'assassinio. E non aveva gradito per niente le due assoluzioni consecutive.

Secondo la requisitoria, costui, alle ore 14 del 28 aprile, comunicò la fine di mio padre a un gruppo di persone che si trovavano in stato di fermo presso un comando partigiano. E la commentò dicendo: «In questo periodo avvengono tanti incidenti, come quello capitato all'ingegner Gobbato. Che, pur essendo stato assolto dai compagni, è stato fatto fuori, evidentemente da qualcuno che la pensava in modo diverso...»

Sempre lo stesso, poi, tentò di far credere che l'assassinio di mio padre fosse stato compiuto da un gruppo di fascisti in fuga. Disse: «L'ingegner Gobbato è stato ucciso da elementi repubblichini, sul conto dei quali lui sapeva molte cose».

Scrisse il pubblico ministero: «È indubbio che il Gobbato, alto dirigente industriale e persona di grande spicco nella società del suo tempo, dovesse apparire all'imputato come elemento che la rivoluzione in atto doveva rimuovere dal suo posto di comando». Si era comunque trattato di un delitto «determinato in parte da motivi politici». E perciò il reato doveva essere dichiarato estinto per effetto dell'amnistia concessa l'11 luglio 1959.

Fu così che l'assassinio di mio padre restò del tutto impunito. Uno dei tanti omicidi di quel dopoguerra di sangue rimasti senza alcuna sanzione. E che, secondo molti, dovremmo dimenticare. Ma possiamo almeno dire che il killer di quel 28 aprile, chiunque sia stato, non fece neppure un giorno di galera?

L'eroe e il suo boia

«QUALCHE giorno dopo l'uscita del 'Sangue dei vinti'», raccontai all'avvocato Alberti, «ho cominciato a ricevere delle e-mail che mi segnalavano un'altra storia che avevo dimenticato: l'assassinio del maggiore dell'Aeronautica Adriano Visconti. Era un asso dell'aviazione da caccia della Repubblica sociale, ucciso a Milano il 29 aprile 1945 con una raffica nella schiena, quando si trovava già nella condizione di prigioniero di guerra.»

«Chi l'ha ammazzato?» mi domandò Alberti.

«Glielo dirò dopo. Ma quando ho deciso di scrivere il libro che stiamo esaminando, mi sono ripromesso di narrare anche di Visconti e della sua fine. E ho iniziato a cercare il testimone che poteva aiutarmi a ricostruire la vicenda. Credevo di averlo trovato: era un sergente pilota, Domenico Laiolo, che conosceva come pochi Visconti per aver volato e combattuto con lui prima e dopo l'8 settembre 1943.»

«Perché credeva?» chiese Alberti. «Laiolo non ha voluto aiutarla?»

«No. Quando l'ho cercato, mi hanno detto che Laiolo era morto il 20 ottobre 2002, all'età di 82 anni.»

63

«Che cosa aveva di speciale Laiolo?»

«La mia risposta forse la stupirà: prima di tutto la faccia. Mi è venuta incontro alla pagina 60 di un libro fondamentale per ripercorrere la storia di questo ufficiale assassinato nel cortile di una caserma di Milano. Il libro, scritto da Giuseppe Pesce e Giovanni Massimello, è intitolato: 'Adriano Visconti asso di guerra', ed è stato pubblicato nel 1997, a Parma, da Albertelli Edizioni Speciali.»

«In quella pagina c'è una fotografia di Laiolo, scattata nell'aprile 1943 in Tunisia, quando stava per compiere i 23 anni. Che bella faccia aveva! Una faccia da contadino piemontese, asciutta, l'espressione seria e intenta, di chi sta facendo un lavoro per niente semplice, ma che va svolto bene e sino in fondo. I contadini, e gli operai, delle mie parti erano, e forse sono, così. Da giovane, mio padre, nato contadino e cresciuto da operaio, aveva una faccia come la sua. E anche lui aveva una regola di vita che metteva ai primi posti il 'travaj fàit bin', il lavoro che bisognava fare al meglio, se no che lavoro era?»

«Al giorno d'oggi sembra un'assurdità», sospirò Alberti. «Ma era piemontese questo Laiolo?»

«Sì. Era nato ad Alessandria il 21 maggio 1920. Aveva una passione per gli aerei ed era diventato sottufficiale di carriera nell'Aeronautica e in seguito pilota, dopo aver frequentato il corso 'Vincere'. Aveva cominciato a volare con Visconti nell'agosto 1942, al 54° Stormo da caccia. E da quel momento era rimasto con lui, da gregario affezionato e fedele.»

«Ho chiesto a Massimello, che l'ha conosciuto durante le ricerche per il suo libro, com'era Laiolo. E lui me l'ha descritto come adesso io lo descriverò a lei. Era un tipo piccolo di statura, timido, schivo, riservato e soprattutto buono. Nel suo lavoro di pilota militare era preciso, persino pignolo, tanto che rischiava di essere considerato un po' noioso dagli specialisti che avevano in cura gli apparecchi.»

«Non badava al prestigio formale, ma alla sostanza delle cose. Per esempio, mentre molti cacciatori erano degli elegantoni, lui si presentava sempre un po' spettinato, con la cravatta storta. Tanto che l'avevano soprannominato 'Sbulina', da sbulinato, per dire di uno che va in giro in disordine.»

«Come pilota era un coraggioso e non si tirava mai indietro. Per Visconti nutriva una vera adorazione, l'avrebbe seguito in capo al mondo. Questo sentimento aveva origine nelle qualità di Visconti, come uomo e comandante, e tra poco ne parleremo. Ma c'era anche qualcosa in più. Gli ufficiali tenevano un po' a distanza i loro giovani gregari. Visconti no. Lui sapeva ascoltarli ed era disposto a seguirne i consigli. Massimello mi ha raccontato che, tanti anni dopo, Laiolo era ancora stupito che il comandante gli desse retta.»

«Abbiamo detto che Laiolo aveva cominciato a volare con Visconti alla fine dell'agosto 1942. L'anno successivo, fra il febbraio e il marzo 1943, lo seguì in Tunisia. Qui, l'8 aprile, ottenne la prima vittoria aerea personale, abbattendo uno Spitfire inglese. Il 25 aprile conquistò la seconda vittoria, abbattendo un Curtiss P-40, un aereo americano ceduto alla Raf britannica, e si conquistò una medaglia d'argento. L'8 maggio 1943 tornò in Italia, sempre al seguito di Visconti, alla 310ª Squadriglia Caccia Aerofotografica, dislocata in Sardegna, ed effettuò molte missioni di ricognizione nell'area del Mediterraneo.»

«Proprio alla vigilia dell'armistizio, il 7 settembre

1943, Laiolo fu incaricato da Visconti di fotografare il porto di Biserta, sulla costa della Tunisia. Nel libro di Massimello, c'è la relazione scritta da Laiolo dopo il ritorno alla base di Decimomannu, in Sardegna. Voglio leggergliene un brano, perché rivela come lui non fosse un sottufficiale qualunque.»

«Il gregario di Visconti scrisse: 'Fotografai il porto e la rada, quindi, con un'ampia virata, invertii la rotta, lasciando alla mia destra Cartagine e passando sopra l'aeroporto di El Aouina. Improvvisamente mi saltarono agli occhi centinaia di aerei di ogni tipo, ben allineati come per una rivista e prossimi a nuove piste di decollo. Le dimensioni della base erano mutate da quelle che avevo conosciuto personalmente nel precedente mese di aprile, durante la mia permanenza in Tunisia. Non sembrava più un aeroporto di guerra, bensì un raduno per una grande parata aerea. Gli Alleati erano ormai sicuri che nessuno avrebbe più violato i cieli dei loro aeroporti. Forse io ero uno degli ultimi piloti italiani che avevano spiato dal cielo un apparato bellico così imponente'.»

«Adesso è arrivato il momento di parlare di Visconti», dissi all'avvocato Alberti. «Ma ho una premessa da fare: tutto quello che le racconterò l'ho imparato da Massimello, leggendo il suo libro e parlando con lui. È un ingegnere che è stato dirigente industriale. Però è uno storico davvero bravo, onesto e preciso, molto più di tanti storici accademici, spesso imprecisi e, soprattutto, faziosi. Aggiungo che è un democratico e, dunque, un antifascista. Ma ci tiene soprattutto a essere considerato 'uno che si sforza di pensare con la propria testa'. Mi ha detto anche: 'La scelta di non appartenere a nessuna chiesa mi esenta dall'obbligo di essere a priori pro o contro qualcuno. Preferisco valutare di volta in volta chi considero un amico e chi un avversario'. Un uomo raro, di questi tempi. Non le pare?» domandai ad Alberti.

«Certo che mi pare», convenne lui.

«Visconti era nato a Tripoli, in Libia, l'11 novembre 1915. Il padre, Galeazzo, era un impiegato civile del ministero della Guerra, lavorava come capo archivista alla Direzione di artiglieria di quella città. A 19 anni si diplomò ragioniere e perito commerciale, ma il suo sogno era fare il pilota. Il 21 ottobre 1936, quando stava per compiere i 21 anni, fu ammesso al corso Rex della Regia Accademia Aeronautica di Caserta.»

«Massimello mi ha spiegato che, sino al corso precedente, il Pegaso, tutti i corsi di Caserta erano di soli 75 allievi. Dopo il Pegaso, il numero dei giovani ammessi all'accademia salì a 300. Dal momento che i corsi erano triennali, a partire dal 1939 Caserta cominciò a sfornare 300 piloti militari ogni anno. In totale, 1500 piloti sino al giugno 1943, quando terminò l'ultimo corso, il Vulcano. La conclusione è una sola», feci notare ad Alberti. «Sin dal 1936, Mussolini aveva deciso di fare la guerra. Per questo ordinò di quadruplicare il numero degli allievi di Caserta. Che, una volta superato il corso, andarono tutti in guerra.»

«Del resto, essere mandati a combattere era quello che volevano. Erano giovani che iniziavano il corso all'età di 20 o 21 anni e lo concludevano a 23. Ci credevano, ignoravano il cinismo e lo scetticismo, erano anche disposti a morire. Visconti era uno di loro. Aveva un carattere franco e leale, con più di uno spigolo. E si sarebbe rivelato presto un combattente coraggioso, ostinato, poco incline al compromesso.»

«L'11 agosto 1939 divenne sottotenente in servizio permanente effettivo e fu assegnato alla caccia, che aveva un compito difensivo. Poi, per scelta sua, divenne pilota assaltatore. Fino al maggio 1943 operò in Sicilia e in Africa settentrionale, guadagnandosi quattro medaglie d'argento e una di bronzo.»

«Massimello me lo ha descritto come un buon pilota e un comandante molto consapevole dei doveri di un capo. Visconti non avrebbe mai lasciato nelle peste uno dei suoi uomini per portare a casa la pelle. Non ci avrebbe pensato proprio mai. Sentiva una grande responsabilità nei confronti di chi combatteva sotto il suo comando. E questo è stato un tratto costante di tutta la sua vita, purtroppo molto breve. Dal momento che era un comandante di squadriglia, avrebbe potuto risparmiarsi. Ma non si risparmiava. Era abituato a esporsi in prima persona e si regolò così sino all'ultimo.»

«Poi arrivò l'8 settembre e anche Visconti fu chiamato a scegliere…» dissi ad Alberti.

Lui m'interruppe: «Al momento dell'armistizio, quanti aerei aveva l'aviazione italiana?»

«Ancora tanti. I velivoli operativi erano molte centinaia. La stragrande maggioranza cadde nelle mani dei tedeschi, che poi dissero di averne razziati più di 1000. E con gli aerei c'erano armi, munizioni, magazzini pieni di bombe. Dopo tre anni e tre mesi di guerra, i piloti superstiti, tra effettivi e di complemento, erano all'incirca 5000. Di loro, quelli della caccia, come Visconti, erano quasi 1500.»

«Quanti piloti andarono con la Repubblica sociale?» domandò Alberti.

«Secondo Massimello, pochissimi: circa 200, non di più. Nel cosiddetto Regno del Sud, con il re e con Badoglio, si ritrovarono in un numero di poco superiore, qualche centinaio. La stragrande maggioranza dei piloti non si schierò e tentò, in molti modi, di schivare quest'ultima guerra.»

«Ho anche chiesto a Massimello che cosa sia stata l'aviazione della Rsi. Mi ha risposto: poca cosa dal punto di vista militare, ma con un alto valore simbolico. Anche perché, come vedremo, l'Aeronautica nazionale repubblicana fu l'unica difesa aerea italiana contro i bombardieri americani e inglesi che attaccavano gli impianti industriali e le città dell'Italia del nord.»

«È un merito controverso», osservò Alberti. Poi continuò: «Del resto, tutto in quella guerra civile è stato controverso. Lo prova il fatto che noi italiani ci accapigliamo ancora sulle scelte che in quei venti mesi ci hanno messi gli uni contro gli altri...»

«Tornando a Visconti», continuai, «quando ci fu l'armistizio stava alla base di Decimomannu, nei pressi di Cagliari, all'estremo sud della Sardegna. Cercò di mettersi in contatto radio con il comando di Guidonia, vicino a Roma, ma nessuno gli rispose. Allora, il 9 settembre, decise di ritornare sul continente. Partì con tre Macchi C.205 Veltro, aerei da caccia moderni ed efficienti. Uno dei tre era pilotato dal sergente Laiolo.»

«Attraversò in verticale la Sardegna verso nord, passò in Corsica, sempre diretto a settentrione, virò sull'isola d'Elba e raggiunse Guidonia, dopo un volo di 700 chilometri, a bassa quota e in formazione molto allargata, per ridurre la possibilità di essere avvistati sia dagli angloamericani che dai tedeschi.»

«A quel punto, Visconti dovette scegliere», disse Alberti.

«Sì. E scelse la Repubblica sociale per le stesse ragioni che indirizzarono da quella parte tanti altri giovani come lui. Non era un fascista, ma l'amor di Patria era il tratto dominante della sua educazione civile. E il patriottismo lo spingeva verso la Rsi. Era anche indignato per come si erano comportati il re e Badoglio, fuggendo da Roma e lasciando i militari senza una guida e senza ordini.»

«Inoltre, Mussolini, appena rientrato in Italia, aveva affidato a un personaggio dal forte carisma il compito di creare un'Aeronautica repubblicana: il tenente colonnello Ernesto Botto, un monferrino di Villadeati, classe 1907, medaglia d'oro. Lo chiamavano 'Gamba di ferro', perché aveva ripreso a volare e a combattere dopo l'amputazione di un arto, subita in Spagna durante la guerra civile. Era un comandante molto popolare, amato e ammirato da tutti i piloti italiani.»

«All'armistizio, Botto aveva il comando della scuola di caccia di Gorizia. Sulle prime, rifiutò di aderire alla Rsi e di collaborare con i tedeschi. Mentre stava per essere deportato in Germania, venne convocato a Roma e, anche lui per l'amor di Patria, accettò l'incarico di sottosegretario all'Aeronautica repubblicana.»

«Visconti fu uno degli ufficiali che risposero all'appello di Botto. E a sua volta lo trasmise agli uomini che avevano combattuto con lui nella 310ª Squadriglia. Nel libro di Massimello, è riprodotta la lettera di Visconti inviata a Laiolo, che si trovava in licenza a Torino e aderì subito alla chiamata del suo comandante. Visconti gli spiegava che la squadriglia si sarebbe ricostituita all'aeroporto torinese di Mirafiori, 'con un altro nome e soltanto da caccia pura'. E aggiungeva che bisognava tornare a combattere 'per la difesa delle città italiane'.»

«Nella lettera, datata 19 ottobre 1943, quest'ultima frase era sottolineata, quasi a ribadire che l'impegno dei piloti sarebbe stato soltanto quello, e nessun altro. In effetti, Visconti, Laiolo e tanti come loro si sarebbero dati quest'unico obiettivo. Pensavano: bisogna contrastare i bombardieri anglo-americani che colpiscono le nostre città. Ma se non lo facciamo noi, non lo farà nessuno. La caccia della Luftwaffe difende soltanto le città tedesche e non gliene importa nulla delle nostre.»

«In quella lettera, Visconti si richiamava al fascismo repubblicano o a Mussolini?» domandò Alberti.

«No. Niente fascismo e niente Duce. L'unico nome che faceva era quello di Botto. E la carta intestata era ancora la vecchia del ministero dell'Aeronautica regia, con lo stemma dei Savoia.»

«Lo Stato Maggiore dell'Aeronautica della Rsi», continuai, «decise di costituire un Gruppo Caccia diviso in tre squadriglie. Una fu affidata a Visconti, ormai capitano. Con nove Macchi, il 3 gennaio 1944 ingaggiò il primo combattimento aereo contro una formazione di B-17 americani, diretti a bombardare la fabbrica di cuscinetti a sfere della Riv, a Villar Perosa, in provincia di Torino. I caccia di Visconti si scontrarono con i caccia di scorta ai B-17 e ne abbatterono quattro. Ma i B-17 raggiunsero ugualmente l'obiettivo e lo centrarono, causando gravi danni agli impianti della Riv.»

«Accadde spesso così: una guerra impari, del piccolo contro il grande, anzi contro l'immensamente grande. Da Mirafiori, il 1° Gruppo Caccia si trasferì a Campoformido, nei pressi di Udine, e poi a Reggio Emilia. Qui il comando passò a Visconti, promosso maggiore. Disponeva di appena trentanove Macchi C. 205 Veltro. E combatteva a testa bassa, senza risparmiarsi. Lo stesso facevano gli altri piloti. Caddero in tanti. Massimello elenca i nomi di 21 cacciatori, esperti e valorosi, morti in soli sei mesi di guerra, dal gennaio al giugno 1944.»

«A quel punto, il 1° Gruppo entrò in crisi. Molti dei piloti erano apolitici e si battevano soltanto per l'onore dell'Italia. Il primo capo dell'Aeronautica repubblicana era stato silurato dopo uno scontro con Roberto Farinacci, il ras di Cremona. La 'colpa' di Botto era di essere poco fascista, perché voleva tenere la politica lontana dai problemi militari. Al suo posto venne nominato il generale Arrigo Tessari. In giugno, Tessari andò a Reggio Emilia e discusse per due giorni con gli uomini di Visconti, già guardati con sospetto perché alcuni di loro avevano stracciato la tessera del Partito fascista repubblicano.»

«Visconti presentò a Tessari un documento da portare a Mussolini. Conteneva alcune richieste quasi assurde per un reparto combattente della Rsi. La prima, che ricalcava la linea di Botto, era di affermare la netta separazione tra la politica del Pfr e l'attività delle forze armate. La seconda domandava un chiarimento pubblico dei rapporti fra la Rsi e il Reich nazista, soprattutto a proposito dell'italianità del Tirolo e delle province orientali adriatiche. La terza chiedeva un intervento immediato del governo di Salò per far cessare le spoliazioni, le devastazioni e le deportazioni messe in atto dai tedeschi sul territorio italiano.»

«Che effetti produsse quel documento?» domandò Alberti.

«Nessuno. Tessari riferì a Mussolini che il reparto di Visconti aveva perso la fiducia nel fascismo e nell'alleato tedesco. E, secondo Massimello, aggiunse: 'La stanchezza fisica, le gravi perdite subite e, forse, l'influenza di qualche agente nemico, hanno messo in crisi il 1° Gruppo Caccia. La stanchezza non voleva essere dichiarata, ma si mascherava dietro i dubbi politici e l'insofferenza per l'ingerenza tedesca'.»

«Visconti venne sospeso dal comando e mandato in licenza a Sanremo, dove si trovava la sua famiglia. Ma il 25 luglio 1944 tornò a guidare il 1° Gruppo, trasferito a Thiene, in provincia di Vicenza. Tuttavia, la sorte di quel reparto era segnata. La mancanza di aerei e di piloti lo condannava all'inattività. Visconti divenne sempre più antitedesco e, al tempo stesso, senza la possibilità di contrastare la Luftwaffe, che voleva la scomparsa dell'Aeronautica repubblicana.»

«Da Thiene il Gruppo si trasferì ad Albino, in provincia di Bergamo, e all'inizio del marzo 1945 nel Varesotto, fra Cardano al Campo, Gallarate e Lonate Pozzolo. Fu qui che Visconti e il suo Gruppo vissero l'ultimo tempo della loro guerra isolata, con poca fortuna e, per chi la pensa come lei e me, dalla parte sbagliata. E quell'ultimo tempo vide anche la fine di un comandante leale, coraggioso e onesto.»

«Prima di rievocare in sintesi che cosa accadde», spiegai ad Alberti, «penso sia necessario mettere nero su bianco due punti certi. Primo: Visconti e i suoi cacciatori avevano combattuto sempre e soltanto contro i bombardieri degli Alleati, e mai contro le formazioni partigiane. Secondo: Visconti e i suoi uomini avevano compiuto due sole azioni di rastrellamento, peraltro del tutto incruente.»

«Secondo Massimello, la prima si era svolta il 5 marzo 1945 e la seconda il 15 aprile, entrambe nelle zone dove il Gruppo Caccia si era trasferito. Era accaduto che i partigiani del posto avevano catturato due avieri addetti ai servizi, forse mentre erano di corvée per acquistare dei viveri. Visconti andò a cercarli con qualcuno dei suoi, ma non riuscì a trovarli. Allora tornò alla base con un certo numero di sospetti che poco dopo furono rimessi in libertà. E senza aver subito, così pare, alcun maltrattamento.»

«Sulla fine di Visconti esistono quattro testimonianze, ampie, ricche di dettagli e tutte convergenti: del capitano Giuseppe Robetto, che era il suo vice, del maggiore medico Giuseppe Bendandi e dei tenenti Oscar Santoli e Franco Storchi. Massimello le ha usate tutte e quattro con intelligenza. La relazione di Robetto è stata pubblicata per intero negli 'Ultimi in grigioverde. Storia delle Forze Armate della Rsi', curata da Giorgio Pisanò e da suo fratello Paolo.»

«Qualcuno l'accuserà un'altra volta di aver utilizzato fonti fasciste», sorrise il vecchio Alberti. «Ma sono sicuro che lei, di nuovo, replicherà che di questa accusa non le importa nulla!»

«È così. Tuttavia devo avvertirla che il mio racconto sarà estremamente sintetico, un diario quasi telegrafico.

74

Chi vuol saperne di più, può ricorrere ai due libri che le ho citato.»

«Poco dopo il 15 aprile», cominciai, «Visconti e gli altri ufficiali del 1° Gruppo Caccia cominciano a discutere su che cosa fare al momento del crollo. L'aviazione da caccia della Rsi ha sempre combattuto contro gli Alleati per difendere il territorio italiano dai bombardamenti su case, industrie, ponti, ferrovie. Mai contro i partigiani. Si decide, dunque, di trattare soltanto con gli anglo-americani qualunque questione, compresa la resa. E non con politici o civili, proprio a causa del ruolo soltanto militare svolto dal reparto di Visconti.»

«25 aprile 1945. Il Gruppo ha due squadriglie dislocate a Cardano al Campo e una, con Visconti e il comando, a Gallarate. Gli aerei sono all'aeroporto della Malpensa, più alcuni velivoli in riparazione al campo di Lonate Pozzolo. Il personale è consegnato nelle caserme di Cardano e Gallarate. Quella mattina, due capi partigiani delle Garibaldi, comunisti, si presentano a Visconti, nella caserma di Gallarate, e chiedono la resa con la consegna immediata delle armi. Visconti rifiuta.»

«Lo stesso giorno il maggiore incontra il presidente del Cln di Gallarate, Enrico Vismara, un ingegnere democristiano sui trent'anni. E si accorda con lui per trasferire tutto il personale del Gruppo a Gallarate. Sono settecento uomini, che, senza incidenti, nel pomeriggio si accasermano nella scuola 'Ponti', in piazza Giovane Italia. La stessa sera, nuovo accordo con il Cln: nessun atto di ostilità da entrambe le parti.»

«26 aprile. Ben diciassette comandanti partigiani si presentano in successione a Visconti. Ognuno di loro afferma di essere il più importante nella zona. Tutti chiedono la resa immediata. Lui seguita a rifiutare. Alla sera,

75

nuovo rapporto di Visconti con i comandanti di squadriglia e dei reparti servizi. Si decide di conservare le armi e di aspettare.»

«27 aprile. Arrivano a Gallarate due ufficiali della Regia Aeronautica per trattare la resa del Gruppo. Li ha inviati il generale Virgilio Sala, incaricato dal governo Bonomi di recuperare il personale e i materiali dell'aviazione della Rsi. Visconti presenta le proprie condizioni: collaborare all'ordine pubblico, salvaguardare gli impianti, conservare le armi. Ma i capi delle Garibaldi impediranno che queste condizioni vengano riferite a Sala. Nel pomeriggio, i partigiani alzano delle barricate sulle strade d'accesso alla scuola 'Ponti'.»

«28 aprile. A Gallarate, forte movimento di partigiani, con cinque cannoni da 88 catturati ai tedeschi. Nel pomeriggio, si presentano a Visconti tre capi partigiani: Aldo, Manlio e Iso. Quest'ultimo è il geometra Aldo Aniasi, in quel momento comandante della 2ª Divisione Garibaldi 'Redi' e che in seguito diventerà sindaco socialista di Milano. Chiedono la resa incondizionata del Gruppo. Unica concessione: dopo la consegna delle armi, tutti saranno portati in una caserma di Milano, 'senza però alcuna garanzia per l'incolumità personale dei singoli', scrive il capitano Robetto.»

«Visconti non accetta. Chiede che tutti i suoi uomini, con le armi, siano condotti a Milano per trattare la resa con il generale Sala. Nel pomeriggio i partigiani ripresentano le loro condizioni. Tra queste: il disarmo e l'invio a casa della truppa e dei sottufficiali; il trasferimento degli ufficiali a Milano con la possibilità di conservare la pistola; l'impegno d'onore dei partigiani di non uccidere nessuno di loro sino al momento della consegna come prigionieri all'autorità militare italiana riconosciuta dal governo Bonomi. A Milano, Visconti potrà parlare con il generale Raffaele Cadorna, comandante del Corpo volontari della libertà.»

«Se Visconti insiste nel rifiutare la resa, i partigiani spareranno contro la scuola con i cannoni da 88. Il maggiore è incerto se firmare. Poi firma, a malincuore e per evitare un conflitto a fuoco in Gallarate. Molti dei piloti piangono. Dalle finestre della scuola, gli avieri gridano che non vogliono arrendersi.»

«29 aprile 1945. È domenica mattina. Visconti parla per l'ultima volta ai suoi uomini. Li ringrazia per il valore dimostrato, per l'abnegazione nel lavoro, per la disciplina assoluta, per le prove di fiducia e di dedizione. Riconosce che la guerra è perduta, ma dice che il 1° Gruppo Caccia ha mantenuto sino all'ultimo il suo onore militare. E conclude: d'ora in avanti, ciascuno risponde dei propri atti, ma di quanto si è fatto sino a questo momento la completa responsabilità è soltanto mia.»

«Partono tutti per Milano, su una colonna di autocorriere. Nell'attraversare il centro di Gallarate, la gente insulta piloti e avieri. Scriverà poi Robetto: 'Assassini è la parola che ci offende di più. E pensare che, fino a qualche giorno prima, avevamo combattuto e perso tanti compagni per difendere questa gente'. La sera precedente era stato bruciato in piazza un aereo di legno e cartone con la scritta '1° Gruppo Caccia'.»

«Alla periferia di Milano, i sottufficiali e la truppa vengono fatti scendere dalle corriere e rimessi in libertà. Gli ufficiali, sessanta più due ausiliarie, sono condotti su due torpedoni alla caserma del Savoia Cavalleria, in via Vincenzo Monti, già sede dell'intendenza della Gnr e adesso occupata dai partigiani della formazione di Aniasi e di un'altra Brigata Garibaldi. Visconti e con lui tutti gli ufficiali sono disarmati e rinchiusi in un grande stanzone, al secondo piano dell'edificio.»

«Poco prima delle ore 14, un partigiano si affaccia alla porta del camerone e chiede: 'Chi è il maggiore?' Visconti si fa avanti: 'Sono io'. Il partigiano gli ordina di seguirlo. A quel punto, si alza l'aiutante maggiore di Visconti. È un sottotenente di 23 anni, Valerio Stefanini, romano. Dice a Visconti: 'L'accompagno, comandante'. 'Sta bene, vieni', replica il maggiore, che pensa a un interrogatorio.»

«Mentre attraversano il cortile della caserma, Visconti e Stefanini vengono colpiti alle spalle dalle raffiche di un fucile mitragliatore. Stefanini muore subito. Il maggiore cade sulle ginocchia e viene finito con due colpi di rivoltella alla nuca, sparati da un commissario politico presente all'esecuzione.»

«Quanti anni aveva Visconti?» domandò Alberti.

«Ventinove. Ma come capitava ai giovani di quel tempo, sembrava più anziano della sua età anagrafica. Era un bel tipo, ben costruito, i capelli neri e ondulati, due baffi folti, l'aria sempre pensierosa: nelle tante foto che lo ritraggono, almeno in quelle conosciute, non sorride mai. Non era sposato, pare avesse una relazione con una signora romana, e non ha lasciato figli.»

«Che fine orrenda e ingiusta», mormorò Alberti. «Visconti, Stefanini e tutti gli altri che si erano arresi con loro erano prigionieri di guerra, protetti dalla Convenzione di Ginevra. È stato un assassinio. Si sa chi ha sparato le raffiche?»

«Secondo la ricostruzione di Massimello, a sparare era stato un partigiano russo. E non certo di sua iniziativa, aggiungo io. Dopo la guerra, fu incriminato, ma venne subito prosciolto perché l'omicidio era stato compiuto prima dell'8 maggio 1945, fine ufficiale del conflitto, e dunque andava considerato come un atto di guerra.»

«I partigiani avevano progettato di uccidere anche i capitani del 1° Gruppo. Una volta assassinato Visconti, avevano già fatto salire sopra un camion i dieci ufficiali più alti in grado per portarli chissà dove. In quel momento arrivò un colonnello dell'esercito che prese il comando della caserma e li salvò.»

«I corpi di Visconti e Stefanini furono poi trovati sepolti sotto un piccolo strato di terra, lungo il muro che dà su via Vincenzo Monti. Accanto a loro c'erano le salme di trentuno giustiziati in quella caserma, nei giorni della liberazione di Milano.»

«E il sergente Laiolo?» domandò Alberti.

«Ritornò ad Alessandria dalla madre e lì seppe della fine di Visconti. Venne epurato come tutti i suoi compagni, anche se poi molti di loro furono richiamati in servizio nell'Aeronautica militare. Laiolo non ebbe questa occasione. E campò facendo l'istruttore di volo. Peccato non averlo potuto ascoltare.»

«Già, peccato», si limitò a dire Alberti.

L'avvocato sembrava inseguire un pensiero. Allora gli chiesi su che cosa stesse rimuginando.

«Sto riflettendo sull'ottusa crudeltà del comandante partigiano che ha ordinato l'assassinio di Visconti», rispose lui. «Questo mister X voleva punire un fascista e invece ha creato un eroe di cui parliamo ancora oggi. Un bel passivo per un signore che si riteneva un patriota molto furbo, mentre era soltanto un macellaio troppo stupido.»

Il lungo silenzio

«Due mesi dopo la pubblicazione del 'Sangue dei vinti'», spiegai ad Alberti, «fra le tante lettere che stavo ricevendo, ne ho trovata una scritta da una signora che abita in provincia di Varese. Era dedicata a una ferita ancora aperta nell'anima di molti famigliari di chi era stato ucciso nella resa dei conti all'indomani della liberazione.»

«Qualche mese fa sono andato a trovarla. Abbiamo parlato a lungo. Le ho spiegato quale libro stavo preparando e le ho chiesto di riscrivermi la lettera, perché volevo inserirla in questo nuovo lavoro. Lei ha accettato, ma mi ha posto una condizione: nel testo da pubblicare non dovevano comparire nomi o località che potessero far risalire a lei e alla sua famiglia. Ecco il risultato, leggiamolo.»

Lei e io siamo coetanei, anch'io sono nata nel 1935, in ottobre, il suo stesso mese. Mio padre era del 1910, quando sono venuta al mondo aveva 25 anni e mia madre 23.

Eravamo una famiglia felice. Papà faceva il segretario comunale in una piccola città lombarda. Aveva la tessera del Pnf e credeva in Mussolini e nel fascismo. Ci credeva da uomo mite: so che si dice sempre così del proprio padre, ma lui era davvero una persona pacifica, per niente arrogante, del tutto incapace di far del male a una mosca.

Nell'autunno del 1943 si iscrisse al Partito fascista repubblicano. La mamma non voleva. Continuava a ripetergli che la guerra di Mussolini era perduta e per lui sarebbe stato più prudente restarsene in disparte. Ma papà seguitava ad avere fiducia nel Duce. Era rimasto inorridito dall'armistizio dell'8 settembre e da quella che poi verrà chiamata la fine della Patria. E riteneva una viltà nascondersi nel momento del bisogno.

La sua disgrazia cominciò nell'estate del 1944, quando il segretario del Pfr, Pavolini, decise di militarizzare il partito e costituì il corpo delle Brigate nere. Tra parentesi, lei avrà notato che nella pubblicistica antifascista, e anche nei film, le Brigate nere, anzi le famigerate Brigate nere con il teschio sul berretto, compaiono subito dopo l'8 settembre e sono responsabili fin dall'inizio di tutte le peggiori nefandezze della guerra civile. Però la realtà è stata molto diversa.

So che, anche oggi, per molti è sconveniente dirlo. Ma nelle Brigate nere c'era di tutto: dai violenti alle persone mite. E c'era perché l'ordine sciagurato di Pavolini aveva reso obbligatoria l'appartenenza a quel corpo per tutti gli iscritti al partito, dai 18 ai 60 anni. Dico sciagurato perché, da quanto ho capito, non mi pare che le Brigate nere abbiano dato un contributo determinante né al-

la guerra contro gli anglo-americani né alla controguer-
riglia sul versante delle bande partigiane.

Per parlare con ancora maggior chiarezza, l'invenzio-
ne di Pavolini è servita soltanto a spingere nel fuoco delle vendette dopo il 25 aprile tanti fascisti che non si erano macchiati di colpe speciali. E anche le loro famiglie.
Del resto, ho letto proprio nel suo «Sangue dei vinti»
storie terribili di persone uccise soltanto perché erano
padri o madri o fratelli di giovani brigatisti.

Per tornare a mio padre, anche lui fu costretto a vestire la divisa di una Brigata nera, quella della nostra provincia. Ma l'ha indossata soltanto qualche volta, quando
veniva convocato al comando. Per il resto, non partecipò
mai a nessuna operazione militare o di polizia. E seguitò
a fare il suo lavoro di segretario comunale. Senza mai
pensare di nascondersi o di fuggire neppure quando la
guerra civile arrivò alla fine.

Tuttavia, la mattina del 28 aprile 1945, una squadra di
partigiani, che ci sembravano quelli dell'ultima ora,
spesso i più spietati, venne a prenderlo in casa. Papà fu
trascinato sulla piazza del paese in cui stavamo. Qui lo
picchiarono in modo selvaggio. Riducendolo a un essere
che non aveva più nulla di umano. Poi qualcuno gli
sparò una raffica di mitra e lo uccise. Il suo corpo rimase
sulla piazza per due giorni, con un cartello che diceva:
«Così finiscono i torturatori delle Brigate nere».

La mamma e io, che non avevo ancora compiuto i 10
anni, passammo giorni indescrivibili. Avevamo la certezza di fare la stessa fine di papà. Ogni sera, qualcuno sparava colpi di rivoltella davanti alla nostra casa. E quando
la mamma, aiutata da un parente, andò a riprendere il
corpo di papà per seppellirlo, venne ingiuriata da persone che stazionavano sulla piazza. Qualcuno cercò anche

di aggredirla e si salvò soltanto per l'intervento energico, quasi furibondo, del parroco del paese.

Verso la metà del maggio 1945, la mamma e io andammo a vivere a casa del nonno paterno. Era un agricoltore abbastanza facoltoso, con un grande podere nella provincia vicina alla nostra. Lui non era mai stato fascista e credo che abbia dato dei soldi ai partigiani. Il nonno ci accolse, anche se odiava la mamma. L'accusava, a torto, di non aver impedito che suo figlio si iscrivesse al fascismo repubblicano. E appena arrivammo nella sua cascina, ci disse subito che non voleva più sentir raccontare di com'era morto papà.

È inutile che le descriva l'assurdità della nostra situazione. Sta di fatto che abbiamo cominciato a subire l'obbligo del silenzio anche in casa! La mamma e io potevamo parlare di papà soltanto di sera, quando ci ritiravamo nella nostra camera. Per il resto della giornata, guai a fiatare: era come se non fosse accaduto nulla.

Fu un'esperienza pazzesca, che oggi può sembrare incredibile. Ma durò sino all'inizio del 1947, quando la mamma trovò un lavoro da governante presso una famiglia ricca di un altro paese, sempre in Lombardia. Era una coppia di coniugi che viveva in una grande villa in mezzo alla campagna. Il loro unico figlio era stato un giovane ufficiale della X Mas, morto in combattimento all'inizio dell'aprile 1945 sul fronte del Senio, contro gli anglo-americani.

Ci trovammo bene in quella grande casa. Avevamo anche un piccolo alloggio tutto per noi. E potevamo parlare dei nostri morti: i padroni del loro figliolo e noi di papà. Ma fuori il silenzio restava obbligatorio. Quando andai al ginnasio e poi al liceo classico, la mamma mi consigliò di dire che papà era caduto in guerra nel 1941, in Africa settentrionale.

A me pesava rifugiarmi dietro questa bugia. Papà non aveva fatto nulla di disonorevole né tanto meno di abietto. Era soltanto un piccolo ramo strappato da un albero durante una grande tempesta. Ma il suggerimento di mia madre era giusto e mi comportai come voleva lei.

Al liceo, i professori erano di opinioni politiche diverse, ma tutti antifascisti. Il docente di italiano, in occasione del 25 aprile, ci dava un tema in classe sulla Resistenza. Per i primi due anni, l'ho svolto in modo generico, con le considerazioni più banali, la fine della guerra, il ritorno alla libertà e via di questo passo. Ma al terzo anno, nell'aprile 1954, quando mi avviavo a compiere i 19 anni, non ce l'ho fatta più. E ho raccontato la storia di mio padre.

Il professore corresse i temi, diede i voti, il mio fu un sette, quello che prendevo sempre. Poi lesse in classe qualche svolgimento, non il mio naturalmente. E al termine della lezione, nell'uscire mi chiese: «Puoi venire al liceo nel pomeriggio? Desidero parlarti». Tornata a casa, lo dissi alla mamma. E le spiegai che cosa avevo scritto in quel tema in classe. Lei, di nuovo, si spaventò.

Al pomeriggio, il professore mi domandò: «Perché prima non hai mai detto niente di tuo padre?» «Perché avevo paura», gli risposi. «Paura di che cosa?» «Non lo so. Ma avevo paura e anche vergogna. In tutti i libri che mi è capitato di leggere e in tutti i discorsi che mi è accaduto di sentire, quelli della Brigata nera li ho trovati descritti come dei mostri. Non potevo dire che mio padre era uno di loro, anche se non è mai stato un mostro!»

Il professore mi sorrise e il suo fu un sorriso buono. Poi mi raccontò di lui. Durante la guerra, si era trovato dall'altra parte. Prigioniero degli americani in Sicilia. Quindi tra i militari italiani che avevano combattuto a fianco dell'8ª Armata inglese. Tanti mesi di guerra sul fronte adriatico, contro i tedeschi che si ritiravano lentamente. Infine mi disse: «Non devi vergognarti di tuo padre. È la guerra civile che produce queste mostruosità. In fondo, anche tuo padre è una vittima della ferocia che tutte le guerre fanno emergere tra la gente. Comunque, non parlerò con nessuno del tuo tema. E ti consiglio di continuare a dire che lui è caduto in Africa».

Quasi irritata, gli domandai: «Perché dovrei restare zitta?» «Perché la guerra civile continua ancora, sia pure soltanto con le parole. E conosco i polli del mio pollaio, quello antifascista.» Gli chiesi se c'era un libro che raccontasse la storia degli sconfitti come mio padre. Lui mi consigliò di leggere «Tiro al piccione» di Giose Rimanelli, pubblicato l'anno precedente da Mondadori, nella Medusa degli italiani.

Dopo il libro di Rimanelli, che mi è piaciuto molto, ne ho cercati altri come il suo, ma non ne ho trovati. Ho cominciato a leggere la stampa del Movimento sociale. E lì ho scoperto tante vicende simili a quella di mio padre. Ma a raccontarle era una stampa di destra, nostalgica e fatalmente incline alla retorica.

Non ho mai dubitato che le storie che rievocava fossero vere, però mi sentivo insoddisfatta. E a poco a poco mi sono resa conto di avere una pretesa tutta mia: che fossero la stampa antifascista, e gli storici antifascisti, ad alzare il velo su quanto era accaduto dopo il 25 aprile.

Invece da quella parte regnava un silenzio assordante. Proprio così: un silenzio obbligato quanto il mio, sia pure per ragioni opposte. Gli sconfitti stavano zitti per paura. I vincitori si erano cuciti la bocca per un miserabile opportunismo.

Una volta presa la licenza liceale, avrei voluto iscrivermi a Lettere o a Storia e filosofia. Ma ci ho rinunciato perché, sia all'università che in seguito, nella professione di insegnante, sarei stata prigioniera della storia dei vincitori. Lei mi domanda di spiegarmi meglio. Eppure è così semplice, no? Le basterà un esempio per comprendere il mio problema.

Lei e io ci siamo scoperti coetanei. Da quel che mi ha detto nel nostro incontro, lei ha iniziato a frequentare Scienze politiche a Torino nell'autunno del 1954. In quello stesso momento, io mi iscrivevo al primo anno di Matematica, all'Università di X. Lei si è laureato nell'estate del 1959 con una tesi sulla Resistenza, «Guerra partigiana tra Genova e il Po». Io mi sono laureata con una tesi tutta diversa, ma nello stesso periodo.

Bene, che cosa sarebbe successo se a Lettere o a Storia e filosofia io avessi chiesto di fare una tesi sulla resa dei conti dopo il 25 aprile? Crede che qualche professore me l'avrebbe accettata? Io credo di no, nessun docente si sarebbe azzardato a dare una tesi del genere. Lei che ne pensa? Ho sentito che è d'accordo con me. Anzi, mi ha detto che neppure oggi, nel 2005, forse sarebbe possibile per uno studente lavorare a una tesi sul sangue dei vinti, per dirla spiccia.

Ma allora le domando: è un Paese libero quello dove, nel 1959, lo studente Giampaolo Pansa può laurearsi con una tesi sulla Resistenza e la studentessa X.Y., nello stesso momento, non può farlo con una tesi sui fascisti,

86

sui borghesi, sui preti, sui cattolici uccisi dai partigiani a guerra finita? Come vede, io mi sono data una risposta subito, al momento di iscrivermi all'università.

E così sono diventata un'insegnante di matematica, professione che ho fatto sino al momento di andare in pensione, qualche anno fa. La classica prof di matematica, severa e pure zitella, perché non mi sono mai sposata. Ho avuto diverse relazioni sentimentali, ma non ho mai voluto concluderle con un matrimonio. Mia madre m'incitava a sposarmi, però, come si usa dire, non ho mai trovato l'uomo giusto.

La relazione più seria, vera, bella, molto importante per me, l'ho vissuta fra i 30 e i 40 anni, con uno scapolo di qualche anno più anziano di me. Era un piccolo imprenditore che aveva due passioni, oltre a quella per me: le belle automobili e i libri di storia, proprio così!

Dal punto di vista politico, era un moderato, votava per il Partito liberale. Ma era un antifascista convinto, per via di uno zio paterno che era stato partigiano in Liguria ed era morto durante un rastrellamento nell'inverno fra il 1944 e il 1945, combattendo contro i tedeschi e i mongoli di cui lei parla spesso nel suo libro sulla guerra civile tra Genova e il Po.

A lui ho detto subito chi era mio padre e come i partigiani l'avessero ucciso dopo il 25 aprile. Sa quale è stata la sua reazione? Ha cominciato a comprare, e regalarmi, i libri che narravano del fascismo sconfitto e del bagno di sangue successivo alla liberazione. Lui me li portava a casa e io li leggevo, tutti, senza tralasciarne nessuno, con una voracità che stupiva anche il mio amico.

Li leggevo, ma non ero soddisfatta. E sa perché? Perché non erano scritti dagli altri, da voi antifascisti. Per farle capire meglio, leggevo, e ammiravo, Giorgio Pisanò. Ma avrei voluto che a raccontarmi le stesse cose fosse, per esempio, uno come lei, come Giampaolo Pansa.

La conoscevo sin d'allora, come giornalista e autore di libri sulla guerra civile. È stato quel mio moroso a regalarmi, nel 1970, il suo «Esercito di Salò». E le confesso che mi è piaciuto soltanto a metà. In quel suo lavoro c'era ancora troppo antifascismo di maniera. E lei giocava con troppa furbizia sui dissensi tra i vari corpi armati della Repubblica sociale, arrivando alla conclusione che era tutto un marciume.

Lei mi ha detto di non volermi contraddire, la ringrazio di non averlo fatto. Poi quella relazione con l'uomo delle belle auto e dei libri di storia, profonda, importante, è finita perché lui è morto all'improvviso, quando non aveva ancora cinquant'anni, in un incidente stradale.

La sua assenza mi ha lasciato in un vuoto terribile. L'ho superato anche continuando a coltivare il secondo interesse della sua vita, quello per la storia. Ho seguitato a leggere tutto quello che si pubblicava sulla guerra civile. Però con ben poche soddisfazioni.

I miei fascisti scrivevano e pubblicavano, ma con case editrici quasi sempre sconosciute. E anche i loro libri restavano ignoti al grande pubblico. Gli altri, ossia gli scrittori antifascisti, continuavano a fare scena muta sugli orrori compiuti dai partigiani. Anche l'ultima ondata di giovani storici resistenziali non mi è mai piaciuta: troppo faziosi e pure presuntuosi.

L'ho capito subito quando ho visto come chiamavano

i combattenti della Rsi: «saloini» da Salò. Non è ridicolo e anche infantile? Che cosa direbbero, questi signori, se chiamassi i partigiani «ciellenini», da Comitato di liberazione nazionale, o, peggio ancora, «civuellenini» da Corpo volontari della libertà?

All'inizio degli anni Novanta ho preso a seguirla con più attenzione. Nei suoi romanzi a sfondo storico, lei ha cominciato a guardare sempre più spesso all'altra metà della luna, uso una sua espressione. In «Ma l'amore no» comparivano le ragazze rapate dai partigiani e Giovanni, il bambino, vomitava per quello spettacolo disgustoso. Nei «Nostri giorni proibiti» la protagonista era una ragazza fascista alla quale avevano fucilato la madre e anche il padre, se non sbaglio. Nel «Bambino che guardava le donne» c'era Carmen, un'ausiliaria di Salò, sempre tormentata e sempre in fuga.

Come vede, sono una buona lettrice dei suoi libri. Ma anche una lettrice con molte pretese. Mi domandavo, con curiosità maliziosa: vediamo fin dove oserà spingersi questo giornalista che sforna libri su libri! Poi lei ha pubblicato «I figli dell'Aquila», la storia del ragazzo arruolatosi prima nella X Mas e poi nella Divisione «San Marco». E allora mi sono detta: forse ci siamo, vediamo la prossima tappa di questa marcia d'avvicinamento alla tragedia di quelli come mio padre.

Alla fine, ho trovato in libreria «Il sangue dei vinti». Credo di essere stata uno dei primi a comprarlo, il mio libraio è molto attento. L'ho letto in due giorni. E vuol sapere con quale risultato? Che mi sono infuriata con lei. Il perché lo conosce, l'ho scritto nella lettera che le ho spedito all'«Espresso». Ed è molto semplice: perché ha scritto quel libro soltanto nel 2003 e non dieci o venti anni prima?

Lei era «l'altro» che cercavo e che speravo scrivesse sulla nostra storia, sulle nostre tragedie di sconfitti, sul sangue versato dai vinti e non soltanto dai vincitori. Ma si era mosso con troppo ritardo, dopo aver aspettato troppi anni, lasciando morire nel silenzio tanti di quelli che avrebbero potuto raccontarle cose che, adesso, nessuno le racconterà più.

Far passare il tempo senza che non succeda nulla, obbligando chi ha perso a tacere: ecco l'arma più insidiosa dei vincitori. In qualche modo, anche lei è stato complice di questa strategia del silenzio.

Adesso vedo che sta riprovando a dar voce agli sconfitti. E mi scoprirò contenta se, in questo suo nuovo libro, ci sarà anche la mia voce.

Sconosciuto 1945

«QUESTA è la testimonianza di Giovanna Caprino Picciau», spiegai all'avvocato Alberti. «È una pittrice brava e nota, figlia di un giornalista fascista ucciso a Milano nel maggio 1945. Il padre si chiamava Sebastiano Caprino.»

«Non era il redattore capo di 'Repubblica fascista'?» domandò Alberti.

«Sì, lavorava a fianco del direttore, Enzo Pezzato. Quel quotidiano era il più importante dei giornali nati al tempo della Repubblica sociale. Uscì a Milano sino al 26 aprile 1945. Pezzato, Caprino e la segretaria di redazione, Pia Scimonelli, si nascosero in un appartamento ritenuto sicuro. Ma vennero scoperti e uccisi dai partigiani. Sentiamo che cosa mi ha narrato Giovanna.»

Ci sono soprattutto tre persone nella storia che lei mi chiede di raccontare. La prima è mio padre, Sebastiano

Caprino. Poi viene mia madre, Francesca Pagani. Infine c'è il mio nonno materno, Alfredo Pagani. Accanto a loro mi metto anch'io, Giovanna Caprino Picciau.

Nel «Sangue dei vinti» lei mi aveva cancellato, scrivendo che Sebastiano e Francesca avevano un bambino: mio fratello Antonello. Invece esistevo e stavo con loro in quei giorni terribili, a Milano, nell'aprile del 1945.

Mio padre Sebastiano era nato a Roma il 31 marzo 1917. Anch'io sono nata un 31 marzo, del 1941. Lei dice che papà e io siamo gemelli astrali. Che cosa può significare? Vedo che né lei né io lo sappiamo...

Se guardo le fotografie di mio padre, mi trovo di fronte un giovane davvero bello, statura media, snello, capelli castani lucidi, occhi scuri. Papà possedeva la bellezza del sardo bruno. I suoi venivano da Sassari, i Satta Caprino. Il padre Antonello era un avvocato importante, con studio a Roma. Era fascista e consigliere nazionale del Pnf. La loro era una famiglia molto formale e dotata di mezzi.

Sebastiano viene educato in questo ambiente, piuttosto rigido, con la severità delle famiglie borghesi di quel tempo. Studia al liceo classico, poi sceglie Giurisprudenza. Dopo la laurea, si iscrive alla facoltà di Scienze politiche, a Firenze. Trascorre anche un anno a Monaco per imparare bene il tedesco, in vista di un'eventuale carriera in diplomazia.

Invece, il suo percorso esistenziale si avvia lungo due strade parallele. La prima è quasi fatale per un fascista integrale com'è lui, completamente preso dalla passione politica. È vicesegretario del Gruppo universitario fascista, il Guf, di Roma, e poi è addetto all'Ufficio stampa e propaganda del partito. Ma la passione vera di Sebastiano è il giornalismo. Comincia presto a scrivere per i quotidiani e i settimanali del tempo, soprattutto su «Roma fascista». E seguiterà a farlo, da inviato speciale sui vari fronti, una volta scoppiata la guerra.

Attorno ai 20 anni, Sebastiano incontra la donna della sua vita. È Francesca Pagani, anche lei del 1917. Si conoscono ai Littoriali della neve, all'Abetone, erano entrambi sportivi e sciavano bene. Lei è una ragazza splendida, alta, capelli castani, occhi azzurri. Nata a Roma, studia al Conservatorio di Santa Cecilia, si diploma in pianoforte e inizia a tenere dei concerti. Anche Francesca viene da una famiglia borghese, ma diversa da quella di Sebastiano.

Suo padre è Alfredo Pagani, nato nel 1888, ingegnere, imprenditore, costruttore di strade. Un uomo speciale: bellissimo, coraggioso, leale, alpinista e sciatore provetto, campione italiano di decathlon, olimpionico a Londra nel 1908 e a Stoccolma nel 1912. Nella prima guerra mondiale, si guadagna una medaglia d'argento. È lui il terzo personaggio della nostra storia e tra poco le dirò perché.

Sebastiano e Francesca si sposano nel 1940. Un anno dopo, nasce il loro primo figlio: sono io, Giovanna. Nel 1942 nasce Antonello. Sebastiano è stato un buon padre, per noi? Penso di sì. Aveva un carattere severo, e con i figli piccoli manteneva una certa distanza. Ma era stato educato così. I miei pochi ricordi mi rimandano l'immagine di un padre con il comportamento del gran signore. Poi, dentro la sua vita e attorno alla nostra, c'era tutto il resto: la militanza politica, il giornalismo e infine la guerra.

Quando l'Italia entra in guerra, lui ha 23 anni e si arruola volontario, sottotenente di fanteria. Viene mandato in Albania, in Grecia, in Jugoslavia. Nell'estate del 1941 va in Russia con il Corpo di spedizione italiano, sottotenente dell'82° Reggimento Fanteria della Divisione «Torino». Dai vari fronti continua a scrivere e invia gli articoli all'Ente Stampa, che controlla e distribuisce ai giornali i pezzi degli inviati di guerra.

Come scrive Sebastiano? Con uno stile moderno, poco retorico, diretto, svelto, semplice e chiaro, frasi brevi. Insomma, è un giornalista che si fa leggere e che appare più avanti di parecchi colleghi dell'epoca. Naturalmente, gli articoli risentono molto della sua fede fascista. Ma non è il classico inviato speciale che segue le truppe. Lui sta con le truppe, in mezzo ai soldati. È un militare che combatte e rischia la vita.

Il 6 dicembre 1941, sul fronte russo, alla quota 129 di Wolinzewo, mentre partecipa all'attacco della Linea Zeta sovietica, viene ferito a una gamba dalle schegge di una bomba di mortaio.

Lui racconterà così quel momento: «Entrammo in combattimento. Il freddo era terribile: 35 gradi sottozero. Avanzavamo sulla neve dura come il marmo. L'artiglieria russa faceva un fuoco terribile. Anche le katiusce sparavano e le raffiche di mitragliatrice sollevavano una polvere bianca. Bisognava andare all'assalto. Qualcuno vicino a me cadde ferito. Strisciando sul terreno, ci avvicinammo a un boschetto dove le mitragliatrici russe sparavano all'impazzata. Eravamo proprio sotto le posizioni nemiche. Un colpo di mortaio ci cascò addosso. Le schegge investirono molti di noi. Ricevetti una staffilata alle gambe. Cercai di rialzarmi, ma non mi riuscì».

Per quell'azione si guadagna la medaglia di bronzo. Ricoverato in Italia in un ospedale del nord, una volta guarito non tornerà più in Russia. Ma il giorno precedente il ferimento, da Ordjenikitze papà ha spedito alla mamma una lettera per me, un testamento spirituale scritto il 1° dicembre. Ero una bambina di otto mesi e l'ho letto molti anni dopo. Adesso non ho il cuore di rileggerlo, preferisco ricordare la lettera inviata alla mamma.

Cominciava così: «Mia Francesca, ho scritto a Giovanna una consegna spirituale. Se non dovessi tornare, conservala e fagliela leggere quando sarà in età di comprenderla. Domani, forse, andremo all'attacco. L'osso è duro e il nemico si difende rabbiosamente. Il mio pensiero è vicino a te, mio grande amore, gioia della mia giovinezza. Non rimpiangere la mia morte sul campo dell'onore, sono fiero di aver dato alla Patria tutto me stesso, di aver fatto della mia vita fino a oggi l'immagine esatta della mia fede di italiano e di fascista. Ho creduto, ho obbedito, ho combattuto. Se dovrò morire, cadrò alla testa dei miei fanti, scagliando contro il nemico l'urlo della mia fede. Ricordami, perché ti ho amato tanto, quasi con disperazione. Non rimpiangermi perché non vi è morte più bella di quella del combattente. Educa mia figlia agli ideali della Patria, della Famiglia, del Dovere...»

Nel 1942 ci trasferiamo tutti e quattro a Milano. Dopo l'8 settembre, papà aderisce subito alla Repubblica sociale. Lavora a Radiotevere, un canale radiofonico dell'Eiar. Poi, dal 13 luglio 1944, diventa redattore capo del quotidiano «Repubblica fascista», con Enzo Pezzato direttore. Per ordine del ministro della Cultura popolare,

Fernando Mezzasoma, sostituiscono Carlo Borsani, ritenuto troppo morbido con gli antifascisti.

Di quell'epoca rammento poche cose. Ero molto piccola, all'8 settembre 1943 avevo 2 anni e mezzo, e alla fine della guerra 4 anni e un mese. Dove abitavamo a Milano? Non lo so. Ma siamo rimasti sempre lì e sempre nella stessa casa, in un quartiere presidiato dai tedeschi. Ricordo un appartamento a un piano alto, il coprifuoco per paura dei bombardamenti, una luce rimasta accesa e dalla strada sparano una raffica di fucile mitragliatore. E ancora: le sirene degli allarmi, le bombe, la mamma con mio fratello in braccio e me per mano che corriamo nel rifugio sotterraneo del palazzo.

Papà rincasava dal giornale durante la notte. Ma non sempre. Lo vedevamo qualche volta. Quando la guerra stava per finire, doveva essere nella seconda metà dell'aprile 1945, la mamma e noi due piccoli ci siamo rifugiati in un asilo di suore, non so di quale ordine, sempre a Milano. Papà non è mai venuto in quell'asilo. Dopo che siamo andati lì, non l'ho più visto.

L'ultimo ricordo che ho di lui? Papà che è tornato a dormire a casa, si alza nel primo pomeriggio, e si aggira nelle stanze indossando una veste da camera a righe bordeaux e argento. Poi basta. C'è il buio nella mia memoria.

La mamma è disperata, non sappiamo più nulla di papà. Lo aspettiamo in quel rifugio, però lui non si fa vivo. Qualcuno ci dice che i partigiani hanno conquistato Milano e che stanno uccidendo tutti i fascisti che trovano. Le suore ci raccomandano di non uscire e di aspettare, aspettare. Noi aspettiamo, ma inutilmente.

Poi arriva da Roma, non so attraverso quali peripezie, il nonno Alfredo, l'ingegner Pagani. Insieme alla mamma, il nonno comincia a cercare papà. Quasi subito vengono a sapere che al cimitero di Musocco ci sono delle fosse piene di cadaveri dei fascisti giustiziati.

Dopo giorni di ricerche, il nonno intuisce da alcuni indizi che in una certa fossa c'è il corpo di papà. La fa aprire, si cala dentro e lo trova. Papà viene riconosciuto dal vestito: con la stessa pezza di flanella, era stato fatto un abito per lui e una gonna per la mamma.

La faccia di mio padre non c'era più: l'avevano devastata i proiettili che gli erano stati sparati sul volto. Sopra al cadavere, legata con una corda, c'era una targa rettangolare di piombo. Recava la scritta: «Sconosciuto 1945». Eccola, l'ho conservata. Il corpo viene portato a Roma e sepolto nel cimitero del Verano, il 29 maggio 1945.

Anche noi tre ritorniamo a Roma, nella casa del nonno, in via Boncompagni. Per mantenerci, la mamma trova lavoro in un ufficio americano. Nel 1947, a 30 anni, fa il concorso per annunciatrici alla Rai. Lo vince e sarà la prima annunciatrice della nuova radio italiana, insieme ad altre due ragazze.

Io sono una bambina cresciuta senza papà. Nei temi delle elementari, scrivevo che mio padre era morto in guerra. Era quello che ci aveva raccontato la mamma. Per molto tempo, questa spiegazione mi è bastata, anche se intuivo che esisteva dell'altro, non detto. Ma non avevo nessuna voglia di sapere sino in fondo che cosa fosse accaduto. Era l'incontro fra due assenze: quella di mio padre e la mia. Pure io ero come assente.

Eppure, da bambina la figura paterna mi mancava tantissimo. Anche se si trattava della mancanza di qualcosa che non c'era, perché, come le ho detto, a Milano papà lo vedevamo poco. Comunque, questa mancanza si faceva sentire, fortissima. Reagivo costruendomi un mondo fantastico, dove tutto faceva casa, persino l'odore di cucina che veniva dalla portineria del palazzo.

Lei mi chiede quando ho saputo che papà era stato ucciso dai partigiani. Non lo so. In casa non si parlava di quella tragedia, anche per paura, anche per proteggere la nostra infanzia. Questa storia terribile è stata circondata dal silenzio. Coperta da un velo di riserbo e, insieme, di pietà.

Ho cominciato a scoprire in che modo papà aveva perso la vita origliando i discorsi dei grandi, come se guardassi attraverso il buco di una serratura. Tentavo di capire attraverso le allusioni e i silenzi. Poco per volta, piano piano, le tessere del puzzle sono andate a collocarsi nel modo giusto. E ho recuperato una storia in parte vera, in parte incompleta.

Mentre cercavo la verità, mi è sembrato di capire che mio padre era stato trovato senza testa. Da bambina, di notte mi svegliavo per quell'incubo: il cadavere di papà decapitato. Ma non piangevo. Covavo. Tenevo tutto dentro. Con la mamma non ho mai parlato di quegli incubi, mai.

Crescendo, ho iniziato a riflettere sulla figura di papà e sulla sua fine. Tutto mi spingeva a farlo. Quando ho visto il documentario di Alain Resnais, «Notte e nebbia», sulla deportazione e lo sterminio degli ebrei, mi sono detta che anche il fascismo era responsabile dell'Olocausto. E che anche mio padre, pur senza avere una colpa diretta, aveva fatto parte di quel sistema.

L'effetto è stato terribile. Però non mi sono mai vergognata di lui, mai. Mi sono vergognata del fascismo, questo sì. Per papà provavo soprattutto amore. In fondo, lui aveva pagato, era stato ucciso.

Infine, è arrivata la domanda di Anna Maria Mori, una brava giornalista e scrittrice. Stavamo costruendo il libro sul mio lavoro di pittrice. Anna Maria ha osservato: è una stranezza che, in un libro tutto dedicato a te, non si parli della tua vita e delle vicende che l'hanno segnata.

Allora ho deciso di fare con Anna Maria un'intervista in cui narravo nei dettagli essenziali la storia di mio padre. È stata la prima volta che ho raccontato la fine di papà. Alcuni dei miei amici più cari si sono stupiti del fatto che con loro non ne avessi mai accennato. Ma come avrei potuto? È ancora la più grande tragedia della mia vita. E lo resterà sino alla fine.

Per me, la morte di mio padre è sempre stata dietro gli avvenimenti, intendo quello che accadeva nella vita pubblica, nella politica. Come un retropensiero continuamente presente e determinante per giudicarli. In fondo, mi ha provocato un senso di non appartenenza politica, anche se ho sempre votato a sinistra. Il mio sentimento primario era quello di esprimere una diversità. E di non allinearmi.

Alle spalle di ogni storia tragica ce n'è sempre un'altra, ancora più drammatica. È quella che non si narra a nessuno per rispettare i sentimenti di chi è vivo, l'amor proprio, l'orgoglio, l'intimità delle persone. A volte si tace perché anche nell'Italia di oggi spesso è molto difficile ripercorrere la propria storia personale, e la storia lacerata del nostro Paese, con la libertà che dovrebbe esserci in una società pacificata, lontana dal clima d'odio delle guerre civili.

Mi spiego con un esempio. Vivo in un ambiente progressista e una sera mi è capitato di parlare con uno della Resistenza. Lui raccontava con orgoglio di aver stanato molti fascisti a Milano nei giorni della liberazione, di averli denunciati e di averne fatti giustiziare alcuni. Ho pensato: «Questo potrebbe essere uno degli assassini di mio padre...» Quella sera non ho fatto commenti. Ma l'episodio mi ha costretto a riflettere. Poi è arrivato il suo libro. Era scritto da uno della mia stessa parte. E mi è sembrato che mi tendesse una mano amica.

Lei mi domanda se il ripensare a questa tragedia mi abbia cambiato. No, credo di no. Ho avuto sempre un equilibrio che mi fa essere tollerante. Odio gli eccessi. Odio litigare. Odio le tensioni forti. E sono scettica su tutti i tipi di fanatismo. Credo che conducano sempre a forme di giustizia sommaria, come quella che si è portata via l'esistenza di mio padre.

Lei mi chiede ancora se qualche volta penso che papà, come si dice in modo spiccio, se la sia cercata. Certo, se l'è cercata: non sono cieca. Il mio nonno materno lo aveva messo sull'avviso: non andate nell'Italia del nord perché lì vi ammazzano. E quando era già cominciata la guerra civile, ha insistito: venite via da Milano! Papà gli ha risposto: non ho mai fatto del male a nessuno, il mio dovere è di restare qui.

Ma restare voleva dire percorrere sino in fondo una strada terribile, che quasi sempre non offre scampo. Papà sapeva che la guerra civile non esclude nessun colpo. E mette gli uni contro gli altri i cittadini di uno stesso Paese, obbligandoli a combattersi senza pietà.

Lo spiegò con chiarezza molto aspra in una delle trasmissioni di «Radio soldato», il 18 agosto 1944: «Non ci si venga a dire che non bisogna far scorrere sangue fraterno. I complici del nemico hanno mischiato il loro sangue, insieme con la loro torbida coscienza, al sangue bastardo dei mercenari multicolori che hanno martoriato la nostra terra. E come questi li combatteremo e li annienteremo».

Papà sapeva a che cosa poteva andare incontro. In un articolo del settembre 1944 su «Repubblica fascista», quando la sconfitta di Mussolini sembrava ancora lontana, c'è una premonizione di quel che poteva accadergli: «Nella dura partita che abbiamo iniziato un anno fa, nella bisaccia dei colpi da ricevere che era opportuno preventivare con assoluta freddezza e senza falsi ottimismi, abbiamo previsto anche il processo e, perché no?, anche il plotone di esecuzione… Immaginiamo tutto quello che avverrebbe, con chiarissima crudezza di particolari: dalle grida roche degli scamiciati sanculotti, alle manifestazioni di gioia inscenate sulle nostre bare, ai commenti della stampa sulla benefica opera di epurazione…»

Sì, lui se l'è cercata e se l'è trovata. Altri no, sono riusciti a scamparla, anche se avevano responsabilità ben più grandi di Sebastiano Caprino. In questo senso, io salvo mio padre.

Al «Corriere» e dintorni

«CONOSCE Vieri Poggiali?» chiesi all'avvocato Alberti.

«Sì. È un giornalista economico, molto preparato e attendibile.»

«Dopo l'uscita del 'Sangue dei vinti', mi ha mandato una lunga lettera per raccontarmi la storia di suo padre Ciro, anche lui un giornalista molto noto. Confesso che sapevo poco di lui. E dalla lettera di Vieri ho imparato tante cose che non conoscevo. Vogliamo leggerla insieme?»

Mio padre Ciro Poggiali (1890-1955) è stato un buon giornalista. Era nato in una famiglia fiorentina, le cui fortune, create da un mio bisnonno, stretto collaboratore del fisico Antonio Pacinotti, rapidamente sfiorirono dopo la precoce morte del mio nonno paterno. Papà fu giovanissimo stenografo, indi giornalista a vent'anni. Si trasferì a Milano su richiesta del quotidiano «Il Secolo» che l'aveva assunto. Poi, nel 1920 o nel 1921, venne chiamato da Luigi Albertini al «Corriere della Sera» e vi fece rapida carriera.

Nel 1925, quando Mussolini era al potere da tre anni, non se la sentì di seguire quanti lasciavano il «Corriere» per una giusta scelta politica. Forse perché era da poco il capocronista, non ebbe la forza di sacrificare la posizione appena acquisita. Nel 1934, il federale fascista di Milano, Parenti, ne pretese la testa, indispettito da un servizio in cronaca sui bassifondi milanesi e sulla malavita in città. Un affronto grave nella Milano del «covo» mussoliniano e alla vigilia di una storica visita del gran capo in città.

Il direttore del «Corriere», Aldo Borelli, fu obbligato a licenziare Poggiali da capo della cronaca. Ma, da galantuomo, un mese dopo lo riassunse come collaboratore e poi lo passò a inviato speciale. Di lì in avanti, mio padre si fece l'Etiopia, la Spagna, l'Albania e altro, da inviato di guerra. Nel 1940 approdò a Berlino, per reggere, insieme a Renzo Segàla, l'ufficio di corrispondenza più importante di quegli anni. Dalla Germania se ne venne via in un modo fortunoso che merita qualche riga.

Il 19 luglio 1943, a Feltre, vi fu l'incontro tra Hitler e Mussolini, nel quale il Duce tradì le richieste dei vertici militari italiani, dirette a prospettare al Fuhrer la possibilità di un'uscita dell'Italia dalla guerra. Il nostro ambasciatore a Berlino, Dino Alfieri, si era recato a Feltre su un aereo tedesco ed era rientrato la sera stessa nella capitale tedesca, con il medesimo velivolo. Sapeva di dover tornare a Roma, dove lo aspettava la seduta del Gran Consiglio del partito, quella fatale del 24 luglio. E chiese ai corrispondenti italiani se qualcuno voleva approfittare della sua carrozza ferroviaria speciale, per rientrare in Patria in vista delle vacanze.

Si fece avanti mio padre. Sbarcò a Milano il mattino del 22 luglio, mentre Alfieri proseguiva per Roma. Come sappiamo, Alfieri poi votò l'ordine del giorno Grandi che liquidava Mussolini. Subito dopo, si rifugiò a Premeno, vicino a Luino. E di lì passò in Svizzera, sfuggendo così alla cattura, al processo di Verona e alla fucilazione con Galeazzo Ciano e gli altri. Mio padre si guardò bene dal tornare a Berlino e rimase a Milano, in redazione, a via Solferino.

In quel tempo, la mia famiglia aveva una casa di campagna a Besnate, sulle Prealpi varesine, un posto da sfollati. Con noi convivevano la sorella nubile di mia madre e la loro mamma, cresciute a Trieste e, a suo tempo, cittadine dell'Impero austro-ungarico. Nel 1940, pochi mesi dopo le leggi razziali, aveva trovato rifugio in quella casa uno zio ebreo della mamma, anch'egli triestino, che vi rimase nascosto sino al maggio 1945.

Mio padre aveva due fratelli di poco più anziani. Uno stava a Milano, l'altro ad Arezzo. Il primo aveva un figlio maschio, Mino Poggiali, classe 1925. Chiamato alle armi dalla Repubblica sociale, nel 1944, a 19 anni, fu inquadrato nelle SS italiane, sotto comando tedesco. Un mese dopo quell'arruolamento forzato, mentre stava a Cremona all'addestramento, Mino decise di disertare per nascondersi in montagna. Ci fu una spiata, venne arrestato, processato e condannato a morte.

Papà si batté come un disperato per salvare il nipote. Dopo vani tentativi, anche con il cardinale di Milano, Ildefonso Schuster, ci riuscì attraverso il maresciallo Rodolfo Graziani, che aveva conosciuto ad Addis Abeba. Graziani intervenne personalmente sul maresciallo Albert Kesselring e Mino ebbe la pena capitale convertita nel carcere a vita. Mio cugino venne deportato in un campo di concentramento tedesco, a Torgau, sull'Elba. E morì di stenti a 20 anni, il giorno prima di essere liberato. Ventiquattro ore dopo, infatti, proprio a Torgau s'incontrarono, venendo da opposte direzioni, i russi e gli americani.

Nel frattempo, mio padre era rimasto al «Corriere», in via Solferino, passato sotto la direzione di Ermanno Amicucci. La redazione si andava via via sguarnendo, sino ai superstiti dodici giornalisti, tra i quali Orio Vergani ed Emilio Radius. Papà non poteva rifugiarsi in Svizzera, come tanti altri colleghi avevano fatto. In casa nostra c'era lo zio ebreo nascosto e la fuga oltre confine avrebbe subito causato una perquisizione della Guardia nazionale repubblicana. E poi aveva dovuto dare ai tedeschi la propria garanzia personale per salvare la pelle al nipote Mino.

A due giorni dalla fine della guerra, il 23 aprile 1945, dopo essersi consultato con il Cln clandestino del «Corriere», in particolare con Benso Fini e Rosario Agnati, scomparso ultranovantenne nel 2001, papà tentò la mossa estrema delle dimissioni. Le diede, ma questo non gli bastò per essere richiamato al giornale dopo la liberazione.

A opporsi furono dei tipografi di area comunista. Sembra che non gli perdonassero un intervento verbale in tipografia per evitare uno sciopero, non so se nel 1944 o nel 1945. Pare che mio padre li avesse esortati a non far incattivire i tedeschi che, per rappresaglia, avrebbero potuto asportare i macchinari del giornale.

Qualche anno dopo, Mario Missiroli, appena succeduto a Guglielmo Emanuel, gli offrì di rientrare al «Corriere». Ma mio padre, che nel 1945 si era sentito molto ferito, rifiutò. E finì col trascorrere, un po' tristemente, l'ultimo decennio di professione al «Corriere lombardo» con Benso Fini e poi a «L'Italia», quotidiano cattolico.

Oggi rimpiango moltissimo di non aver mai tentato di approfondire con lui gli eventi bellici e post-bellici vissuti. Morì quasi all'improvviso, quando avevo 21 anni. Però so che mio padre non fu mai un fascista. Nell'archivio del «Corriere» ho rintracciato una lettera del direttore Borelli, inviata ad Aldo Valori, il capo della redazione romana del giornale. Più del direttore, Valori vigilava sull'ortodossia del «Corriere», suggerendo di sostituire ogni superstite giornalista albertiniano con uomini «di provata fede».

Pur difendendo mio padre, Borelli aveva ammesso che «Poggiali era un democratico». Ma sosteneva pure che «in redazione bada ai fatti suoi e non contrasta l'indirizzo del giornale». Poi Borelli dovette arrendersi e, come ho già detto, licenziò mio padre.

So che, alle prime elezioni amministrative del dopoguerra, nel marzo 1946, Ferruccio Parri propose a papà di candidarsi nella lista del Partito d'azione. Lui non accettò, si sentiva un giornalista e nient'altro. Aggiungo che Parri conosceva bene mio padre, avevano lavorato insieme al «Corriere» sino al 1925. E non gli avrebbe fatto quella proposta se l'avesse considerato un ex fascista.

Non di meno, per essere rimasto forzatamente in via Solferino per le ragioni che conosciamo, mio padre ne pagò le conseguenze. Nei giorni successivi alla liberazione, tornò con noi a Besnate. Qui, forse per incitamento di un nostro mezzadro, venne arrestato da partigiani del posto, arrivati in casa nostra addirittura in dodici. Era il 29 o il 30 aprile 1945 e lo portarono al carcere di Gallarate.

A farlo uscire dopo qualche giorno fu mia madre. Scatenatasi come una furia, riuscì a ottenere l'intervento di un colonnello inglese, Hancock, che trent'anni prima era stato amico della famiglia di mia mamma, a Trieste.

La sera dell'arresto, in casa eravamo rimasti in quattro: mia nonna, il prozio ebreo, mio fratello di 15 anni e io di 11. La nonna chiese ansiosa al comandante della pattuglia partigiana: «Che cosa potrà succedere a mio genero?» Con cipiglio, il capo rispose a lei e a noi, ragazzini in preda al terrore: «L'abbiamo preso oggi. E a quest'ora il processo dovrebbero averlo già finito. Ma le fucilazioni si fanno di mattina. Suo genero lo ammazzeranno di sicuro nelle prime ore di domani...»

Poi, come ho detto, non andò così. Però non ho mai dimenticato la faccia di quell'uomo. Assomigliava, leggermente più indurito nei tratti, all'attore francese che nel film «La Cage aux folles», «Il vizietto», accanto a Ugo Tognazzi, ha il ruolo dell'eccentrico ballerino omosessuale.

Ma le nostre vicende famigliari non finiscono qui. L'altro fratello di mio padre, quello di Arezzo, aveva due gemelli maschi, classe 1921. All'8 settembre, erano entrambi sottotenenti dell'esercito. Il primo finì in una delle divisioni della Rsi, la «Monterosa», e alla fine della guerra si fece sei mesi di campo di concentramento a Coltano.

L'altro si arruolò nel Corpo italiano di liberazione. E il 5 maggio 1945, con la divisa alleata, suonò al campanello di casa nostra a Milano. I due gemelli avrebbero anche potuto spararsi l'un l'altro, su qualche tratto del fronte, senza rendersene conto. Ma per fortuna non accadde.

C'è un'ultima appendice e riguarda Trieste. Qui vivevano altri zii e primi cugini di mia madre. Uno di loro era stato un fervente, anche se innocuo, fascista. Un giorno dell'ottobre 1943, uscì di casa per cercare qualche uovo da comprare. Puntò sul Carso e non rientrò più. Si seppe in seguito che era stato infoibato. Ma non a Basovizza, pare, bensì in un'altra e contigua buca.

Riepilogando. Un primo cugino morto di stenti in un lager tedesco. Un prozio ebreo nascosto in casa, con molti pericoli e per cinque anni. Un altro prozio infoibato dagli jugoslavi. Due gemelli arruolati in eserciti avversi. Una quasi-epurazione professionale di mio padre, con rischi per la pelle. Ecco il contributo di partecipazione di una seminormale famiglia italiana alle vicende belliche, e politiche, del 1940-45.

Uno sparo in piazza

«HA mai visto qualcuno essere ucciso per caso?» domandai ad Alberti.

«Nella professione mai, faccio il civilista e non il penalista. Ma da alpino in Russia e poi da partigiano in val Trebbia, ho visto dei giovani morire per un colpo di fucile partito senza motivo.»

«Non parlo di quel genere di casualità», replicai. «Intendo un altro tipo di morte: quella che ti viene incontro all'improvviso, senza una ragione plausibile. È accaduto così il 23 aprile 1945 a un funzionario dello Stato a Modena. A quel delitto, il primo dei tanti in città e nella provincia, avevo dedicato poche righe nel 'Sangue dei vinti'. Dopo l'uscita del libro, mi ha scritto il figlio, Emilio Zerella, un medico che da ragazzo aveva assistito all'assassinio del padre. Ecco la sua lettera.»

Il 21 aprile 1945 i tedeschi abbandonarono Modena e, prima di andarsene, liberarono dal carcere tutti i detenuti comuni. Il giorno successivo vi furono nelle vie della città alcune scaramucce fra partigiani e sparuti nuclei di militi fascisti. Stavo per compiere i 15 anni. E dalle persiane socchiuse vidi uccidere due ragazzi in camicia nera, poco più grandi di me, che in via Carteria, nel centro storico della città, armati soltanto di un moschetto tentavano, senza alcuna speranza, un'ultima resistenza.

Il 23 aprile, di prima mattina, iniziò il transito delle truppe anglo-americane verso il nord. Le strade della città si riempirono di bandiere e di folla che inneggiava alla fine della guerra, quasi l'avessimo vinta noi. Alle nove facemmo colazione e mio padre Angelo Zerella, di 45 anni, direttore del carcere cittadino, e mia madre Rosa Nicolò, di 38 anni, insegnante di lettere, riunirono tutta la famiglia in un unico abbraccio. Ringraziando Dio per averci risparmiato gli orrori e i lutti del conflitto.

Verso le dieci, alcuni pseudopartigiani entrarono nella direzione del carcere, deserta, e fecero saltare la cassaforte, rubando le poche migliaia di lire che conteneva. Il furto agitò papà oltre ogni dire. Si sentiva responsabile dei beni dello Stato e la sua coscienza gli impediva di non reagire. Anche se la mamma gli suggeriva di lasciar perdere, ripetendo che i soldi una volta scomparsi si rifanno, ma le persone morte non risuscitano.

Ma mio padre, vecchio socialista turatiano che aborriva ogni forma di violenza, aveva la massima tranquillità, consapevole di aver agito, in un periodo tanto travagliato e pericoloso, con la più grande onestà e umanità. Tentando anche l'impossibile per rendere meno dura la sorte di chi era oppresso e perseguitato. L'amicizia e la collaborazione con i membri del Cln di Modena, che più volte lo avevano pregato di restare al suo posto evitando di essere sostituito da un funzionario di provata fede fascista, lo rassicuravano. E lo rendevano convinto di non aver nulla da temere.

Di conseguenza, senza ascoltare le preghiere di mia madre che lo implorava di non uscire, alle dieci e mezza, accompagnato da me, si recò alla sede del Cln provinciale, nell'ospedale cittadino. Lì fu accolto come un amico e si brindò alla ritrovata libertà. Papà espose al professor Vincenzo Accardi, direttore della Clinica oculistica dell'università e membro liberale del Cln, quanto era accaduto poco prima negli uffici del carcere. Accardi lo indirizzò al nuovo questore, Manfredi Cova Bertazzoli, del Partito d'azione.

Alle undici e trenta ci avviammo lungo la via Emilia, dove sfilavano, fra due ali di folla festante, le truppe alleate. Giunti all'angolo con il corso Duomo, incontrammo un colonnello dell'esercito, Umberto Dessy, che l'8 settembre 1943 era sfuggito alla cattura. Mentre papà e il colonnello parlavano, passarono tre individui vestiti da partigiani, armati e con il regolare bracciale. Papà li riconobbe subito: erano detenuti comuni, liberati dai tedeschi in ritirata, gente che stava in carcere da prima dell'inizio della guerra e che, dunque, non aveva nulla a che vedere con la Resistenza.

Papà li chiamò un paio di volte per nome, come se volesse farmeli ricordare. Vistisi riconosciuti, i tre lo afferrarono, dicendo di volerlo portare in piazza Grande, nell'ufficio dei vigili urbani. Mio padre non si oppose, ma mi ordinò di correre dal professor Accardi per avvertirlo. Mi precipitai al Cln e Accardi, con altri due componenti del comitato, uno dei quali era il tesoriere Domenico Garilli, corse insieme a me sulla piazza.

Al comando dei vigili c'era il nuovo questore Bertazzoli, che conosceva bene papà. Il questore gli chiese co-

111

me mai fosse stato fermato da quei tre individui. Papà gli spiegò che erano delinquenti comuni liberati dai tedeschi e che dovevano essere ricondotti in prigione. I tre, allora, cominciarono ad aizzare la piccola folla che si era raccolta sul posto, gridando che avevano catturato il direttore delle carceri, fascista e torturatore, mentre sparava dalla Ghirlandina contro i passanti.

Visto il frangente, il questore Bertazzoli fece venire un'auto e disse a mio padre che l'avrebbe avviato al carcere. Turbato e confuso, papà non comprese che lo si voleva mettere in salvo riportandolo a casa. Ed ebbe un istintivo moto di ribellione.

In quel momento, mentre stavo arrivando dai vigili con Accardi e gli altri membri del Comitato di liberazione, si fece avanti una donna che nessuno di noi conosceva. Era vestita con pantaloni alla zuava, giubbotto militare e bracciale tricolore. La donna estrasse la rivoltella dalla fondina e fulminò mio padre con un colpo in faccia, allo zigomo destro.

Quando lo vidi cadere, mi gettai su di lui. Uno dei tre detenuti mi puntò il fucile alla testa per uccidere anche me. Accardi riuscì a deviare il colpo, picchiando sulla canna dell'arma, e m'incitò a fuggire. Sconvolto, arrivai a casa. Venne ad aprirmi la mamma che mi chiese subito dove fosse papà. Le gridai: «Papà è morto!» In quell'istante, mia madre, una bella donna ancora giovane, stimata professoressa di lettere, diventò vecchia d'improvviso.

Seppi in seguito che l'assassina di mio padre si chiamava X.Y. Era una donna di 29 anni, nata in provincia di Bologna e residente a Modena, ben nota alla polizia e alla magistratura, una prostituta schedata, già condannata per istigazione alla prostituzione. Quel giorno s'era improvvisata partigiana, vestita di tutto punto e con la rivoltella carica.

In conseguenza dei fatti accaduti, non ci fu possibile uscire di casa. Papà rimase per terra, sul luogo dove era stato ucciso, davanti ai portici del municipio, accanto alla Preda Ringadora. Lì restò sino alla mattina seguente, quando fu portato al cimitero, dopo essere stato derubato di tutti gli oggetti personali, a cominciare dall'orologio.

Soltanto la nostra domestica, Lucia Pepicelli, fu in grado di raggiungere il camposanto, per identificare il cadavere di papà. Gli mise nelle tasche della giacca due boccette sigillate, con un foglietto dove erano scritte le sue generalità. E riuscì a farlo seppellire non nella fossa comune, ma in una fossa singola, ben individuata. Avevamo almeno una tomba su cui versare le nostre lacrime.

L'intera vita della nostra famiglia ruotava attorno alla figura paterna. Papà provvedeva alle esigenze di tutti, amministrava con oculatezza le risorse, scandiva i tempi e i modi dell'esistenza dei singoli componenti. In breve, era un monarca assoluto, mite, pacifico, affettuoso e comprensivo, i cui voleri non dispotici venivano naturalmente bene accolti.

La sua scomparsa tanto tragica e improvvisa ci gettò nel marasma più completo. La mamma non ragionava più. Io avevo ricevuto uno choc che oggi, a sessant'anni di distanza, non credo di aver totalmente superato. Gianni, il mio unico fratello, più piccolo di me, si aggirava per casa sperduto, scoppiando spesso in lacrime.

Poi arrivò da Napoli lo zio Peppino, Giuseppe Nicolò, fratello di mia madre, medico e ufficiale degli alpini. Lui prese in mano la situazione e iniziò subito a raccogliere documenti e testimonianze scritte per attestare l'attività svolta da papà, d'intesa con il Cln, e soprattutto con Accardi e Garilli, a favore di ebrei e partigiani catturati e rinchiusi in carcere. Papà segnalava i tempi e le modalità dei trasferimenti, favorendo in molti casi la fuga dei detenuti politici. Il lavoro dello zio permise in seguito di contrastare validamente le manovre di ambienti comunisti che cercavano di giustificare l'assassinio di mio padre come una legittima azione di guerra contro un fascista.

Si andava intanto delineando la figura dell'omicida. Quattro anni dopo il delitto, nel marzo del 1949, la donna venne identificata e arrestata per l'assassinio di papà.

La presero a Civitanova Marche, in provincia di Macerata. Durante il processo, che si svolse nel dicembre 1951 presso la Corte d'assise di Perugia, fu assistita da avvocati messi a disposizione dal Partito comunista. Su loro suggerimento, tentò di giustificare il delitto dichiarando di aver ritenuto «soggettivamente» di compiere un atto di lotta contro il fascismo.

Questo bastò a farle ottenere, in base alla famosa legge Togliatti, una notevole riduzione della pena che le fu inflitta. Dei 14 anni di carcere ai quali fu condannata, ne vennero condonati 10. Lo stesso accadde nel luglio 1952, al processo d'appello, sempre a Perugia.

Ma ci fu anche dell'altro. L'attività dello zio Peppino per documentare il lavoro di papà a favore di ebrei e partigiani fu ostacolata in ogni maniera possibile. A casa nostra arrivarono serie minacce per la mia incolumità, visto che ero un testimone oculare dell'assassinio. Molto preoccupata, la mamma non sapeva che cosa fare, anche perché, dopo un mese, lo zio aveva dovuto rientrare a Napoli.

La nostra situazione economica era diventata disastrosa. Non avevamo più lo stipendio di papà. Eravamo stati costretti a lasciare l'alloggio di servizio. Mia madre veniva pagata come supplente, perché, nel trambusto della guerra, il suo fascicolo di insegnante era andato perso al ministero della Pubblica Istruzione.

Inoltre, il valore del suo stipendio veniva eroso dall'inflazione galoppante. Non dico che eravamo in miseria, ma stavamo di certo ai limiti della stessa. In più, l'orgoglio della mamma le impediva di rivolgersi ai parenti, anche se alcuni di loro sarebbero stati ben lieti di aiutarci.

Per ridurre le spese di casa, mio fratello Gianni, come orfano di un dipendente statale, trovò ospitalità presso il Convitto nazionale di Vibo Valentia, in Calabria, a centinaia di chilometri da Modena.

Per me fu un trauma terribile separarmi dal fratellino al quale ero tanto legato. E lui, alla partenza, aveva uno sguardo smarrito, gli occhi pieni di lacrime che sembravano chiedere il perché di tanto strazio. Gianni ritornò a casa soltanto dopo sei anni di collegio, tre a Vibo e tre a Spoleto, dopo aver conseguito una brillante licenza liceale classica.

Alla morte di mio padre ero un ragazzo di quasi 15 anni e fui costretto a diventare, di colpo, un adulto. Venni defraudato della giovinezza, la stagione dell'esistenza che tutti descrivono come la più bella, piena di sogni e di speranze, quando l'avvenire appare sempre roseo. Il 23 aprile 1945, con mio padre era morto anche l'Emilio di prima, il ragazzo sereno, sicuro, allegro, fiducioso, spensierato, certo del proprio futuro.

Al suo posto era nata un'altra persona, completamente diversa: un uomo adulto, disincantato, duro, privo di ogni illusione e di ogni fiducia nei suoi simili, verso i quali avrebbe guardato sempre con diffidenza e sospetto.

Parte seconda

La scelta del dottor Roych

«Stiamo lavorando da un paio d'ore. Vogliamo fermarci?» proposi ad Alberti.

«Per niente!» esclamò lui. «Il suo libro mi fa entrare in un mondo che conoscevo ben poco. Non dovrei dirlo, vista la mia fama di azzeccagarbugli. Avevo intravisto qualcosa nell'aprile 1945, a Genova e a Milano. Poi mi ero coperto gli occhi, volevo soltanto studiare e arrivare alla laurea il più presto possibile. Adesso mi rendo conto sino in fondo che, fuori della mia stanza, c'era un inferno dove stavano bruciando migliaia di persone. Avranno avuto la camicia nera, ma erano pur sempre esseri umani...»

«È quello che ho raccontato nel 'Sangue dei vinti'», osservai.

«Certo. Ma in quel libro ci sono i fatti nudi e crudi. Qui sto ascoltando voci capaci di narrare storie che atterriscono. Mi spalancano un universo per me ignoto. Dove rivivono figure ogni volta diverse, anche se accomunate dalla stessa sorte.»

«A proposito di figure sempre diverse», dissi ad Alberti, «adesso gliene presenterò una molto particolare.

Me l'ha descritta il figlio, Mario Roych, un signore anche lui speciale, che ho incontrato a Perugia. Roych ha 68 anni, è laureato in Economia ed è un dirigente della programmazione regionale ed esperto informatico. Per quattro anni è stato segretario provinciale della Dc di Perugia. E ha lavorato con l'onorevole Franco Maria Malfatti, capo della segreteria politica di Arnaldo Forlani, quando era il leader nazionale della Dc.»

Mio padre Ennio Roych nacque a Olbia l'8 marzo 1899. Era il nipote prediletto di Giovanni Maria Farina, detto Miria, che fra la fine dell'Ottocento e l'inizio del Novecento fu più volte sindaco di Terranova Pausania, oggi Olbia. Fu questo nonno a insegnargli il senso del bene comune e dell'interesse generale, e anche l'amore per la Patria.

Nel 1917, a 18 anni, Ennio, studente di liceo, venne chiamato alle armi. In ottobre, da aspirante ufficiale, stava già in zona di guerra. Era uno dei «ragazzi del Novantanove» che furono decisivi per la riscossa dopo la ritirata di Caporetto. Colmarono le perdite dell'esercito e dimostrarono un coraggio e un'abnegazione non comuni. Molti di loro chiesero di andare nei reparti d'assalto, gli arditi. Ne fece parte anche Ennio, assegnato come ufficiale al 4° Gruppo d'assalto, poi al 14° e infine al 20°, guidando molti attacchi e meritandosi encomi solenni.

Dopo l'armistizio, fu trattenuto nell'esercito. Nell'estate del 1920 si trovava in Albania, al comando di una compagnia. E qui si guadagnò una medaglia di bronzo, per il comportamento tenuto in uno scontro a Valona, il

23 luglio. Un mese dopo venne posto in congedo, perché doveva completare gli studi.

Nel 1923, all'università di Pisa, si laureò brillantemente in chirurgia veterinaria e ritornò in Sardegna, per iniziare la professione. Rientrato a Olbia aderì al fascio. Ma prima ancora che un fascista, Ennio era un patriota, uno dei tanti giovani che, per protesta contro la Vittoria mutilata, si erano avvicinati al partito di Mussolini. Posso dire con certezza che, per lui, la scelta di parte venne sempre dopo la fedeltà alla Patria, la lealtà verso l'esercito, l'amore per la sua famiglia e per la Sardegna.

Del resto, mio padre non aveva motivi di gratitudine verso il Partito fascista. E dalla tessera del fascio non ricavò mai vantaggi personali. Anzi, subì l'ostilità di qualche fazione fascista locale. Farsi strada nella professione gli costò molta fatica e tanto lavoro. Era un veterinario condotto e passò di paese in paese. Non disdegnando le sedi più disagiate, da Mamoiada alla condotta di Oliena-Orgosolo, a quella di Escalaplano-Perdasdefogu, e infine di Berchidda.

Nel 1930, conobbe mia madre: Gavina Filigheddu, allora di 20 anni. Era una ragazza di Arzachena, bellissima, la figura splendida, il sorriso incantevole. S'innamorarono profondamente e si sposarono nel 1935. Ebbero quattro figli, tutti maschi: Giovanni, nato nel 1936; poi il sottoscritto, Mario, nel 1937, e infine due gemelli, Francesco e Pasquale, nel 1941.

Sono vissuto con il babbo sino all'età di 6 anni, ossia, come vedremo, sino alla sua partenza per un'altra guerra. Ricordo un signore di statura media, robusto ma asciutto, i capelli che gli erano diventati tutti bianchi in giovane età. Aveva un volto quadrato, con gli occhi grigi. Davvero un bell'uomo. Provo a descriverne il carattere:

autoritario ma dolce, per niente manesco, riservato, spesso allegro, severo con tutti, e innanzitutto con se stesso. Era anche un romantico. Lo rammento cantare le romanze di Puccini.

Il babbo si sentiva molto legato a sua madre, Maria Farina, era uno dei suoi dieci figli. Ma era legatissimo alla moglie. Gavina aveva un carattere forte e gli teneva testa. Lei lo frenava anche dal punto di vista politico. Tanto che mio fratello Giovanni e io non abbiamo mai vestito la divisa di figli della lupa, che era il primo livello organizzativo della gioventù fascista.

Adesso arriviamo al 1943, l'anno fatale di Ennio Roych. Abitavamo a Berchidda, un centro che allora aveva tremila abitanti, sulla strada fra Olbia e Sassari. Il paese era ricco di allevamenti ovini e bovini, papà aveva la condotta veterinaria, stavamo bene grazie al suo stipendio e a qualche aiuto che la mamma riceveva da suo padre.

Come tanti, e forse ben più di tanti, Ennio Roych viveva con apprensione gli eventi della guerra e le nostre sconfitte. Sperava che l'Italia si sarebbe ripresa, con l'aiuto della Germania. Si era anche messo a studiare il tedesco, con molta costanza, insieme a un nipote di 17 anni, Leonello Fiorentino, orfano di padre e assai legato allo zio.

Poi, quando ci fu lo sbarco degli Alleati in Sicilia, il babbo prese una decisione che nessuno in famiglia si aspettava. Era capitano di complemento del corpo veterinario, ma appartenente alla fanteria. E inoltrò al distretto militare di Oristano la domanda «di essere arruolato nella sua antica arma, per essere destinato a un reparto operante».

Insomma, voleva tornare a combattere. La data della

richiesta è il 26 luglio 1943, il giorno successivo alla caduta di Mussolini. Anche questo dettaglio temporale spiega, in parte, il suo gesto: la Patria invasa, lo sfascio del regime nel quale lui credeva, il crollo di un sistema che, ai suoi occhi, rendeva necessario un gesto individuale.

Lei si domanderà: il dottor Roych non pensava alla moglie e ai quattro bambini? Le risposte possono essere tante. Ma mio fratello Giovanni ricorda di avergli sentito dire: quando la Patria chiama, tutto il resto non conta nulla. Comunque, nella seconda metà dell'agosto 1943, il distretto di Oristano respinse la sua domanda.

Che cosa diceva la mamma? Forse non aveva compreso che la scelta del marito era un fatto profondo, una rottura netta rispetto alla vita di sempre. Ad ogni modo, lei, neppure in seguito, non ha mai voluto parlarne con noi.

Il babbo decise di partire subito dopo l'armistizio dell'8 settembre. Il giorno 12 lasciò Berchidda, passò per Olbia e si diresse ad Arzachena. Qui abitavano il suocero Pasquale Filigheddu, la cognata e il cognato. Ma non andò da loro. Sostò davanti a un grande albero di eucalipto, all'ingresso del paese, e fermò un ragazzino. Gli chiese: conosci Pasquale il bottegaio?, sono Ennio Roych, non posso andare a salutarlo, ma vai a dirgli che sono passato di qui… È evidente che temeva di essere fermato.

Da Arzachena raggiunse la Corsica, forse su uno dei traghetti delle truppe tedesche che stavano abbandonando la Sardegna. In quel momento, la Corsica era sotto il regime di Vichy, legato alla Germania. Lì Ennio si fermò pochi giorni. Poi, non so in che modo, arrivò in continente. Riapparve a Roma. Qui lo incontrò, per caso, un maresciallo dei carabinieri nativo di Berchidda. Questo sottufficiale cercò di convincerlo a ritornare a casa. Non ci fu nulla da fare. Quanti giorni si trattenne a Roma? Non l'abbiamo mai saputo.

Alla fine di settembre, o all'inizio di ottobre, mio padre giunse a Verona. Lì, alla caserma di San Zeno, si stava costituendo il Battaglione volontari bersaglieri «Bruno Mussolini», destinato al confine orientale. Ennio vi si arruolò e fu subito immesso nella linea di comando, come vicecomandante del reparto. E in questo modo cominciò la sua seconda e ultima guerra, quella che gli sarebbe costata la vita.

Per quel che ho saputo dopo, la mamma non aveva condiviso per niente questa scelta. Ma la difendeva contro tutto e contro tutti. Eravamo in una situazione precaria, passati di colpo dall'agiatezza all'indigenza. Il babbo vantava moltissimi crediti con gli allevatori. Però questi tenevano la borsa chiusa. Dicevano: «Pagheremo quando il dottor Roych ritornerà». Così, nell'ottobre del 1943, lo zio Giovanni, fratello della mamma, venne a prenderci con un camion e ci portò tutti ad Arzachena, a casa del nonno Pasquale.

Il babbo non ritornò più. Scriveva alla mamma, non di frequente, ma le sue lettere erano molto intense. Mio fratello Francesco ricorda l'esistenza di due bellissime lettere d'amore per nostra madre e una destinata a noi. Una volta finita la guerra, lei le ha distrutte.

Se avessi potuto leggerle, oggi, forse, saprei rispondere alla sua domanda: perché mio padre è partito? La risposta che posso offrirle è soltanto questa: Ennio

124

Roych era un altro Nazario Sauro, con un amore immenso per la Patria, un amore oggi non immaginabile anche per me.

Credo che pure la scelta di arruolarsi nel Battaglione «Mussolini» non sia stata per niente casuale. Ennio sapeva che il reparto era destinato sul fronte orientale, lungo la valle dell'Isonzo. Per difendere dagli jugoslavi quel confine che, nel sistema di valori in cui mio padre credeva, era stato conquistato nella prima guerra mondiale al prezzo di seicentomila morti. Era la Patria, ancora più che il fascismo, a chiamare alle armi il dottor Roych, all'età di 44 anni.

Fu così che il babbo rimase su quel fronte per diciotto mesi, compresi due terribili inverni di guerra. Il «Mussolini» e il Battaglione alpino «Tagliamento» avevano davanti a loro i partigiani sloveni del IX Corpus dell'Armata popolare di Tito. Dalle tante cose che ho letto, ho capito che fu una lotta senza quartiere. Diretta soprattutto a evitare le infiltrazioni dei reparti jugoslavi nel territorio italiano. E combattuta dai bersaglieri, quasi tutti giovani sui 20 anni, in condizioni molto difficili, per quel che riguarda il numero degli uomini, le armi, le munizioni, il vestiario, il vettovagliamento. Una lotta giusta o sbagliata? Per loro, la causa era giusta. E in questo momento la mia opinione non conta.

Poi arrivò il momento della fine. Il 29 aprile 1945 fu l'ultimo giorno di guerra per il «Mussolini». Il giorno 30 il battaglione, 550 uomini compresi 31 ufficiali, iniziò il ripiegamento in direzione di Caporetto, con una lunga marcia a piedi, in un territorio già occupato in parte dagli jugoslavi.

I bersaglieri avevano due possibilità: dirigersi su Tarvisio, penso per passare in Austria, oppure andare nella direzione opposta, verso Udine, per impedire o ostacolare l'arrivo dei partigiani di Tito.

Ma a tre chilometri da Caporetto, il comandante del battaglione accettò la resa. Le condizioni sembravano buone: onore delle armi, un pasto caldo per tutti e, dopo tre giorni, il ritorno a casa per chi non era ufficiale. Per quel che ho saputo, il babbo era dell'opinione opposta: non arrendersi e tentare un'azione di sfondamento. Ma per disciplina si uniformò alla decisione del comandante.

Inutile dire che i partigiani slavi non rispettarono nessuno di quei patti. Molti ufficiali e soldati vennero giustiziati. Nessuno dei militari catturati fu rimesso in libertà. E tutti dovettero affrontare un calvario disumano, di campo in campo, tra violenze e torture, sempre alle prese con la fame più nera. Sino al lager di Borovnica, in Slovenia, a sud-ovest di Lubiana, un inferno per tremila prigionieri.

Secondo qualche fonte, il babbo venne fucilato quel giorno stesso, il 30 aprile, con altri ufficiali, durante una sosta nel villaggio di Luico, una piccola frazione di Caporetto. Altri hanno scritto che fu impiccato. Ma per quel che so, la data della sua esecuzione dovrebbe situarsi fra l'8 e il 10 maggio. Tra le tante incertezze che circondano la sua fine, ci sono due punti certi, che dicono molto sul carattere e i valori ideali di Ennio Roych.

Il primo è che mio padre, nei lunghi mesi di guerra su quel fronte, si era guadagnato una decorazione tedesca, la Croce di ferro di seconda classe. Come si usava fare, la portava sulla giubba. Dopo la cattura, un commissario politico sloveno gli chiese se non si vergognava di quella medaglia e gli ordinò di togliersela. Lui rifiutò di farlo. E di fronte alla reazione infuriata del commissario, replicò: «Se volete fucilarmi, fatelo subito. Io la decorazione non me la tolgo».

Il secondo fatto certo è che, prima di essere fucilato, mio padre parlò ai suoi bersaglieri, raccolti in una piccola radura e sorvegliati dai partigiani. Di quel che disse esistono versioni diverse. A mio avviso, la più attendibile è la seguente, che ricavo dalla testimonianza di un superstite del «Mussolini», Bruno De Bianchi, di Trieste: «La guerra è finita e per noi è una guerra perduta. Tutti i popoli attraversano periodi dolorosi e questa è la nostra volta. Io sono vecchio e non credo di poter sopravvivere. Voi siete giovani, e molti giovanissimi, e quindi potrete riabbracciare le vostre madri e le vostre spose».

Poi, indicando sull'orizzonte l'arco bianco delle Alpi Giulie, concluse: «Guardate queste nostre montagne. Sono i nostri confini e qui dovrete tornare». Infine scandì: «Ragazzi! Ancora una volta salutate il vostro comandante!» Subito dopo, mio padre venne fucilato. E il suo corpo fu nascosto, non so se scaraventato dentro una foiba o sepolto in un luogo sconosciuto.

Non abbiamo mai rintracciato un testimone dell'esecuzione. Per questo, Ennio Roych rimane «un morto non visto». Inutili tutte le nostre infinite ricerche. La mamma ha portato il lutto stretto, con l'abito nero, fino al 1950. Poi suo padre, il nonno Pasquale, l'ha convinta a toglierselo.

Io sono stato mandato a Perugia, al collegio dell'Onaosi, l'Opera nazionale per l'assistenza degli orfani dei sanitari italiani. Qui ho frequentato il liceo classico. Verso i 15 anni, sono stato tentato di diventare neofascista, ma la voglia mi è passata dopo trentasei ore. Le mie attese dalla vita rispondevano a valori diversi. Ho creduto che percorrere decisamente la mia strada rispettasse me-

127

glio l'insegnamento di coerenza che mi veniva dal babbo. Da studente della facoltà di Economia, sono stato molto attivo nella politica universitaria con l'Intesa, il gruppo cattolico. Poi mi sono laureato e ho cominciato a lavorare.

In quella fase della mia vita non pensavo quasi mai a Ennio Roych. Se mi capitava di farlo, vedevo mio padre come un eroe della prima guerra mondiale e poi come un patriota fascista. Mio zio Giovanni Filigheddu, da sempre oppositore del fascismo, poi consigliere regionale di spicco della Dc e assessore, un gronchiano della Sinistra sociale, parlava bene di lui. E gli portava un così grande rispetto da chiamare Ennio uno dei suoi figli. Io lo giudicavo una figura positiva, ma mi rifiutavo di vedere che cosa era successo.

Un giorno mia moglie Milena mi ha detto: tu devi fare i conti con tuo padre. Allora ho cominciato a cercare. Il mio primo impegno è stato di scoprire se, quando era al Battaglione «Mussolini», avesse fatto cose illecite. Non ne ho trovate. Questo mi ha confortato molto.

Che cosa provo oggi per lui? Ammirazione e anche affetto. No, risentimento no. Mia madre pensava che potessi avere questo stato d'animo, per la sua decisione di andare a un'altra guerra, a 44 anni, lasciando a casa una moglie e quattro bambini. Ennio Roych ha fatto quella scelta con convinzione, nel rispetto del proprio sistema di valori. Fondato sull'amore per la Patria, un amore che gli era cresciuto dentro quando, diciottenne, era stato scaraventato nell'inferno della prima guerra mondiale.

I dannati di Borovnica

«QUESTO è il seguito della storia cominciata con l'uccisione del capitano Roych. E racconta l'odissea del Battaglione 'Mussolini', caduto prigioniero dei partigiani jugoslavi.»

«Da chi l'ha raccolta?» domandò Alberti.

«Da Franco Razzi, uno del 'Mussolini'. Ha lavorato a lungo per il cinema e per la televisione. E ha scritto un libro importante: 'Lager e foibe in Slovenia. 1945', pubblicato nel 1992 a Vicenza, da La Lanterna editrice. Vive a Stia, in provincia di Arezzo, ed è capogruppo di Alleanza Nazionale nel consiglio comunale. È un signore di 80 anni, piccoletto, molto energico, di grande cortesia e dalla memoria di ferro. Ascoltiamolo.»

Mi sono diplomato ragioniere nell'estate del 1942, quando mi mancavano quattro mesi al compiere i 18 anni. Avevo frequentato l'Istituto «Leonardo Da Vinci» a Roma, in via Cavour, ed ero uno degli studenti più bravi della scuola, con un diploma dove c'erano tanti 8 e qualche 9. La mia era una classe di secchioni, gliene cito due che poi sono diventati manager famosi: Cesare Romiti e Mario Schimberni, uno alla Fiat e l'altro alla Montedison.

Nella seconda metà del 1942, la nostra famiglia si trasferì a Padova. Eravamo in sei: il papà, la mamma, io, nato il 19 novembre 1924, e i miei fratelli Claudio, di due anni più giovane, Adriana e Luciano. Arrivato a Padova, mi iscrissi alla facoltà di Economia e commercio di Ca' Foscari, a Venezia. E nello stesso tempo cercai un impiego. Lo trovai alla Cassa mutua dei lavoratori dell'industria, a Padova, in via Ugo Foscolo. Ma dopo un po' mi accorsi che quel lavoro non mi piaceva. E allora misi un annuncio sul giornale per trovare un altro posto.

Mi rispose il Collegio degli orfani di guerra a Ponte di Brenta, una frazione di Padova. Cercavano un vicedirettore amministrativo e mi presero, grazie al mio bel diploma e alla prima esperienza alla Cassa mutua. Mentre lavoravo al collegio, arrivò l'8 settembre 1943. E anche per me, come per tanti altri giovani, quella data decise la mia scelta.

Vidi i soldati scappare da Padova e gettare le armi nel Brenta. Torme di sbandati si presentavano al collegio, chiedevano abiti civili, chiedevano da mangiare, chiedevano tutto. Uno sfacelo, che mi faceva stringere il cuore. Ero un ragazzo fascista, avevo il culto della Patria, e ciò che vedevo superava ogni immaginazione negativa. Provavo orrore per dei soldati che buttavano i fucili nel fiume. E fu quello spettacolo vergognoso che mi spinse a reagire e ad arruolarmi.

Cercai un contatto con il comando germanico di Ponte di Brenta. Parlavo bene il tedesco, l'avevo imparato al

«Leonardo da Vinci», era una delle materie scolastiche. Qualcuno mi disse che a Padova potevo trovare un centro di arruolamento di un reparto nuovo, il 1° Battaglione volontari bersaglieri «B. Mussolini» e mi presentai lì. Venni arruolato il 13 dicembre 1943, come bersagliere semplice. Avevo appena compiuto i 19 anni. Voleva venire con me mio fratello Claudio, ma non aveva ancora 17 anni e si arruolerà nel mio stesso reparto cinque mesi dopo, nel maggio 1944.

Voglio precisare che il «B» nell'insegna del battaglione significava Benito, «Benito Mussolini». Soltanto nel 1944 il ministero della Guerra ci farà sapere che la «B» stava per Bruno, il nome del figlio di Mussolini precipitato con l'aereo. Ma noi respingemmo la decisione ministeriale, con tutto il rispetto per Bruno.

La sede del battaglione era a Verona, nella caserma Catena a San Zeno. Quando ci arrivai, era già partito per Gorizia un primo scaglione di volontari. In caserma faceva un freddo bestiale, alle finestre non c'era un vetro sano, cercavamo di scaldarci bruciando di tutto nelle stufe. Finalmente fecero partire anche me, con un plotone di volontari in cui c'era pure Teodoro Francesconi, che poi scriverà su di noi e sulla nostra guerra.

Eravamo alla metà del gennaio 1944. In quel momento, il battaglione aveva una forza di 400-450 uomini. L'età media dei volontari era sui 20 anni, quasi tutti studenti delle medie superiori o dell'università. Ma c'erano anche bersaglieri più anziani, i cosiddetti «trattenuti» che volevano cancellare la vergogna dell'armistizio. I volontari erano più della metà: molti veneti, poi emiliani e romagnoli, lombardi, anche piemontesi.

Perché avevamo scelto di combattere nell'esercito della Repubblica sociale? Prima di tutto per difendere la Patria. La Patria stava in cima ai nostri pensieri, erano lì le radici profonde della nostra vita presente e futura. Avremmo voluto proteggerla e salvarla andando al fronte contro gli anglo-americani, per fermare l'invasione. Invece ci mandarono sul confine orientale, contro gli slavi.

Del resto, anche lì si difendeva l'Italia. Bisognava contrastare l'esercito comunista di Tito che voleva annettersi terre nostre, bagnate dal sangue di migliaia di italiani caduti nella guerra del 1915-18. Sapevamo che cosa era avvenuto su quel confine nell'autunno del 1943: i tanti assassinati nelle foibe, la sorte terribile degli italiani in Istria e in Dalmazia.

All'inizio il nostro armamento era minimo: il fucile 91 ridotto, ossia il moschetto, e un po' di bombe a mano italiane che non servivano a niente. Di questo disponeva un battaglione poi salito a 800 uomini, schierati su 26 chilometri lungo la linea ferroviaria che, per le valli dell'Isonzo, dell'Idria e del Baccia, conduceva in Carinzia, lungo un tracciato quasi per intero in galleria.

In seguito il nostro armamento migliorò. Arrivarono delle mitragliere da 20 millimetri e dei mortai da 81. Poi ci impadronimmo di qualche lancio anglo-americano, destinato ai partigiani di Tito, e quelle furono le nostre armi migliori.

Restammo sul confine per diciotto mesi, senza ricevere cambi. Alle prese con una guerriglia spietata. E con il freddo polare, la scabbia, i pidocchi, le scarpe rotte e le pezze ai piedi, le notti insonni, i lunghi turni di guardia e il poco cibo.

Ma arriviamo subito alla conclusione della guerra. Da qualche giorno abbiamo capito che tutto sta per finire. I partigiani jugoslavi non ci attaccano più. Sono quelli del IX Corpus dell'Armata popolare, al quale negli ultimi tempi si sono aggregati gli italiani della Brigata Garibaldi «Natisone».

Il 29 aprile 1945 sto nel casello ferroviario numero 83, trasformato in un fortino, nei pressi del vallone di Voghercek, una grande caverna, una specie di gigantesca foiba. Siamo una quindicina di uomini, con me c'è mio fratello Claudio. Da una radiolina, soltanto ricevente, veniamo a sapere che Mussolini è stato ucciso. Molti si mettono a piangere. Nel fortino ci sono un padre e un figlio, bresciani. Il padre esplode in un grido tremendo. È disperato e urla: no, no, no!, poi si abbatte sul tavolo con la testa tra le braccia.

Il 30 aprile, all'alba, ci prepariamo a ritirarci. Falò di documenti, libri, lettere, cartoline. In quel momento il Battaglione «Mussolini» conta 550 uomini, compresi 31 ufficiali. Il reparto si dirige verso Caporetto. Diluvia. Marciamo lungo la valle dell'Isonzo. Tutti a piedi, non abbiamo automezzi. Siamo soli con noi stessi. Passiamo sopra Tolmino, già occupata dai partigiani slavi. Una volta a Caporetto, avremo due possibilità: andare a Tarvisio ed entrare in Austria, o dirigerci verso Udine per impedire l'arrivo degli slavi.

A tre chilometri da Caporetto, arriva l'ordine di fermarsi. C'è resistenza alla periferia del paese. Prendiamo posizione sulle alture circostanti, verso il fianco della montagna. Mio fratello e io siamo nella III Compagnia, quella di retroguardia. Ma i partigiani sono troppi. Il comandante del battaglione si mette in contatto con loro. Gli slavi vogliono la resa del reparto e garantiscono l'onore delle armi, un pasto caldo e dopo tre giorni tutti a casa, tranne gli ufficiali che prima devono essere interrogati.

Il nostro comando decide di accettare. Siamo sempre al 30 aprile. Adesso il battaglione è disarmato e prigioniero. Dal casello 83 a Caporetto abbiamo percorso in un giorno 25 chilometri a piedi. Facciamo altri 7 chilometri e arriviamo a Luico, una piccola frazione di Caporetto. Poche case e molti fienili. Siamo sempre in Italia, ma tra loro gli abitanti parlano sloveno.

A Luico la gente ci assale. Donne inferocite e uomini violenti. Non abbiamo modo di difenderci. Ci coprono di sputi. Poi ci rubano le scarpe, i giacconi, i vestiti. Ci spogliano di tutto ciò che ha un valore. Ci riempiono di bastonate. I partigiani avevano messo nella testa della gente che noi eravamo degli occupanti di una terra che non è nostra. E che bisognava trattarci da invasori.

Sempre il 30 aprile, a Luico gli slavi fucilano il capitano Roych e due sottufficiali. Il tenente Luigi De Silvestri, un fiorentino sui 30 anni, addetto alle comunicazioni, è condotto a Sottosella di Volzana, nei pressi della diga sull'Isonzo, e qui viene impiccato.

Da Luico si riparte verso Caporetto e poi per Tolmino. Cinquanta bersaglieri sono riusciti a fuggire. Il battaglione prigioniero è ridotto a circa 500 uomini. Si cammina per altri 32 chilometri e si entra in Tolmino. È il 3 maggio. Ci rinchiudono nella ex caserma degli alpini. Qui iniziano gli interrogatori al comando partigiano, in un basso edificio all'uscita della caserma.

A ciascuno di noi chiedono nome, cognome, età, grado e domandano: sei un volontario?, hai sparato?, hai combattuto?, perché sei venuto a occupare le nostre terre? Io rispondo che non ho occupato nulla, queste terre erano italiane sin dal 1918. Dopo l'interrogatorio, una parte dei bersaglieri viene rinchiusa dentro un recinto, circondato da un'alta barriera di filo spinato. La chiamiamo «la Gabbia d'oro». Vi finiscono tra i 90 e i 100 bersaglieri del «Mussolini».

Veniamo a sapere che, dopo gli interrogatori, i bersaglieri sono stati divisi in tre gruppi. Il primo, quello ristretto nella Gabbia d'oro, è destinato alla fucilazione immediata. Il secondo e il terzo saranno avviati alla prigionia.

Infatti, qualche giorno dopo, il 6 maggio secondo i miei ricordi, il 15 maggio secondo altri, i rinchiusi nella gabbia vengono fatti uscire. I partigiani li portano fuori Tolmino, sino alla confluenza del torrente Tolminka nell'Isonzo. Qui pare che vengano spinti dentro una vasta caverna, scavata dagli austriaci nella prima guerra mondiale per nascondere un grande cannone piazzato su un binario. Tutti i prigionieri sono fucilati. Ma è possibile che vengano sepolti vivi, dopo che i partigiani fanno saltare con l'esplosivo l'ingresso della caverna. Gli uccisi sono 90, di cui 11 ufficiali. Nessuno ha più ritrovato i loro corpi.

Adesso il battaglione è ridotto a 410 uomini. Anch'io vengo messo nella Gabbia d'oro. Mio fratello Claudio chiede di stare con me. Sghignazzando, i partigiani spingono anche lui nel recinto. Allora un altro bersagliere, Carlo Nannucci, un fiorentino che abitava in Francia ed era tornato in Italia per combattere, ha uno scatto d'ira e grida a un partigiano: «Icchè? I fratelli Razzi in gabbia e io no? Ma voi, brutti musi di ciuco, mi ci mettete anche me!» Gli slavi lo pestano per bene e poi lo scaraventano nella gabbia.

Dalla gabbia, vediamo avviare alla deportazione un

primo gruppo di bersaglieri. Il 22 maggio arriva il nostro turno di andare verso qualche campo di concentramento. Partenza a piedi, affamati, laceri, sporchi. La prima tappa è da Tolmino a Canale d'Isonzo, per 18 chilometri. Il 23 maggio seconda tappa: da Canale a Gorizia e di qui a Sambasso, per 35 chilometri, sempre a piedi.

A Gorizia ci fanno sfilare per il centro della città. Nel vederci passare, molta gente piange. È il solo conforto per noi che ci sentiamo umiliati, ma soprattutto morti di fame e di stanchezza. In due giorni abbiano ricevuto appena 125 grammi di gallette a testa. Che brutta cosa la fame! Ti svuota dentro. Ti cambia l'anima. Ti fa diventare feroce. La fame è l'arma che serve ai partigiani jugoslavi per colpirci ogni giorno, ogni ora, ogni minuto.

Dopo la sfilata, ci fanno sostare per poche ore in un giardinetto che fiancheggia il municipio di Gorizia. Ci buttiamo a terra, esausti. Molti civili ci portano del pane e della frutta, ma vengono scacciati dagli slavi che fanno la guardia. Si avvicina una donna e grida: «Voglio dare del pane a questi ragazzi, sono italiani come me, sono tutti miei figli!» Ci lancia una pagnotta di pane, poi viene respinta. La donna ricompare e ci getta dell'altro pane. Le guardie la scaraventano a terra. Poi sparano in aria, per respingere la folla.

Il 24 maggio ci trasferiscono da Sambasso ad Aidussina e infine a Vipacco, altri 21 chilometri, sempre a piedi, sempre affamati, sempre al limite dello sfinimento. A Vipacco troviamo un campo di prigionia, con qualche migliaio di soldati tedeschi. Ci sono anche dei polacchi, molti hanno con sé le mogli e i figli piccoli. Donne affamate, scarmigliate, scalze, dividono la deportazione con i loro uomini.

Sempre a Vipacco, nell'ex cinematografo, vengono

processati diversi italiani, forse della Milizia difesa terri-
toriale. Tre o quattro sono condannati a morte. Vanno
tranquilli, quasi spavaldi, a mettersi davanti ai partigiani
che li uccidono con raffiche di mitra. Di che cosa erano
incolpati? Non lo so. Ma erano italiani, dunque «laki»,
merda. Tutti eravamo «laki», gli slavi non facevano differenza.

Il 28 maggio la nostra via crucis riprende. Da Vipacco
si va al Passo di Prevallo, a 900 metri d'altezza, e di lì a
Postumia, camminando per 28 chilometri. Siamo una
colonna di mendicanti affamati. A Postumia, veniamo di
nuovo interrogati. Per primi gli ufficiali, poi i sottufficiali e quindi i soldati.

Mio fratello Claudio e io passiamo l'interrogatorio in
due stanze attigue. Il mio inquisitore è un ragazzo sui 16
anni. Mi colpisce al viso con un cinturone tedesco, una,
due, tre volte. Poi mi manda via.

A Claudio va molto peggio. Lo vedo uscire barcollan-
te. Racconta che lo hanno scaraventato per terra, preso a
calci, bastonato senza pietà. Poi gli hanno sbattuto la testa contro la parete della stanza. Infine gli hanno stretto
al collo un cappio di filo metallico, per fargli confessare
di essere un volontario.

È questo che gli slavi vogliono di nuovo sapere: chi
sono i volontari. Molti dei prigionieri vengono picchiati,
bastonati, frustati, torturati con le sigarette accese, gettati a terra e presi a calci. I partigiani-custodi si divertono a
far combattere due prigionieri italiani con le verghe di
ferro. I due finiscono per uccidersi e cadono per terra abbracciati.

Dopo qualche giorno, anch'io lascio Postumia. Mi
hanno separato da mio fratello, condotto via con un altro
gruppo di prigionieri. È il 7 giugno e, come in un folle

137

gioco dell'oca, vengo riportato a Vipacco. Trascorrono quarantotto ore e, il 9 giugno, ripartiamo da Vipacco, passiamo di nuovo per Aidussina e, dopo 24 chilometri di marcia, arriviamo a Otlica, 1200 metri d'altezza, sulla Selva di Tarnova.

Otlica è un villaggio sopra un altopiano, era una base partigiana attaccata più volte dai tedeschi. Tutto è devastato o distrutto. Soltanto la chiesa è intatta. Sembra un miraggio, con le panche di legno, i merletti bianchi sull'altare, il crocefisso alla parete, le statue di gesso nelle nicchie.

Siamo settecento prigionieri, in parte non italiani. Affamati, luridi, carichi di pidocchi. Ci fanno accampare su un prato e in qualche fienile. Da mangiare ci danno un po' di brodaglia. La fame mi tortura. Una vecchina mi regala un uovo: ci sono vissuto per tre giorni. È il secondo regalo che ricevo: a Vipacco una partigiana, bella e florida, mi aveva donato un pettine.

È a Otlica che una notte, mentre dormiamo in un fienile, veniamo svegliati dai lampi di alcune torce elettriche. Davanti a noi, vediamo sei o sette partigiani che, con le armi spianate, ci intimano: «Fermi e silenzio!» Si dirigono verso l'angolo dei russi. Un giovane cosacco ha con sé la moglie. Gli slavi mettono un coltello alla gola del marito e stuprano la donna, uno dopo l'altro. Ho ancora nelle orecchie le urla strozzate dell'uomo e della moglie. E le risate soddisfatte dei violentatori.

Una quota dei prigionieri viene messa a sistemare le strade dell'altopiano, riempire le buche, spalare le macerie. Ma ci sono chilometri di montagna per arrivare al posto di lavoro. E siamo sempre più sfiniti.

A Otlica restiamo una dozzina di giorni. Il 21 giugno, con un'ennesima marcia di 24 chilometri, si ritorna a Vipacco. Di qui, l'8 luglio, nuova partenza per Postumia e altra marcia di 28 chilometri. Calcolo che, dal 30 aprile, ho camminato per 270 chilometri, sempre più affamato, sempre con meno forze.

A Postumia provo a fare un altro bilancio. Da Tolmino, quando il 22 maggio è iniziato il nostro calvario, noi del «Mussolini» siamo partiti in 410. Nelle marce di trasferimento sono morti o sono stati uccisi una ventina di bersaglieri. Dunque, siamo arrivati a Postumia in 390. Di qui verranno inviati al lager di Borovnica 370 uomini del nostro battaglione. Da questo numero vanno sottratti i 15 ufficiali superstiti, presto mandati altrove, forse al campo di Zemun, nei pressi di Belgrado, in Serbia.

Dunque, del «Mussolini» giungono a Borovnica 355 uomini. In quell'inferno ne moriranno 85. E altri 12 perderanno la vita nei campi ai quali saranno destinati dopo la chiusura di Borovnica.

Partiamo per Borovnica il giorno stesso dell'arrivo a Postumia. Stavolta ci caricano su un treno, in carri bestiame piombati. Il viaggio è breve, la località si trova a sud-ovest di Lubiana e il campo è situato in una valle desolata, circondata da alte colline.

Al nostro arrivo, nel lager ci sono quasi tremila prigionieri. Militari della Rsi, gente rastrellata a Trieste e a Gorizia nei giorni dell'occupazione jugoslava, molti istriani, persino degli italiani che erano stati deportati nei lager nazisti. Con questi ultimi, la sorte è stata beffarda: liberati dai sovietici, sono partiti dall'Ungheria e dalla Polonia prendendo la strada più corta per l'Italia, ma sono finiti in bocca ai partigiani jugoslavi che li hanno deportati una seconda volta.

A parte cinque medici militari di cui le dirò, di prigionieri tedeschi a Borovnica non ce ne sono. Loro stanno in un altro campo, a pochi chilometri di distanza. E hanno un trattamento migliore del nostro: possono andare al lavoro presso i contadini, e questo significa mangiare! Gli sloveni hanno rispetto per i tedeschi. Sino al 1918 sono stati cittadini dell'Impero austro-ungarico.

Ma c'è dell'altro. Un giorno chiedo a un partigiano il motivo di questo trattamento diverso. Lui mi risponde: «Perché i tedeschi sono soldati veri. Voi italiani siete vigliacchi e traditori!»

A Borovnica trovo altri bersaglieri del «Mussolini» arrivati lì da un mese e mezzo. Sono ridotti a ombre, a scheletri che si trascinano per il campo. Non li riconosco, però loro riconoscono me. Mi chiedono: tu sei dei nostri, perché sei venuto qui?, in questo posto si muore tutti!

Ritrovo anche mio fratello Claudio: è ancora vivo e non è ammalato. La fortuna lo ha aiutato a salvarsi dal furore dei guardiani slavi, sempre crudeli e pronti a uccidere, a torturare e a massacrare di botte qualunque prigioniero e per qualsiasi mancanza, anche la più lieve.

Il sistema di tortura più consueto, e terribile, è quello del palo. Il prigioniero viene sollevato a uno o due metri dal suolo, per mezzo di un filo metallico che gli passa sotto le ascelle. Un altro filo di ferro gli stringe le caviglie contro il palo. Il supplizio può durare una o due ore. Poiché i deportati sono tutti privi di forze, un'ora di palo è sufficiente a paralizzare le braccia del torturato e a inebetirlo completamente. Molti ne muoiono, paralitici o pazzi.

140

Il campo è rettangolare, le baracche sono di legno. Tutti dormiamo per terra, su coperte lacere, su mucchi di stracci o sopra qualche vecchia porta, tolta dai cardini e posata sul terreno: è il giaciglio migliore. I letti a castello ci sono soltanto nell'infermeria. Qui lavorano cinque medici militari tedeschi, anch'essi prigionieri. Scoprirò che sono uomini meravigliosi, tormentati come noi dalla fame e vestiti di stracci, ma capaci di un'abnegazione straordinaria che salverà molte vite.

Io sono tra i fortunati. Prima di tutto, parlo bene il tedesco e quei medici mi vogliono subito come infermiere. Poi resterò nell'inferno di Borovnica soltanto un mese e tredici giorni. Infine, riesco a non morire di fame. È la fame il killer che uccide a Borovnica.

Vedo gli effetti della fame su giovani robusti, ventenni o poco più. L'idropisia: ti gonfi tutto, la pelle diventa trasparente, come l'alabastro. Poi la dissenteria: se è feroce, in cinque giorni crepi. Infine quello che viene chiamato, pietosamente, «deperimento organico»: ti trasformi in uno scheletro vivente. Però il catalogo delle malattie nel campo è infinito: il tifo, la malaria, la tubercolosi, lo scorbuto Ma è la dissenteria a fare il maggior numero di morti.

I malati più gravi, i deperiti senza speranza, vengono inviati nel lazzaretto di Skofja Loka, a pochi chilometri da Lubiana. È un vecchio castello del Cinquecento, un tempo sede vescovile, oggi restaurato e divenuto una meta turistica, sopra le verdi colline che si affacciano sulla pianura della valle della Sava. Ma fra il 1945 e il 1946 non è neppure un ospedale. È soltanto un posto per morire. Gli scheletri vengono gettati per terra e lasciati lì finché hanno un filo di vita.

Che cosa mangiamo a Borovnica? Due volte al giorno, un mestolo di acqua calda con verdure essiccate fatte bollire senza sale, verdure recuperate nei magazzini abbandonati dai tedeschi.

Molti si nutrono con l'erba raccolta nel lager. Brucano quest'erba come se fossero pecore. Ma si divorano anche i cani randagi, la pelle degli animali, le bacche velenose, i fagioli trovati negli escrementi, le budella di un cavallo gettate nella latrina.

Ho incontrato ventenni che pesavano 35 chili. L'abbrutimento dei prigionieri è tale che, per un niente, si avventano gli uni sugli altri, urlano come indemoniati, cercano di mordersi. Sono fantasmi che si divincolano nel fango, spaventosi e furenti, in una lotta selvaggia. Poi intervengono gli slavi che portano via i più eccitati e li fucilano o li uccidono con i bastoni.

Quando arrivo a Borovnica, il comandante interno del campo è un italiano. Un romano sui 32-33 anni, prigioniero anche lui, già nella Marina militare o sottufficiale della X Mas. Un uomo alto, ossuto, dai tratti energici e con un grosso naso. L'hanno scelto gli slavi, per riportare un po' di ordine nel campo. Lui ci riuscirà, con una durezza che spesso sfiora la crudeltà.

Gira di continuo per il campo, come un lupo, in calzoncini bianchi corti e una maglietta alla marinara. È armato di un bastone. Quando scopre qualcosa che non va, si scatena picchiando i prigionieri più riottosi. Persino gli slavi sembrano spaventati dalla sua spietatezza.

Lo chiamano «il dittatore di Borovnica». Anche i partigiani comunisti lo salutano sull'attenti e non entrano più nel lager. Mi sono sempre domandato se fosse un sadico, un torturatore dei suoi stessi commilitoni. Oppure un uomo dalla volontà formidabile, capace di imporsi a una turba di tremila disperati.

Ma con lui un minimo di regole entrano nel campo.

Impone una disciplina di ferro, però indispensabile. Nel mese e mezzo che sono rimasto a Borovnica, ci sono soltanto due fucilati, più un prigioniero ucciso da un partigiano ubriaco.

È grazie al «dittatore» che la vita in quel mattatoio migliora, a poco a poco. I morti non vengono più gettati nudi nelle fosse comuni. Lui fa costruire delle casse di legno, le croci e le targhe con i nomi. E la sepoltura avviene nel camposanto del paese. La pulizia personale si fa scrupolosa, grazie a un sistema infallibile: ai più sporchi si toglie il rancio.

Il vitto diviene meno miserabile. Grazie all'arrivo presso il comando del campo di qualche pacco di viveri, inviato dai famigliari ai prigionieri che vengono dai territori occupati da Tito, soprattutto dall'Istria e dalla Dalmazia.

Il «dittatore» ferma tutti i pacchi e ne trattiene il contenuto. In questo modo, istituisce dei premi in cibo per i più disciplinati, i più solerti nel lavoro. Anch'io ricevo uno di questi premi: 125 grammi di pane. All'adunata della sera, viene letta la motivazione, che sembra quella di una medaglia d'oro.

Ma neppure il «dittatore» può evitare ai prigionieri il lavoro forzato. Devono costruire una nuova ferrovia, nei pressi del campo. Bisogna scavare sul fianco di una montagna. Vi sono addetti due turni di cinquanta deportati l'uno. Il primo dalle quattro di mattina all'una di pomeriggio, il secondo dall'una sino alle dieci di sera. Nove ore di lavoro per turno.

E c'è una fatica anche più sfiancante: andare a far legna in montagna. Gli slavi impiegano colonne di 200-300 prigionieri. Devono tagliare gli alberi e portare i tronchi sino al lager. Molti svengono nella marcia di ritorno. Sono tutti debilitati, perché la fame si è attenuata, ma non scomparsa.

Alla fine arriva il mio giorno buono. Un gruppo di 700 deportati sta per lasciare Borovnica e ritornare in Patria. Io mi trovo allo stremo, ho la dissenteria, sento che morirò di lì a poco. Faccio forza su me stesso e parlo con l'ufficiale slavo che ha già finito di compilare l'elenco dei partenti. E la mattina successiva mi ritrovo nel gruppo: sono il 701° della lista.

Partiamo il 21 agosto 1945. Viene via con noi anche il «dittatore» del campo. All'arrivo a Udine sono pieno di pidocchi e peso meno di 40 chili. Ma sono vivo. Morirà invece dopo pochi giorni il bersagliere Gino Santamaria, un ragazzo romano di 20 anni: la fotografia che lo ritrae nudo, uno spettro tutto pelle e ossa, è diventata il simbolo dell'orrore dei campi jugoslavi.

Rivedo mio padre e mia madre che mi chiedono di Claudio. Devo dirgli che è rimasto a Borovnica. Per lui, la prigionia sarà molto più lunga. Resta in quel lager sino alla chiusura, nella primavera del 1946, dopo aver superato un inverno freddissimo e aver visto morire altri prigionieri.

Il 18 novembre 1945 viene ucciso con un colpo alla nuca il nuovo comandante interno del campo, il sergente Franco Cessari, un modenese di 20 anni, anche lui del «Mussolini». I partigiani lo accusano, a torto, di aver favorito la fuga di due prigionieri. Cessari è pestato a sangue, tanto da renderlo irriconoscibile. Poi, davanti ai prigionieri schierati, lo sopprimono con un colpo di rivoltella in fronte.

Qualche giorno dopo il suo assassinio, altri due sergenti del «Mussolini» sono pestati in modo bestiale e uccisi: Alberto Tieghi, un cremonese di 19 anni, e Renzo Tagliazucchi, 22 anni, di Modena. Sono ritenuti complici di Cessari in quell'inesistente complotto per favorire le evasioni.

Con la chiusura di Borovnica, Claudio viene trasferito in altre località della Jugoslavia. E tornerà in Italia con l'ultimo rimpatrio, dal porto di Spalato, il 26 giugno 1947. Dopo due anni e due mesi di terribile deportazione.

Botte e foibe

«ADESSO le leggerò una delle prime lettere che mi sono arrivate nell'autunno del 2003», dissi all'avvocato Alberti. «Rispetto al racconto di Razzi, chi scrive ci conduce all'indietro nel tempo. Ossia all'armistizio del 1943 e alle settimane successive. Ma i luoghi sono all'incirca gli stessi: le terre che in quel tempo erano italiane e sono poi passate alla Jugoslavia.»

«Chi è l'autore della lettera?»

«Un marinaio veneto. Dotato di uno humour particolare, anche quando descrive fatti tragici.»

Mi chiamo Silvio Beggio, sono nato nel 1924 a Candiana, in provincia di Padova. Vivevo a Pontelongo e studiavo a Piove di Sacco. Sono stato arruolato nella Marina militare il 6 agosto 1943, a 19 anni, e mandato alla base navale di Pola. Ero marinaio furiere stenodattilografo, assegnato agli uffici del comando.

L'8 settembre, alle ore 19.30, ascoltammo alla radio il proclama di Badoglio. Diceva: fine delle ostilità, l'Italia esce dalla guerra. La notizia venne accolta con giubilo immenso da parte di tutti, compresi i reparti di fanteria della vicina caserma Nazario Sauro, il Battaglione San Marco, i marinai delle scuole, i marinai dei sommergibili ancorati allo scalo Ulivi e quelli delle navi in rada. Soltanto la corazzata «Giulio Cesare» sbarcò parte del personale, lasciò gli ormeggi e prese il largo.

Nel frattempo, tutti gli ufficiali dal grado di guardiamarina in su sparirono, come volatilizzati. A decidere la nostra sorte, siamo stati noi, un gruppo di furieri muniti di macchine da scrivere. I tedeschi ci trasferirono in mezzo al cortile e ci imposero di scegliere fra tre alternative: continuare la guerra a fianco della Germania, entrare in organizzazioni di lavoro o andare a casa.

Tutti optarono per l'andare a casa. Allora il comando tedesco ci chiuse dentro la caserma e fece sbarrare le vie che conducevano all'esterno. Fiutata l'aria infida, mi misi d'accordo con un amico, sotto le armi da un mese come me. Aspettammo che fosse notte. E poi fuggimmo lungo la fogna delle lavanderie. Ci trovammo fuori della caserma e salimmo sulle colline circostanti.

Al mattino, scorgemmo in lontananza due enormi pennacchi di fumo nero che si alzavano verso il cielo. Per andare al nord dovevamo passare di là, dove stava bruciando non capivamo cosa. Giunti sul posto, ci trovammo di fronte a uno spettacolo orripilante. I due paesi di Canfanaro e Dignano d'Istria, poco distanti l'uno dall'altro e disposti lungo l'unica strada maestra, bruciavano, completamente distrutti con i lanciafiamme e le granate. Era una rappresaglia dei tedeschi che alcuni giorni prima, nel passare di lì diretti a Pola, erano stati attaccati alle spalle da gruppi di partigiani slavi e del posto, istriani o dalmati.

Non avevamo mai sentito la parola partigiani. Confusi e impressionati, non sapevamo dare un senso logico a questo modo di fare. Ci dicevamo: un gruppo tende l'imboscata e l'altro reagisce bruciando sulla porta di casa gente ignara, senza nessuna colpa! Per due marinai come noi, era un atto incomprensibile. Non trovavamo niente di eroico in tutto questo.

Cammina cammina, siamo arrivati a Pisino, un comune importante al centro dell'Istria, a 45 chilometri da Pola. Qui incontrammo altri soldati sbandati, alloggiati nella caserma di fanteria Armando Diaz. Ci dissero che gli ufficiali italiani erano stati fucilati sul posto qualche giorno prima, senza tanti complimenti. Altro mistero, per un semplice furiere.

Un comandante «partigiano», più che convincerci, ci costrinse a rimanere e a collaborare. Lo fece adducendo il pretesto che in Italia c'era la guerra civile. Dico Italia, perché l'Istria, esclusa Pola, era in mano loro.

Alcuni di noi vennero armati di fucile mitragliatore. Era un'arma nuova, che non avevo mai visto. Sul calcio di legno c'era la stampigliatura «Beretta Italia». Con la dovuta cautela, cercai di saperne di più. Mi dissero che erano armi italiane destinate al nostro esercito in Grecia. Arrivate in Albania, in virtù di chissà quali intrallazzi erano finite in Jugoslavia, dalle parte opposta. Mah!

Vennero subito altre sorprese. Mi trovavo di fronte al municipio di Pisino, diventato la sede del comando partigiano. In quel momento giunse all'ingresso del comando un camioncino scoperto. Ne scesero due partigiani che entrarono nel comando, come due fattorini che devono far firmare la bolla di carico e scarico merci.

148

Guardai il carico del furgone e rimasi pietrificato. Dentro giacevano, scomposti, i corpi senza vita di una decina di persone, massacrate di botte. Erano destinate alle cosiddette foibe, situate sulle colline circostanti. Le foibe erano delle fenditure nel terreno, paragonabili ai ghiacciai crepacciati in alta montagna. Quel giorno non collaborai. Sentivo il bisogno di isolarmi. E pensai con profonda nostalgia alla casa dei miei nonni.

Cresciuto sotto il nostro campanile, della vita conoscevo soltanto le stagioni della semina e dei raccolti. E la spensieratezza gioiosa dell'adolescenza, quando a piedi scalzi saltavamo sui mucchi di fieno. Non avrei mai immaginato che, nel profondo dell'animo umano, esistesse tanta ferocia. Mi trovai con le guance bagnate di lacrime. Poi, dopo una lunga riflessione, conclusi che la vita merita di essere vissuta, anche se non la si capisce.

In seguito, mi dissero che si trattava di un regolamento di conti. Prima di toccare ai fascisti, nelle fosse erano finiti i partigiani slavi, provenienti da località diverse. L'amico che era fuggito da Pola con me rientrò dal castello di Pisino, trasformato in carcere. E mi raccontò che i sotterranei erano pieni di fascisti o presunti tali. Bastava che uno si sentisse più italiano che slavo per passare seri guai. La vita di una persona valeva meno di una cicca di tabacco.

I processi farsa si svolgevano dentro il castello, davanti al pubblico. La sentenza era una sola: morte! Il giudice unico era il partigiano comandante della piazza. Lo chiamavano «il boia di Pisino». I prigionieri più fortunati erano quelli che, senza subire torture, venivano mitragliati sull'orlo delle fosse. E, morti o soltanto feriti che fossero, vi erano scaraventati dentro, a pedate.

Il camioncino era in piena attività. Sparirono famiglie

intere. Nel frattempo, gruppi di militari sbandati, italiani compresi, furono avviati verso destinazione ignota e si persero nel nulla. Dovevo uscire da quella situazione. Nel municipio di Pisino, conobbi un'impiegata soldato. Parlando con lei in dialetto veneto, le spiegai che ero desideroso di avere notizie della mia famiglia abitante a Trieste.

C'era in giro un po' di trambusto, si diceva che aspettassero la visita del maresciallo Tito, ma non so se fosse vero. La ragazza soldato mi promise che avrebbe pensato come aiutarmi.

Due giorni dopo, con la faccia del san Sebastiano sotto le frecce, tornai a supplicare l'impiegata soldato. E le chiesi di avere un permesso da esibire ai posti di blocco. Lei mi accontentò. Sul retro del permesso, aggiunsi il nome del mio amico. Tutti e due filammo via, senza perdere un istante.

Giunti in vista di Trieste, la città ci sembrò in apparenza calma. Noi eravamo laceri, stanchi, affamati. Non ci voltammo indietro, felici di essere usciti da un incubo spaventoso. Ci abbracciammo e poi ciascuno se ne andò per la propria strada. Dopo qualche giorno, arrivai a casa, finalmente!

Nel frattempo era nata la Repubblica sociale. Nel febbraio 1944, la mia classe venne chiamata alle armi. Chi non si presentava, sarebbe stato fucilato. Siccome venivo dalla Marina militare, fui di nuovo arruolato in Marina. Sempre come furiere dattilografo, mi destinarono agli uffici del sottosegretario, l'ammiraglio Giuseppe Sparzani. La sede era a villa Scalvini, fra Lonato e Desenzano. Il nostro era un luogo di transito, con una mensa unica, senza posto fisso a tavola.

Un giorno mi trovai di fronte un signore distinto, in borghese, pantaloni alla zuava e distintivo fascista all'occhiello. Era un giornalista e si chiamava Giorgio Almirante. Mangiando, parlava e parlava, con pacatezza, del destino della Patria, dell'immancabile vittoria finale, di armi segrete, dell'ora X. Lo ascoltavamo silenziosi, senza capire niente.

Invece il principe Junio Valerio Borghese era sempre in divisa da capitano di fregata, sul petto il fregio dei sommergibilisti. Al suo arrivo, si schierava il picchetto d'onore. Ci passava in rassegna uno per uno, lo dovevi seguire con lo sguardo fisso negli occhi. Se per timidezza o soggezione abbassavi la testa, ti beccavi un colpo del frustino che portava con sé. Non lo faceva con cattiveria, era un suo modo per sincerarsi della lealtà delle persone…

Il bello arrivò all'inizio del marzo 1945. Una parte di noi venne trasferita alla X Mas e aggregata al Battaglione «Lupo», schierato sul fronte del Po. La nostra linea di difesa era una serie di trincee mimetizzate, con qualche bunker in cemento armato, poche armi e tanti disagi. Verso la metà di aprile, l'8ª Armata inglese, preceduta dai soldati badogliani delle divisioni «Cremona» e «Legnano», scatenò l'inferno.

Fuoco d'artiglieria pesante, bombardamenti e mitragliamenti aerei, di notte e di giorno, sparavano a tutto ciò che si muoveva. Prima di noi, mollarono i tedeschi, uno spettacolo desolante. Poi ci fu la nostra ritirata.

Raggiunsi Candiana. Nelle scuole elementari c'era un gruppo della Brigata nera, una quindicina di romagnoli.

Gli dissi che gli anglo-americani stavano per arrivare, meglio che si mettessero in borghese e se ne andassero a Padova. Nessuno rispose, stavano a testa bassa.

Non capivo la loro rassegnata fatalità. Gli gridai la mia esperienza in Istria, con i partigiani di Tito. Niente da fare. Più tardi seppi che li avevano fucilati tutti. Arrivai a casa dei miei nonni, gettai la divisa, misi degli abiti borghesi e andai a nascondermi in una grotta, in mezzo alla campagna.

Il mio paese, Pontelongo, era stato bombardato più volte, per via di uno zuccherificio e di due schifosissimi ponti sul fiume Bacchiglione. La gente era esasperata. Morti, distruzioni, fame e miseria per tutti. Verso la fine di maggio, non senza qualche guaio, a piedi tornai a casa. Qui mi dissero che il segretario del fascio di Pontelongo, un centurione fanatico sempre in divisa, pochi giorni prima del 25 aprile aveva fatto seviziare e fucilare un renitente alla leva, mio compagno di scuola e della mia età.

Poi, nel tornare a casa in bicicletta, il centurione si era fermato nel cortile della famiglia del morto. E ai genitori che si erano affacciati sulla porta aveva detto con sprezzante sadismo: «Se volete vostro figlio, andatevelo a prendere!» Questo figuro venne poi giustiziato a Codevigo e gettato nel Brenta. Ma io, con lui, non avrei inquinato nessun fiume. Mi vennero in mente le foibe istriane, profonde sino all'inferno.

Anni dopo venni a sapere una cosa da tenersi la mano sullo stomaco per non vomitare. L'Inps pagava la pensione a trentamila residenti nell'Istria ormai jugoslava. Tra questi, c'erano il boia di Pisino e soci come lui. A me, italiano, l'Inps ha sempre risposto picche: niente stato di servizio militare, niente foglio di congedo, niente pensione.

25 aprile in camicia nera

«A SINISTRA molti non l'ammetteranno mai», disse Alberti. «Ma c'era una differenza abissale tra il cadere prigionieri degli anglo-americani o dell'Armata popolare di Tito. Mi ha impressionato la testimonianza di Razzi. Mentre la leggevo, mi sono tornate alla mente certe pagine del suo 'Prigionieri del silenzio' sul gulag di Goli Otok. Ci ho ritrovato lo stesso sadismo feroce.»

«Sì, anche se a Borovnica», osservai, «i guardiani avevano almeno un alibi, lo dico per paradosso: i deportati erano fascisti o tedeschi che, sino a qualche mese prima, erano stati i loro avversari in guerra. Mentre all'Isola Calva, deportati e guardiani erano tutti comunisti...»

«Ha raccolto qualche testimonianza sulla prigionia dei fascisti italiani catturati dagli Alleati dopo il 25 aprile 1945?» domandò Alberti.

«Sì, ne ho più di una. Ma ho scelto di pubblicare quella che mi ha dato qualche anno fa un mio collega, più anziano di me, che era stato un milite della Brigata nera in una città dell'Italia settentrionale. Contiene una descrizione di Torino negli ultimi, caotici giorni della guerra civile. E anche un ritratto di due Italie molto diverse fra loro: quella del nord e quella del sud. Eccola.»

Quando la guerra finì, non avevo ancora compiuto i 18 anni. La mia era una famiglia di piccola borghesia, papà era devoto al regime fascista, però non aveva voluto iscriversi al fascio repubblicano perché era contrario alla guerra fra italiani. Io invece aderii subito alla Rsi: volevo cancellare la nefandezza dell'8 settembre, riscattare il tradimento, combattere per l'Italia.

Ero uno studente liceale e cercai di arruolarmi nella X Mas per essere mandato sul fronte. Ma ero molto miope e venni scartato alla visita militare. Così dovetti accontentarmi di fare lo scritturale nella Divisione «Italia», una delle quattro allestite dal maresciallo Graziani. Rimasi vicino a Brescia sino al dicembre del 1944 e poi ritornai in Piemonte, a X, la mia città.

Qui, sempre per poter combattere, mi arruolai nella Brigata nera cittadina e lì rimasi sino alla fine della guerra. So bene che i brigatisti hanno una pessima fama. Ma la realtà è diversa. Com'è accaduto tra i partigiani, anche nelle Brigate nere c'era un campionario molto vario di umanità: si andava dagli idealisti come me, che non avrebbero mai torto un capello a un prigioniero, sino ai violenti e ai sadici. Dunque, anche oggi che sono lontanissimo dal fascismo, dico che è sbagliato non distinguere.

La nostra fuga da X iniziò la notte del 18 aprile 1945, con una colonna di camion diretta a Torino, carica di masserizie. Dovevamo accompagnare a Milano e poi nel

154

famoso ridotto armato in Valtellina le famiglie del prefetto, del segretario federale, di qualche gerarca e di alcuni ufficiali: una trentina di civili, soprattutto donne e bambini. Io facevo parte della scorta, con altri cinque militi della Brigata nera e venticinque uomini della Guardia nazionale repubblicana.

Ormai la guerra era perduta. C'era un senso di disastro generale. Avevamo anche saputo che prestissimo ci sarebbe stato un ripiegamento totale dei tedeschi e delle nostre truppe. Poco prima della partenza, mio padre venne a parlarmi angosciato: «Mi hanno detto che vi ritirate. Non puoi scappare? Se ti prendono così, ti fanno la pelle». Ma io non sapevo dove andare. E decisi di seguire la sorte degli altri.

La colonna arrivò a Trofarello senza incidenti. Qui ci spararono da un campo, noi rispondemmo con delle raffiche e proseguimmo. Verso le undici di mattina del 18 aprile entrammo in Torino. La città era come morta, i tram fermi, nessuno per le strade. Ci dissero che era stato proclamato uno sciopero generale contro di noi.

Cosa fare? Andammo in una villa vuota, dalle parti di via Calandra, e ci sistemammo nel cortile, in attesa dell'ordine di proseguire per Milano. Restammo lì per due giorni, asserragliati, facendo la guardia a turno. Di notte, qualcuno ci sparava dalla strada, si sentivano dei rombi lontani.

La mattina del 20 aprile, verso le dieci, arrivò un ufficiale. Fece salire i civili sui camion e ci ordinò: «Ripiegate sulla caserma Ather Capelli, in via Cernaia. Lì troverete gli altri». Riformammo la colonna e attraversammo il centro della città, sempre deserto. Alla caserma trovammo la Brigata nera di Torino quasi al completo, reparti della «Leonessa», molti militi in divisa, moltissimi civili, fascisti torinesi e di altre zone del Piemonte con le loro famiglie. Di questi ne arrivavano di continuo, alla spicciolata. Dicevano, angosciati: «I partigiani ci stanno cercando, casa per casa».

In tutto, alla caserma Capelli, saremmo stati in duemila, tremila. Una confusione indescrivibile, un'atmosfera di panico e, per molti, di terrore. Qualcuno gridava: «Qui moriamo come topi! Bisogna trovare il modo di uscire». I partigiani ci sparavano da una casa diroccata. Noi si rispondeva dalle finestre. Morirono quattro o cinque mitraglieri della Brigata nera. Poi un gruppo di Rau, i Reparti arditi ufficiali, diede l'assalto a quelle macerie e ci furono altri morti.

Il 21 aprile uscimmo, ma solo per andare in una banca a prelevare dei soldi. I nostri ufficiali ci consegnarono sei mesi di stipendio. Il mio soldo era di 1800 lire al mese, quindi mi diedero 10.800 lire. Le banconote erano nuovissime, in rotoli ancora da tagliare. Tornammo in via Cernaia. Nessuno aveva un'idea sul da farsi. Io venni mandato ad aiutare quelli che bruciavano i documenti. C'erano dei falò nel cortile della caserma, vi gettavamo casse di roba e il fuoco ardeva ventiquattro ore su ventiquattro.

Dopo cinque o sei giorni che stavamo barricati lì, ci dissero che avremmo cercato di uscire da Torino con la scorta di carri armati tedeschi. Infatti arrivarono dei panzer e delle autoblindo italiane, con altri reparti fascisti. Si formò una lunga colonna, la colonna Cabras, dal nome del comandante provinciale della Gnr, il colonnello Giovanni Cabras, che la guidava.

Nella tarda serata del 27 aprile, sotto una pioggia torrenziale, lasciammo il centro diretti verso Livorno Ferraris. All'uscita dalla città, i partigiani ci assalirono. Ci fu un fuoco tremendo. Vidi parecchi militi in bicicletta cadere sulla strada come birilli. Ma il grosso proseguì.

Appena fuori Torino, i panzer tedeschi ci lasciarono per ritornare in città. Noi proseguimmo sull'autostrada e all'alba arrivammo a Livorno Ferraris. Restammo in paese per tutto il giorno 28. C'era un caos totale. Nessuno sapeva che cosa fare. La gente ci guardava storto, ma ci sopportava perché eravamo armati.

L'indomani, il 29 aprile, ripartimmo diretti a Strambino, verso nord, in direzione di Ivrea. Andavamo adagio, la colonna era lunga. Sulla provinciale, un paio di aerei inglesi spararono su dei nostri camion e li incendiarono. Nel pomeriggio, a Strambino, ci venne incontro un'auto 1100 con un capo partigiano e due preti. Sul cofano era distesa una bandiera bianca con uno scudo crociato che non avevo mai visto. Seppi dopo che era quello della Democrazia cristiana.

Erano venuti a offrirci la resa e l'incolumità per tutti. I nostri ufficiali si riunirono e decisero di non arrendersi. «Di lui potremmo anche fidarci», ci dissero parlando di quel capo partigiano, «ma non certo delle altre bande che circolano nella zona.» La macchina con lo scudo democristiano se ne andò e la nostra colonna riprese il cammino.

Era un cammino alla cieca, un girare vizioso nella stessa zona, ma sempre più vicino a Ivrea. Vivevamo alla giornata, come una sterminata carovana di zingari in divisa, un po' mangiando quello che avevamo portato da Torino, un po' razziando. Ci preoccupavano soprattutto le donne e i bambini che stavano con noi. E anche i civili, molti non li conoscevamo.

I nostri ufficiali ci raccomandavano di restare uniti, di non disperderci: «Tutti quelli che se ne sono andati da soli, li hanno trovati uccisi nei fossi o impiccati. Cerchiamo di stare assieme, fino a quando incontreremo gli americani». Di notte si dormiva sui camion o nelle cascine. Avevamo organizzato rigidi turni di guardia, ma i partigiani non si fecero mai vivi. Poi, un giorno, arrivò un ufficiale della Legione Muti. Ci disse che Mussolini era stato fucilato e che la guerra era finita.

Impiegammo diversi giorni per fare i pochi chilometri che separano Strambino da Ivrea. Finalmente, la sera del 5 maggio, mentre eravamo in vista della città, una voce percorse la colonna: «Gli americani stanno arrivando. Fate sparire tutte le mostrine e i contrassegni di partito!» Strappai la testa di morto che avevo sul berretto e i fascetti rossi sul bavero della divisa. Un'ora dopo vedemmo arrivare una jeep con a bordo quattro neri della Military Police: erano della Divisione «Buffalo», tutta di soldati di colore.

Gli americani ci scortarono fino a Ivrea, dentro la vecchia fabbrica dell'Olivetti. Gettammo le armi nel cortile. Ogni tipo di arma aveva il suo mucchio: pistole, fucili, mitragliatori, bombe a mano. Ci mandarono a dormire al riparo di capannoni coperti di lamiera. Eravamo preoccupati, anche perché la nostra propaganda ci aveva sempre dipinto gli americani in un certo modo: violenti, ubriaconi, stupratori. Qualcuno di noi era stato derubato. Invece, il mattino dopo, era il 6 maggio, quando un gruppo di partigiani cercò di entrare nella fabbrica, i neri li cacciarono via. Poi ci diedero da mangiare della carne in scatola.

Quella sera ci divisero. Da una parte le donne e i bambini. Poi gli uomini in borghese. Quindi noi, i militari. Ci fecero salire su dei camion che partirono. Ci fu un solo incidente, all'uscita da Ivrea, quando i partigiani e anche gente del posto ci tirarono pietre, cocci di vaso, pezzi di legno, urlando insulti. Dopo qualche ora ci fermammo a Parabiago, a una ventina di chilometri da Milano, in una vecchia fabbrica trasformata in campo di concentramento temporaneo.

Restammo qui venti, venticinque giorni. Non si stava male. Passavamo il tempo giocando a poker. Ogni giorno qualcuno di noi usciva con i soldati americani a scaricare le immondizie del campo. I neri ci portavano anche nei bar, ma la gente ci accoglieva male. Ci dicevano: «Bastardi, delinquenti! Un giorno o l'altro vi impiccheremo». Ci riconoscevano subito, anche perché portavamo sempre le nostre divise e parecchi la camicia nera.

Eravamo rassegnati. La guerra era perduta, gli eventi ci avevano superato, anche il fascismo sembrava una vicenda passata, lontana. Non si parlava delle cose trascorse, né di politica. Ognuno cercava di nascondersi nella massa, i nostri ufficiali stavano zitti e cheti. Nei primi giorni era corsa la voce che ci avrebbero liberati, riarmati e spediti a combattere contro i sovietici. A molti questa idea andava, eravamo anticomunisti. Poi arrivò la doccia fredda: ci aspettava un campo per prigionieri in Algeria.

Partimmo un pomeriggio, sul tardi. Una colonna di venti camion, scoperti. Quaranta per camion. In tutto, ottocento prigionieri o giù di lì. Eravamo vicini alla stazione e in quel momento arrivò un treno da Milano, carico di gente in tuta, operai. Ci scorsero subito e si misero a gridare: «Fascisti, delinquenti!» Urlavano, sputavano, tiravano pietre.

Per un'ora ce la vedemmo brutta, anche perché, attirati dalle grida, erano corsi alla stazione quelli del paese. Un gran folla scaldatissima, molti gli inferociti. Guardavano le nostre divise e facevano volare i sassi. Avevamo paura che ci tirassero giù dai camion e ci linciassero. Poi la Military Police riuscì a far partire la colonna.

La stessa scena si ripeté a Milano. Al nostro passaggio i tram si fermavano, la gente scendeva dalle vetture e cominciava a gridare: «Leoni di Mussolini, ruggite! Bee, bee...» ci facevano il verso delle pecore. Anche di peggio accadde in Emilia, in tutti i centri che attraversammo. Alla periferia di Bologna, gli MP dovettero sparare in aria, per far avanzare i camion circondati dai civili che volevano prenderci.

Furono i nostri giorni più duri. Era evidente che la gente ci odiava. Non eravamo soltanto dei vinti, ma delle bestie nere, da far fuori, prima o poi. Attorno a noi vedevamo uno sfacelo immenso: macerie e macerie dappertutto, specialmente in Emilia e in Toscana. Fu allora che capimmo come la guerra aveva ridotto l'Italia.

Viaggiammo per due giorni di seguito, sotto un sole cocente. Faceva molto caldo. Avevamo i viveri, ma non l'acqua. Dovevamo comprarla dagli americani. Ho pagato 500 lire una borraccia piena. Ci chiedevamo: come faremo ad arrivare in Algeria? Facemmo due soste. Una fuori Montecatini. La seconda in un'immensa pineta, seppi in seguito che era quella di Tombolo. Poi arrivammo a destinazione.

Non era l'Algeria, ma un campo situato in un posto a dieci chilometri da Pisa, che doveva diventare famoso

160

per noi ex militari della Rsi: il campo di concentramento di Coltano.

Era una grande distesa di terra rossa, tutta chiusa con il filo spinato e divisa in numerosi recinti. Dovevamo essere diverse migliaia, perché nel mio recinto eravamo non meno di duemila. Uniche costruzioni: le baracche delle latrine. Si dormiva sotto tende improvvisate, fatte con le nostre coperte, che avevamo ancora perché i bagagli non ci erano stati sequestrati. All'alba le tende dovevano essere disfatte, e in questo modo si soffriva molto per il sole e per il caldo.

Mangiavamo due volte al giorno, ma poco: una scatola di carne e fagioli da dividere in cinque o sei. Anche l'acqua era scarsa perché le fontanelle del campo venivano aperte una sola volta ogni ventiquattro ore. Quindi cinghia e sete. Se in qualche recinto si commettevano mancanze, tutto il campo restava senza pranzo o cena.

Un giorno, in un recinto, dei nostri camerati scoprirono due partigiani. Erano ragazzi toscani che avevano chiesto un passaggio a un camion americano che trasportava prigionieri fascisti. Arrivati a Coltano, i sorveglianti cacciarono anche loro nel recinto. I due si misero a protestare: «Siamo partigiani, fateci uscire!» Il recinto li picchiò a sangue. Poi accorse la Military Police e tutto finì.

I nostri ufficiali stavano in un recinto particolare. Una notte fecero passare la voce e, a turno, riuscimmo a entrare nel loro campo. Ci diedero i soldi prelevati in aprile, li avevano ancora perché nessuno era stato perquisito.

Molti soldi: a noi toccarono 60-70.000 lire a testa, parte in contanti, parte in assegni con la data del 24 o 25 aprile. I cassieri delle banche li avevano firmati sotto la minaccia delle armi.

Eravamo depressi e anche tagliati fuori dal mondo. Nessuno sapeva che cosa stava accadendo al di là del filo spinato. Anche i fascisti più scaldati avevano il morale a terra. Una massa amorfa, distrutta, che andava dai 17 ai 60 anni. Mi faceva soffrire soprattutto l'atteggiamento delle sentinelle di Coltano: più di sfottimento che di disprezzo.

Dopo una quarantina di giorni, nella prima metà di luglio, girò fulminea una voce: «Si parte!» Gli altoparlanti spiegarono che dovevano uscire dai recinti solo quelli della Brigata nera e della Guardia nazionale repubblicana. Eravamo in circa duemila. Sotto un'enorme tenda subimmo una perquisizione sommaria, ma saltarono fuori ancora delle rivoltelle e dei pugnali. Poi ci fecero incamminare verso una stazione ferroviaria. Dissero che era quella di San Rossore.

Marciammo per tutta le notte e buona parte della mattina. Faceva un caldo boia, noi bussavamo alle case lungo la strada per chiedere da bere. Ma la gente, come si accorgeva delle nostre divise, ci sbatteva le porte in faccia: «Andate via, fascisti! Non vogliamo più vedervi!» Alla stazione ci aspettava un lunghissimo treno merci. Ci misero in quaranta per ogni carro, con due bidoni d'acqua e le solite scatole di carne e fagioli. Poi chiusero i portelloni con il filo di ferro.

Viaggiammo per tre giorni, attraverso l'Italia in diagonale. Passata Roma, e quindi lasciate alle spalle le zone per noi pericolose, cominciarono le fughe. Durante le soste nelle stazioni, attraverso le assi schiodate al-

162

la base dei carri o dal tetto. Gli unici a non scappare eravamo noi dell'Italia del nord, perché non avremmo saputo dove andare: a casa non ci potevamo certo tornare.

Le sentinelle americane si voltavano dall'altra parte, per non vedere. Nessuna sparò mai. Nel nostro carro, da quaranta che eravamo rimanemmo in diciassette. Durante una fermata del treno a Gioia del Colle, in provincia di Bari, un ufficiale Usa venne a ispezionare il vagone e notò i buchi sul pavimento. Scosse la testa: «Stupidi scappare! Fra qualche giorno tutti a casa».

Si cominciava a respirare. Anche la gente ci trattava meglio. Al nord ci avevano tirato pietre e sputato in faccia. Al sud i ferrovieri venivano ad aprirci i carri. E a quelli di noi che erano in borghese offrivano il loro berretto perché potessimo tagliare la corda indisturbati.

Parecchi civili ci portavano pane, fichi, acqua. Qualcuno applaudiva. E non erano poche le donne che incitavano i bambini a salutarci. Noi pensavamo che ci trattassero bene perché avevano avuto dei vantaggi dal fascismo. Le stesse scene si ripeterono quando arrivammo a destinazione, a Gravina in Puglia, nell'interno, al confine con la Basilicata. Nell'entrare in paese su dei camion scoperti, la gente si raccolse in strada per salutarci. Ci fu anche chi gridò: «Viva il Duce!»

A Gravina ci misero in un campo che era servito per i prigionieri inglesi. E gli inglesi, adesso, erano i nostri sorveglianti. Per la prima volta dopo la cattura, ci presero nome e cognome, e ci diedero un numero. Nel campo trovammo molti prigionieri tedeschi, arrivati lì assai prima di noi.

I tedeschi si davano da fare: lavoravano, trafficavano in sigarette, si prestavano a cambiare, guadagnandoci, gli assegni che i nostri ufficiali ci avevano consegnato a Coltano. Si erano anche dati una organizzazione a disciplina militare. Ogni sera i capi campo andavano a rapporto dall'ufficiale più alto in grado.

Quel sistema con noi non attaccò. Passavamo la giornata a discutere le notizie che arrivavano da fuori. Quando sapemmo che in Italia c'era ancora la monarchia e un governo fatto di vari partiti, pensammo: «Ecco, ci fregano un'altra volta!» Ma l'ambiente era mutato. Fra noi erano sorte antipatie, ci eravamo divisi in gruppetti, si litigava spesso, e non per ragioni politiche.

Restammo a Gravina in Puglia sino all'inizio del novembre 1945. Mangiando poco, ma senza essere trattati male. Scrivendo a casa e ricevendo qualche pacco. Poi ci mandarono a Taranto. Gli inglesi dissero: «È un campo di smistamento. Là decideranno chi di voi può tornare in libertà e chi sarà trattenuto come criminale di guerra». A Taranto rimanemmo un altro mese. Qui il comando era americano, si mangiava di più e davano anche le sigarette. Il morale si stava alzando, si riprendeva fiato.

Quando arrivarono gli ufficiali badogliani per interrogarci, furono accolti con bordate di fischi. Erano giovani, con le divise di tela e i sandali. Qualcuno di noi si mise a gridare: «Ecco l'esercito di Franceschiello! Non hanno neppure le scarpe!»

Gli interrogatori furono blandi: «In quale reparto sei stato? Hai fatto rastrellamenti? Hai ucciso dei partigiani?» Insistevano, ma sempre blandamente.

Si avvicinava il giorno della nostra liberazione. Ma

che cosa avremmo trovato fuori? Che aria tirava per noi? Finalmente, un frate, un cappellano militare grasso e gioviale, ci rassicurò. Trasse da sotto la tonaca qualche copia di un giornale che non avevamo mai visto. Si chiamava «L'Uomo qualunque» ed era diretto da un certo Guglielmo Giannini.

Lo leggemmo con avidità, poi ci abbracciammo esultanti. C'era chi stava dalla nostra parte! «Siamo fuori dalla bagna, dai guai, questo Giannini ci aiuterà», andavamo ripetendo. Qualcuno s'infiammò: «Gliela faremo vedere a chi ci ha messo in gabbia qui dentro!»

Ci fecero uscire pochi giorni prima di Natale. Cambiammo le divise con dei vestiti borghesi inviati dall'Opera pontificia. E salimmo su una tradotta diretta al nord. Eravamo in quattro, tutti più o meno compaesani e reduci della stessa Brigata nera. Fino a Milano il viaggio fu tranquillo. Ma una volta scesi alla Stazione centrale c'imbattemmo in un gruppo di ferrovieri. Non so come, capirono chi eravamo e si misero a urlare.

Per un pelo non ci presero, perché saltammo su un tram. Ma anche qui i passeggeri cominciarono a insospettirsi. Avevamo dei sandali di foggia militare e poi quei nostri sacchi da montagna. Allora, il più anziano di noi ebbe un lampo di genio: «Siamo reduci dalla Libia. Torniamo da Napoli dove ci hanno sbarcato».

Tutto il tram ci commiserò: poveri diavoli, chissà quante ne avete viste! Riuscimmo ad arrivare alla stazione di Porta Genova e a prendere il treno di casa. Avevo compiuto da poco i 18 anni. E, grazie al cielo, la mia guerra in camicia nera era finita.

Scomparsi

«UN altro lettore del 'Sangue dei vinti'», dissi all'avvocato Alberti, «mi ha inviato un blocco di lettere che ci rimandano a un unico tema: la scomparsa di molti fascisti repubblicani nelle giornate successive al 25 aprile 1945. Intendo la scomparsa totale, nel buio più assoluto, dove si perde ogni traccia di una persona e del suo corpo, ma forse è meglio dire del suo cadavere.»

«È sicuro che le lettere siano autentiche?» mi domandò Alberti.

«In mano ho delle fotocopie. Però ho parlato con chi me le ha inviate e non ho nessun dubbio in proposito. Sono lettere vere, quasi tutte scritte a mano, spesso da povera gente non avvezza alla penna. Ma il loro contenuto, il tono e persino le parole adoperate ne provano l'autenticità.»

«Ne ho trascritte alcune», continuai, «togliendo i cognomi delle persone di cui parlano, i cognomi di quelle che firmano e tutti i dati che possano violare la loro privacy, diremmo oggi. Del resto, quel che conta è il tempo che rievocano. Un tempo nel quale la pietà per i vinti era morta. Come dimostrano gli ultimi due documenti che, lo confesso, mi hanno fatto gelare il sangue.»

«La prima lettera», iniziai, «è senza data, ma dalla risposta è collocabile nel 1955, dieci anni dopo la fine della guerra civile. A scrivere è una signora, madre di un fascista scomparso.»

«Dice: 'Rev.mo Parroco di Avigliana, provincia di Torino. Sono una madre che dal 1945 non ha più notizie del proprio figlio, e quindi mi vorrà perdonare se con la presente vengo a disturbare. Mi rivolgo a Lei con la speranza di poter sapere qualcosa, onde anch'io possa avere pace'.»

«'Dunque, mio figlio Benito V., nato a M., in provincia di Pistoia, il 29 gennaio 1924, nell'ultimo periodo precedente il 25 aprile si trovava ad Avigliana con la 2ª Compagnia di ordine pubblico della Gnr, proveniente da Cremona. Sembra che dopo un patto di resa stipulato coi partigiani del luogo, si sia allontanato con circa 20 o 25 dei suoi camerati. Ma fatti circa quattro o cinque chilometri sulla provinciale verso Torino, pare siano stati presi a fucilate, e quindi uccisi tutti o quasi, e gettati in un precipizio al lato della strada stessa'.»

«'Queste sono le poche e incerte notizie in mio possesso. Ma spero che per Lei siano più che sufficienti per potermi con sicurezza dire dove si trova il corpo di mio figlio. Alla presente allego una fotografia che sarei grata se volesse rimandarmi. Mio figlio è quello segnato con la croce'.»

«Ed ecco la risposta del parroco di Avigliana», dissi

ad Alberti. «'Gent.ma Signora, le ritorno la foto del suo figliolo, ma purtroppo niente di più! Probabilmente conobbi suo figlio. Frequentavano la mia chiesa, dovetti spesso avvicinarli per scambio di prigionieri o per altri motivi, ma chi ricorda a distanza di dieci anni? Lo ricorda lei, Mamma, che ha indelebilmente il suo figlio impresso nella mente, e più nel cuore!'»

«'Le notizie che sa credo siano le più attendibili. In altre circostanze, per incarico di altre madri, fatte delle indagini ebbi conferma della resa e della partenza, poi tutto si perde nel buio e non c'è modo di diradarlo per vedere più addentro. Comunque, e non è vana promessa, io cercherò ancora, con pochissima speranza purtroppo...'»

«Questa seconda lettera viene da Cuneo e reca la data del 29 giugno 1953, otto anni dopo la fine della guerra. A scriverla è un padre che si rivolge a un avvocato.»

«'Preg.mo Sig. Avvocato, mio figlio Renzo B., sergente maggiore volontario negli alpini (22.3.1944-26.5.1945), nel reparto Rap, Reparti antipartigiani, in Torino, fu colà preso dagli eroi e fucilato il 28.5.1945, come da lettera fattagli scrivere dagli assassini e da loro stessi a noi rimessa. Vane le ricerche di testimonianze e del Suo Corpo.'»

«'Egli ha lasciato due figli che vivono stentatamente col guadagno del lavoro di camiciaia della madre e col mio aiuto. Io sono ex capostazione delle ferrovie, a Forlì e a Como, e i dolori sofferti e l'età non reggono agli sforzi per assicurare un avvenire ai disgraziati orfani.'»

«'Le sarò grato se potesse darmi delle utili informazioni per iniziare le pratiche per il riconoscimento del sacrificio, se è vero che agli eredi concederanno una pensione. In attesa di un cortese riscontro, sentitamente La ringrazio.'»

«Le leggo una terza lettera. Riguarda la scomparsa di Cesare F., milite della Brigata nera 'Ather Capelli' di Torino.»

«'Cesare F. venne prelevato il 30 aprile 1945 alle ore 1.30 di notte, in casa del suocero, signor Carlo F., e portato presso il Liceo "Cavour" in corso Tassoni. La moglie, Maria Luisa F., dal comando partigiano di via Sassari ebbe restituito il portafoglio con quanto in esso contenuto (salvo il denaro e gli oggetti di valore), unitamente a una nota: Fucilato il 30 aprile in contrada Martinetto.'»

«'Aggiungo di mio, per averlo avuto raccontato da mio cognato. Dopo poco tempo dalla cattura, cioè appena incominciò il giorno, mio cognato con qualche amico si recò presso le autorità che detenevano il Cesare F. ed ebbero l'assicurazione che egli sarebbe stato rimesso in libertà.'»

«'Verso le dieci del mattino, un amico riuscì ad assistere all'interrogatorio del F. da parte delle cosiddette autorità. Egli si presentò alquanto malconcio per le percosse ricevute (aveva uno zigomo e il setto nasale rotti). Gli fu chiesto il nome e se era iscritto alla Brigata nera. Gli fu mostrato il portafoglio e gli fu chiesto se nulla mancava. Mancavano il denaro, l'orologio che aveva al polso e la fede d'oro. Fu portato via subito, dai suoi angeli custodi che l'avevano prelevato (erano in tre).'»

«'L'amico, convinto che Cesare sarebbe stato rilasciato, dato che nulla gli veniva imputato, andò a casa della moglie a portare la buona novella. Risultò invece che Cesare venne fucilato subito dopo, con alcuni altri. Egli lasciava la moglie in stato interessante e un bimbo di 18 mesi.'»

«'La storia ha però un seguito. Nel settembre 1945 la vedova di Cesare F. riceve una telefonata che per qualche tempo l'ha fatta rivivere di speranza, per poi gettarla in un'accresciuta disperazione. Pochi giorni prima che le nasca il secondo bimbo, una voce femminile la chiama al telefono e le dice: "Da parte di mio marito le comunico che suo marito era stato ferito gravemente alle gambe, ora però è quasi guarito e presto le darà sue notizie". La moglie insiste per sapere di più, ma quella toglie la comunicazione. Prima di parlare, la sconosciuta le aveva chiesto più volte le generalità.'»

«'Cesare F. era impiegato presso il Genio militare con ufficio in via Garibaldi, aggregato alla Brigata nera del municipio di Torino. Dieci o quindici giorni prima dell'insurrezione, era stato accasermato. Poche ore prima che venissero a prelevarlo in casa del suocero, dove si era trasferito per maggior sicurezza, aveva ricevuto la visita di un suo camerata. Costui l'assicurò di essere già stato interrogato e rilasciato senza che nulla gli venisse fatto. E tranquillizzò Cesare. Qualche ora dopo la partenza dell'amico, quando stava già a letto, Cesare venne catturato.'»

«'Si è arrivati a sospettare che l'amico lo abbia tradito. Sta di fatto che a casa di Cesare nessuno era stato a cercarlo. E che l'amico fu uno dei pochi che poté salvarsi, pur non essendo scomparso dalla circolazione...'»

«La quarta lettera è di una signora alla ricerca di notizie sul marito scomparso», spiegai ad Alberti. «La data è del 20 marzo 1948, il luogo è Sanremo.»

«'Mio marito si chiamava Biagio N., era nato il 18 gennaio 1918 a M., in provincia di Palermo. Partì dal suo paese nell'anno 1939, di leva, per fare il militare a Sanremo, nel 90° Reggimento Fanteria. Lì prestò servizio fino al 13 settembre 1943. Poi fu richiamato nuovamente sotto le armi e dovette arruolarsi nella Guardia nazionale repubblicana di Porto Maurizio, Imperia. Lì continuò a combattere per la nostra cara Patria fino al 25 aprile 1945.'»

«'Da quel giorno non ebbi più sue notizie. Spero almeno di avere la restituzione della salma. Io mi trovo sola con un bambino, senza casa, senza nessun aiuto e ditemi almeno come io debbo fare. Non mi prolungo perché mi sento soffocare dal dolore, pensando che mio marito ha servito la Patria sino all'ultimo e ora è disprezzato e buttato chissà dove...'»

«Anche la quinta lettera è di una moglie. Viene da Avezzano, in provincia dell'Aquila, e la data è il 5 agosto 1949.»

«'Mio marito Luigi P. è stato straziato e assassinato in Valtellina, nei pressi di Sondrio, solo perché era ligio e alle dipendenze della Repubblica di Salò. Fu il giorno 28 febbraio 1945 che l'adorato mio marito cadde trafitto e tutto passò nell'oblio!'»

«'Quel sangue versato gronda ancora vendetta perché una serena Giustizia non è stata fatta. Tutte le porte sono chiuse alla disgraziata mia famiglia. Nessun Ente statale o parastatale ci riceve, tanto da sembrare come fossimo dei lebbrosi infettivi. Questa è la vita della mia famiglia!'»

«'L'altro fratello mio, Fedele D.F., reduce dalla prigionia in Russia, tornato malato e prostrato dal male che non perdona, non potette qui né curarsi né avere una stanza di abitazione né tampoco una medicina o un sussidio, e morì oscuro. Non so se questo è un anatema emanato dall'Umanità, prima che l'avesse promulgato il S. Uffizio.'»

«'Quale vedova infelice ho il compito e il dovere di mantenere il nostro genitore di 82 anni, il quale ha diritto a un pezzo di pane. Tutto mi manca. Di tutto ho stretto bisogno. Non tanto per me, ma per l'adorato papà, il quale fu per me di aiuto e di conforto. Mi raccomando per essere aiutata benevolmente per un misero sussidio.'»

«È sempre di una moglie la sesta lettera. Viene da Monfalcone e la data è il 23 aprile 1948. La signora scrive al Comitato nazionale per il recupero e riconoscimento dei caduti della Rsi.»

«'Mio marito era capitano d'artiglieria di stanza a Torino durante il periodo dell'insurrezione. Da informazioni sicure so che è stato fucilato al momento della resa. Però, nonostante tutte le mie ricerche, non so che cosa abbiano fatto della sua salma. Eccovi in poche parole tutto ciò che posso dirvi di lui e sulla sua fine.'»

«'Si chiamava Ludovico L.C., capitano dei Rap, 10° Artiglieria speciale. Era alla caserma Valdocco, nel corso omonimo. Il 25 aprile, dopo aver resistito fino all'impossibile, si arrese assieme a quattro altri ufficiali. Però prima avevano avuto la parola d'onore che avrebbero avuto salva la vita e l'onore delle armi. Invece, appena arresi, gli ufficiali, mio marito compreso, vennero fucilati all'angolo della caserma.'»

«'Cosa hanno fatto delle salme? Non s'è mai saputo, né io ebbi mai comunicazione di morte. I prodi partigiani che si fecero tanto onore erano quelli di una Brigata Garibaldi. Questo è quanto io seppi dopo tre anni di ricerche.'»

«'Vi sarei grata se poteste interessarvi al mio caso, perché solamente nel dare degna sepoltura a mio marito mi pare di trovare un po' di conforto nel mio dolore.'»

«Ecco la lettera di un padre», continuai. «La data è il 2 luglio 1948.»

«'Avevo un figlio, Michele N., nato l'8 maggio 1926 a C., in provincia dell'Aquila. Nel maggio 1944, a diciotto anni, si era arruolato nelle file repubblicane, nella Compagnia Guerriglia 106 a Orvieto. E da quell'epoca non ha dato più notizie di sé.'»

«'Era l'unico figlio che mi poteva dare un sollievo. Ma solo perché questo povero figlio si era schierato a difesa della Repubblica di Salò, nessuno mi viene incontro. Perciò mi rivolgo a codesto Comitato per la ricerca dei caduti della Rsi onde faccia qualcosa per me.'»

«'Faccio notare che mi si dice che mio figlio Michele sia deceduto nei pressi di Padova, nella X Mas, ma nulla mi è stato comunicato fino ad ora. Perciò mi rivolgo a voi di aiutarmi nella ricerca e di darmi un sollievo. Così facendo fareste un'opera di carità.'»

«Questa è la lettera di un signore di Chiusi, in provincia di Siena, che il 12 ottobre 1945 scrive a un prelato perché lo metta in contatto con il parroco di Cigliano, in provincia di Vercelli. Lo scopo è di avere notizie sulla fine di un nipote, ufficiale della Rsi.»

«'Eminenza, è per lenire la disperazione di una madre inconsolata e caduta nella sciagura che mi rivolgo a Lei, dopo avere per cinque mesi tentato per varie strade di avere notizie di un mio nipote disperso.'»

«'Si tratta del sottotenente o tenente d'artiglieria Walter D.L., di anni 31, che verso il 20 aprile 1945 si trovava verso Torino (forse a Cigliano) e dette sue notizie. Dopo di che, fino a oggi, non ha più dato nuove di sé. Si dice che si trovi fra le vittime del 26 aprile, ma non so di quale località. Forse il parroco di Cigliano potrebbe sapere qualcosa, o meglio il cappellano addetto alla confessione dei condannati a morte politici.'»

«'Mi rivolgo a Lei, Eminenza, sicuro che Ella potrà avere le notizie che chiedo. Si tratta di un giovane ufficiale, non fascista, ma che ha dovuto subire le sorti di tanti in questa immane tragedia.'»

«'Per quanto la mia povera sorella così angosciata non si faccia soverchie illusioni sulla sorte del figlio, se non altro la sua fede in Dio le sarà di conforto quando avrà avuto le notizie della sciagura.'»

«Ancora la lettera di una madre, Anna C. Scrive da Milano, a un imprecisato 'Comandante' il 9 ottobre 1945.»

«'Chi le scrive è la mamma di un'ex ausiliaria che prestava servizio al posto di ristoro alla Stazione centrale e che faceva parte della Divisione "Monterosa". Essa si chiama Ermenegilda C., nata a Taranto il 12 novembre 1921. Il giorno 13 maggio 1945, a Milano, mentre era in strada per fare ritorno a casa è stata fermata dai partigiani. Da quel giorno non ho più avuto notizie di mia figlia.'»

«'Ho fatto tante ricerche, ma purtroppo senza nessun risultato. E così mi permetto di scrivere a Lei, inviando due fotografie di mia figlia. E dichiarando anche che mia figlia non ha fatto nulla di male e che, essendo io vedova, lei era il mio unico sostegno.'»

«'Perciò prego Lei se volesse essere tanto gentile

174

d'incaricare qualche suo dipendente di vedere, con fotografie alla mano, di poterla rintracciare. Questa è una
grazia che chiede una povera mamma in pena.'»

«Queste sono due lettere inviate al Comitato di liberazione nazionale di Vercelli per avere notizie di un altro
militare fascista scomparso», spiegai ad Alberti. «Vengono entrambe da un paese del Bresciano, Carcina, frazione di Villa Carcina. La prima è del padre del militare,
che, come vedrà, si definisce un 'compagno'. La seconda è di un amico del padre che garantisce per lui sotto
l'aspetto politico. Questo è almeno ciò che si ricava dai
due testi.»
«'Carcina, 11 ottobre 1945. Egregio C.L.N. Io sottoscritto, Paolo A., vi chiedo il più grande favore che potete fare a un padre e a una madre che continua a piangere
un figlio trascinato nel fango.'»
«'Questo mio figlio si trovava ricoverato all'Ospedale
Maggiore di Vercelli e fu portato via la notte del 27 aprile 1945 dai partigiani. Da allora in poi non ebbi più sue
notizie. Io sarei a pregarvi che, se anche me l'abbiano
ucciso, me lo facciano sapere, così non farei più nessuna
ricerca. Questo figlio si chiamava Francesco A., classe
1926, di Carcina, provincia di Brescia.'»
«'Con la speranza che vorrete darmi una risposta, anticipo i più fervidi ringraziamenti. Vi saluta il compagno
Paolo A.'»
«'Carcina, 7 aprile 1946. Rispettabile C.L.N. di Vercelli. Vi chiedo come gran favore di volermi dare schia-
rimenti riguardo ai soldati che furono prelevati il 27

aprile 1945 dall'Ospedale Maggiore di Vercelli. Tra loro esisteva il paracadutista Francesco A. che era già ricoverato da 42 giorni per ferite alla schiena.'»

«'Io sarei a supplicarvi che, se non potete voi darmi spiegazioni, di potermi dare l'indirizzo del capo brigata dei partigiani che comandava a quella data suddetta. Per qualunque sorte sia capitata, ditemelo senza nessun riguardo. Io sono un amico di suo padre, che è un vero compagno, di vecchia data e sicuro.'»

«'Se per caso ci fosse da incontrare delle spese per fare queste ricerche, mandatemi l'importo che sarò pronto a versarvelo immediatamente. Vi prego di nuovo, cari compagni, di volermi aiutare a fare queste ricerche. Oppure ditemi sinceramente quello che è accaduto di quei poveri disgraziati senza colpa.'»

«'Vi saluta rispettosamente il compagno G.T., di Carcina.'»

«Anche se sono vecchio e abbastanza esperto delle brutture del mondo, mi turbano queste lettere, scritte da persone semplici, non abituate a mettere nero su bianco il dolore che le perseguita», mormorò Alberti.

«Chissà quante altre lettere simili sono state spedite dai genitori o dai parenti di fascisti scomparsi», continuò. «Abbiamo sollevato un microscopico lembo di un sudario gigantesco che copre la fine di migliaia di morti… Che esito avranno avuto tante richieste di notizie?»

«Questo non lo so proprio» ammisi. «E non ho nessun mezzo per saperlo.»

«Capisco» annuì l'avvocato. «Ma adesso vorrei vedere quei due documenti che le hanno fatto gelare il sangue. Anche questi vengono dal mondo dei vinti nella guerra civile?»

«No, vengono da quello dei vincitori: da due comandi partigiani del Piemonte.»

Spie e funerali

«Questi sono i due documenti che mi hanno fatto inorridire», dissi all'avvocato Alberti. «Entrambi si riferiscono a vicende accadute in provincia di Torino nel maggio 1945. Il primo consta di due fogli dattiloscritti e riguarda l'interrogatorio di una donna, madre di una ragazza fucilata come spia fascista dopo la liberazione. Vediamo che cosa racconta...»

«Il primo foglio reca l'intestazione, anch'essa scritta a macchina, 'Comitato di Liberazione Nazionale Alta Italia. Comando Polizia 1ª Zona – Lanzo'. E contiene un rapporto inviato il 13 maggio 1945 al Comando Piazza di Lanzo. L'oggetto del rapporto è definito così: 'O. Anna in A., fermata per interrogatorio'. Come può vedere dal documento, O e A sono le iniziali del cognome della signora, il primo da nubile, il secondo da sposata. Le leggo il rapporto.»

«'La persona in oggetto, mamma della famigerata spia folgorina', ossia legata a un reparto della Folgore fascista, 'a nome Luciana, giustiziata recentemente dai Patrioti, opportunamente interrogata circa la posizione della figlia nel tempo in cui servì la cosiddetta repubblica, ha dichiarato che la figlia ha sempre agito di propria iniziativa, definendola una figlia degenere anche nei riguardi dei propri genitori.'»

«'Non sono emerse prove di correità della mamma e perciò è stata lasciata in libertà a disposizione di questo Comando di Polizia per le eventuali altre indagini.'»

«È firmato questo primo documento?» domandò l'avvocato Alberti.

«Sì: 'Il comandante polizia 1ª Zona (Mario)'. Sotto c'è la firma autografa con il solo nome, per l'appunto Mario, e niente cognome.»

«Il secondo foglio», continuai, «ha la stessa intestazione e la medesima data del primo ed è il verbale dell'interrogatorio della signora Anna O., fermata a Lanzo Torinese quattro giorni prima, il 9 maggio 1945, alle otto di sera. Le leggo le dichiarazioni rese da questa donna alla polizia partigiana di Lanzo Torinese.»

«'Il 27 gennaio ultimo scorso, mia figlia a nome Luciana venne fermata da elementi della Folgore e tradotta prima a Lanzo e quindi a Ciriè. Recatami a trovarla quasi subito, osservai che mia figlia faceva servizi di pulizia nella caserma. Durante una seconda visita, mi disse che l'avevano messa in ufficio.'»

«'Dato l'atteggiamento equivoco di mia figlia, la esortai di fare attenzione a quello che facesse ed essa mi rispose che non faceva nulla di male.'»

«'Seppi che mia figlia aveva lavorato ai danni dei partigiani soltanto in questi ultimi tempi e precisamente nel periodo in cui era stata rimessa in libertà dalla Folgore.'»

«'Nell'ultimo colloquio che ebbi con essa, io insistei per sapere se realmente le voci che correvano, che essa era una spia fascista, fossero vere. Lei quasi sempre si mantenne reticente. Alla fine dichiarò: "Mamma, ormai è tardi".'»

«'Da questa dichiarazione capii che mia figlia aveva per il passato lavorato contro la causa dei Partigiani.'»

«'Non ho mai avuto contatti con mia figlia circa i fatti sopracitati e tanto meno ne ebbe mio marito. Dichiaro anzi di aver rimpianto che essa non fosse stata eliminata prima.'»

«'Non ho altro da aggiungere.'»

«Il verbale è chiuso dalla firma autografa della signora. Segue quella di un uomo, Angelo F., di cui non so nulla, a cominciare dal suo ruolo nella vicenda. Infine compare la stessa firma del primo foglio: 'Il Comandante. Mario'. Che cosa ne pensa?» domandai ad Alberti.

«Quello che deve aver pensato lei», rispose l'avvocato, con una smorfia di disgusto. «Credo di avere qualche esperienza di processi e di verbali d'interrogatorio. Ma non ne ho mai visto nessuno in cui una madre rimpianga che la figlia, giustiziata, non sia stata eliminata prima, per usare le parole della signora...»

«E la sua conclusione qual è?» gli chiesi.

«Prima di azzardare un giudizio, dobbiamo farci una domanda», replicò lui. «Le dichiarazioni della madre di questa presunta spia sono spontanee o no, sincere o meno? In altre parole, la signora è stata costretta a dire e a sottoscrivere quella dichiarazione terribile: preferirei che mia figlia fosse stata uccisa prima? Non dico costretta dalla polizia partigiana, anche se tutto è possibile, ma dalle circostanze, dall'ambiente, dal clima esasperato di quel maggio 1945.»

«Una risposta certa», continuò Alberti, «non l'abbiamo né lei né io. Ma è proprio l'ambiguità di quel verbale a renderlo sconvolgente. La madre di Luciana A. può essere stata libera di dire quanto voleva oppure obbligata, però la sostanza della storia non cambia. In un caso come nell'altro, c'è una donna che ha firmato parole capaci di farci inorridire. E che, da sole, testimoniano tutta la ferocia della guerra civile e del suo secondo tempo, dopo la liberazione.»

«A meno che, naturalmente, non le abbiano consegnato un documento falso dalla prima riga all'ultima», proseguì l'avvocato. «Ma anch'io penso che siano carte vere. Anzi, ho un sospetto che forse non dovrei riferirle perché è fondato sul nulla.»

«Sentiamolo.»

«Che le dichiarazioni di quella madre siano state forzate per giustificare a posteriori l'esecuzione della ragazza. Però mi dico che, nel maggio 1945, nessun comando partigiano aveva bisogno di spiegare a chicchessia perché avesse giustiziato una presunta spia fascista, per di più 'famigerata'. Dunque è meglio lasciar perdere...»

«Sì, lasciamo perdere», borbottai. «E passiamo al secondo documento che mi ha colpito. È intestato, con un timbro, 'Comitato di liberazione nazionale. Corpo volontari della libertà. Raggruppamento formazioni Stellina Duccio Galimberti. Comando'. L'intestazione è ribadita in fondo al foglio con un secondo timbro circolare che reca la stessa dicitura.»

«C'è poi una intestazione specifica del documento: 'Comando della piazza militare di Susa. N. 181 di protocollo. Susa, 17 maggio 1945, ore 8. Oggetto: funerale di un giustiziato'. Il documento è diretto al Comando della polizia del popolo di Susa e, per conoscenza, al Cln di Susa. Ascolti che cosa recita, glielo leggo per intero», dissi ad Alberti.

«'Manifesti murali affissi per la città annunciano, per le ore 9 di oggi, i funerali del Tenente dell'esercito repubblicano fascista Chiamberlando.

Le informazioni pervenute da fonte attendibile dicono trattarsi di un giustiziato da parte delle forze del Corpo Volontari della Libertà. È naturale quindi che i funerali non possano essere autorizzati.

Pertanto la polizia disponga che:

Il trasporto della salma dall'abitazione al Cimitero avvenga per la via più breve, senza deviazione alcuna.

La salma può essere seguita solo dai parenti strettissimi: genitori, figli, fratelli e da nessun altro.

Niente fiori, e tanto meno discorsi.

Nessuna pompa religiosa (un solo sacerdote, il quale impartirà la benedizione alla Cappella del Cimitero e non altrove).

La polizia è inoltre invitata a diffidare i tipografi della città perché per l'avvenire evitino di stampare avvisi mortuari, relativi ai giustiziati, senza il preventivo nulla osta di questo comando.'»

«A proposito di questo testo», avvisai Alberti, «nella frase 'È naturale quindi che...', la parola 'naturale' sembra corretta in 'normale'. Ma mi pare che la differenza sia minima. Infine, in calce all'ordinanza c'è una firma scritta a macchina, seguita da uno sgorbio illeggibile: 'Il comandante. X.Y.'»

«Non sarebbe meglio stamparlo, questo nome, invece di coprirlo con una X e una Y?» mi domandò l'avvocato.

«Non credo. E la ragione è una sola: non so se l'ordinanza sia stata scritta da lui o da qualcuno del suo comando.»

«Ad ogni modo, anche in questo caso la sostanza non cambia», esclamò Alberti. «E la sostanza è che si tratta di un ordine vergognoso e anche sintomo di insicurezza. Vergognoso perché mostra che, almeno nella vicenda di cui parliamo, chi aveva vinto pretendeva addirittura di decidere come si dovessero svolgere i funerali degli sconfitti. Come se i vinti di Salò, specialmente nella città di Susa, avessero la forza di celebrare esequie imponenti! Lo so per esperienza: le vittime della resa dei conti venivano ogni volta sepolte dai famigliari quasi di nascosto, sempre che il loro corpo fosse stato ritrovato, cosa che molte volte non accadeva.»

«Ma è anche un'ordinanza che dimostra insicurezza», continuò Alberti. «Perché ti fa pensare che i vincitori avessero paura dei vinti persino dopo averli uccisi. Insomma, trovo quell'ordinanza ignobile. E, come il verbale della mamma della presunta spia, lo considero un altro segno di quei tempi che lei insiste nel voler rievocare.»

«Insisto perché mi piace la storia completa, senza pagine bianche», replicai.

«Questo gliel'ho già sentito dire e lo apprezzo», sorrise l'avvocato. «Altrimenti non perderei tutto questo tempo con lei...»

Orfani di Oderzo

«NEL 'Sangue dei vinti' c'erano due capitoli sulla strage di Oderzo», ricordai all'avvocato Alberti. «Cento militari fascisti fucilati sul Piave, a Ponte della Priula, tutti in una notte. Più altri giustiziati prima e dopo. Quando è uscito il libro, ho ricevuto tre lettere da due signore, figlie di vittime di quell'eccidio. E poi ho raccolto una testimonianza di cui le dirò.»

«Ecco la prima lettera. Era firmata e recava un indirizzo di Verona. La signora che me l'ha scritta mi ha pregato di non pubblicare il suo nome.»

Mio padre fu uno dei fucilati sul Piave: 99 e non 100 come si è creduto, perché uno dei destinati a morire scampò alla strage. A eccidio avviato (dieci uomini per volta), lui riuscì a liberarsi e tentò la fuga.

I tredici giustizieri (non ce la faccio a chiamarli partigiani) sospettarono che qualcuno fosse scappato. Ci furono grida concitate di allarme e un disordinato, quanto

184

infruttuoso, inseguimento. Da quel momento, per maggiore controllo, adottarono una diversa modalità per le esecuzioni, facendo scendere le vittime dai camion non più a dieci, ma a due, forse a una per volta. Perciò il massacro dovette durare più del previsto. E si protrasse a lungo nella notte, come lei ha immaginato nel suo libro.

Tutto quello che di terribile c'era da udire, il fuggiasco l'udì. Rimase nel buio, con l'acqua del fiume alla gola, immobile, schiacciato contro la fiancata del ponte. All'alba, quando i giustizieri tornarono a controllare la qualità del loro lavoro, e finirono i moribondi, li sentì passare molto vicini e confabulare inquieti. Forse provarono ancora a cercare l'unico che gli era sfuggito.

Fu lui stesso, non saprei dire se un anno o due dopo, forse quando si sentì abbastanza sicuro per farlo, a chiedere di visitare alcune famiglie degli uccisi per raccontare. Incontrò anche mia madre. Avevo, allora, due o tre anni. Con quel racconto ho dovuto imparare a convivere.

Poi cominciò la serie dei processi. L'ultimo si fece nel 1953, a Velletri, come lei ricorda nel suo libro. Sono certa della data della prima udienza alla Corte di Velletri (13 gennaio 1953) poiché ho ritrovato il documento di convocazione delle parti civili. Qui le pene, fra attenuanti e amnistie, si ridussero probabilmente a pochi anni di carcere (il giustiziere X.Y. fu presto di ritorno alla sua edicola di Bologna).

Ma almeno fu fatto valere il principio della deroga all'impunità. Ed emerse la verità, con lo smantellamento dell'alibi, falsamente costruito dagli imputati, di un'operazione di guerra. A Velletri i testimoni si espressero più

185

liberamente che a Treviso, dove si era creato contro di loro un clima di intimidazione.

All'epoca dei processi, a frenare i testimoni e le parti civili era soprattutto la fondata paura di vendette. In seguito, a fare da deterrente, sono venuti altri timori. Ogni volta che, dichiarando la verità, si va a scalfire il principio dell'intangibilità della Resistenza, il rischio (per non dire la certezza) è di essere subito bacchettati come revisionisti (lei, Pansa, ne sa qualcosa), se non addirittura come nostalgici del fascismo e delle sue nefandezze. È sconsigliabile, soprattutto, entrare troppo nel merito dell'entità e del novero delle stragi, evidenziarne le responsabilità personali e le coperture politiche.

I numeri, invece, hanno la loro importanza. E i nomi pure. Quelli dei morti, innanzitutto. Servono ad avere un'idea di chi fossero. Ciascuno con la propria storia e con il proprio vissuto, con i suoi distinti addebiti. I nomi occorrono per dare ai morti, almeno, un riconoscimento nella sepoltura. Mentre si sa che, ai destinati a essere uccisi sul Piave, furono tolti tutti i documenti personali, oltre che il denaro e gli oggetti di valore. Così si dovette rinunciare a identificarli, quando, dopo più di tre mesi, la strage non poté essere ulteriormente ignorata. E in piena calura estiva, si trassero i corpi fuori dalle fosse comuni.

Torniamo ai numeri. Nella confusione dell'emergenza, come pretendere che ci si desse la pena di contare gli uccisi? Non sembrò necessario, o non ci fu il tempo, di verificare quanti fossero esattamente. Erano poveri corpi, per lo più appartenuti a gente di scarsa rilevanza. Infatti, chi ha mezzi e conoscenze, benché compromesso riesce spesso a salvarsi. È una regola che si perpetua da una guerra all'altra.

Quanto ai nomi degli uccisori, sarebbe tempo, ormai,

186

di rinunciare allo schermo dei loro appellativi di battaglia... E ancora: chi, rappresentando il vertice del Cln locale, si macchiò di favoreggiamento e protesse i giustizieri? Senza neppure tentare, per l'immediato seguito, di tenerli sotto controllo, onde evitare la prevedibile ripetizione del reato, e cioè le uccisioni successive?

La sanguinosa furia di epurazione, che investì tutta l'Italia del nord dopo la liberazione, avrebbe potuto assumere dimensioni meno apocalittiche, se qualche autorità, benché provvisoria, si fosse impegnata ad arginarla. Purtroppo, su questa scomodissima materia, molti scelgono tuttora, e volentieri, di tacere, se già non sono riusciti a operare una completa rimozione.

Peccato, perché la Resistenza non si regge sui fragilissimi piedi d'argilla che sembrano attribuirle coloro che, immediatamente, gridano al delitto di lesa maestà. Il suo valore intrinseco, e le innumerevoli pagine eroiche, non sono compromessi dall'efferatezza gratuita di singole azioni compiute colpevolmente in suo nome.

«Ora le leggo le due lettere che mi ha inviato un'altra signora, anch'essa figlia di uno dei fucilati sul Piave. Ecco la prima», dissi ad Alberti.

Sono la figlia, ormai vecchia, di uno dei militari massacrati a Ponte della Priula il 1° maggio 1945. Allora avevo 13 anni. E quando, dopo ben nove mesi da quell'eccidio, fu ritrovata la fossa comune in cui era stato scaraventato mio padre (morto o ancora vivo?) diventai di colpo vecchia.

Non ho mai dimenticato l'agonia di mio padre, in quei tre giorni prima del massacro. Ne porto e ne porterò i segni per sempre.

La ringrazio ancora per le sue ricerche e la sua fatica. E la benedico soprattutto per alcune parole che ho letto nel suo libro: «Non si esclude che, nella grande confusione del momento, siano rimasti coinvolti degli innocenti».

Per merito di questa riga, ora mio padre, dopo quasi sessant'anni di silenzio, ha potuto parlare. Grazie dal più profondo della mia anima.

«Dopo questa lettera, ne ho ricevuta una seconda, sempre della stessa signora. Leggiamola.»

Avevo aggiunto in fondo alla mia lettera precedente il mio indirizzo, nell'assurda speranza che lei potesse rispondermi. Ma poi ho pensato che, con tutti gli impegni che ha, perché avrebbe dovuto scrivere proprio a me, una vecchia donna sconosciuta?

Invece, al mio rientro a casa, ho avuto il bene di trovare la sua voce nella segreteria telefonica. Dimentico sempre di metterla in funzione, quando esco. Ma oggi, chissà perché, l'avevo fatto. Non le dico l'emozione, le gambe mi tremavano, ho dovuto premere forte una mano sul cuore: sa, sono un po' malata e molto stanca.

Le scrivo perciò di nuovo stanotte (ormai non dormo quasi più) quando l'anima è ancora piena di commozione. Per merito suo, sto facendo la pace col mondo, non con i massacratori di mio padre, con loro no, a loro non perdonerò mai.

Al processo che, dopo varie peripezie si tenne a Velletri, li guardai uno per uno in faccia. E impressi nella mia memoria di adolescente i loro occhi e le loro mani sporche di sangue. Furono condannati tutti, è vero. Ma godettero subito del beneficio dell'amnistia e, in seguito, della riabilitazione. Vivendo, quindi, felici e contenti. No, non li perdonerò mai!

Ho nella testa quelle raffiche di mitra, come se anch'io fossi stata presente alla loro festa, ammesso che mio padre sia stato ucciso da un mitra. Infatti, la relazione dell'autopsia, compiuta nove mesi dopo il massacro, recitava così: «Non si riscontrano colpi d'arma da fuoco sul cadavere e s'ignorano le cause della morte (stiramento?)». Mio padre fu trovato con la testa mozzata. Aveva 42 anni e i capelli tutti bianchi.

Sono cresciuta odiando il mondo. E sentendomi sempre a disagio tra la gente. Se ho potuto amare, sposarmi, avere due figli e quattro adorati nipotini, è stato soltanto per quello che mio padre impresse nella mia mente e nel mio cuore, durante i pochi anni vissuti insieme. E per le parole che mi scrisse in una lettera pochi giorni prima della sua fine: «Sii sempre buona e generosa, cerca di leggere molto e di studiare, eleverai così il tuo spirito a sognare soltanto cose belle e buone. Ricordati che hai una dote da preservare, la più importante: l'onestà. Ricordati soprattutto che, qualunque cosa accada, il colpito o i colpiti hanno fatto tutto e solo il loro dovere».

Ho negli occhi il gigante bruno, dai caldi occhi color delle foglie autunnali, pensosi, dolci, teneri e seri da grande fanciullo affaticato e stanco, come se già gli aleggiassero attorno tristi presagi. Papà mi accoglieva, ansante e sudata, sulla canna della bicicletta, quando tornava dal lavoro, le sue grandi mani sulle mie, sopra le manopole del manubrio.

Mi teneva vicino a sé per ascoltare insieme, alla radio, le commedie di Pirandello o i concerti della Martini & Rossi di Torino. O ancora per fare insieme le parole crociate, o per cantare la «Montanara», stonati come due campane.

Nella mia memoria, la sua figura è ferma per sempre nel gesto di saluto mentre partiva da Bologna per non ritornare più. Quell'immagine è la mia ricchezza, il mio destino. Tutto quello che sono, lo devo a lui.

Poi sarebbe troppo lungo raccontarle ciò che accadde a noi, a mia madre, a me di 13 anni e a mia sorella di 11. Prese a sassate, tirate per i capelli, colpite e ingiuriate il giorno della liberazione di Bologna. E dai vicini di casa, che ci avevano visto nascere e crescere giocando con i loro figli. Per quattro ore, siamo state spinte contro il muro del corridoio di casa, sotto i mitra dei partigiani, chiamati da una vicina. E salvati all'ultimo minuto da un commissario accorso sul posto a quel gran clamore...

Ma questa è un'altra storia. È il bagno di sangue di Bologna la rossa, ai miei occhi. È la fame, la fame infame, perché mia madre fu cacciata dalle ferrovie dove era impiegata. È la paura nera, quando scendeva il buio, chiuse in casa con il catenaccio, quando sentivamo il vociare e raffiche di mitra e bussare alla porta... Guai ai vinti!, dicevano i latini, ed erano dei gran saggi.

Bene, la nottata sta finendo. Vedo già un po' di luce filtrare dalle tapparelle. Riemergo dal passato, dopo aver parlato tanto con lei, come lavata, purificata. Per merito suo, so che mio padre ora riposa.

«La terza testimonianza su Oderzo», spiegai all'avvocato Alberti, «non è una lettera. È il mio verbale di un incontro con un lettore del 'Sangue dei vinti', che mi ha telefonato all''Espresso' nel gennaio 2004.»

«Chi è questo lettore?» mi domandò lui.

«Com'è successo in altri casi, non potrò pubblicarne il nome. Ma ho qui il suo biglietto da visita», risposi.

Mostrai all'avvocato il cartoncino che avevo nella cartelletta con le lettere delle due figlie di fucilati a Ponte della Priula.

Alberti inarcò le sopracciglia: «Caspita, qui siamo ai piani alti della finanza! È sicuro che non si tratti di un mitomane?»

«No. Dopo la telefonata, ci siamo visti a colazione, in un hotel di Roma. Quindici giorni dopo sono andato a trovarlo nel suo ufficio a Milano.»

«Avrà dovuto superare due barriere di segretarie e la blindatura di un assistente», sorrise Alberti.

«Più o meno è andata così», convenni. «Ma poi il racconto che mi ha fatto è stato quello di un uomo come tanti, sopraffatto anche lui da una strage lontana. Ascolti il mio resoconto. L'ho scritto come se questo signore mi avesse rivolto un lungo monologo. Poi gliel'ho sottoposto e lui mi ha autorizzato a stamparlo.»

Presi quelle pagine e cominciai a leggerle ad Alberti.

Sono nato nel gennaio 1946, qui a Milano, e dunque oggi ho 58 anni e qualche mese. Durante la guerra civile, mia madre era una ragazza sui 20 anni, di una famiglia borghese che abitava a Treviso: le dirò soltanto il nome di battesimo, Luisa. A Oderzo viveva la nonna materna e lei andava spesso a trovarla.

In quella città, conobbe un giovane che aveva un paio d'anni più di lei. Era un allievo ufficiale della Gnr che frequentava a Oderzo una famiglia amica. Si accorsero di piacersi. E così si videro una seconda e una terza volta e poi ancora. In posti sempre diversi e tra molte difficoltà. Lui si presentava in borghese, poiché la guerra diventava sempre più cattiva e il ragazzo non voleva mettere in pericolo la ragazza.

Insomma, fu il classico colpo di fulmine. E un giorno mia madre rimase incinta. Credo che sia successo ai primi di aprile del 1945, ma lei se ne rese conto nel mese di giugno, quando tutto era già accaduto. Ossia, quando quel giovane, mio padre, era già stato fucilato dai partigiani nel maledetto prato di Ponte della Priula, con tanti dei suoi camerati catturati a Oderzo.

Mia madre aveva saputo quasi subito della strage e può immaginare il suo stato d'animo. In seguito, mi raccontò di aver vissuto momenti di disperazione totale, tanto da aver pensato di togliersi la vita. Poi, quando il

192

medico le disse che era incinta, si fece forza, decise di tenere il bambino e riuscì a chiudere, anche se non del tutto, quella ferita terribile che la vita le aveva inferto.

Subito dopo, d'accordo con i genitori, fece un'altra scelta, non so se giusta o sbagliata: stabilì di non dire nulla alla famiglia del suo innamorato. Conosceva pochissimo di loro, non sapeva che persone fossero, vivevano in un paese lontano, in Sicilia. Ma forse la verità era un'altra: non voleva spartire con nessuno il bambino che aspettava. Doveva rimanere soltanto suo e di quel giovane scomparso all'improvviso, quando la guerra era già finita.

Nell'estate del 1945, mia madre prese una terza decisione. Ormai era chiaro il suo stato e lei non poteva rimanere a Treviso, una città piccola, dove tutti sanno tutto di tutti. Avrebbe dovuto spiegare, almeno ai conoscenti, che aspettava un figlio senza essere sposata. E il figlio di un ufficiale fascista, di un repubblichino, per di più giustiziato. Si trasferì a Milano da una zia paterna. Io venni al mondo lì. E come bisognava fare allora, fui registrato all'anagrafe con il cognome di mia madre.

Sono cresciuto in questa città, dove la mamma, che si era laureata in chimica, aveva cominciato a insegnare. Un giorno mi sono reso conto di portare il cognome di mia madre. Cominciai a chiederne il perché. E lei mi spiegò che mio padre era morto a Milano sotto un bombardamento, prima che potessero sposarsi. Mi raccontò la verità soltanto quando avevo 16 anni e frequentavo il liceo scientifico. Me la raccontò per intero, senza nascondermi nulla.

No, non mi venne voglia di cercare la famiglia di mio padre. Mi avventurai lungo una strada diversa: scovare delle notizie sulla strage di Oderzo. Era il 1962 e circolavano molti libri sulla Resistenza, ma quasi nessuno sui fascisti di Salò. In casa nostra, non esisteva niente che potesse servirmi: soltanto testi di chimica e molti romanzi, i soli che mia madre leggesse. Poi un professore mi disse, per caso, che la Biblioteca comunale, la Sormani, era ricchissima di libri di storia e di raccolte di giornali e settimanali, di sinistra come di destra.

Cominciai ad andarci, quasi ogni pomeriggio. E imparai molte cose. La prima è che, per l'opinione corrente, mio padre era morto dalla parte sbagliata, quella di Mussolini e di Hitler, e che i partigiani avevano fatto bene a fucilarlo. Non ho rifiutato questo punto di vista, chiamiamolo così. Anzi, ho cominciato a sentire per lui, per quel ragazzo sconosciuto, un'avversione crescente.

Era una vera e propria forma di odio, che soltanto uno psicanalista potrebbe spiegare. Ora che lei me lo chiede, penso che uno dei motivi fosse la vergogna che provavo per lui e per la sua fine. Potevo forse vantarmi di essere il figlio postumo di un repubblichino giustiziato?

Il mio stato d'animo non cambiò quando andai alla Bocconi, volevo laurearmi in economia. In quel tempo, esplose il Sessantotto e io avevo 22 anni. Come tanti, venni risucchiato dal Movimento studentesco. Finalmente, mi sentivo a casa mia. Mi piaceva tutto di quell'esperienza, tranne l'odio per i fascisti, vecchi o giovani che fossero. Si ricorda lo slogan: Uccidere un fascista non è reato? Non riuscivo ad accettarlo. Pensavo a quel mio padre così poco amato, steso sul prato vicino al Piave, di notte, a rantolare senza un aiuto: un ragazzo della mia stessa età... Poi m'infuriavo con mia madre, perché lei temeva che i miei compagni scoprissero che ero figlio di un fucilato in camicia nera.

Dopo la laurea, ho iniziato subito a lavorare in banca

e mi sono sposato. Certo, ho raccontato alla mia fidanzata la storia di mio padre, dovevo spiegare perché portavo il cognome della mamma. Lì per lì, lei si è commossa e ha pianto, soprattutto per la sorte di mia madre. Ma quanto al resto, a cominciare dalla mia vergogna, ha alzato le spalle e mi ha consigliato di dimenticare tutto: sono storie vecchie, nessuno le ricorda più, tuo padre era un ragazzo pulito, la sfortuna ha voluto che si trovasse dalla parte destinata a perdere la guerra...

In banca ho conosciuto gente di tutti i tipi e di tutte le opinioni politiche. Poi ho saputo, per caso, che uno dei miei capi era stato con la Repubblica sociale. Avevo 26 anni, era il 1972. Un anno terribile per Milano, quello delle morti di Feltrinelli e del commissario Calabresi. Si viveva in un clima fetido. E l'odio per i fascisti era, se possibile, diventato anche più feroce. Rossi e neri si pestavano senza pietà. C'erano dei ragazzi massacrati con le chiavi inglesi soltanto perché erano di destra.

Quel mio superiore mi stimava molto e diceva che di strada ne avrei fatta tanta. Un giorno mi portò a colazione per parlare di lavoro. Alla fine del pranzo, senza averci pensato prima, gli chiesi se era vero che aveva combattuto con la Rsi. Con tranquillità, senza nessun imbarazzo, lui mi disse di sì: era stato tenente degli alpini nella Divisione «Monterosa». Alla fine della guerra l'aveva scampata perché era caduto nelle mani degli americani, che l'avevano mandato al campo di concentramento di Coltano. Liberato, aveva preso la mia stessa laurea ed era entrato nella banca in cui lavorava ancora.

Poi mi domandò perché gliel'avessi chiesto. Allora gli raccontai la mia storia e quella di mio padre. Lui l'ascoltò senza fare commenti. Qualche giorno dopo, m'invitò a cena in casa. C'erano la moglie e una figlia più giovane di me. Parlammo a lungo dei ragazzi come lui e come papà. Ricordava anche in modo critico quella scelta, ma senza rinnegarla. E soprattutto ne parlava con una serenità che gli invidiavo, priva di astio per chi aveva combattuto dalla parte opposta.

Mi descrisse più di una strage inutile, durante e dopo la guerra civile. Alcune di queste le ho ritrovate nel suo libro. Poi concluse con un commento che ho letto anche nei suoi scritti: le guerre portano sempre a galla il meglio degli esseri umani, ma fanno affiorare pure il peggio, su entrambi i fronti...

Prima di congedarmi, m'incitò a non vergognarmi di mio padre. E mi suggerì di visitare il posto dove lui e tanti altri giovani fascisti erano stati uccisi. Qualche tempo dopo, ci sono andato, da solo. Era un pomeriggio d'inverno, la neve copriva il prato di Ponte della Priula. E in tutto quel bianco si scorgeva il cippo di pietra grigia che ricordava la strage. L'avevano collocato lì da qualche anno, nel novembre del 1965. Ho provato soltanto una grande malinconia. Ma in quel momento mi sono riconciliato con mio padre.

Mi sono anche domandato se la mia infanzia sarebbe stata diversa con lui vivo, accanto alla mamma. Sì, lo sarebbe stata. E forse io sarei diventato un uomo migliore, più sereno, meno angosciato da quella morte, meno impigliato nella rete di un passato che, pur non piacendomi, era anche il mio. Ma chi dovevo incolpare? Mio padre e la sua scelta politica? I partigiani che l'avevano ucciso, senza nessun motivo? La storia di questo Paese, troppo diviso in fazioni e sempre pronto a scannarsi?

Le confesso che ho smesso di domandarmelo. E alla fine mi sono ritenuto fortunato. Da quel che ho continuato a scoprire, mi sono reso conto che molte famiglie dei vinti hanno incontrato una sorte assai peggiore di quella di mia madre e della mia. Penso alle storie di tante mogli con i figli piccoli. Alla loro infelicità. All'ostilità incontrata nell'ambiente in cui vivevano, da sole, senza l'aiuto di nessuno. E anche alla loro difficoltà di tirare avanti, spesso prive di mezzi. Portando sulle spalle il peso di una colpa della quale, loro, non erano responsabili.

L'ultimo passo che ho fatto è stato di cercare i genitori di mio padre. Sono andato al loro paese, in Sicilia. Ho scoperto che erano morti da un pezzo e che non avevano avuto altri figli. Non esistevano neppure fratelli o sorelle di quei miei nonni, e dunque nessun nipote. A farla corta, del loro sangue ero rimasto soltanto io.

L'ho meritato oppure no? Ecco una domanda che mi trova impreparato. E non so davvero come rispondere.

«Non mi chieda nulla», mi prevenne l'avvocato Alberti, a lettura finita.

«Perché?»

«Perché anch'io, come il suo testimone, non saprei che cosa rispondere.»

Una maestra troppo disciplinata

«NON ha nulla sull'epurazione dei fascisti dopo la fine della guerra?» mi domandò Alberti.

«Sì, ho una vicenda che conferma come la storia, a volte, ti venga incontro nei luoghi più impensati», raccontai. «Una domenica mattina, a Siena, ero andato a curiosare tra i banchi del mercatino delle cose usate. Cercavo qualche vecchio libro sul fascismo. Invece l'occhio mi è caduto su un malloppetto di sei cartelline grigio azzurre dai margini un po' logori. Su ogni cartella c'era un nome di donna e la dicitura 'Insegnante elementare'.»

«Ne ho sfogliate un paio e mi sono reso conto che erano sei dossier dell'Alto Commissario per le sanzioni contro il fascismo, e più precisamente dell'Alto Commissario aggiunto per le epurazioni delle amministrazioni pubbliche, Delegazione per la Provincia di Siena. I dossier riguardavano sei maestre di scuola elementare. Ho chiesto al proprietario della bancarella dove li avesse trovati. Lui mi ha risposto in modo vago: facevano parte di uno stock di libri venduti da un tizio di Siena.»

«Pazzesco!» esclamò Alberti. «Dei fascicoli tanto delicati finiti in un mercato di robe vecchie... Immagino che lei li avrà comprati subito.»

«Certo. E per un prezzo irrisorio: in tutto dieci euro, neppure ventimila delle vecchie lire. Lo stesso giorno li ho letti con un piccolo senso di colpa: stavo entrando senza permesso nell'esistenza di sei donne coinvolte in vicende molto più grandi di loro, il fascismo, la guerra civile, il ritorno della libertà e, insieme, l'arrivo della possibile epurazione.»

«Adesso le descriverò il dossier di una di queste sei maestre. Per un rispetto che mi sembra doveroso, ometterò il suo nome e il suo cognome. La chiamerò A.B., iniziali scelte a caso.»

«A.B. era nata a Firenze l'8 aprile 1890. E dunque alla fine della guerra nel Senese, liberato nel luglio 1944, aveva 54 anni. Era nubile, ossia una zitella, come si sarebbe detto allora. E insegnava nella scuola elementare del comune di Radda in Chianti, in provincia di Siena.»

«Il documento che apre il suo dossier, come quelli di tutte le altre cinque maestre, è un cartoncino bianco con le diciture in inglese, senza indicazione dell'autorità alleata che lo aveva compilato in italiano. Da questo risulta che il 5 ottobre 1944 A.B. era stata 'sospesa da qualsiasi attività scolastica' dal Regio Provveditore agli studi di Siena. Una seconda annotazione spiegava che l'insegnante era stata 'inviata in campo di concentramento da parte delle forze militari alleate, per la faziosità fascista dimostrata'. Sapremo poi da un altro documento che vi era stata spedita subito dopo il suo arresto, il 21 luglio 1944.»

«La scheda spiega in quale campo l'avevano mandata?» domandò Alberti.

«No. Ma andiamo avanti e lo scopriremo. Quello che le posso dire è che la maestra rimase nel campo un anno o poco più. Infatti, nel secondo documento, datato 23 settembre 1945, il direttore didattico di Asciano, Lido Ciompi, informava il provveditore che A.B. non dimorava più in Radda in Chianti, ma si era trasferita in un'altra località della provincia, a Monterongriffoli, una frazione di San Giovanni d'Asso.»

«Un mese dopo, il sindaco di Radda in Chianti scrisse all'Alto Commissario confermando che la maestra A.B. non era rientrata nel paese. Poi aggiunse una annotazione importante: 'Per quanto risulta allo scrivente, non risultano prove di collaborazionismo, faziosità e settarietà o malcostume fascista a carico della stessa'.»

«Chi era il sindaco di Radda e da quale partito veniva?» chiese l'avvocato.

«Non lo so. La firma della lettera è illeggibile. Per il partito è probabile che fosse il Pci, ma non ne ho la certezza. Comunque, il 6 novembre 1945 la stazione dei carabinieri reali di Radda inviò all'Alto Commissario una nota che, in parte, confermava l'annotazione del sindaco: 'La A.B. si dimostrò qui fervente fascista, con forte attaccamento al Regime. Non consta però che vi siano prove di collaborazionismo, faziosità, settarietà e malcostume fascista da parte della predetta'.»

«Nelle settimane che seguirono, si scoprì finalmente dove fosse finita la maestra A.B. Da Monterongriffoli si era trasferita a Napoli. E fu lì che le venne inviata la

'Scheda personale' predisposta dall'Alto Commissariato. Era di quattro grandi pagine e l'aveva stampata in cinquantamila copie il Poligrafico dello Stato. Le domande erano davvero molte, divise in trentanove sezioni. E miravano a ricostruire con estrema minuzia la carriera politica nel regime fascista compiuta dai soggetti passibili di epurazione.»

«Molti dei quesiti non potevano riguardare la maestra A.B. E lei rispose soltanto ad alcuni, compilando la scheda con una grafia elegante e servendosi di una penna stilografica dall'inchiostro azzurro intenso.»

«Vediamo che cosa ci dicono le sue risposte. A.B. era in possesso del diploma di grado superiore per l'insegnamento elementare ed era insegnante ordinaria di ruolo. Si era iscritta al Partito nazionale fascista il 18 ottobre 1922, dieci giorni prima della marcia su Roma, quando aveva compiuto da sei mesi i 32 anni. Lo stesso giorno era entrata nel Direttorio del fascio femminile di Radda. E in seguito era diventata fiduciaria della Gioventù italiana del littorio, la Gil, e poi capo centuria, capo coorte e fiduciaria per la cultura e la propaganda fascista della Gil. Tutto questo sino alla caduta del Pnf, ossia fino al 25 luglio 1943. E tutto sempre a Radda.»

«Non s'era negata nulla, la signorina A.B.», osservò Alberti, con un pizzico di rammarico.

«Già. Ma dobbiamo ammirare la sua sincerità nel rispondere al questionario. Ammise anche di aver tenuto discorsi o conferenze di carattere politico, in veste di fiduciaria per la cultura e la propaganda fascista. Infine rispose sì alla domanda se avesse aderito al Partito fascista repubblicano. E concluse: 'Ho fatto l'insegnante elementare a Radda in Chianti sino al 21 luglio 1944, giorno della mia cattura'.»

«La scheda personale fu compilata da A.B. a Napoli il 13 dicembre 1945. E immagino che l'ufficio di Siena dell'Alto Commissario l'abbia ricevuta nel giro di una settimana o poco più. Tuttavia, un mese dopo, il comune di Radda ancora non sapeva dove fosse andata ad abitare la maestra inquisita. La lettera del sindaco, inviata il 23 gennaio 1946 all'Alto Commissario, conteneva però qualche notizia utile a mettere meglio a fuoco la figura dell'insegnante.»

«Scrisse il sindaco di Radda: 'La A.B., nell'espletamento delle sue funzioni e fuori dall'insegnamento, ebbe a dare prova di apologia fascista, ma altresì di poca intelligenza, poiché fu madrina di vari militari che le costarono, a quello che risulta, somme elevate'.»

«Me le ricordo bene le madrine di guerra», osservò Alberti. «E non mi pare che fossero figure disprezzabili, anzi. Adottavano dei soldati sconosciuti, gli scrivevano lettere al fronte, cercavano di tenerli su di morale, gli mandavano regali utili o aiuti in denaro. Forse al sindaco di Radda tutto questo non piaceva e lo giudicava stupido...»

«Sono d'accordo con lei. Ma seguiamo la lettera del primo cittadino di Radda: 'Non abbiamo modo di documentare l'apologia fascista compiuta dalla maestra A.B. poiché si tratta di pratica spicciola della vita quotidiana, data la sua infatuazione per l'idea. Il motivo determinante che indusse gli Alleati a inoltrarla in un campo di concentramento sembra debba ricercarsi nel rancore personale di uno sfollato. Costui, senza consistenza, accusava la maestra A.B. di essere stata complice nella cattura di alcuni suoi figli da parte delle truppe tedesche. E quindi si presume che, all'arrivo degli Alleati, lo sfollato abbia fatto pressioni in tal senso'.»

«Era fondata quest'accusa?» domandò l'avvocato.

«Credo di no, anche se non ne ho la prova provata. È il seguito della storia che me lo fa pensare, come vedremo.»

«Il sindaco di Radda concludeva la lettera così: 'Comunque, non risultano prove di faziosità, di collaborazionismo ecc. a carico della A.B., come avemmo a dire nella nostra comunicazione precedente. Il tenore di vita della A.B. era tale da farla ritenere più una squilibrata che una fascista pericolosa o animata da spirito settario'.»

«Una squilibrata?» sbuffò Alberti. «Siamo alle solite. L'imputato va assolto per infermità mentale. Mi pare di averla già sentita questa storia…»

«Squilibrata o no, l'inchiesta sulla signorina A.B. continuò. E il 27 febbraio 1946 arrivò a un primo traguardo. La Delegazione provinciale di Siena per l'epurazione, con la firma di Alvaro Montigiani, presentò la propria richiesta alla Sottocommissione ministeriale per l'epurazione del personale degli istituti di istruzione elementare…»

«Domandando che cosa?» indagò l'avvocato.

«Lei dovrebbe averlo già intuito: la dispensa dal servizio di A.B. Per dirla con più chiarezza, si chiedeva che la maestra inquisita fosse estromessa dall'insegnamento. La dispensa dal servizio veniva fondata su una serie di addebiti che ricalcavano le risposte dell'insegnante al questionario di cui abbiamo già parlato: mi sono iscritta al Pnf il 18 ottobre 1922, ho fatto parte del Direttorio del fascio femminile e via elencando le tappe della propria piccola carriera politica...»

«Il 7 marzo 1946», continuai, «la Sottocommissione di Siena, con la firma del suo presidente Wolfango Valsecchi, inviò all'indirizzo napoletano della maestra A.B. la notifica della richiesta di dispensa dal servizio. Spiegando che la proposta era motivata dal fatto di 'essersi dimostrata fascista convinta e attiva, e di essersi iscritta poi al Partito fascista repubblicano'. L'insegnante venne invitata 'a presentare le sue deduzioni entro il termine di dieci giorni dalla comunicazione della notifica'.»

«La maestra A.B. ricevette la notifica il 28 marzo 1946, a Napoli. E il 4 aprile spedì a Siena una prima replica. Era sempre scritta a mano, su un foglio protocollo, quello dei compiti in classe, con la solita grafia elegante e un po' inclinata sulla destra. La inviò alla Direzione delle scuole elementari di Asciano. Il 9 aprile il direttore, M. Mazzoni, la trasmise alla Sottocommissione ministeriale di Siena. Non è un testo lungo», spiegai all'avvocato Alberti. «E glielo leggerò per intero.»

«Eccolo: 'Il 18 ottobre 1922 chiesi l'iscrizione al P.N.F. perché vedevo in esso un probabile avvento della Repubblica. Ma dopo la Marcia su Roma e più tardi, anche dopo l'accordo del Governo con il Vaticano, io fui lo stesso ossequiente alle autorità; e in ottemperanza a questo spirito di disciplina, a suo tempo chiesi l'iscrizione al P.F.R. Se non ci fosse stata la delazione di un ignobile facinoroso, io non avrei sofferto né l'arresto, né la deportazione, né la degenza in campo di concentramento.

Però Dio, che è davvero grande e misericordioso, mi ha fatto sempre incontrare leali e comprensivi custodi, sì che io sono stata comunque difesa, rispettata e amata. Nutro fiducia che ora l'Italia ritornerà a godere nel mondo il prestigio di un tempo. E allora io pure non sarò seconda a nessuno nell'esserne parte viva e cosciente, e sarò di nuovo felice'.»

«Che risposta bizzarra, questa della signorina A.B.!» esclamò l'avvocato Alberti. «Sperava che Mussolini abbattesse la monarchia dei Savoia...»

«Se fosse stata una sua cliente, le avrebbe suggerito di difendersi in un altro modo?» chiesi ad Alberti.

«Non mi metta di fronte a domande imbarazzanti», sorrise lui.

«Comunque, la maestra A.B. doveva essere meno bizzarra di quanto appare. E soprattutto non credo che fosse una squilibrata, come sosteneva il sindaco di Radda. Difatti, nella seconda metà di aprile del 1946 arrivò da Radda agli epuratori di Siena una serie di lettere in difesa dell'insegnante, sollecitate dalla sorella della rifugiata a Napoli. Nel dossier ne ho scoperte dodici. E adesso gliene citerò alcune, anche se non per intero.»

«La prima, inviata da Renato Mancini, agente dell'ufficio imposte, catturato dalle SS e portato a Bologna, la descrive come 'una donna dotata di una tale bontà d'animo da non potersi lontanamente immaginare', capace di privarsi anche del minimo indispensabile per aiutare chi aveva bisogno.»

«Il Mancini rivela che A.B. era stata fascista dopo essere stata comunista, 'e sempre per la dabbenaggine ha creduto e obbedito, sicura di fare il bene della Patria'. 'In tempo di guerra ha avuto dieci e anche quindici figliocci, per i quali il 27 del mese esauriva il suo stipendio... Escludo nel modo più assoluto che sia stata una spia e abbia collaborato con il tedesco invasore.'»

«Il dottor Luigi Marzi, medico a Radda, la definisce di animo buono e caritatevole, una persona che non aveva mai arrecato molestia a chi non la pensava come lei. La stessa cosa sostiene la signora Ernesta Salvini. Idem il parroco di Radda, don Angelo Bruni, se ho compreso bene la firma. Identico il giudizio di Oliviero Mancini, del Partito d'azione. E quello di altri cittadini di Radda, come Ettore Fabiani, assessore socialista e presidente della cooperativa fra operai, o come il maresciallo dei carabinieri Ugo Bertagni, già comandante della stazione di Radda, o come Irma Mancini, che dichiara di essere moglie di un deportato.»

«Insomma, una piccola pioggia di lettere che tracciano tutte il medesimo ritratto di A.B. Un'ottima maestra elementare, fascista fervente per troppa ingenuità, filantropa all'eccesso, assolutamente mai spia o collaborazionista durante l'occupazione tedesca, iscrittasi al Partito fascista repubblicano per le pressioni delle autorità scolastiche di Siena.»

«Per ultima arrivò agli epuratori una nuova lettera della maestra sotto esame. Anche questo testo va letto tutto intero per comprendere meglio il personaggio di A.B. E anche per aprire uno spiraglio diverso dal solito sulla vita sociale e politica degli italiani fra le due guerre.»

«A.B. scrisse da Napoli il 15 aprile 1946: 'Io sono insegnante a Radda in Chianti fin dal 1909, quindi ho vissuto nell'ambiente del paese anche quando i fermenti più o meno inquietanti nelle masse popolari hanno fatto, insieme con i proseliti, anche dei nemici acerrimi e vendicativi. Bisogna quindi avere molta esperienza di questi ambienti, talvolta addirittura inospitali, quando occorre prendere posizione e militare nell'un partito o nell'altro, per comprendere quanto sia difficile vivere a sé, tutto astraendo e tutto ignorando'.»

«'Per questo motivo', continuava la maestra A.B., 'quando il 18 ottobre 1922 fu istituito in Radda il Fascio femminile, fui pregata di iscrivermi pure io. E io allora aderii e accettai anche la carica di Segretaria Amministrativa, la prima delle numerose e consecutive cariche avute nell'organizzazione, fino allo scioglimento del Partito Fascista stesso. Io, abituata all'obbedienza e alla disciplina, esplicai sempre le mie mansioni con serietà d'intenti e con lealtà di propositi. I miei superiori scolastici stessi ne possono fare fede, perché anche nelle qualifiche veniva pure computata l'opera più o meno fattiva della gregaria nel Fascio.'»

«'E quando, per motivi di salute, un anno (non ricordo quale) io mi limitai, pur restando gregaria del Fascio, alla sola opera scolastica, ne ebbi un voto di meno in qualifica, non già per demerito, sebbene per giustizia. Migliorata più tardi la mia salute, e avendo ripreso nel P.N.F. la mia consueta e fattiva azione, io tornai subito a beneficiare della qualifica di Lodevole e ne restai molto contenta.'»

«'Questa appartenenza al Fascio mi è costata più di una volta critiche e recriminazioni, perché da taluni la mia obbediente azione veniva presa per spirito settario. Ma la mia coscienza è stata sempre purissima. E quando, per portare un esempio, ci fu la raccolta dell'oro da donare alla Patria, fu affidato a me sola l'incarico per detta raccolta nel paese di Radda e in tutto il Comune. Di ciò i paesani stessi potranno far fede e dimostrare la mia serietà e la mia onestà.'»

«'Quando venne dato l'ordine di scioglimento del Fascio, io, per obbedienza, tutto distrussi, anche i documenti che attestavano la mia disinteressata ma fattiva opera di assistenza morale e di beneficenza. Se poi, più tardi, date le precarie condizioni del fronte vicino, quando furono interrotte tutte le comunicazioni telefoniche, telegrafiche e postali, e venne pure a mancare la radio, io non fui al corrente degli ordini che i superiori possono aver diramato, ne chiedo venia. Poiché anche quando tutto era ancora normale, in ottemperanza agli ordini ricevuti, mai, mai ho ascoltato né ho prestato fede alle radio straniere.'»

«'Questo eccessivo senso di disciplina mi ha tenuto all'oscuro di molte cose, che se da me conosciute avrebbero potuto impedirmi decisioni e propositi che mi sono poi stati imputati come gravi colpe. E dico ciò a riguardo della mia richiesta di aderire al Partito Fascista Repubblicano.'»

«'La mia deportazione e la mia degenza in un Campo di concentramento internazionale, sotto gli Inglesi, mi hanno sempre mantenuta obbediente e disciplinata. E anche in stato di cattività, le autorità preposte alla mia sorveglianza mi hanno perciò sempre dimostrato comprensione, rispetto e anche affetto. Questo poté essere attestato dal Colonnello comandante del Campo, quando il giorno 10 agosto 1945 io fui congedata dal campo di Certosa a Padula, in provincia di Salerno. E il documento è conservato presso il comune di Napoli che, con quella testimonianza, mi rilasciò la carta annonaria provvisoria, necessaria al mio rientro nella società, come libera cittadina.'»

«'Ora prego gli Onorevoli Membri della Commissione Epuratrice di considerare anche il mio passato d'insegnante elementare in Radda in Chianti, dove per 35 anni consecutivi io ho sempre lavorato con entusiasmo e con fede, e mai parola di biasimo mi è stata rivolta dai miei superiori scolastici. Ho fiducia nella comprensione e nella indulgenza di Loro Onorevoli Membri, ai quali in anticipo invio grazie vivissime e auguri di bene per la clemenza che mi verrà usata al riguardo.'»

«Che cosa ne pensa?» domandai all'avvocato Alberti.

«Che la signorina A.B. era una maestra troppo disciplinata», sospirò lui. «Lo dico senza offesa: venerava l'autorità, anzi i superiori, come se li considerasse l'espressione terrena dell'Onnipotente. E chiunque fossero: i dirigenti scolastici, quelli del fascio, il colonnello inglese che comandava il campo di Padula, persino gli Onorevoli Membri della commissione epuratrice. Ma il rispetto quasi religioso per chi comandava le era stato insegnato fin da bambina, credo. Era una colpa? Per lei e per me sì. Ma per la maestra A.B.? Comunque, se era una colpa, credo l'avesse già scontata con la permanenza di un anno in quel campo di concentramento.»

«Bene. La pensò come lei la Commissione provinciale di Siena per l'epurazione degli insegnanti elementari. Il caso della maestra A.B. venne esaminato da quattro persone: il presidente, professor avvocato Wolfango Valsecchi, il segretario Giuseppe Bartalini Bigi e i membri Alberto Radicchi e Giuseppe Fatelli, entrambi maestri elementari. Il 10 agosto 1946, deliberarono di non doversi procedere nei confronti della signorina A.B. che venne ritenuta 'una squilibrata e fatua, ma non pericolosa'. E dunque non imputabile, 'non soltanto nel campo penale, ma in quello morale e politico'.»

«A riprova del candore strambo della maestra A.B., i commissari scrissero: 'Basta leggere la sua discolpa in cui essa spiega la sua adesione al Partito Fascista Repubblicano con un motivo: non ascoltando le radio straniere, come la disciplina imponeva, era tenuta all'oscuro degli avvenimenti del mondo'.»

«La maestra A.B. ritornò a insegnare?» domandò Alberti. «La mia esperienza delle vicende umane mi suggerisce di no.»

«Forse lei ha ragione», convenni. «Il dossier che ho comprato al mercatino di Siena contiene un solo documento successivo alla delibera dell'agosto 1945. Ed è quello che comunica l'assoluzione della maestra A.B. al Provveditore agli studi di Siena, in data 23 ottobre 1946. Il provveditore avrebbe dovuto prendere atto che l'insegnante poteva restare in servizio.»

«Perché dice 'avrebbe dovuto'?» domandò Alberti.

«Perché sulla copertina del dossier c'è una scritta in matita rossa che avverte 'Non riammessa'. È molto probabile, dunque, che la maestra troppo disciplinata sia stata comunque costretta a dire addio alla cattedra.»

Cinquantasette giustiziati

«FRA le tante lettere che ho ricevuto», spiegai all'avvocato Alberti, «c'era un biglietto arrivato da Ferrara, molto breve, quasi un telegramma. Diceva: 'Ecco qualche vicenda di cui non ha parlato nel "Sangue dei vinti"'.»

«Seguivano la firma, l'indirizzo e le fotocopie di sei documenti del 1945. Cinque erano rapporti dei carabinieri e uno della prefettura di Ferrara, tutti dedicati al ritrovamento dei resti di persone giustiziate dopo la liberazione. Guardi un po' queste carte…»

L'avvocato le esaminò con attenzione, poi disse: «I rapporti mi sembrano autentici. Oggi nessuno potrebbe fabbricarli con tanta perfezione. C'è anche il timbro che attesta la data dell'arrivo a Roma, negli uffici del Viminale. Dice: 'Ministero dell'Interno. Segreteria Ecc. Capo della polizia'. Naturalmente 'Ecc.' sta per Eccellenza, il titolo che, anche sui timbri, spettava al capo dei capi, come lo chiamavano i poliziotti ai tempi dei miei primi processi».

«Immagino che lei li abbia già letti con attenzione», continuò l'avvocato. «E dunque è meglio che me li illustri con tutti i particolari che riterrà opportuno citare. Proceda pure.»

«D'accordo. Il primo rapporto è del 16 maggio 1945. Viene dalla Compagnia carabinieri di Ferrara ed è firmato dal comandante interinale, il sottotenente Divo Capecchi. Riferisce che quel giorno, alle undici del mattino, a Pioppe di Francolino, una frazione o una località del comune di Ferrara, sulla parte asciutta del letto del Po erano stati scoperti quattordici cadaveri: tredici di sesso maschile e uno di sesso femminile.»

«Quei corpi erano stati sepolti soltanto a metà, si trovavano in stato di avanzata putrefazione, erano irriconoscibili e tutti avevano le mani legate dietro la schiena. La morte delle quattordici persone era stata causata da ferite d'arma da fuoco di vario calibro e risaliva a circa quattro giorni prima, ossia attorno al 12 maggio. Il rapporto si chiudeva così: 'Autorità giudiziaria ordinava rimozione et trasporto salme al cimitero di Pescara di Francolino per ulteriore identificazione. Presumesi trattarsi fatto di carattere politico, seguito recente liberazione territorio questa provincia. Arma indaga'.»

«Da dove venivano quei giustiziati?» chiese l'avvocato.

«Il rapporto non avanza ipotesi. Francolino, collocato sul Po di fronte al Polesine, è a dieci chilometri da Ferrara. Potevano venire da questa frazione o dal capoluogo o dalla provincia di Rovigo, chi lo sa. Negli altri rapporti che abbiamo non si parla più di questo ritrovamento.»

«Il secondo rapporto, sempre firmato dal sottotenente Capecchi, è del 24 maggio 1945. Questa volta la località interessata è Poggio Renatico, un comune che allora contava ottomila abitanti, a sud-ovest di Ferrara, sulla linea ferroviaria per Bologna. Qui la mattina del 20 maggio, in località Fondo Canova, vennero ritrovati otto cadaveri di sesso maschile, anche questi interrati a metà e irriconoscibili. La conclusione del rapporto era sempre la stessa: quelle persone erano state uccise nove giorni prima a colpi d'arma da fuoco, per vendetta politica dopo il 25 aprile. Anche in questo caso, l'Arma dei carabinieri avrebbe indagato.»

«Il terzo rapporto», continuai, «è sempre del 24 maggio e si riferisce ancora a Poggio Renatico, ma a un ritrovamento diverso, avvenuto il giorno 22. In due località chiamate Fondo Mangiorgi e Fondo Torriano erano stati scoperti nove cadaveri. Otto erano di sesso maschile e del tutto irriconoscibili. Il nono era di una donna che il rapporto del sottotenente Capecchi identifica per quello di Elvira Soladini, di Andrea, di 28 anni, da Faenza.»

«Chi era questa donna?» chiese Alberti.

«Ho tentato di scoprirlo, ma non ci sono riuscito. Sull'elenco del telefono di Faenza non esiste nessun Soladini. E non ho garanzie che l'identificazione di quella salma sia esatta. Secondo il rapporto, i nove erano stati uccisi cinque giorni prima, sempre con armi da fuoco e sempre per ragioni politiche.»

«Con il quarto documento si passa all'11 ottobre 1945. Il rapporto è della Compagnia carabinieri di Portomaggiore, un centro che sta di fronte alle Valli di Comacchio. Quel giorno, in località Montesanto, una frazione del comune di Voghiera, dentro tre buche di postazioni antiaeree poi riempite di terra, vennero scoperti diciassette cadaveri.»

«Secondo il rapporto, si trattava 'di adulti di sesso maschile, con le braccia legate dietro il dorso mediante funi, che presentavano colpi d'arma da fuoco alla nuca'. Il comandante della compagnia, il capitano Carmelo

Morrione, concludeva così: 'Le uccisioni risalgono al maggio del corrente anno e furono presumibilmente determinate da motivi politici'.»

«Anche di questi giustiziati non ha saputo nulla?» domandò l'avvocato.

«No, stavolta sappiamo molto di più, grazie al quinto documento. È un rapporto della prefettura di Ferrara, inviato al ministero dell'Interno l'8 novembre 1945, e contiene parecchie notizie. Innanzitutto che cinque giorni dopo il ritrovamento dell'11 ottobre, in tre fosse nei pressi della stazione ferroviaria di Montesanto erano stati scoperti altri sei cadaveri, anch'essi di persone uccise con un colpo alla nuca, mentre avevano le braccia legate dietro la schiena.»

«In quei due ritrovamenti, dunque, si erano rinvenuti ventitré corpi. Il magistrato li fece trasportare nella cappella del cimitero di San Nicolò per procedere alle prime identificazioni. Dice il rapporto dell'8 novembre: 'Sono stati finora identificati tredici cadaveri. Trattasi delle seguenti persone, prelevate nel maggio 1945 dal loro domicilio per l'attività da loro esplicata durante l'ex regime fascista e delle quali non si avevano più notizie'.»

«Le seguenti persone... Dunque, abbiamo un elenco di nomi», osservò Alberti.

«Sì. Ma le confesso una mia incertezza: devo pubblicarli o no?» domandai perplesso.

L'avvocato non ebbe dubbi: «Penso di sì. Lei sostiene sempre di volere una storia completa. I nomi stanno in un documento della prefettura di Ferrara. Può anche esserci stato qualche errore nella trascrizione dei cognomi. Ma vedo che, per ciascuno dei giustiziati, ci sono dettagli utili a chi vorrà fare una ricerca approfondita su questo eccidio. Del resto, anche l'oggetto del rapporto è esplicito: 'Atti di violenza contro ex fascisti'. Può essere possibile che non tutte le vittime lo fossero. Sappiamo che, in quel tempo, spesso si andava all'ingrosso nell'ammazzare la gente...»

«E sta bene», conclusi. «Ecco i nomi dei tredici identificati, con le annotazioni della prefettura di Ferrara. Li elenco nell'ordine in cui appaiono sul rapporto. Riccardo Dal Buono, primo applicato presso la locale sede dell'Istituto nazionale della previdenza sociale, scomparso dal suo domicilio di Ferrara il 12 maggio 1945. Renato Dal Buono, fratello di Riccardo, sparito in analoghe circostanze di tempo e di luogo. Rino Pedriali, prelevato da sconosciuti nella sua abitazione di Ferrara il 12 maggio 1945. Umberto Pedriali, fratello di Rino, anche lui prelevato lo stesso giorno. Calogero Riccobono, scomparso il 15 maggio da Sant'Agostino, un comune del Ferrarese. L'ingegnere Alfredo Ciaccia, prelevato da sconosciuti il 16 maggio dal suo domicilio in Ferrara.»

«Sin qui siamo a quota sei. Il settimo è il dottor Amilcare Franchini, prelevato da sconosciuti l'11 maggio dal suo domicilio in Vigarano Mainarda, un comune a undici chilometri da Ferrara, verso Bondeno. Poi viene l'ingegnere Enzo Baglioni, catturato in casa da sconosciuti il 12 maggio, a Ferrara. Galvano Maccaferri, scomparso lo stesso giorno da Ferrara. Dino Battilana, di Pietro, da Pontelagoscuro, frazione di Ferrara, scomparso dal proprio domicilio in un giorno imprecisato del maggio 1945. Vittorino Cappelli, di Augusto, scomparso dalla sua casa nel comune di Poggio Renatico sempre in maggio. Curio Cavallini, di Oreste, scomparso in maggio nel comune di Tresigallo. E infine il tredicesimo: Angelo Bernardini, fu Enzo, scomparso in maggio dal suo domicilio di Quacchio, nel comune di Ferrara.»

«Perché li avranno uccisi?» si domandò Alberti. «Di che cosa erano ritenuti colpevoli? Forse di tutto o forse di nulla...»

«È quello che ci chiediamo sempre», gli replicai. «Ma per questi tredici assassinati non ho nessuna risposta. Anche se, per loro, il rituale è stato lo stesso di tanti altri casi: prelevati in casa da sconosciuti, portati chissà dove, forse picchiati o torturati, condotti in un luogo deserto con le braccia legate dietro la schiena, giustiziati e poi sepolti malamente in luoghi che dovevano restare sconosciuti per sempre.»

«Se non sbaglio, c'è ancora un ultimo rapporto», osservò Alberti.

«Sì, è del 13 dicembre 1945, la fonte è la tenenza dei carabinieri di Copparo, un comune in provincia di Ferrara. La firma è del sottotenente Giulio Mesini. Il documento informa il ministero dell'Interno che sono stati identificati tre cadaveri rinvenuti in una fossa di Ro, un altro comune ferrarese, situato sul Po di fronte al Polesine: 'Trattasi di persone prelevate dalle carceri di Copparo nel mese di maggio del 1945'. Seguono i tre nomi, eccoli.»

«Il primo è Livio Cesare Marchesi, nato a Copparo il 16 agosto 1917. Il secondo è Augusto Tampieri, nato a Pescara il 17 gennaio 1892, residente a Copparo. Il terzo è Ennio Bellistracci, nato a Copparo l'11 agosto 1899.»

«Insomma, un giovane di 28 anni e due uomini più adulti, di 53 e 46 anni. Chi fossero, perché si trovassero in carcere e per quale motivo siano stati uccisi in quella

216

fossa non lo so proprio. Quante cose ignoriamo di quel tempo feroce, caro Alberti!»

«Sei rapporti e quante persone giustiziate?» domandò l'avvocato.

«Cinquantasette. E non sono di certo le uniche uccise in provincia di Ferrara quando la guerra era già finita.»

Parte terza

Le mani del poeta

«Si può assassinare un poeta?» domandai all'avvocato
Alberti.

«I franchisti hanno ucciso Federico García Lorca,
nella guerra civile spagnola», osservò lui. «Le guerre interne non solo frantumano le nazioni, ma sono meccani-
smi bestiali, capaci di travolgere chiunque.»

«Bene, anche i partigiani hanno assassinato un poeta
italiano, di cui adesso parleremo. La sua storia me l'ha
raccontata il figlio. È il professor Francesco Marani, avvocato civilista come lei e ordinario di Diritto civile nella facoltà di Giurisprudenza dell'Università di Modena.
È stato anche presidente del Banco San Geminiano e
San Prospero.»

«Ho sentito parlare di lui e so che è un professionista
molto serio», disse Alberti.

«L'ho incontrato nel suo studio di Modena. È un uomo alto, asciutto, capelli corti brizzolati, parla con la
calma dei grandi avvocati che sanno il fatto loro. Come
lei, del resto, avvocato Alberti...»

«Non mi sfotta, la prego», replicò lui, sorridendo.

«E mi faccia sentire il racconto del professor Marani.»

Mio padre si chiamava Edgardo Marani ed era nato il 24 marzo 1892 a Fabbrico, in provincia di Reggio Emilia. Era figlio di un medico e apparteneva a una famiglia abbastanza agiata. Aveva frequentato la facoltà di Giurisprudenza senza laurearsi e nel 1915, a 23 anni, era stato chiamato alle armi come ufficiale. In guerra si era comportato con grande coraggio, anche se era un uomo alieno dalla violenza.

Fra il 1920 e il 1921, come tanti altri figli della borghesia emiliana, aveva aderito al fascismo, ma senza partecipare ad azioni violente. I motivi li conosciamo: il biennio rosso con gli eccessi del socialismo massimalista, la lotta di classe che si accentuò con la nascita del Partito comunista, la vittoria mutilata, la difesa della Patria da chi non voleva riconoscerla come tale. Insomma, il percorso esistenziale e politico di una generazione.

Dal 1927 al 1930 fu il segretario del Pnf di Fabbrico. Ma il centro della sua esistenza era un altro: la poesia. Mio padre era un poeta. Anzi, un poeta di grande valore, per usare un'espressione quasi banale. Non sono io, il figlio, a dirlo. Lo hanno detto i critici che hanno studiato la sua poesia e gli editori che l'hanno pubblicata.

Nel 1935 l'editore Cappelli stampò il suo primo libro di versi: «Cadente anno». Tre anni dopo uscì da Guanda «Idilli», in una collana dove apparivano poesie di Alfonso Gatto, di Mario Luzi e di Guglielmo Petroni. Le poesie che ha scritto nell'epoca terribile della guerra civile

222

le ho pubblicate io, poco tempo fa, in due volumi dell'editore Book di Bologna. E sono state una scoperta sbalorditiva per la loro bellezza.

Al tempo dei suoi primi libri, papà era vicepodestà di Fabbrico. Dopo un breve richiamo alle armi, nel 1942 divenne commissario prefettizio al comune, in seguito alla morte del podestà che si era ucciso gettandosi da una finestra della propria officina. Ma il 25 luglio 1943, alla caduta del regime fascista, si dimise subito dall'incarico, l'ultimo della sua vita.

Nell'agosto 1943, a 51 anni, fu richiamato di nuovo alle armi, come ufficiale di complemento. L'8 settembre si trovava a Parma e per un soffio riuscì a evitare la cattura da parte dei tedeschi. Tornato a Fabbrico, rifiutò di aderire alla Repubblica sociale e si chiuse dentro la doppia cerchia della vita famigliare e della poesia. Scriveva i versi con una grafia minuta, non semplice da leggere, su minuscoli quaderni dalla copertina di cartone azzurrino che portava sempre in tasca.

In quei lunghi mesi d'attesa, rimase estraneo alla guerra civile. La Brigata nera venne lo stesso a cercarlo, nel febbraio del 1945. Perquisirono la nostra casa, ma non lo trovarono. Papà stava nascosto in un piccolo rifugio predisposto nella soffitta. Con lui c'ero io, che in giugno avrei compiuto i 15 anni.

A Fabbrico la guerra finì il 23 aprile, con il passaggio di reparti degli Alleati che venivano da Novi di Modena ed erano diretti verso il Po. Quella mattina, di buon'ora, papà venne prelevato in casa da una squadra di partigiani e condotto nel castello dei nobili Guidotti, un'imponente costruzione a fianco della chiesa parrocchiale, al centro del paese.

I catturati erano una settantina e tutti vennero esposti

alla folla. Molti furono percossi. Alcuni vennero trattenuti, e non se ne seppe più niente. Papà fu aggredito da
una vedova di guerra che gli si scagliò contro e lo schiaf-
feggiò, senza che lui potesse proteggersi perché era
guardato a vista dai partigiani.

La mattina successiva ritornò a casa. Lo vidi rientrare
con la barba lunga e l'abito spiegazzato. Non si pose il
problema se fuggire o no. La sua decisione era già stata
presa: non sarebbe scappato, per nessuna ragione al
mondo. Nonostante la prima cattura, era del tutto tranquillo. Sapeva di non aver commesso alcunché di malvagio. Ripeteva: «Male non fare, paura non avere». Del resto, il fatto che l'avessero rilasciato deponeva a suo favore: non c'erano i presupposti per trattenerlo.

Aveva ragionato nello stesso modo qualche settimana
prima, all'inizio di aprile. Il fronte si stava avvicinando,
a Fabbrico sentivamo il rombo delle artiglierie. Qualcuno della famiglia, forse mia madre, Tommasina Ferretti,
che aveva 50 anni ed era anche lei di Fabbrico, gli aveva
suggerito di allontanarsi: era stato segretario del fascio e
podestà.

Sulle prime, mio padre era rimasto incerto, dicendo:
«Se non dovessi lasciarvi soli, me ne andrei». Poi aveva
deciso di rimanere: era angosciato dalla prospettiva di abbandonarci senza difesa a qualche azione dei partigiani, o
semplicemente di abbandonarci al passaggio del fronte.

Tutto precipitò la sera del 27 aprile. Verso le dieci, un
gruppo di uomini armati si fece aprire il portone di casa
nostra, dichiarando di essere della Garibaldi. Tutti tranne
uno rimasero nell'androne buio, ordinando alla domestica di non accendere la luce. Quell'uno s'introdusse nel
nostro appartamento e disse a papà di seguirlo al comando della Garibaldi per essere interrogato.

Costui aveva una sciarpa rossastra, a quadri, che gli copriva il viso. Si scorgevano soltanto gli occhi. Mio padre gli domandò: «Perché avete questa maschera?» Il partigiano gli rispose con franchezza brutale: «Per non essere riconosciuto». In quel momento, papà comprese che forse lo avrebbero ucciso. Ma non poté fare a meno di seguirlo.

La mamma sperava ancora e gli disse: «Ti aspetteremo alzati finché non torni». I partigiani se ne andarono con mio padre. Sentimmo il rumore di un furgoncino che partiva. Poi più niente.

Ero un ragazzo alla vigilia dei 15 anni, figlio unico. Alto, magrissimo, i capelli con la riga, il volto tenero. Avevo iniziato la quarta ginnasio a Reggio Emilia, ma come altri ginnasiali studiavo a casa perché i trasporti erano difficili e c'era il rischio dei bombardamenti.

Mio padre non tornò, né quella notte né mai. In seguito, venimmo a sapere che, con lui, erano stati prelevati cinque del paese: Vilmaro Mastini, 44 anni, un capo muratore; Mario Magnanini, 49 anni, detto «Chichin», padre di un mio amico, che lavorava in un'impresa di autotrasporti; Cesare Ricchi, detto «Sgangan», un meccanico di 44 anni, marito della mia balia; Amedeo Rossini, 54 anni, pescatore; e infine Aldo Gambarini, un mezzadro di 24 anni. Anche loro non ritornarono più.

Restammo ad aspettare per l'intera notte. Dicevo alla mamma: «Siamo stati perquisiti anche dalle Brigate nere e non è successo niente». Né lei né io eravamo intimoriti, piuttosto vivevamo come in trance.

Il mattino successivo, la nostra domestica ci informò che erano stati arrestati anche degli altri. Questo fatto, in qualche modo, ci sollevò. Ma dove stavano papà e gli uomini sequestrati con lui? Al castello non erano mai arrivati. Il paese stava festeggiando la liberazione e non sapevamo a chi chiedere notizie.

Cercai un contatto con l'unico comandante partigiano cattolico di Fabbrico. Era un professore di lettere e mi ricevette in casa. Indossava una divisa militare, con la giubba mimetica. Disse di essere appena ritornato in paese e mi garantì che avrebbe assunto informazioni. Quindi mi congedò, consigliandomi di non preoccuparmi. Non lo rividi più. La mamma andò a parlare con il nuovo sindaco di Fabbrico. Era un mezzadro, antifascista dal 1919, comunista. Gli chiese di papà. Lui rispose di non saperne nulla.

Con il passare dei giorni, capimmo che papà era stato ucciso. La mamma e io non ce lo dicevamo. Però dall'incertezza eravamo entrati in una fase diversa, più terribile: quella della sicurezza non dichiarata. Continuammo a vivere a Fabbrico. Non ci furono atti di violenza contro di noi. Vennero a vedere la casa per requisirne una parte da dare agli sfollati. Ma ci rinunciarono, perché era difficile dividerla.

Si avvertiva un'ostilità nei nostri confronti, però sembrava più un'ostilità verso dei possidenti che erano rimasti tali nonostante il «cambio di autorità», come per una promessa non mantenuta. Ostilità di una parte del paese, quella rossa, comunista, che poi costituiva la stragrande maggioranza. Forse un po' frenata dal fatto che tutti sapevano che mio padre era stato assassinato.

Qualcuno se n'era anche vantato in piazza: a Fabbrico la «piazza» è corso Roma, la via principale. Sempre n piazza, si disse che l'orologio di Marani era stato visto al polso di un partigiano.

Nell'ottobre 1945 andai a stare a Reggio, per frequentare la quinta ginnasio. Venni promosso e nell'estate 1946 tornai in paese con la mamma. Era difficile stare lì con quell'assenza tanto pesante. Così lo zio Ercole, fratello di papà, ci portò con la sua famiglia in montagna, a Chiesa Valmalenco, in provincia di Sondrio. Fu una vacanza triste, la mamma stava sempre in casa.

All'inizio di settembre, ci telefonò una parente. Informò mia madre che su un giornale di Reggio, «La Nuova Penna», sul quale scriveva un coraggioso partigiano cattolico, Giorgio Morelli, chiamato «il Solitario», era comparsa una notizia che ci riguardava. Diceva che a Fabbrico, in via Fusara, una strada che si perde nelle valli, al confine fra due poderi, erano stati seppelliti sei cadaveri in una fossa anticarro. Il giornale pubblicava i nomi di quei morti. Erano quelli di mio padre e degli altri cinque sequestrati con lui dai partigiani.

Mia madre non mi disse nulla, ma ritornammo subito a Fabbrico. Lì per lì non successe niente, era difficile organizzare la ricerca. È evidente che la paura, in paese, era ancora tanta. Poi i carabinieri di Reggio diedero inizio agli scavi. E il 25 ottobre 1946, a un anno e mezzo dall'assassinio, emersero i sei corpi.

Uno era quello di mio padre. Lo riconobbe lo zio Ercole. Soprattutto per le bretelle rosse che lui portava al momento del sequestro. L'unica parte intatta erano le mani di papà: le bellissime mani del poeta. Doveva averle protette uno strato argilloso. Il resto del corpo era devastato. Lo stesso per gli altri cinque sequestrati con lui. Vi erano tracce evidenti di sevizie. I cadaveri apparivano orribilmente straziati, mutilati. Uno aveva il cranio spaccato e distaccato dal collo. Ad altri erano state tagliate le gambe.

Che cosa ho provato in quei giorni? È difficile spiegarlo. In qualche modo, a difendermi c'era la mia giovinezza, avevo compiuto da poco i 16 anni. Ero molto legato a mio padre. E continuavo a pensarlo vivo, il dialogo fra noi non s'era mai interrotto. Ho visto il suo corpo per un momento solo, al cimitero, dove le salme erano state portate.

Avremmo voluto fare il funerale nella chiesa parrocchiale di Fabbrico, dove papà era stato battezzato e si era sposato. Ma eravamo cittadini di serie B e dovevamo fare in fretta. Siamo stati costretti a celebrare il rito funebre nella cappella del cimitero. Poi la salma è stata subito sepolta, tumulata nella cappella di famiglia, per un po' di tempo senza nome.

Non credo che siano state fatte indagini per raccogliere le prove degli assassinii. Dei killer, gente disumana, non abbiamo mai saputo nulla. Pare che tra loro ci fosse anche una donna. Ricevetti delle lettere anonime, ma erano tentativi di depistaggio. In seguito, a Fabbrico, sotto il Voltone, nel centro del paese, il figlio di uno degli uccisi sparò contro un partigiano, mancandolo.

L'unica certezza è che gli assassini di mio padre non sono mai stati perseguiti. Per sapere chi fossero, forse mi basterebbe interpellare alcune persone di Fabbrico, ma non ho mai voluto farlo. Ho preferito non conoscere i loro nomi, altrimenti avrei dovuto farmi una giustizia privata, dato che quella dello Stato non interveniva. Sono ancora vivi? Non lo so.

Lei mi chiede perché Edgardo Marani sia stato soppresso, pur non avendo commesso nulla che meritasse la morte. Ho sempre pensato che l'abbiano ucciso perché, a Fabbrico, era l'unico possibile avversario della società nuova che i suoi assassini volevano imporre, quella comunista. Era un intellettuale, era coraggioso, era capace di pensare e di scrivere.

Ma ammetto che le figure degli altri cinque uccisi indeboliscono questa mia opinione: nessuno di loro era proprietario terriero, nessuno aveva ricoperto posti di rilievo nella gerarchia fascista o, più semplicemente, in quella sociale e culturale.

Quello che mi scava dentro, e che il pensiero rifiuta, è la tortura atroce, da macellai, che ha distrutto quei corpi. Mi auguro che abbiano infierito solo dopo averli uccisi. E credo che tutti e sei siano stati assassinati la stessa notte della cattura.

Le nostre ricerche per sapere, per capire, per far intervenire l'autorità giudiziaria, vennero subito frenate dall'amnistia voluta da Togliatti. Gli assassini erano coperti da quella legge. Noi, invece, non eravamo coperti da nessuna autorità, nessuno poteva difenderci e fare giustizia.

Terminato il ginnasio, ho cominciato a frequentare il liceo classico a Modena. Dopo la maturità, mi sono iscritto a Giurisprudenza, sempre a Modena. Qui mi sono laureato il 12 luglio 1955, avevo compiuto i 25 anni da qualche settimana. E sa con chi ho fatto la tesi di laurea? Con Giuseppe Dossetti, uno dei capi della Resistenza cattolica in Emilia.

Dossetti, una personalità affascinante, uno dei pochi veri uomini di pensiero che ho conosciuto, insegnava Diritto ecclesiastico e Diritto canonico. Fu Dossetti a chiedere a me, studente laico, di fare la tesi con lui, in Diritto canonico pubblico. Era una ricerca complessa, giuridica e storica insieme. Il voto fu quello massimo, 110 e la lode. Il giorno dopo la laurea, Dossetti, senza chiedermelo, mi nominò suo assistente volontario.

Dossetti faceva riunioni della sua corrente, «Cronache sociali», nel castello di Rossena, sull'Appennino reggiano. Dopo l'esame di Diritto canonico mi domandò: perché non vieni anche tu? Forse avrei potuto incontrare i «professorini» della Dc, Amintore Fanfani, Giuseppe Lazzati, Giorgio La Pira. Ma io non ho mai voluto andarci. La fine di mio padre mi ha allontanato dalla politica, mi ha causato un blocco, un'allergia, un rifiuto.

Con Dossetti non ho mai parlato dell'uccisione di mio padre. E lui non mi ha mai chiesto nulla, nemmeno nei momenti di maggior collaborazione, quando eravamo più vicini. Dopo le dimissioni di Dossetti dalla cattedra, ho proseguito la carriera universitaria: questa volta in Diritto civile, con un nuovo illustre maestro, Luigi Ferri, e un grande amico, Gianni Cattaneo.

Desidero dirle ancora una cosa. Dal 25 luglio 1943 al 27 aprile 1945, Edgardo Marani non aveva voluto aderire a nessuno dei due fronti che si combattevano nella guerra civile. Vedeva aspetti di crudeltà in entrambe le parti. Ma come tutte le persone coraggiose, papà non era un uomo crudele e rifiutava la ferocia. Lo dimostra un episodio della prima guerra mondiale, che lui aveva combattuto dal primo all'ultimo giorno, all'inizio come aspirante ufficiale e poi da tenente della fanteria.

Un giorno, osservando con il binocolo la trincea austriaca che aveva di fronte, si era reso conto che quei giovani soldati non si aspettavano un attacco. C'era chi si faceva la barba, chi si lavava, chi preparava il rancio.

Avrebbe potuto spazzarli via, ordinando ai suoi mitraglieri di sparare. Però decise di non dare quell'ordine, con il pretesto che il nemico avrebbe scoperto le nostre posizioni.

Papà stravedeva per la Patria. L'8 settembre era stato per lui un colpo brutale, con la fuga del re soldato e di Badoglio. La fine di un mondo, che gli aveva lasciato un solo rifugio: la poesia.

Quei morti non esistono

«QUESTA è un'altra storia emiliana», spiegai ad Alberti. «Me l'ha raccontata Flavio Parmiggiani, un ricercatore del Consiglio nazionale delle ricerche. Lavora a Bologna, all'Istituto di Scienze dell'atmosfera e del clima. E si occupa dello studio dei ghiacciai polari, mediante immagini rilevate dai satelliti.»

«Come l'ha conosciuto?» mi domandò l'avvocato.

«Ci siamo incontrati per caso, alla presentazione di un libro. Poi, nel marzo del 2004, mi ha inviato un opuscolo che aveva appena scritto e pubblicato: 'L'altra metà della storia. Campagnola E. 1944-1946'. L'ho letto e ho capito che dovevo cercarlo per farmi narrare la vicenda tragica che ha segnato la sua vita. Eccola.»

La storia che adesso le racconterò comincia quando io non ero ancora nato, anche se stavo per venire al mondo. La scena è un paese della pianura di Reggio Emilia, Campagnola. Al tempo della guerra civile aveva all'in-

232

circa quattromila abitanti ed era un comune essenzialmente agricolo. L'unica piccola industria, se posso chiamarla così, era l'Officina Ferrari: aveva una ventina di
dipendenti e produceva pigiatrici e pompe da vino e da
mosto, per le cantine.

Al sorgere del fascismo, a Campagnola si era visto in
azione uno squadrismo non locale che aveva vessato i
socialisti del paese. Una ventina di campagnolesi avevano poi partecipato alla marcia su Roma. Dopo l'8 settembre, la guerra civile era cominciata molto tardi e fino
all'ottobre 1944, in paese, praticamente non era successo nulla.

Poi, il 7 ottobre, un gruppo di partigiani attaccò il
presidio fascista di Campagnola, per far disertare il segretario del fascio che da mesi faceva il doppio gioco e
collaborava con la Resistenza. Per rappresaglia, i fascisti
di Reggio fecero una scorribanda e uccisero Pietro Batti-
ni e suo figlio Livio.

Un mese dopo, quasi a segnare un triste anniversario,
cominciarono le azioni dei partigiani contro i civili del
paese ritenuti fascisti. La sera del 6 novembre, ci furono
le prime due vittime: Alberto Copelli, gestore del Caffè
Nazionale, e Roberto Carpi, che mandava avanti l'Osteria del Sole, entrambi di 55 anni. Il primo venne ucciso
sulle scale di casa e il secondo sotto i portici di fronte al
suo locale.

Copelli era certamente un fascista, ma senza colpe
particolari. Carpi era accusato di aver fatto fallire un agguato dei partigiani contro un cliente dell'osteria: l'avvocato Arturo Plessi, che era anche un pezzo grosso del
fascismo reggiano.

Ma adesso veniamo all'azione che vide l'assassinio
di mio padre. Si chiamava Flavio Parmiggiani, stava per

233

compiere 41 anni ed era operaio meccanico. La nostra famiglia era composta da lui, dalla mamma Ida Merzi, coetanea di papà, da mio fratello Silvio, di 4 anni, e da una vecchia zia. Infine c'era il sottoscritto che stava per nascere, poiché la mamma era incinta di cinque mesi.

Papà aveva lavorato all'Officina Ferrari. Poi, quando l'azienda era stata chiusa, aveva deciso di mettersi in proprio, costruendo piccole pompe. Come tanti altri italiani, era stato iscritto al Pnf, ma non aveva voluto aderire alla Repubblica sociale. Era un uomo tranquillo, non faceva politica e pensava soltanto alla famiglia e al lavoro.

Tutto ebbe inizio l'8 marzo 1945, quando il presidio tedesco lasciò Campagnola. La sera successiva, una brigata garibaldina della pianura reggiana bloccò gli accessi al paese. Poi tre squadre si diressero verso tre case. Nella prima sequestrarono Umberto Nicolini, di 60 anni, e la figlia Marisa, di 18. I partigiani gli ordinarono di seguirli in bicicletta, portando con sé molti soldi perché, dissero ai due, «starete via per molto tempo». Nella seconda casa, prelevarono un'altra ragazza, Maria Domenica Ghidini, diciottenne, cugina di Marisa. E infine vennero da noi.

I miei sentirono bussare con violenza. La mamma disse al papà di non aprire e di rifugiarsi in un'ala della casa che era molto grande, con tante stanze e stanzette. Ma lui replicò: «Non ho nulla da temere e da nascondere», e spalancò la porta. I partigiani entrarono e ordinarono a mio padre di seguirli. Lui comprese che cosa stava per succedergli, baciò la mamma e le consegnò il portafoglio.

Uno dei partigiani glielo strappò di mano e lo rimise nella tasca di mio padre, esclamando: «Tanto torna a casa subito!» Il portafoglio non fu mai restituito: conteneva una grossa somma di denaro, frutto della vendita di una pompa che papà aveva consegnato quella stessa mattina a Reggio Emilia.

I quattro sequestrati vennero portati in una casupola di un podere non lontano da Campagnola. Qui furono di sicuro seviziati, perché una vicina sentì le loro urla. Urla disperate, «di persone violentate e torturate». Poi i partigiani li uccisero e li seppellirono in modo sommario, dentro un solco del granoturco. A coprire i corpi misero appena un velo di terra.

Perché vennero soppressi? Come succedeva quasi sempre, si disse che tutti e quattro avevano fatto la spia per i tedeschi o per i fascisti. Ma era un'accusa priva di senso perché da mesi a Campagnola non accadeva nulla. C'erano stati soltanto alcuni fermati, subito rilasciati. Anche le figure delle vittime contrastavano con quel pretesto.

Le due ragazze erano come tante altre, stavano in casa e basta. Il Nicolini faceva il picchiatore di formaggi, girava di casello in casello per scoprire se nelle forme di parmigiano reggiano c'erano delle bolle d'aria: che cosa poteva spiare? I due Nicolini avevano la tessera del fascio repubblicano. Ma bastava questo per assassinarli?

Per mio padre, ho riflettuto tante volte sui motivi, apparentemente inspiegabili, della sua eliminazione. Credo avesse avuto dei contrasti con un ex impiegato della Ferrari, un membro della Resistenza, che, a guerra finita, sarebbe stato il promotore e primo presidente di una cooperativa per produrre, a Campagnola, pompe e pigiatrici.

Ma mio padre aveva già cominciato un'attività in proprio nello stesso settore e non avrebbe mai potuto aderi-

235

re, anche per motivi ideologici, a questo progetto. Da qui la decisione di farlo fuori? Non so. Un altro motivo potrebbe essere stata la sua amicizia con il già citato avvocato Plessi, un'amicizia certamente pericolosa.

Il 23 aprile a Campagnola arrivarono gli americani. La guerra era finita, ma in paese si aprì la stagione delle esecuzioni. Vennero uccise diciotto persone, che portarono a ventisette il totale dei civili soppressi dai partigiani durante e dopo la guerra civile. L'elenco completo degli assassinati sta in un opuscolo che ho pubblicato nel marzo 2004: «L'altra metà della storia» e che lei conosce.

Basta scorrere quelle poche pagine per rendersi conto di come la scure della cosiddetta giustizia partigiana abbia tagliato la testa a persone molto diverse. E, in più di un caso, senza nessuna ragione, se non l'odio sociale e la spinta a spargere il terrore nella borghesia, il ceto nemico da piegare in vista della rivoluzione comunista.

Le faccio qualche nome. Cesare Righi, di 65 anni, e il figlio Giacomo, di 43, grossi proprietari terrieri, il padre sindaco di Campagnola nel 1919-1920, liberali, poi fascisti, Giacomo giovanissimo squadrista. Non avevano aderito alla Rsi e, almeno in un caso, avevano collaborato con la Resistenza.

Il notaio Pietro Mariani, 61 anni, sindaco liberale nel 1915, poi podestà fascista alla fine degli anni Venti. Il suo uomo di fiducia, Ottavio Tonini, 46 anni, ucciso con la moglie. Altri giustiziati erano iscritti al Partito fascista repubblicano. Altri ancora si erano arruolati nella Gnr.

Infine c'era chi non sembrava colpevole di nulla, come Ezio Silingardi, di 56 anni, gestore della privativa tabacchi, e il daziere Savino Bolognesi, di 41 anni. A questi vanno aggiunti due fratelli partigiani, giustiziati per primi il 24 aprile, perché accusati di aver commesso dei furti con il pretesto di cercare dei fondi per la Resistenza.

Mi sono sempre domandato chi avesse compilato quella lista di morte. E con quale criterio. Perché vennero eliminate alcune persone e non altre che avevano responsabilità ben più grandi? Se si trattava di atti di giustizia, come mai nessuna delle esecuzioni venne rivendicata dai giustizieri partigiani? Nessuno ha mai dato risposta a queste domande. Ho sempre avuto il dubbio che qualcuno, per salvarsi, abbia versato grosse somme di denaro. Insomma, se pagavi vivevi, se non pagavi morivi. Ma su questo sospetto ritornerò dopo.

Un'altra domanda rimasta senza risposta riguarda il numero degli uccisi a Campagnola dopo la liberazione. Le ho parlato di diciotto persone, ma è probabile che siano state di più. Infatti, a Campagnola c'è il mistero del cosiddetto Cavòun, un grande stagno formatosi non lontano da una fornace per mattoni e oggi scomparso da tempo. Nel febbraio 1991, in una fossa del Cavòun, sono stati ritrovati diciotto cadaveri e mezzo. Però è certo che esisteva una seconda fossa comune. Quanti corpi conteneva? Nessuno sa dirlo.

Questa seconda fossa venne cercata, ma inutilmente. Non esisteva più. Ho saputo infatti che si trovava all'esterno del lato a nord del cimitero. Ma qui, nel 1972, vennero eseguiti dei lavori di ampliamento del camposanto. La fossa fu certamente scoperta e subito fatta sparire. E quel che restava dei cadaveri sepolti venne gettato con la terra in una discarica.

Di sicuro, a Campagnola, dopo la liberazione, furono portate da altri paesi, per esempio da Novellara, delle persone da eliminare. Di una sappiamo tutto: era il maestro Lino Bergamaschi, detto Ghèba, che con il grado di maresciallo comandava il distaccamento di Novellara della 30ª Brigata nera, quella di Reggio Emilia. Venne condotto a Campagnola in catene, trascinato fra due ali di folla inferocita, insultato, sputacchiato, preso a calci e poi finito a bastonate sulla piazza del paese.

Quel che rimaneva di mio padre venne ritrovato nel novembre del 1946, grazie a una confidenza di un'anziana signora. Stava nel terreno di un podere nel comune di Rio Saliceto, vicino a Campagnola, insieme ai resti dell'uomo e delle due ragazze uccisi con lui. Il sindaco comunista di Campagnola non voleva dare il permesso di seppellire i corpi nel cimitero del paese. Poi intervenne l'arciprete e risolse il caso.

Mia madre rimase sola con mio fratello Silvio. Il 19 luglio 1945 nacqui io e lei decise di chiamarmi come papà, Flavio. La mamma era una donna bruna, alta, magra, avrebbe voluto diventare maestra elementare, poi aveva fatto la sarta.

Fu il suo mestiere, assieme all'aiuto dei famigliari e, credo, di qualche benefattore, a permetterci di sopravvivere. Lavorava in casa, in una grande stanza al pianterreno che faceva da cucina e da laboratorio. Aveva un carattere forte e si risolse a tirare avanti senza maritarsi più.

Il primo ricordo che ho riguarda proprio lei e il 25 aprile. Ogni anno, anche a Campagnola, era un giorno di festa, c'era la banda che suonava e i discorsi in piazza. Mi sarebbe piaciuto andare a vedere. Ma la mamma ci teneva in casa, mio fratello e me: temeva che rischiassimo qualcosa di brutto, come figli di un fascista giustiziato.

La seconda cosa che ho capito è che ero un diverso. Nel senso che, all'asilo e poi alle elementari, ci andavo e tornavo da solo, mentre gli altri bambini venivano a prenderli i papà. Insomma, ero un orfano. Infatti, terminate le elementari, mia madre mi mandò a frequentare le medie all'Orfanotrofio maschile di Reggio, dove era già passato mio fratello Silvio.

L'istituto stava in via Gazzata, dove oggi c'è il Liceo classico «Ludovico Ariosto», accanto alla chiesa di Sant'Agostino. Era un collegio per ragazzi poveri, si tornava a casa per Pasqua, per Natale e per un mese di vacanze estive. Tutti i convittori erano orfani, però a quel punto io sapevo che mio padre non era mancato per una malattia, bensì era stato ucciso.

Non l'avevo saputo dalla mamma, ma ascoltando quello che lei diceva alle sue clienti. Prima di essere mandato a Reggio, facevo i compiti in cucina, dove mia madre lavorava alla macchina da cucire. Quando parlava di papà, abbassava la voce per non farsi sentire da me. Però io tendevo le orecchie. Sì, papà era stato ucciso, ma da chi? Dai partigiani.

Seppi anche questo in modo indiretto. L'unico fatto evidente era che lei non appariva per niente tenera nei confronti dei comunisti. Anche se non ci ha mai, dico mai, inculcato l'odio per le persone che ci avevano fatto del male.

A 14 anni sono entrato all'Istituto tecnico provinciale «Enrico Fermi» di Modena, da cui si usciva periti in elettronica. Preso il diploma, ho cominciato il biennio di Fisica all'Università di Parma. Di qui sono passato a Milano, dove si era trasferito mio fratello Silvio, maestro elementare.

Nel 1970, a 25 anni, mi sono laureato in fisica, all'Università statale. Avevo fatto una tesi di biofisica presso un laboratorio del Cnr. Sono rimasto a lavorare lì, prima come borsista e poi come ricercatore. Nel 1982 da Milano mi sono trasferito al Cnr di Modena e quindi a Bologna, dove lavoro a tutt'oggi.

Come rivelano le date, ho studiato alla Statale di Milano negli anni caldi della contestazione, delle proteste in piazza e degli scontri con i fascisti. A Fisica c'era il nocciolo duro di Avanguardia operaia, ma io aderii a Potere operaio. Stavo nel settore Scuola e andavo a vendere il giornale di Potop davanti ai licei. Il responsabile del settore Scuola era Carlo Fioroni. Conobbi anche Carlo Saronio. Entrambi poi sarebbero stati protagonisti di una terribile storia di morte dentro il nostro gruppuscolo.

No, non ho mai raccontato ai compagni di Potop chi fosse mio padre. Confesso che me ne vergognavo. Del resto come potevo rivelare che papà era stato ucciso dai partigiani e, dunque, che non soltanto era un fascista, ma un fascista carogna? Poi, all'inizio del 1971, quando Potop fece la svolta «insurrezionalista», mi dissi: a questo non ci sto! E me ne andai dal gruppo.

Tuttavia, restava sempre il problema di mio padre. Faccio un passo indietro e ritorno a quando studiavo al «Fermi». Mi ero allontanato dall'oratorio ed ero diventato amico dei ragazzi della Fgci, la Federazione giovanile comunista di Campagnola, pur senza iscrivermi. Qualcuno cominciò a sostenere che tradivo la mia famiglia. I parenti delle altre vittime dei partigiani dicevano:

vedi, i comunisti gli hanno ucciso il papà e lui si mette con loro!

Credo di essermi ampiamente riabilitato ai loro occhi con le iniziative che ho preso molti anni dopo. L'unica a non rimproverarmi era mia madre. Ma certo non era contenta. A volte diceva, sospirando: «Di' che ho figliato bene!»

Ho cominciato a occuparmi davvero di papà nel 1984, a 39 anni. Era uscito un libro di Antonio Zambonelli: «Antifascismo e resistenza in un paese della Bassa: Campagnola Emilia (1919-1945)», patrocinato dall'Anpi del paese. L'ho letto subito e mi sono detto: qui non c'è niente! Ossia non c'era una riga su mio padre e le vittime come lui.

Allora sono andato a parlare con Zambonelli. Poi con dei comunisti che erano stati partigiani. Ma questi ultimi giuravano di non sapere nulla, oppure rifiutavano di parlare dei civili fascisti assassinati.

L'unico a offrirmi un aiuto decisivo fu un ex dipendente del comune di Campagnola. Era anche un collaboratore dell'Istituto per la storia della Resistenza di Reggio Emilia e per due anni era stato segretario del Pci di Campagnola. Fu lui a darmi l'elenco nominativo dei ventisette eliminati dai partigiani, prima e dopo la conclusione della guerra civile. Quell'elenco lo possedeva anche il sindaco comunista del paese, ma, a una mia richiesta, s'era ben guardato dal consegnarmelo.

Allora, nel marzo 1990, un anno dopo la morte di mia madre, ho inviato al Comitato per le celebrazioni del 25 aprile a Campagnola una lettera aperta con la lista dei civili uccisi dai partigiani. Il periodico del Pci locale, «Il Borgo», rifiutò di pubblicarla.

A quel punto decisi di spedire la lettera ai millecinquecento capifamiglia del paese. Fu come sganciare un ordigno nucleare. Scandalo! Riprovazione! Condanna! Un amico smise di invitarmi a casa sua. Il padre, partigiano, quando m'incontrava si girava dall'altra parte.

Continuai a leggere, a ricercare, a interrogare persone su quel che era accaduto nel mio paese. Alla fine del 1990, prima di partire per tre mesi di lavoro in Antartide, preparai uno scritto, quello poi riprodotto nell'opuscolo che le ho citato. Apparve l'anno dopo in un ponderoso saggio del professor Sandro Spreafico: «I cattolici reggiani dallo Stato Totalitario alla Democrazia: la Resistenza come problema». Ma in paese nessuno lesse il libro e nessuno si accorse delle mie pagine.

Qualcosa, però, stava cambiando. Nel settembre 1990 erano apparse due croci nel famoso Cavòun. Messe da chi? Penso di saperlo, però non voglio dirlo. Si mosse Umberto Righi, figlio di Giacomo e nipote di Cesare, due degli assassinati il 29 aprile 1945. È un agricoltore dotato di mezzi e nel novembre 1990 cominciò a scavare dentro il Cavòun.

Smosse tonnellate di terra senza trovare niente. Poi qualcuno gli disse: non scavare lì, ma là. Fu così che, alla fine del febbraio 1991, emersero i resti delle diciotto persone soppresse, più la metà di un altro corpo.

Dopo l'uscita del «Sangue dei vinti», ho deciso di pubblicare l'opuscolo che abbiamo già citato. Nelle ultime righe accennavo alla questione dei soldi. Che cosa dicevo? Che non pochi agrari di Campagnola, con grosse responsabilità nel fascismo, si erano salvati perché avevano versato forti somme ai partigiani comunisti.

I Righi, gli unici agrari uccisi, erano stati soppressi perché non avevano voluto pagare. Aggiungevo che, nell'immediato dopoguerra, in un periodo di miseria nera per le classi popolari, alcuni ex partigiani di Campagnola avevano dimostrato un'improvvisa e discreta fortuna economica.

Per queste righe, l'Anpi di Campagnola annunciò che mi avrebbe querelato per «difendere l'onorabilità dei partigiani offesi». Ho letto la notizia sulla «Gazzetta di Reggio» del 18 luglio 2004. Ma sino ad oggi, aprile 2005, la querela non è stata presentata.

Lei mi chiede che conclusioni traggo dalla storia che le ho narrato. Ne traggo due. La prima è la più triste e riguarda i morti come mio padre. Questi morti dovevano sparire anche dalla memoria della gente, di loro non si doveva più parlare. Nel 1985, la Tina Nicolini, una donna molto battagliera, alla quale hanno ammazzato il padre e la sorella di 18 anni, chiese al sindaco di porre nel cimitero di Campagnola una lapide che li ricordasse: vi era incisa una preghiera e l'elenco dei nomi.

Si cominciò a trattare. Il sindaco consultò l'Anpi. L'Associazione dei partigiani, che non aveva nessun titolo per mettere becco nella faccenda, prima disse: niente lapide! Poi, dopo molte insistenze, emise la sentenza: mettete la lapide, ma senza nessun nome, assolutamente.

E infatti la lapide è stata collocata, però senza nomi. La gente che vede la lapide, legge la preghiera, però molti non capiscono neanche di che cosa si tratti.

La seconda conclusione che traggo provo a dirla così. Dove c'erano dei dirigenti della Resistenza maturi dal punto di vista politico e culturale, persone coscienti e

con la testa a posto, certe cose sono accadute meno facilmente. È andata in modo diverso dove c'erano soltanto
dei giovani, spesso senza cultura, convinti di essere appena alla fine del primo tempo del film e che nel secondo tempo si sarebbe vista la rivoluzione comunista.

Per loro, nell'aprile 1945, era quasi fatta: avevano le
armi in pugno, potevano decidere della vita e della morte
di chiunque, nessuno li contrastava. La cosiddetta resa
dei conti, tanto brutale e indiscriminata, sta tutta qui.

La strage di Imola

«Ecco, questa è una lettera a proposito del cosiddetto linciaggio di un gruppo di militi della Brigata nera di Imola, avvenuto la domenica 27 maggio 1945», dissi all'avvocato Alberti.

«Me l'ha inviata Sergio Raffuzzi, imolese, per molti anni capo dell'ufficio elettorale della Dc nazionale e segretario di un ministro democristiano, l'abruzzese Remo Gaspari. La lettera rivela che non si trattò di un linciaggio compiuto dalla gente che si trovava in attesa dell'arrivo dei prigionieri, bensì di un'esecuzione decisa per ordine del comando partigiano locale. E attuata a freddo, nel chiuso della caserma dei carabinieri di Imola.»

«È sicuro di questa versione?» mi domandò Alberti.

«Sì, perché la descrizione di Raffuzzi, un testimone oculare che in quel tempo aveva 17 anni, è molto precisa e convincente. Comunque, giudicherà lei. Voglio soltanto ricordarle la premessa di questa vicenda. Verso la fine del maggio 1945, un gruppo di partigiani imolesi aveva raggiunto Cologna Veneta, un comune in provincia di Verona, dove si erano rifugiati dei fascisti di Imola. Qui ne rintracciò sei e li uccise subito: tre donne e tre uomini, quasi tutti molto giovani.»

«Tra loro c'era una ragazza di 16 anni, Lucia Minardi, già ausiliaria del Battaglione 'Colleoni' della X Mas. Era stata sul fronte del Senio, addetta al telefono da campo e al cifrario. Al crollo del fronte, nell'aprile 1945, fu catturata dagli inglesi che la interrogarono e la rilasciarono. Lei decise di ritornare dai genitori, fascisti imolesi riparati da tempo a Cologna Veneta. Con loro era fuggito lo zio paterno, Mario Minardi, segretario del fascio repubblicano di Imola, finito in prigione a Verona.»

«Poi quei partigiani si spostarono a Verona. Qui prelevarono dalle carceri sedici militi della Brigata nera imolese. Era il sabato 26 maggio. Li caricarono su un camion e li ricondussero a Imola, dove giunsero la mattina del giorno successivo. Ma adesso leggiamo il racconto di Raffuzzi.»

Sin dalla sera del 26 maggio 1945, a Imola s'era sparsa la voce che, l'indomani mattina, sarebbe stato riportato in città un gruppo di militi della Brigata nera imolese, catturati al nord. L'appuntamento era fissato in piazza Maggiore, l'attuale piazza Matteotti. E così di buonora mi ritrovai sul posto, con un centinaio di concittadini.

Sul tardi della mattinata, con il preannunzio di un vociare concitato e urlante, vidi spuntare dal lato del portico un camioncino con i prigionieri, rincorso da una decina di persone che lanciavano imprecazioni di ogni genere.

L'automezzo trasportava quattordici brigatisti neri e non sedici. Infatti, due dei prelevati a Verona erano stati rilasciati a Porta Bologna, all'ingresso dell'abitato di Imola, per essere consegnati nelle mani di un noto imprenditore locale, che li attendeva al fine di sottrarli alle prevedibili e nefaste conseguenze.

Dopo aver attraversato la piazza, il camioncino si fermò sul fondo di via Aldrovandi, in prossimità del cinema Modernissimo. Due donne vi salirono da fuori, rimanendo aggrappate alla sponda esterna del veicolo. E diedero inizio a una sorta di pestaggio, per non più di una decina di minuti.

Una aveva in mano uno zoccolo, l'altra picchiava a mani nude sulla testa di chi capitava. C'era anche un uomo, che desistette quasi subito dopo aver menato qualche colpo con le mani. La gran parte dei presenti si limitava a guardare, mentre altri, invece, urlavano insulti.

A un certo punto, fu fatto passare di mano in mano un cavalletto di legno. Forse sarebbe dovuto servire per agevolare l'assalto al camioncino, ma giunto a ridosso dell'automezzo rimase a terra non utilizzato. Subito dopo, si fece largo tra la gente un partigiano che teneva sottobraccio un ometto di mezza età, con il volto tumefatto e sanguinante. Entrambi s'incamminarono verso la piazza, diretti alla prigione della Rocca, tra l'indifferenza dei presenti.

Dopo circa venti minuti, visto che non accadeva nulla di irreparabile, qualcuno andò a cercare l'autista del camioncino, che nel frattempo si era dileguato. Poi in qualche modo uscirono le chiavi del veicolo. E così l'automezzo fu avviato sino all'interno della caserma dei carabinieri, in via Cosimo Morelli, a pochi metri di distanza. Io, che seguivo il camioncino di fianco, mi ritrovai dentro il cortile dell'edificio, con il portone di ferro che veniva chiuso dietro le mie spalle.

Il partigiano che fungeva da autista si fermò un istante. E fece scendere uno dei brigatisti, il solo a non essere ammanettato ai polsi, che venne spinto all'interno dello stabile. Poi, risalito alla guida del mezzo con gli altri prigionieri, proseguì sino in fondo al cortile, vicino a una catasta di legna, costituita da tronchi in parte già sezionati.

Era il legname proveniente dal bosco Nardozzi. La milizia fascista, ironia della sorte!, l'aveva requisito tempo prima ad alcuni cittadini di Imola che l'avevano raccolto abusivamente per far fronte ai rigori del freddissimo inverno fra il 1944 e il 1945.

Qui devo spendere qualche parola a proposito del brigatista lasciato scendere dal camion. Era l'autista della Brigata nera di Imola che, durante l'occupazione, aveva fatto il doppio gioco. Ricordo di averlo visto qualche volta appartarsi in fondo alla bottega del signor Miglio, il meccanico ciclista di Porta Montanara, presso il quale d'estate, alla chiusura delle scuole, facevo una sorta di apprendistato.

Portava messaggi per i famigliari dei detenuti politici rinchiusi nella Rocca e notizie varie. Forse si deve alle sue informazioni se fu possibile conoscere tempestivamente la sorte di sedici prigionieri antifascisti, finiti cadaveri dentro il pozzo Becca, dopo essere stati fucilati dai fascisti in fuga da Imola. E così quel brigatista ebbe salva la vita.

Aggiungo che un quarto brigatista venne anch'esso messo in salvo, in circostanze che non conosco, da uno dei partigiani che assistevano o partecipavano all'eccidio.

Non era soltanto dovuto al caso se mi venni a trovare all'interno della caserma. Tra i brigatisti catturati c'era anche un mio ex compagno di scuola. Aveva 16 anni e, a suo tempo, mi era stato affidato dalla madre perché me lo tenessi il più vicino possibile. Era un ragazzo un po' turbolento e con poca voglia di studiare.

La sua rovina ebbe inizio con la venuta di Mussolini a Imola, allo stabilimento della Cogne. Fu lui infatti, quale balilla trombettiere, a dare l'attenti con tre squilli di tromba, ricevendo una carezza dal Duce. Un episodio che lui raccontava in ogni circostanza, quasi trasognato.

Tra la fine del 1944 e l'inizio del 1945, ebbi modo d'incontrarlo qualche volta, vestito con la divisa della Brigata nera. Negli ultimi giorni di guerra, m'imbattei in lui davanti al bar Massari. Provai a parlargli ancora, per fargli capire in quale pasticcio si era messo. Ma il discorso non poté più trovare la conclusione che auspicavo.

Lo rividi quel giorno di maggio, sul camioncino. Era terreo, come se fosse già morto. I nostri sguardi s'incrociarono. Avrei voluto fare qualcosa per sottrarlo a quella situazione. Però non ci fu tempo né modo. In realtà, molto più sinceramente, mi mancò il coraggio necessario ad avvicinarmi, il sangue mi era diventato acqua.

Al partigiano autista si era aggiunto un altro, che l'attendeva vicino alla catasta di legna. Uno dei due, salito sul camioncino, prese a scaraventare a terra i prigionieri ancora con le manette ai polsi. L'altro, afferrato un grosso bastone dal cumulo di legna, iniziò a menare fendenti mortali.

Vidi tutto, attraverso la vetrata del corpo di guardia della caserma, assieme a due carabinieri che ricordo giovanissimi e con il terrore dipinto sul volto. Dopo poco, sentendomi male, fui accompagnato fuori da uno dei militi.

In tempi successivi, ebbi modo di apprendere da un testimone oculare che l'eccidio ebbe il suo svolgimento con l'intervento di altri partigiani sbucati dall'interno dell'edificio. Costoro furono determinanti nel portare a termine la strage. Infine le vittime, allineate a terra, vennero ulteriormente straziate dalle ruote del camioncino, fatte passare più volte sui loro corpi.

Rimasi lì, sulla strada, sino a quando un comandante partigiano si affacciò alla finestra della caserma e gridò: «Giustizia è fatta!» Ci fu un applauso liberatorio da parte delle poche persone rimaste in attesa. Poco prima, era uscito dal portoncino della caserma uno dei giustizieri che, nella confusione della mattanza, era rimasto colpito accidentalmente alla testa. Era sporco di sangue e, camminando rasente il muro, si allontanava verso la via Emilia.

Per il trasporto dei cadaveri all'obitorio fu data la preferenza a una manifestazione spettacolare. Un altro testimone, allora quindicenne, racconta: «Quel giorno vidi passare per il centro della città un camioncino con la parte posteriore aperta e un mucchio di cadaveri bene in vista sul pianale di lamiera. Dal pianale scorrevano rivoli di sangue. Sopra la cabina c'era un partigiano che, con aria trionfante, indicava i cadaveri ai passanti».

L'epilogo si ebbe all'incirca un'ora dopo, davanti alla camera mortuaria dell'Osservanza, quando giunse il camioncino con il suo carico di morti. In più c'era un moribondo, un brigatista di nome Augusto Baldini, di 43 anni, che mormorava ripetutamente, in dialetto: «A no fat gnit, lascim ste», non ho fatto nulla di male, lasciatemi stare. Uno dei ragazzi presenti, strappata la pistola dalla cintola di un partigiano lì vicino, gli sparò alcuni colpi alla testa. E per lui ebbe fine l'agonia.

Tra i presenti c'era anche un mio amico, Giulio Cavulli, di cui dirò più avanti. Mai e poi mai avrebbe immaginato di fare la stessa fine tre anni dopo, nel luglio del 1948, quando ci fu lo sciopero generale per l'attentato a Togliatti.

Dal punto di vista umano, il brigatista Baldini era una brava persona, che credeva in buona fede nel fascismo. Del resto, quella fede fu pagata a caro prezzo con la morte violenta di tutta la sua famiglia: la moglie Iride e il figlio Alessandro, di 16 anni, fucilati a Cologna Veneta sulle rive del canale Guà, nella notte fra il 25 e il 26 maggio, l'altro figlio caduto all'inizio del 1944 sul fronte di Anzio, contro gli anglo-americani, e lui soppresso come ho appena detto.

Baldini lo conoscevo perché, in società con un'altra persona, aveva un deposito di casse da morto nel cortile di casa mia, quasi davanti all'obitorio dell'Osservanza. E a questo proposito ho un ricordo che voglio dirle.

Qualche tempo prima della liberazione, verso le cinque del mattino, passò davanti a casa nostra un camion della Brigata nera che trasportava il cadavere di un antifascista appena fucilato nel carcere della Rocca: era un ortolano, conosciuto di vista da mia madre. Nell'affrontare la curva che conduce alla camera mortuaria, l'autocarro sbandò. E dalla parte posteriore, aperta, la salma rotolò nel canale situato sul bordo della strada, che in quel momento era asciutto.

Il tutto avvenne sotto gli occhi di mia madre, uscita in quel momento per mettere fuori la spazzatura. Ci fu una rissa, con improperi e urla da parte di mia mamma e minacce da parte dei fascisti. Poche ore dopo, la Brigata nera ritornò e perquisì il caseggiato, dalla cantina sino all'ultimo piano. Cercavano proprio mia madre. Non venne trovata soltanto perché la porta di casa, al piano terra, era celata da quella della cantina, spalancata. Da parte sua Baldini, che ci conosceva, tacque.

«Questo è il racconto, molto preciso, di Raffuzzi», dissi all'avvocato.

«Già, ma quanti furono i brigatisti uccisi il 27 maggio a Imola in quel modo barbaro, a colpi di tronco sulla testa?» domandò Alberti.

«Quelli trasportati da Verona erano 16. Come abbiamo visto, tre furono rilasciati subito in varie circostanze. Un quarto fu salvato per iniziativa di uno dei partigiani che partecipavano all'eccidio. A conti fatti, dunque, i giustiziati in quel modo barbaro furono 12.»

«Quattro di loro erano minorenni: Pietro Treré, che aveva 15 anni, Luigi Cornazzani, Francesco Fedrigo e Ilario Folli, tutti fra i 16 e i 17 anni. Gli altri brigatisti uccisi erano il Baldini che già conosciamo, Aniceto Bertozzi, di 28 anni, Giovanni Caola, di 38, Francesco Mariani, di 41, Giulio Masi, di 20, Mario Minardi, di 47, zio di Luciana, uccisa a Cologna Veneta, Federico Ravaioli, di 35, marito di Speranza Cappelli, assassinata due giorni prima sempre a Cologna Veneta, e Giuseppe Treré, di 40 anni, padre di Pietro, il brigatista quindicenne.»

«Insieme alla sua memoria sulla strage di Imola», dissi ad Alberti, «Raffuzzi mi ha mandato una nota che voglio leggerle, anche perché si collega a quanto lui ci ha raccontato.»

«A Imola», scrive Raffuzzi, «l'ultimo assassinio politico del dopoguerra avvenne il 15 luglio 1948, il giorno successivo all'attentato a Togliatti. Fu l'omicidio di Giulio Cavulli, di 25 anni, di professione sarto. Era un giovane simpatizzante della Democrazia cristiana, a conoscenza di fatti, ma soprattutto di misfatti, che andava raccontando con una certa dose di coraggio per quei tempi e in quel contesto.»

«Quel giorno, forse in previsione della rivoluzione rossa, due individui si presentarono a casa del Cavulli. Pochi minuti prima avevano chiesto a una vicina notizie precise circa la residenza della vittima predestinata. Non appena furono entrati, dopo alcune concitate parole e una volta accertata l'identità del Cavulli, uno dei due lo uccise con tre colpi di rivoltella.»

«Poi entrambi si allontanarono tranquillamente, incuranti delle persone che sostavano nei pressi. Sulla soglia di casa, Giulio Cavulli moriva in un lago di sangue, fra le braccia della sorella Bianca. Aveva una domanda nello sguardo e sulle labbra: perché?»

«Nella mattinata c'era stata la visita di alcune attiviste che avevano affrontato il Cavulli con parole poco rassicuranti. Il diverbio era legato allo sciopero in atto per l'attentato. E all'obbligo del sarto di consentire alle sue tre lavoranti di lasciare il lavoro.»

«Rammento che le attiviste furono condannate ad alcuni mesi di carcere. Mentre i presunti assassini se la cavarono con un'insufficienza di prove.»

«Ho voluto portare la mia testimonianza oculare sulla

strage di Imola con un duplice intento. Il primo è di liberare il buon nome dei miei concittadini dall'accusa di essere autori di fatti di sangue così gravi. Il secondo è di spostare l'accusa sui veri responsabili. Mi auguro che la coscienza di tutti prenda atto che non si trattò di un linciaggio, ma di una fredda azione di chi allora dominava la piazza.»

La memoria è una prigione

«IL testo che adesso leggeremo», spiegai ad Alberti, «è molto particolare. Non soltanto per quello che racconta, ma per la persona che parla, anzi, che scrive.»

«È una donna?» chiese l'avvocato.

«Sì, Carla Sanguineti, figlia di Carlo Sanguineti. Il padre, un industriale, si era iscritto al Partito fascista repubblicano. Nell'estate del 1944, per la cosiddetta militarizzazione del partito, decisa da Pavolini, era diventato un ufficiale della Brigata nera genovese 'Silvio Parodi', nel 3° Battaglione, quello di Chiavari. Era un reparto con una pessima fama, comandato da Vito Spiotta, che poi sarà condannato a morte da una Corte d'assise straordinaria e fucilato il 12 gennaio 1946.»

«Ma non tutti i brigatisti erano uguali», continuai. «L'abbiamo già detto e giova ripeterlo, anche contro un'opinione corrente nel campo antifascista. Per quel che ho saputo, Carlo Sanguineti era l'esatto contrario del violento. Credeva nel fascismo, ma non si è macchiato di nessun atto malvagio. Tuttavia, le guerre civili sono dei tritacarne spietati. Sul finire dell'aprile 1945, anche Carlo Sanguineti scomparve. Aveva 44 anni. Di lui, della sua morte e del suo corpo non si è mai trovata una traccia certa.»

«La figlia Carla che cosa dice del padre e, immagino, di se stessa?» domandò Alberti.

«Adesso lo sentirà dalle pagine che le ho richiesto per questo libro e che lei, generosa come sempre, mi ha mandato. Nel 1945 aveva 4 anni. Oggi è una scrittrice che a me piace molto. Ed è anche una scultrice. Ha un modo speciale di vedere e raccontare, che scoprirà qui. Carla Sanguineti si occupa d'arte e di storia dell'arte. Ha militato nei movimenti femministi e pacifisti. È stata con Carlo Cassola nella segreteria della Lega per il disarmo unilaterale. Con Joyce Lussu ha fondato il Centro di iniziative contro la guerra.»

Lei mi chiede di raccontare la storia di mio padre, Carlo Sanguineti, e anche la mia. Mi proverò a farlo, non senza dichiarare un dubbio iniziale: da quale punto di vista debbo guardare a questa storia?

Secondo la logica degli effetti collaterali, la vicenda della mia famiglia durante la seconda guerra mondiale è pressoché inesistente. Se passo alla logica delle statistiche e dei numeri, questa vicenda non è esistita affatto. Così come mio padre, ucciso alla fine della guerra a Genova, penso nel carcere di Marassi, in quanto fascista, ancora oggi non compare negli elenchi dei morti della Repubblica sociale.

Mia madre ha dovuto faticare due anni, e forse di più, per ottenere le testimonianze necessarie ad attestare che

Carlo Sanguineti era vissuto. E per avere un certificato di morte presunta dal ministero della Difesa.

Anche per gli italiani mio padre non è esistito. Non lo è come fascista, in un Paese che rivendica con fierezza una presunta identità da sempre antifascista. E non lo è come soldato, poiché viene relegato tra i «repubblichini» a cui si nega qualunque dignità di uomini e di combattenti.

Infine non lo è neppure come amico o compagno di lavoro, dal momento che nessuno ha mai sentito il dovere di restituire ciò che gli apparteneva o di venire a ricordarlo con noi. Al punto che noi, mia sorella e io, abbiamo cessato di chiedere e di voler sapere.

Esiste poi un altro problema, questa volta dal punto di vista sociologico. Molto tempo dopo la fine della guerra civile, ho sposato il figlio di un comandante partigiano che aveva combattuto nelle stesse zone in cui operava mio padre come ufficiale della Brigata nera «Silvio Parodi» di Genova.

Ecco un caso non abbastanza studiato, ma comunque antico quanto il mondo e la guerra. Per il bisogno di conciliazione che esiste dopo le stragi. Per il sentimento di colpa e di pietà dei vincitori. Per il bisogno dei vinti di essere accolti di nuovo nel consorzio civile.

Comunque, il 25 aprile, giorno di festa per il clan dove ero stata accolta con grande affetto, per noi, ossia per mia madre, per mia sorella e per me, è sempre stato un giorno di lutto. Per noi e tra noi. Anche perché, come è successo a tante famiglie di fascisti uccisi, non abbiamo mai saputo dove fosse stato gettato il corpo di mio padre. Dopo un processo sommario e fasullo. E accompagnato, secondo diverse testimonianze, da violenze fisiche.

Mia madre aveva cercato a lungo il suo corpo, facendo aprire le fosse comuni dei morti ammazzati nel carcere di Marassi. Ci era riuscita davvero, in quell'impresa quasi impossibile. Oggi so che una donna la aiutava, e non c'era stato orrore in grado di fermarla.

Dopo mesi di pianti, di vomiti e di maledizioni, alla fine la mamma aveva rinunciato alle ricerche. Giurando che né lei né le sue figlie avrebbero mai più preso parte a cerimonie funebri, dal momento che non ci veniva riconosciuto il diritto a una sepoltura.

Oggi penso che il suo corpo sia stato buttato in mare. Lo penso sulla base di tanti indizi, ma senza nessuna prova. Anche il clan che mi ha accolta, e nel quale ho trovato profonde affinità sentimentali e culturali, non ha mai saputo o voluto darmi alcuna notizia su di lui. Ho raccontato la sua vicenda «non esistita» in un libro che non ha trovato editore in Italia. Tutto questo non si può ancora dire.

La memoria può essere una prigione con diverse stanze di tortura. A costruire la prima di queste stanze ci pensano quelli che, dal di fuori, poi ti indicano la via d'uscita, assicurandoti il loro aiuto. Basta che tu accetti la Storia con la esse maiuscola, quella che nega la verità della tua piccola, minuscola storia. E che tu sia capace di sbarrare la porta dall'esterno, lasciando dentro, nel buio, la tragedia che hai visto e vissuto.

Io dovrei lasciare nel buio, e dimenticare, il percorso di mio padre. Le sue contraddizioni tra il sentimento dell'onore, la fedeltà alla parola data e gli ideali che non ci sono più. La sua generosità e la sua spavalderia. La certezza di non compiere azioni malvagie e, al tempo stesso, l'ingenuità di credere che potesse esistere una guerra giusta, di civiltà. La disperazione per l'odio insospettato o imposto. La lacerazione di fronte agli amici che diventavano nemici, alla casa bruciata, al paese diviso.

Dovrei dimenticare il suo mettersi di mezzo, i partigiani che liberava, gli ebrei che aiutava, gli unici che lo ricordarono con noi dopo la fine della guerra. Il suo coraggio e la sua onestà, così evidenti da spingere l'ufficiale inglese che lo aveva catturato, in un'irruzione notturna nella nostra casa, a lasciarlo libero dopo un lungo colloquio, dicendo davanti ai partigiani furibondi: «Lei è un uomo d'onore e io non posso arrestarla».

Certo, dovrei lasciare nel buio il terrore di troppe notti. Quando i partigiani irrompevano con mitra e bombe a mano e minacciavano mia madre puntandole la pistola alla tempia (c'eravamo solo noi e la nonna malata) e si portavano via tutto quello che c'era. E quando sequestrarono uno zio, sempre perché mio padre si consegnasse. E infine la notte in cui fuggimmo, perché avevano deciso di rapire noi bambine.

Con la furbizia della disperazione, la mamma ci fece nascondere in sacchi di patate, caricati su un autocarro diretto verso la città, e nessuno si accorse della beffa. Povera mamma sempre in fuga verso la notte più nera, prima verso i bombardamenti a Genova e poi sull'Aurelia, una strada piena di morti.

Certo, Carla, dimentica la storia dei lasciapassare che gli stessi partigiani mandarono a papà per ben tre volte. E che noi tentammo di portargli a Chiavari, in quell'aprile che vedeva la fine della guerra. Mio padre non era fuggito con gli altri della Brigata nera perché sperava di ricongiungersi a noi e di sopravvivere, o di morire, tutti insieme. Ci inseguimmo lungo l'Aurelia, dove si sparava a vista e ci si uccideva. Ma non riuscimmo a trovarci. E lui non ebbe mai quei documenti che potevano salvarlo.

Certo, cara Carla, dimentica le notti di quella settimana trascorsa immobile in un appartamento di Genova, mentre fuori infuriava la mattanza dei fascisti. E noi ci siamo salvate soltanto perché due donne hanno rischiato la vita, una ospitandoci e l'altra portandoci del cibo.

Dimentica la tua sorellina di due anni che non piangeva mai. Dimentica la casa requisita a Genova. La strada deserta che ci ha accolto. Il silenzio e la derisione del dopoguerra. La domanda beffarda che ci scagliavano addosso: «Dove l'avete nascosto, vostro padre?»

Dimentica tua madre. La sua compostezza e il suo riserbo in pubblico. I suoi pianti quotidiani e le sue urla nel chiuso di una stanza, davanti alla fotografia del suo uomo che l'aveva abbandonata per fare la guerra. Le sue insonnie. I suoi incubi notturni, che le mostravano noi due rapite, mia sorella torturata, papà straziato dai proiettili. Sempre, tutti i giorni, tutte le notti.

Sì, Carla, dimentica. E vai in giro a dire che la pace ha composto ogni conflitto e che giustizia è stata fatta. Potresti anche raccontare che tuo padre era un antifascista, tanto nessuno dei suoi coetanei sarebbe in grado di contraddirti, dal momento che sono tutti morti.

Chi era mio padre? A tutt'oggi non lo so. Nessuno ce ne ha mai voluto parlare, neppure mia madre che pure lo piangeva ogni giorno, ma che poi si rifiutava di tracciarcene un profilo in qualche modo chiaro. L'immagine che ho di lui è solo affettiva, e proviene da lei. E io, sua carne e quasi sua voce, non ho altro modo che riproporla.

Ragazzo, aveva venerato la memoria del padre, un industriale tessile molto amato da quanti lavoravano con lui per la sua generosità, morto a 40 anni per un infarto mentre, sul viale della villa di Teglia, correva incontro ai figli. Fuori delle mura della villa piena di giochi, l'odio di classe lo colpiva come un tradimento inspiegabile, nella val Polcevera amore-terrore, tra industrie, operai e immigrati poveri, troppa ricchezza e troppa miseria, nei primi decenni del secolo.

Adolescente si era ritrovato troppo solo e troppo ricco in un collegio genovese. Aveva vissuto gli sport, in cui era diventato campione prestigioso, come un'ascesi. Il Partito fascista lo aveva cercato, esaltato, esibito. Lui ne aveva fatto la sua casa, la sua famiglia.

Non era stato filonazista: semmai filotedesco, per quell'immagine, allora sostenuta dalla propaganda e forse rispondente a qualche verità, di un popolo in cui la forza fisica e l'impegno personale erano tutt'uno con un'etica collettiva capace di essere tale, sino in fondo. Senza i cedimenti e i tradimenti di una più furbesca arte del sopravvivere, pronta sempre a mutare ideali e prassi. Ma non aveva ceduto alle mitologie della razza superiore: la sua morale non voleva, e forse non sapeva, allontanarsi dai principi della solidarietà tra gli uomini.

Aveva a poco a poco dilapidato la cospicua eredità paterna, aprendo imprese che poi chiudeva per scarso rendimento, perché pagava troppo e faceva lavorare troppo poco gli operai e, ancor meno, le operaie. Regalava oggetti preziosi ai suoi collaboratori in segno di gratitudine.

Era stato ricambiato, nell'affetto e nella lealtà, dai suoi dipendenti che ne avrebbero conservato a lungo una memoria priva di parole, ma piena di amore per noi. E che avevano rischiato la vita per lui e per noi, con naturalezza, come se fossimo stati tutti un solo blocco di carne. E coi quali continuammo a convivere, dopo la sua morte, più che se avessimo avuto lo stesso sangue e la stessa anima. Trovando in loro la prova viva di quello che lui era stato.

Era vissuto «privo di qualunque prudenza», come ribadiva mia madre scuotendo sempre il capo, all'interno di un clan di borghesi ricchi e attaccati con saggezza al proprio utile, di industriali, professionisti, ingegneri, medici, capaci anche di grande abilità professionale, ma non certo di passioni, né prima della guerra né dopo.

Aveva cercato degli ideali. Si vantava di aver fatto la marcia su Roma («Ma era una bravata, secondo me», annotava mia madre). La sua grande forza fisica era tutt'uno con la sua lealtà. Viveva sfidando se stesso, mare e montagne, opportunismo e viltà. Gentiluomo e anticonformista, amante entusiasta dell'arte e della vita, imprenditore disattento ai bilanci e all'interesse personale, campione sportivo in tante discipline e quindi con eccezionali doti fisiche, temerario, soldato volontario, fedele agli ideali, agli affetti, alle amicizie: questi i tratti sommari che riesco a comporre.

Non si era rassegnato alla realtà della guerra civile e cercava vie di composizione. Arrivò a cercare un rapporto di cameratismo con i partigiani. Sembra assurdo, tragicomico, eppure una voce racconta che sfidò a carte, in una partita a scopone, che avvenne con gran partecipa-

262

zione di astanti, il capo partigiano della zona in cui stava la nostra casa sui monti.

Ho trovato soltanto poco tempo fa il suo nome in un libro che lei, Pansa, mi ha segnalato, dedicato alla Brigata nera a cui lui apparteneva. Nell'organigramma gli è attribuita una carica importante, addirittura il ruolo di responsabile dell'Ufficio politico.

Mi si chiarisce così da dove gli venisse il potere di far liberare dei partigiani già condannati, la possibilità di avvisare gli ebrei perché scappassero, il disgusto per come i tedeschi conducevano gli interrogatori. Capisco perché poteva impedire che un paese venisse bruciato.

C'è un ricordo indelebile quanto inspiegabile. Una fredda sera del dopoguerra in una festa paesana. La folla improvvisamente si apre e un uomo viene verso di me e davanti a tutti a voce alta dichiara: « È per tuo padre che il paese è salvo. Lui è riuscito a non farlo bruciare dai tedeschi». E mi prende la mano e la bacia, mentre si era fatto un grande silenzio.

Mi rimane intatta l'immagine di un uomo che cercava il male minore, tra compagni e alleati ormai quasi nemici e gli altri, i nemici veri, tutti determinati a non arretrare davanti ai crimini peggiori. Capisco i rimproveri di mia madre («Con chi si era messo!»). E riprovo il terrore antico di scoprire qualcosa di terribile da lui commesso, qualcosa che getterebbe una luce diversa, ben più sinistra, sui divieti di nostra madre.

Ma mi tornano soltanto le frasi di gratitudine nei suoi confronti. Nessuno mai mi disse «Per colpa di tuo padre…», se non in famiglia, dove gli veniva imputata la distruzione della villa di Teglia bruciata e depredata il 25 luglio 1943 e una rovina economica, oltre a tre sopravvissute a carico.

263

Tornano le parole mille volte udite: «Credeva che non aver fatto niente di male lo avrebbe salvato», «Pensava che tutti fossero come lui». I lasciapassare inviati dai partigiani significano che c'era per mio padre un riconoscimento, se non una riconoscenza. E tuttavia, penso, come si fa a non fare del male a qualcuno in guerra, quando si combatte?

Mi sembra che a noi esseri umani, incapaci di costruire il bene, sia dato di poter compiere soltanto un male minore, in ogni circostanza: in guerra la legge è fare il male, il peggior male possibile, al nemico. E allora intuisco che il suo cercare di evitare dolori e tragedie più gravi di quelli già in atto, gli dava la certezza di aver compiuto il proprio dovere di soldato e, al tempo stesso, di non aver fatto del male come uomo.

Al momento della disfatta, non volle fuggire con i tedeschi e con i suoi. Forse per cercare noi (secondo la tesi sostenuta dalla sua famiglia, era morto per salvare una moglie pazza che lo cercava sull'Aurelia con le figlie). Forse per una spavalderia che lo faceva considerare al di sopra di ogni rappresaglia e vendetta. So che non aveva voluto nascondersi, rifiutando un rifugio offertogli dalla famiglia di un camerata.

Generosità, ingenuità, moralismo, passione politica s'intrecciano in modo che mi è difficile analizzare. Né testimonianze né libri né parole mi fanno andare oltre questi dati. Rimangono sempre e soltanto i racconti di mia madre. Sul loro innamoramento, sulla loro impossibilità di capirsi.

Poco dopo il loro matrimonio, era scoppiata la guerra in Europa. Lui vi aderiva sentimentalmente, come a uno scontro di civiltà e a una lotta per la giustizia, mentre lei si sentiva addosso i massacri degli innocenti. E più lui parlava e spiegava, più lei ne aveva la carne lacerata, in una contrapposizione di sentire che sembrava annullarsi in un amore tanto inspiegabile quanto forte.

Avevano così vissuto insieme il poco tempo loro concesso. Fino a quando, travolti dalla verità di una tragedia che nessuno dei due poteva né comprendere appieno né controllare, lui avrebbe giocato se stesso e la sua famiglia sui campi di battaglia.

E lei lo avrebbe seguito, ma senza capire, senza approvare, con disperazione. Per amore di moglie e di amante, incapace di provare odio o rancore nei confronti di nessuno. Se non verso di lui, che non aveva voluto né saputo preservarsi per quelli che di lui avevano più bisogno.

Sì, ho scelto di non dimenticare. E di non uscire da questa stanza di tortura. E neppure dalle altre che non si possono descrivere con le parole, poiché lì l'umanità si è perduta.

Perché ho fatto questa scelta? Non certo per raccontare una piccola storia di ordinaria realtà bellica, destinata a ripetersi invariata. Ma perché ho sentito di dover compiere un gesto di riparazione nei confronti della verità di mio padre. Per dimostrare che la realtà della guerra è un gioco di specchi, nel quale tutti recitano la stessa parte. Per denunciare il nostro falso castello di pace, destinato a cadere davanti allo schierarsi di qualche esercito.

Il mio compagno e io abbiamo fatto della lotta contro la guerra la cifra della nostra vita. Coltiviamo il sogno che, un giorno, si potrà guarire da questa peste ereditaria che si nutre di menzogne e di massacri. Anche se sappiamo bene che, nel frattempo, alle prime necessità dell'industria bellica, ci sarà subito qualche popolo da liberare o qualcuno da vendicare. Per poi piangerci sopra e dimenticare i morti, le vendette, le stragi.

Premonizioni

«DOPO anni che studio, sia pure da dilettante, la guerra civile italiana», dissi all'avvocato Alberti, «c'è ancora un mistero che né io né altri più esperti di me sono riusciti a penetrare...»

«Mi lasci indovinare», m'interruppe Alberti. «È la colonia di Rovegno?»

«Sì. Ne ho parlato in qualche libro. E ne riparlerò qui. Ma senza sapere tutto ciò che sarebbe necessario conoscere. Lei ha fatto il partigiano in val Trebbia. Che cosa vi raccontavate di Rovegno?»

«Poco o niente. Si sapeva soltanto che lì venivano portati i tedeschi e i fascisti catturati in combattimento. Si diceva per scambiarli con i nostri presi dal nemico. Oppure per fucilarli. Niente di più. Però si rammenti», mi avvertì Alberti, «che io ero l'ultima ruota del carro della VI zona ligure, un partigiano di base, diremmo oggi, e niente di più. Ma perché mi ha chiesto di Rovegno?»

«Perché adesso le leggerò una lettera ricevuta da Genova e firmata con le sole iniziali: D.L. E poi le presenterò una testimonianza nella quale appare, di nuovo, la famosa colonia dei fucilati. Ecco la lettera.»

Lei ha già avuto modo di parlare della colonia Levillà di Rovegno, sopra la val Trebbia, in provincia di Genova. Lo ha fatto in uno dei suoi romanzi, «Il bambino che guardava le donne», dove si raccontano le vicende dell'ausiliaria fascista Carmen, del partigiano ebreo Attilio e del bambino Giuseppe.

Come lei sa, sul finire della guerra civile la colonia diventò un campo di concentramento per prigionieri fascisti e tedeschi. Molti di loro vennero giustiziati dai partigiani della VI zona ligure, senza processo e in molti casi (ritengo io) senza motivo.

Se devo stare ai dati che lei ha pubblicato in quel vecchio libro, sulla scorta di fonti che avrà di certo controllato, gli eccidi furono più di uno. Provo a riassumere il periodo finale di questa storia piena di cadaveri, dividendola in tre fasi.

Fase A. Dalla fine del gennaio 1945, ossia dal momento in cui i partigiani riconquistano la colonia, sino alla fine di marzo. In questo periodo viene rinchiuso a Rovegno un gruppo di ufficiali fascisti catturati in combattimento a Dernice e a San Sebastiano Curone, in provincia di Alessandria, fra il 6 e il 7 febbraio, dei quali ignoro la sorte.

Pochissimi giorni dopo, vengono fucilati alla colonia una trentina di georgiani e di turkestani presi dai partigiani nella battaglia di Cantalupo Ligure, sempre nell'Alessandrino. Costoro erano prigionieri di guerra sovietici che avevano deciso di collaborare con i tedeschi ed erano stati inseriti nella Divisione «Turkestan». Questa unità, guidata da ufficiali della Wehrmacht, era stata impiegata nel rastrellamento invernale dell'Appennino ligure-alessandrino e aveva avuto modo di distinguersi per le violenze verso i civili e per lo stupro di molte donne.

Sempre in quella fase, il 21 e 22 marzo 1945 alla Levillà vengono passati per le armi 42 militari repubblicani, quasi tutti della Brigata nera di Tortona e Novi Ligure, più due tedeschi e un mongolo della «Turkestan». Questo gruppo era stato catturato il 14 di quel mese in uno scontro a Garbagna, sul versante alessandrino. I partigiani lo avevano trasferito alla colonia con una lunga marcia. Durante il cammino, i prigionieri erano stati malmenati e sputacchiati in tutti i paesi che attraversavano, così afferma una fonte fascista.

Fase B. Dall'inizio dell'aprile 1945 alla fine di quel mese. È in questo periodo che viene giustiziato un altro gruppo di prigionieri repubblicani concentrati alla colonia. Sono 39, così suddivisi: 16 italiani, 14 mongoli e 9 tedeschi. La loro morte viene decisa dal comando della VI zona come rappresaglia per la fucilazione di un gruppo di detenuti politici antifascisti, uccisi dai tedeschi a Cravasco, una frazione di Campomorone, alle spalle di Genova, dopo un'imboscata partigiana che aveva causato alle SS nove morti.

I 39 prigionieri non vengono uccisi a Rovegno. Con una lunga marcia, durata qualche giorno, sono condotti a Cravasco, sul posto dell'eccidio precedente. E qui i partigiani li ammazzano. Dei 16 fascisti, 8 erano minorenni, poco più che ragazzi, che si erano arruolati nella Brigata nera di Tortona e di Novi Ligure.

Fase C. È quella della liberazione. Secondo fonti fasciste, nei prati circostanti Rovegno i partigiani passano per le armi almeno 160 prigionieri. Di questi, 129 erano militari e civili italiani della Rsi e 31 tedeschi.

Provo a sommare i numeri dei fucilati alla colonia nelle tre fasi. Il conto finale mi dà la cifra di 274 giustiziati in quattro mesi. Si tratta di un dato che, sempre secondo fonti fasciste, è errato per difetto. Insomma, le esecuzioni, soprattutto quelle avvenute nei giorni della liberazione, sarebbero state assai di più.

Un vero macello! Ma sappiamo che la guerra civile in quell'area dell'Appennino è stata sempre un mattatoio, fin dall'inizio. Chi ne conosce la storia, ricorda, per esempio, il massacro della Benedicta, con 147 ragazzi fucilati dai tedeschi e dai fascisti nel giro di qualche giorno, durante la Pasqua del 1944.

E adesso vengo al motivo della mia lettera. Tanto nel «Bambino che guardava le donne» che nel «Sangue dei vinti», lei ha dimenticato di mettere in risalto un dettaglio non da poco. Io lo definirei un'anticipazione del destino. Oppure un segnale premonitore del fato, di cui nessuno, durante la guerra civile, tenne conto. Anche se, in qualche modo, avvertiva gli uomini che si sarebbero poi ritrovati alla colonia del futuro terribile che attendeva il grande edificio. Una costruzione eretta per offrire una vacanza in montagna ai bambini di famiglie operaie genovesi e non per diventare un luogo di morte.

Lei ricorderà che la colonia Levillà di Rovegno, un grande edificio capace di ospitare cinquecento ragazzi e il personale addetto alla loro assistenza, venne costruita nel 1933, in soli sette mesi, per volontà della Federazione fascista di Genova. A inaugurarla, nel 1934, arrivò sin lassù, con il corteo delle autorità politiche, Giovanni

Marinelli, il segretario amministrativo del Partito nazionale fascista.

Bene, chi era Marinelli? Uno dei più stretti collaboratori di Mussolini, e al corrente di molti segreti del regime fascista. Era nato ad Adria, in Polesine, nel 1879, ed era stato, via via, socialista, interventista, sansepolcrista e squadrista. Tra il 1919 e il 1921, Mussolini gli aveva affidato un incarico poco in vista, però molto delicato: quello di segretario amministrativo dei fasci. Insomma, Marinelli aveva in mano la cassa del movimento, ripartiva i fondi e, soprattutto, conosceva come nessuno la loro provenienza e i nomi dei finanziatori.

Quando nacque il Pnf, ricoprì la stessa carica sino all'estate del 1924. Fu allora che questo gerarca ebbe un primo infortunio politico-giudiziario: il 18 giugno venne arrestato con l'accusa di complicità nell'assassinio del deputato socialista Giacomo Matteotti, avvenuto dieci giorni prima.

Nel dicembre del 1925, la sentenza istruttoria sul delitto Matteotti affermò che Marinelli, e con lui due altri esponenti fascisti, Cesare Rossi e Filippo Filippelli, avevano avuto sì l'intenzione di sequestrare il leader socialista, ma non di ucciderlo. Salvati dall'accusa di omicidio, i tre videro cadere anche l'imputazione di sequestro, dichiarata estinta dall'amnistia del luglio 1925.

L'anno successivo, ossia nel marzo 1926, Marinelli riebbe l'incarico di segretario amministrativo del partito. E non s'imbarcò in altre avventure rischiose sino al 24 luglio 1943. Quella notte, insieme ad altri big del fascismo, nella seduta del Gran Consiglio votò a favore dell'ordine del giorno di Dino Grandi che chiedeva a Mussolini di dimettersi. Per questo motivo, dopo l'8 settembre e la nascita della Repubblica sociale, fu arrestato per tradimento.

Pochi mesi dopo, nel gennaio 1944, lo processarono a Verona con altri diciotto membri del Gran Consiglio, in gran parte latitanti, che avevano chiesto al Duce di lasciare il potere, primo fra tutti Galeazzo Ciano. Anche Marinelli fu condannato a morte. E venne fucilato alla schiena con Ciano e tre gerarchi la mattina dell'11 gennaio, nella fortezza di San Procolo a Verona.

Che cosa ne pensa? Possiamo dire che il primo giustiziato della colonia Levillà sia stato proprio Marinelli, il vip fascista che l'aveva inaugurata dieci anni prima? Forse è un po' sciocco aggiungere che, in quel giorno del 1934, nessuno avrebbe immaginato che il potente amministratore del Partito fascista sarebbe stato passato per le armi da un plotone d'esecuzione in camicia nera. Però, come vede, io l'ho aggiunto.

Potrei anche continuare richiamandola a un pensiero forse banale, però fondato: che la fortuna degli esseri umani è caduca e può svanire di colpo. Ma questa mia lettera è ormai troppo lunga e la termino qui.

«Come le ho spiegato», dissi ad Alberti, «torneremo a parlare di Rovegno con la testimonianza successiva a questa lettera. Ma sui processi e le fucilazioni dei prigionieri fascisti in quest'area dell'Appennino ligure possiedo due documenti che mi sono stati inviati qualche tempo fa da un amico di Genova che ha scritto buoni libri sulla guerra partigiana in quella zona. Sono carte inedite e può essere interessante esaminarle insieme.»

«I documenti sono entrambi scritti a mano su fogli protocollo a righe. La grafia è identica e, dunque, li ha compilati la stessa persona, forse un comandante partigiano. Si riferiscono a un momento successivo alla battaglia di Garbagna, di cui parleremo tra poco. Qui le dirò soltanto che in quello scontro con una colonna di fascisti della Brigata nera e di tedeschi, i partigiani ebbero la meglio. E secondo più fonti i garibaldini della Brigata 'Arzani' catturarono 83 fascisti.»

«La battaglia si svolse il 14 marzo 1945. Due giorni dopo, in un paese della val Borbera, a Cabella Ligure, si riunì il tribunale partigiano della Divisione 'Pinan Cichero', di cui faceva parte l''Arzani', per decidere la sorte dei brigatisti prigionieri. Il tribunale era composto da sette comandanti o commissari partigiani, più altri due che avevano l'incarico dell'accusa e della difesa. Leggiamo il primo documento.»

«'Criteri seguiti nel giudizio. 1) Tenute presenti le gravi responsabilità degli appartenenti in genere alle Brigate nere; 2) tenuto presente il carattere fazioso, antiitaliano, di alto tradimento, di collaborazione col nemico, di porto abusivo di armi dei cosiddetti fascisti repubblicani, il Tribunale ha tenuto conto anche di alcune attenuanti quali:

1) l'età di alcuni dei militi delle Brigate nere; 2) il carattere di coercizione di alcuni dei componenti catturati; 3) qualche raro caso di particolari meriti verso la causa partigiana, purché altre aggravanti non distruggano le attenuanti precedentemente stabilite.

Il Tribunale rimette ai superiori Comandi qualsiasi decisione in merito all'esecuzione dei prigionieri condannati. Tali decisioni non devono avere alcun carattere di favoreggiamento verso i principali responsabili.'»

«Che cosa ne pensa?» domandai all'avvocato Alberti.

«Mi sembra tutto abbastanza chiaro. Per 'carattere di coercizione' s'intendeva l'arruolamento obbligato di qualcuno dei prigionieri, ammesso che nelle Brigate nere esistessero casi del genere. Le sentenze di condanna erano tutte alla pena capitale, visto che si demandava al Comando della VI zona ligure ogni decisione 'in merito all'esecuzione dei prigionieri'. Vediamo il secondo documento», mi sollecitò Alberti.

«È intitolato 'Elenco sentenze del tribunale dei partigiani'. Segue una lunga lista dei fascisti giudicati, per ognuno dei quali si indicano il cognome, il nome, quasi sempre l'anno di nascita e il verdetto del tribunale. Le sentenze sono riassunte con due parole: 'Condanna' oppure 'Assolvibile'. Per alcuni dei giudicati le due parole mancano, sostituite da uno spazio lasciato in bianco. Si tratta dei cosiddetti 'sospesi al primo giudizio', come si legge in una nota, ossia dei militi per i quali il tribunale riteneva necessaria un'istruttoria ulteriore.»

«Quanti furono i fascisti processati il 16 marzo a Cabella?» domandò Alberti.

«Secondo l'elenco nominativo, 87, vale a dire quattro di più dei brigatisti presi a Garbagna. È possibile che questi quattro fossero militi catturati in un altro momento, ma sempre nella stessa zona, dai partigiani della 'Pinan Cichero'.»

«Questi 87 vanno suddivisi in tre gruppi: per 40 c'è la parola 'Condanna'. Per 35 la parola 'Assolvibile'. E per 12 c'è lo spazio bianco dei sospesi.»

«Quaranta condanne a morte decise all'istante, in un processo all'ingrosso, diremmo oggi. Ma quelli erano tempi spietati», mormorò l'avvocato.

«È così. Però su questo elenco c'è dell'altro da dire.

Per cominciare si apriva con il nome di Celeste Gianelli, il comandante della Brigata nera di Tortona, l'unico di cui era indicato il grado: tenente colonnello. Seguivano i nomi di alcuni ufficiali o sottufficiali. Ho completato le loro identità con qualche ricerca.»

«Dopo Gianelli, veniva Adelindo Paolo Grazzini, capitano del distaccamento B.N. di Serravalle Scrivia. E poi Angelo Piaggio, 36 anni, capitano del distaccamento B.N. di Novi Ligure. Gilberto Steis, 46 anni, tenente del 3° Reggimento Bersaglieri addetto alla difesa costiera. Carlo Fossati, 33 anni, maresciallo, di Serravalle Scrivia. Oreste Morgavio, 42 anni, capitano, di Tortona. Luciano Carca, 40 anni, tenente, di Novi Ligure. Luciano Poggio, 31 anni, tenente, di Alessandria. Giovanni Senna, 22 anni, sergente, di Pavia. Tutti uomini che saranno fucilati.»

«Il capitano Morgavio venne giustiziato subito, il 19 marzo a Cabella, insieme a sette militi della Brigata nera, anch'essi catturati a Garbagna. Gli altri arrivarono fino a Rovegno per poi essere uccisi qui o nella strage di Cravasco, della quale parlerà la testimonianza successiva.»

«Ci sono due ultime osservazioni su quell'elenco», continuai. «La prima è che non contiene il nome di Angelo Gianelli, figlio di Celeste, anche lui catturato a Garbagna e poi fucilato. E infine che ci sono almeno due militi definiti 'assolvibili' e uno dichiarato 'sospeso' che invece saranno giustiziati: Stefano Raffaghello, Alfredo Vagaggini e Martino Bianchi. Ma sono casi che ritroveremo nella prossima storia.»

In marcia verso la morte

«COME le ho anticipato, ora le leggerò una testimonianza che completa la descrizione di quella colonia che vide l'uccisione di molti prigionieri fascisti», dissi ad Alberti.

«Di chi è il racconto?»

«Di un giovane avvocato penalista di Milano, Andrea Gianelli, nipote del protagonista di questa storia: Celeste Gianelli.»

Celeste Gianelli era il mio nonno paterno. Non l'ho conosciuto perché sono nato ventun anni dopo la sua morte. Le racconto quello che ho appreso da tante confidenze famigliari, letture e ricerche. Non presumo che quanto le dirò sia una verità accettata da tutti, ma è la mia onesta verità.

Mio nonno Celeste era nato il 29 giugno 1904 a Sarezzano, un comune in provincia di Alessandria, poco più a sud di Tortona. Se cerco di immaginare il suo aspetto fisico nell'età adulta, vedo un uomo di statura media, la corporatura normale, capelli castani, il viso ben stagliato. Il suo carattere mi è stato descritto così: molto fermo nei principi, anche in quelli politici, ma non dal temperamento acceso o fazioso. Al contrario, era un moderato, uno che cercava di tenere a freno le passioni troppo roventi, a cominciare da quelle della sua parte politica.

Di mestiere faceva il commerciante, so che lavorava molto con la Francia. Aveva acquistato una tenuta, «La Volpona», di trecento pertiche, sulla strada per Vho, una frazione di Tortona. Ma nel 1929 l'aveva donata all'Istituto di don Luigi Orione, fondatore della Piccola Opera della Divina Provvidenza, che da Tortona si occupava dei ragazzi in difficoltà, poveri o rimasti orfani.

Si era iscritto al Partito nazionale fascista nel 1922, quando aveva 18 anni, però non so nulla della sua carriera politica, che ritengo pressoché inesistente. Invece mi è stato detto che verso la fine degli anni Trenta, dopo le leggi razziali, era stato accusato di aver intrattenuto rapporti d'affari con degli ebrei. E per questo era stato inviato per un anno al soggiorno obbligato nel comune di Bisaccia, in provincia di Avellino. Scottato da questa esperienza, non voleva più saperne di fare attività politica nel fascio. Poi il destino decise diversamente.

Chi lo spinse a prendere posizione pubblica fu il vescovado di Tortona. Conoscevano bene il nonno, anche per quella donazione a don Orione. E sapevano che era il contrario della testa calda. Dopo l'8 settembre, il vescovo, monsignor Egidio Domenico Melchiorri, gli disse che, in quei frangenti, c'era bisogno di persone moderate come lui. Fu così che aderì alla Rsi.

Il partito di Tortona dipendeva dalla federazione di Alessandria. In città il capo del Pfr era Clemente Brugnadelli. Ma quando venne costituita la Brigata nera provinciale, alla fine del giugno 1944, questa formazione ebbe una sua struttura speciale. Era articolata su otto zone, a ognuna delle quali sovrintendeva un comando. La zona di Tortona fu affidata a Brugnadelli.

Due mesi dopo, il 1° settembre, i comandanti vennero cambiati. A capo della Brigata nera della provincia, la II «Attilio Prato», fu insediato Federico Locatelli, un medico di 48 anni, che nominò tre vice. Uno di questi era mio nonno Celeste, che ebbe la responsabilità dell'area tortonese.

Ancora una volta fu il vescovo Melchiorri che lo convinse ad accettare. In quel momento, sembrava che la guerra stesse per finire. E una persona perbene e moderata come Gianelli sarebbe stata utile a garantire un passaggio di poteri senza spargimento di sangue.

Da Tortona dipendevano anche le Brigate nere di alcuni centri vicini: Novi Ligure, Serravalle e Arquata Scrivia. La sede della brigata tortonese era in via Bidone, dove un tempo stava l'asilo infantile. Di quanti uomini disponesse non so dirlo, ma è probabile che non superassero i cento in tutta l'area. Quello che so è che il nonno ricevette anche un grado militare: tenente colonnello.

In quel momento, la famiglia Gianelli si era spostata da Tortona alla vecchia casa di Sareczano. La moglie di Celeste, Maria Mutti, gli aveva dato tre figli. Il primo si chiamava Angelo ed era nato il 12 ottobre 1927. Il secondo era Aldo, mio padre, nato nel 1929. Poi veniva una figlia, Piera, mia zia, nata nel 1939.

Del primo figlio, Angelo, di cui riparleremo per la sua fine tragica, so che era un ragazzo irrequieto, magro, studente del liceo classico di Tortona, fascista come molti giovani della sua generazione. Nell'estate del 1944 si era allontanato da casa, dopo uno di quei litigi da nulla che succedono in tutte le famiglie. Era andato a Venezia e poi a Padova, dove si era arruolato nella Brigata nera di quella città.

Ho rintracciato una lettera scritta da Angelo alla mamma. La pregava di perdonarlo per essere partito e spiegava: «Ti lascio per andare a servire un'altra madre altrettanto buona: l'Italia». Ritornato a Tortona, era entrato a far parte della brigata comandata da suo padre.

Che cosa posso aggiungere d'altro? Tutte le persone che ho ascoltato mi hanno ripetuto che Celeste Gianelli era l'esatto contrario del sanguinario o del fascista in cerca di vendetta. Lo ripeto: era un moderato, anche se la scelta fatta e l'incarico accettato lo avevano reso un protagonista della guerra civile a Tortona e dintorni.

I partigiani tentarono di ucciderlo la sera del 19 ottobre 1944, a Sarezzano. In paese era morta una signora, madre di un appartenente alla Brigata nera di Tortona. Quella sera, nella casa del milite, ci fu il rosario in memoria della defunta. I killer pensarono che fosse presente anche mio nonno, ma lui non c'era. Nella casa c'erano invece dei parenti e dei conoscenti della signora scomparsa.

Il rosario era appena terminato, e qualcuno dei presenti se n'era già andato, quando irruppero nella stanza tre uomini con un berretto nero che copriva parte del viso. Erano armati di fucili mitragliatori e urlarono: «Mani in alto, mani in alto!» Subito dopo venne spenta la luce e partirono le raffiche, sparate davvero alla cieca.

Rimasero uccise quattro persone: l'operaio Davide Traversa, di 42 anni; Angela Maria Ferrari in Greco, una casalinga di 46 anni che abitava a Cascina Pianetto, vicino a Sarezzano; l'agricoltore Settimio Coppi, di 40 anni, che morì appena riportato a casa dall'ospedale; e Denis Goldoni, di 46 anni, il daziere del paese che militava nella Brigata nera di Tortona.

Sono un narratore di parte, se non altro per ragioni famigliari. E so che le Brigate nere godono ancora oggi di pessima stampa. Ma non ho ancora incontrato nessuno che mi abbia descritto mio nonno come un demonio con la divisa mimetica e i gradi di colonnello.

Anzi, ho trovato più di una testimonianza che me lo descrive come l'esatto opposto. Ma è inutile che stia a citarle. Ci sarà sempre qualcuno che riterrà quei testi bugiardi. O sosterrà che le cose non sono andate del tutto in quel modo. Dunque affrontiamo subito la vicenda che segnò la fine di mio nonno e di mio zio: la battaglia di Garbagna.

Garbagna è un comune di fondovalle della val Grue, a venti chilometri da Tortona. Qui, la mattina del 14 marzo 1945, ci fu uno scontro fra una colonna guidata da Celeste Gianelli e i partigiani della Brigata Garibaldi «Arzani», inquadrata nella Divisione «Pinan Cichero». I fascisti ebbero la peggio c furono catturati quasi tutti.

Si tratta di una vicenda molto nota, che lei ha ricostruito tanti anni fa nel suo libro «Guerra partigiana tra Genova e il Po». In quel testo, lei aveva definito mio nonno un «pessimo stratega» perché aveva condotto la colonna in un cul di sacco dal quale non sarebbe più uscita. Quel suo giudizio mi aveva fatto arrabbiare molto. Ma oggi è inutile inseguire le polemiche. Voglio invece dirle una cosa, prima di scendere nei dettagli.

Secondo quel suo libro, l'azione in val Grue rientrava nel quadro di un'operazione più vasta, decisa dai tedeschi per contrastare le incursioni dei partigiani sulla rete dei collegamenti tra la Liguria e la valle del Po. In particolare sulla camionale Genova-Serravalle e sulla ferrovia Genova-Milano. Secondo altre fonti, invece, lo scopo del rastrellamento era molto più banale: recuperare un importante carico di armi e di esplosivi, lanciato pochi giorni prima nella zona da aerei anglo-americani.

Comunque sia, se fosse dipeso soltanto da mio nonno, credo che da Tortona nessuno sarebbe partito per quell'impresa. Lui si era reso conto che la guerra era perduta per i tedeschi e i fascisti. E aveva già avviato delle trattative con alcuni comandanti partigiani, non comunisti.

Tuttavia, l'incarico che aveva accettato gli imponeva di andare. Mio zio Angelo, che aveva 17 anni e mezzo, aveva deciso di seguire il padre in val Grue. E lui gli disse di no: «Domani tu rimani a casa!» Angelo si rivolse alla madre e gli esternò tutto il suo dispiacere per il divieto paterno. Fu così che la mamma svegliò Angelo prima dell'alba e quel ragazzo partì anche lui, senza immaginare di avviarsi incontro alla morte. Del resto, come vedremo, Angelo non sarà l'unico milite minorenne a essere ucciso dai partigiani.

Per tutta la vita, mia nonna Maria fu tormentata da quel ricordo, e da un'angoscia grande e inconsolabile. Diceva: «Angelo dormiva e io l'ho chiamato! È partito per colpa mia!»

Mentre altre colonne di fascisti si guardavano bene dal muoversi, o si fermavano quasi subito, quella di Gianelli arrivò a Garbagna poco prima delle 9. Sette ore dopo, i fascisti e i tedeschi che li affiancavano erano quasi tutti prigionieri dei partigiani dell'«Arzani». Secondo il suo libro e uno studio di parte fascista, «Fratricidio», a essere catturati furono 44 fra mongoli e tedeschi, e 83 brigatisti, fra cui Gianelli, suo figlio Angelo e tutti gli ufficiali. In totale, 127 prigionieri.

Ho trovato una cifra diversa in un testo più recente: «La battaglia di Garbagna», scritto da un sacerdote, monsignor Angelo Bassi, per sessant'anni parroco sull'Appenino ligure-alessandrino, e pubblicato nel 2003 a Varzi da Guardamagna Editore. Secondo questa fonte, i prigionieri fatti a Garbagna sarebbero stati molti di più: 168, fra tedeschi, mongoli e italiani. Ma penso che la prima cifra sia quella esatta.

In «Fratricidio» c'è anche una ripartizione geografica degli 83 fascisti catturati a Garbagna. Ben 46 erano della Brigata nera di Tortona, 22 di Arquata Scrivia e di Serravalle, 15 di Novi Ligure. Bisogna aggiungere che la cattura fu l'esito di uno scontro talvolta al rallentatore. E senza un numero alto di vittime.

Secondo la stampa partigiana dell'epoca, i tedeschi e i fascisti ebbero sei morti e dieci feriti. Altre fonti riducono il numero dei caduti a tre, tutti della Brigata nera: due di Novi e uno di Serravalle. I partigiani ebbero un morto: Aldo Ravetta, «Argo», comandante di un distaccamento dell'«Arzani», e tre feriti.

C'è infine il mistero di due civili di Garbagna che erano saliti sul campanile del paese per vedere le fasi finali dello scontro. Una fonte fascista dice che erano una donna, Lina Remotti, e un uomo, Tonino Toncini. Entrambi morirono, raggiunti da colpi di fucile. Sparati da chi? Quella fonte sostiene che vennero sparati dai partigiani, nella convinzione che i due civili fossero brigatisti o tedeschi.

I prigionieri tedeschi e i mongoli vennero condotti nel

vicino paese di Dernice. I militi delle Brigate nere furono invece concentrati quasi tutti a Montebore, frazione di Dernice, e rinchiusi nella scuola collocata dentro il castello dei Busseti. Fra loro c'erano tutti gli ufficiali.

Per quel che ho appreso, mio nonno Celeste era molto demoralizzato, choccato. Sapeva bene a che cosa andava incontro. Anche se gli restava la speranza che, essendosi arreso, avrebbe potuto salvare la propria vita e, soprattutto, quella dei suoi uomini. Non ne ho una prova sicura, ma è probabile che abbia accettato di arrendersi perché qualcuno gli aveva promesso che nessuno dei catturati sarebbe stato ucciso.

Secondo la ricostruzione di monsignor Bassi, nel castello di Montebore mio nonno venne interrogato dal commissario politico della «Arzani»: «Curone», ossia Mario Silla, un personaggio già comparso nei suoi libri, che alla fine della guerra sarebbe diventato il sindaco comunista di Tortona.

Gianelli domandò a Silla: «Ci fucilerete?» Silla rispose: «Il nostro compito sta per finire: sarete giudicati da una commissione composta da ufficiali delle missioni anglo-americane».

Quel colloquio avvenne la sera del 14 marzo. Subito dopo, tutti i prigionieri furono trasferiti a Cantalupo Ligure, in val Borbera, e di qui a Cabella Ligure, qualche chilometro più in alto. I partigiani li misero a dormire nel cinema del paese, adiacente alla piazza.

A Cabella, mio nonno e mio zio ricevettero la visita di un sacerdote, don Bellingeri, che in seguito scrisse una lettera a mia nonna. Diceva: «Le esprimo tutto il mio dolore per quello che capitò in questi giorni passati. Mi sono subito interessato a fondo della triste sorte di suo marito e di suo figlio. E qualcosa, insieme a don Nicola e per interessamento del Vescovo, si è potuto ottenere. Sono stato a Cabella e ho visto suo marito e Angelo, come pure tutti gli altri. A loro ho assicurato di stare tranquilli ed erano infatti abbastanza sereni e calmi… Suo marito, nell'atto in cui fu preso e fino all'ultimo istante della mia visita, fu trattato bene».

Il giorno successivo, era il 15 marzo, i militi catturati a Garbagna vennero di nuovo trasferiti ancora più in alto: a Dovanelli. Qui ci fu una prima selezione, in base a dei criteri che non conosco. E un gruppo di prigionieri, definiti «non compromessi», fu trattenuto in questo paese.

Del campo di concentramento di Dovanelli, che in realtà era l'oratorio della chiesa parrocchiale, si sa pochissimo. Bassi scrive: «I superstiti dichiarano che il ritorno fu per pochi. Saltuariamente, venivano operati prelievi di coppie o di terne per la liberazione o destinazione ignota». Mi sembra chiaro che cosa si debba intendere per «destinazione ignota»…

Quasi tutti gli altri catturati a Garbagna, a cominciare dagli ufficiali, furono avviati da Dovanelli verso l'alto Appennino. E dirottati in parte alla colonia Levillà di Rovegno e in parte a Fascia, un paese vicino, sotto il monte Antola. Mio nonno Celeste finì a Rovegno e mio zio Angelo a Fascia.

Devo avvertirla che non sono del tutto sicuro di questa suddivisione. In proposito, le fonti mancano o si contraddicono. L'unico fatto certo è che a Rovegno i prigionieri furono rinchiusi nel seminterrato della colonia. In quegli stanzoni c'erano già altri detenuti? È probabile di sì. Più fonti sostengono che, nella fase finale della guerra civile, alla colonia Levillà fossero concentrati 400 prigionieri.

Lei si è già reso conto che è quasi impossibile avere

notizie precise su quel campo di prigionia, che per molti fu l'anticamera della morte. Sessant'anni dopo la fine della guerra civile, Rovegno resta un mistero. Chi sa come andarono davvero le cose in quel luogo, è sempre stato zitto. E oggi, forse, è morto di vecchiaia.

Il comando partigiano della VI zona ligure aveva già stabilito che cosa fare dei prigionieri catturati a Garbagna, in maggioranza fascisti. Del resto, a leggere le carte che lei ha ricevuto da un lettore di Genova e che mi sta mostrando, una decisione era già stata presa due giorni dopo la battaglia di Garbagna, ossia il 16 marzo.

Quel giorno si era riunito a Cabella Ligure il tribunale della «Pinan Cichero» e aveva condannato un buon numero dei militi catturati, a cominciare da mio nonno. E la condanna non poteva che essere una sola: la fucilazione.

Un primo gruppo di repubblicani venne ucciso sei giorni dopo quelle sentenze. Le fonti che possediamo rivelano una piccola incertezza sulla data: tra il 21 e il 22 marzo o tra il 22 e il 23 marzo. Anche sul numero dei giustiziati c'è una leggera difformità: chi dice 40 e chi 42.

Le loro età erano le più diverse. Si andava da un brigatista del 1883, ossia di 62 anni, a giovani sui 17-18 anni. Sul resto si sa poco o niente. L'unica certezza è che le esecuzioni avvennero a gruppi, nei prati attorno alla colonia. E che i cadaveri furono sepolti sul posto, in modo sommario. Con i 42 fascisti, i partigiani giustiziarono un tenente russo della Divisione «Turkestan», un sottufficiale tedesco e un interprete.

Mentre a Rovegno si fucilava a tutto spiano, nel pomeriggio del 22 marzo ci fu in val Polcevera, alle spalle di Genova, un'azione di guerriglia destinata ad avere conseguenze terribili. Nel pomeriggio di quel giorno, sulla strada che da Cravasco porta a Pietralavezzara, entrambe frazioni di Campomorone, una pattuglia della Brigata Volante Garibaldi «Balilla» attaccò un reparto di tedeschi. E ne uccise nove, senza subire nessuna perdita.

Il giorno successivo, il comando tedesco di Genova decise una rappresaglia. Dalle carceri di Marassi prelevò 20 detenuti politici antifascisti. E li trasportò sopra un camion a Isoverde, un'altra frazione di Campomorone. Durante il viaggio due dei prigionieri riuscirono a fuggire. I 18 che restavano furono condotti sul posto dove, ventiquattro ore prima, si era svolto l'agguato partigiano.

Qui i tedeschi li fucilarono. Del gruppo se ne salvò uno: il partigiano Arrigo Diodati, «Franco», creduto morto, mentre era soltanto ferito. Quando i tedeschi se ne andarono, riuscì ad allontanarsi dal luogo della strage.

Poteva sembrare una vicenda conclusa, sia pure nel sangue e con un conto finale di 26 morti. Ma quella guerra civile era un pozzo senza fondo di sorprese pazzesche. Infatti, dopo la rappresaglia tedesca, scattò la contro-rappresaglia partigiana. Il Tribunale di guerra della VI zona ligure, con l'assenso delle missioni angloamericane, stabilì di giustiziare 40 prigionieri prelevati dalla colonia di Rovegno, per vendicare i fucilati di Campomorone.

La lista di chi doveva morire venne composta nel modo seguente: 9 tedeschi, 14 mongoli, 13 militi delle Brigate nere, 2 civili, un bersagliere e infine uno di cui non so nulla. Non si conosce con quali criteri sia stata fatta la selezione. Due o tre dei militi destinati a morire stavano ancora a Fascia. Tra questi c'era anche mio zio Angelo, e con altri due fu portato a Rovegno per essere unito al resto del gruppo.

Ma la colonia Levillà era soltanto la tappa di partenza di un cammino destinato a concludersi con l'esecuzione. Infatti, il Tribunale di guerra della VI zona aveva deciso che i quaranta prigionieri dovevano essere uccisi nello stesso luogo nel quale i tedeschi avevano giustiziato gli ostaggi prelevati dal carcere di Marassi.

Forse si intendeva dare un significato quasi rituale alla vendetta. Oppure si voleva far capire ai tedeschi e ai fascisti che, ormai, i partigiani erano i più forti. E potevano fare quello che gli pareva. Non so se queste fossero le ragioni vere. Però non riesco a immaginare una spiegazione diversa.

Venne dunque allestita una spedizione, con più di 50 uomini: i 40 destinati a essere giustiziati e 10 o 15 partigiani incaricati di sorvegliarli e poi di ucciderli, tutti della Brigata «Balilla». A guidarla era lo stesso comandante della «Balilla», Angelo Scala, «Battista», un militante del Pci che aveva cominciato la sua guerra civile facendo il gappista a Genova, fra l'autunno del 1943 e l'inizio del 1944.

Le dirò subito che, alla fine, i giustiziati risultarono 39, perché uno dei prigionieri sarebbe stato risparmiato. Ma, secondo un testimone degno di fede, il quarantesimo fu ucciso subito dopo la partenza da Rovegno. Pare fosse un brigatista abbastanza anziano che si lamentava. E pregava di essere lasciato in vita perché aveva dei figlioli a cui badare. Uno dei partigiani gli replicò: «Se è così, ci pensiamo noi ai tuoi figli». E lo ammazzò a colpi di pistola.

Il 31 marzo 1945, da Rovegno, si mise in moto un'allucinante marcia della morte. Era necessario attraversare parecchie valli, sempre camminando, in una zona soggetta a improvvise incursioni dei tedeschi. Ma quel che bisognava fare venne fatto. Spesso si procedeva di notte, per maggior sicurezza. Il carico più pesante, immagino i viveri e le munizioni, era trasportato da qualche mulo.

I prigionieri si saranno chiesti dove li stavano conducendo e qual era lo scopo di quella marcia? Ecco una domanda senza risposta, che continua ad assillarmi. Una fonte antifascista sostiene che «Battista» li tenne tranquilli, spiegando che si doveva raggiungere una certa località per concludere uno scambio con altrettanti partigiani catturati dai tedeschi.

Nella notte fra il 3 e il 4 aprile, venne attraversata la statale dei Giovi, fra il passo dei Giovi e Busalla. Poi la colonna risalì la dorsale che conduce ai Piani di Reste e alla Bocchetta. Quindi scese lungo la strada per Pietralavezzara e, alla fine del viaggio, arrivò a una valletta del monte Carlo, in una località indicata come Cravasco di Campomorone.

Qui i partigiani fecero sedere i prigionieri su un prato. E «Battista» gli rivolse la parola. Raccontò dello scontro fra partigiani e tedeschi, della rappresaglia attuata dal comando germanico di Genova, della decisione partigiana di rispondere con un'altra rappresaglia.

Poi concluse: «In obbedienza all'ordine ricevuto, vi fucilo tutti!» E così avvenne. Verso le dieci di mattina, 39 uomini morirono in pochi istanti, sotto le raffiche dei mitragliatori. I loro corpi caddero riversi sull'erba. Immagino una scena infernale. Le urla di chi stava per essere ucciso. I tantissimi colpi sparati. Il sangue, un mare di sangue.

Dei 13 militi della Brigata nera giustiziati a Cravasco, 7 erano minorenni. Incrociando due fonti, ho ricostruito un elenco nominativo che ritengo esatto. Due avevano 16 anni: Armando Raciti e Stefano Raffaghello. Quattro ne avevano 17: mio zio Angelo Gianelli, Martino Bianchi, Alfredo Vagaggini e Angelo Viola. Uno era diciottenne: Giulio Costantino. L'ottavo minorenne era Giuseppe Riccardi, di 19 anni, un bersagliere del 3° Reggimento Difesa costiera, residente a Brescia.

Dopo l'eccidio, i partigiani della «Balilla» se ne andarono, lasciando tutti quei cadaveri sul prato, senza seppellirli. A ricuperarli fu della gente di Campomorone, donne soprattutto, perché gli uomini stavano nascosti nei boschi. Trasferirono i corpi in paese, caricandoli sulle lese, delle slitte di legno utilizzate per trasportare l'erba e trainate dai buoi. Di lì vennero portati a Genova. Tutti i giustiziati avevano le mani legate con il filo di ferro.

A essere ancora in vita era il padre di Angelo, mio nonno Celeste. Nessuno ci dirà mai se abbia saputo dell'uccisione del figlio. L'unico contatto che riuscì ad avere con la moglie Maria fu una lettera fatta arrivare da Rovegno a Tortona forse da un partigiano che, in un biglietto di accompagnamento, diceva a mia nonna: «Mi sono impegnato di farvi avere questa lettera al fine di assicurarvi una certa tranquillità. Sarà bene che non ne facciate parola alcuna».

La lettera non ha data, ma penso sia stata scritta pochi

giorni dopo l'arrivo al campo prigionieri, quando mio nonno sperava ancora di tornare in libertà grazie a uno scambio ed era convinto che questo fosse già accaduto per il figlio Angelo. È un documento che ha una sua eccezionalità, perché non mi risulta esistano altre lettere di detenuti a Rovegno. Eccone alcuni passi.

«Mia cara Maria, miei carissimi figli, penso al dolore che vi ho arrecato e non riesco a darmi pace. Spero però di abbracciarvi presto e il tempo farà dimenticare tutto. Confido nella giustizia e sul mio passato di uomo giusto e laborioso. Se potete fare qualcosa per ottenere uno scambio, vi prego di fare in modo che avvenga il più presto possibile, perché questa separazione mi abbatte moltissimo. In Tortona tanta gente vi può aiutare per quanto riguarda la mia liberazione, perché molti possono testimoniare circa la mia condotta e il bene che ho fatto a tutti e a loro in particolare...»

Mio nonno citava una serie di persone che avrebbero potuto favorire il suo scambio, compreso un ebreo di Genova, fatto liberare da lui subito dopo l'arresto. Poi continuava: «Io qui non sto male, ma non posso parlare di certe cose, perché il contatto con i capi partigiani è molto difficile... Ho imparato a mie spese. E alla liberazione sarà tutta un'altra vita, dedicherò alla famiglia tutta la mia attività e devozione. Raccomanda ad Angelo, se è tornato, di non uscire più di casa. A prendere lezioni non vada se non in compagnia di don Bellingeri, mi dia almeno la consolazione della licenza liceale... Mi addolora anche la condizione finanziaria che vi ho lasciato, ma spero troverete gente buona che vi aiuterà... La mia imperitura gratitudine a don Nicola e a don Bellingeri che sono venuti a confortarmi sul posto. Spero riusciranno a dimostrare coi fatti l'opera di bene da me svolta e il numero così elevato di partigiani da me favoriti. Vi abbraccio e bacio tutti, forte forte. Vostro Celeste».

Nessuna delle speranze di mio nonno si concretò. La sua sorte era già stata decisa. Non ci fu nessuno scambio di prigionieri. E lui rimase alla colonia di Rovegno sino a dopo la fine della guerra. Con mio nonno c'era il capitano Adelindo Paolo Grazzini, della Brigata nera di Serravalle Scrivia, figlio del vicefederale di Genova.

La loro prigionia alla Levillà durò, all'incirca, un mese e mezzo. In quali condizioni è facile immaginarlo. I fascisti detenuti stavano ammassati nel seminterrato. Ed erano praticamente alla fame, potendo contare soltanto su un pugno di castagne bollite al giorno. Qualcuno ha detto che non avrebbero mai potuto essere liberati, perché erano «impresentabili».

Mio nonno venne fucilato il 29 aprile 1945, ventiquattro ore prima del capitano Grazzini. I suoi resti, insieme a quelli di altri giustiziati, furono ritrovati soltanto all'inizio del 1950. Quanto rimaneva di Celeste Gianelli fu riconosciuto dai denti e dall'attaccatura dei capelli. Al momento di morire, aveva quasi 41 anni.

«Il bel racconto, preciso e drammatico, di Andrea Gianelli», dissi all'avvocato Alberti, «va integrato con qualche dettaglio che spiega come si arrivò alla strage di Cravasco e la figura del comandante partigiano che, di fatto, la decise.»

«Non era stato il comando della VI zona ligure a volere la contro-rappresaglia?» domandò Alberti.

«Non esattamente. Ma prima bisogna aggiungere

qualcosa su 'Battista', Angelo Scala, il comandante della Brigata Volante 'Balilla'. Le dico subito che la mia fonte è un ottimo libro di un bravo storico di sinistra, Manlio Calegari: 'La sega di Hitler', pubblicato a Milano da Selene Edizioni nel febbraio 2004, quattro mesi dopo l'uscita del 'Sangue dei vinti'.»

«Secondo Calegari, la nascita della 'Balilla' era stata decisa nel settembre 1944, insieme a quella di un'altra Brigata Volante, la 'Severino'. Si trattava di due formazioni leggere, con pochi uomini, molto mobili, senza sedi fisse, incaricate di operare alle spalle di Genova con una guerriglia d'attacco. I comandanti delle due formazioni dovevano essere uomini non soltanto adatti a quel compito tanto difficile, ma di assoluta fiducia del Partito comunista.»

«Il comando della 'Balilla' fu affidato a Scala, un comunista di Bolzaneto, più anziano rispetto all'età media dei capi partigiani perché era del 1908 e aveva già 36 anni. Ma il dato anagrafico non deve trarci in inganno. Occhi indagatori e baffi alla Clark Gable, 'Battista' era un guerrigliero nato e un leader vero. I suoi partigiani lo ricordano autoritario e autorevole, esigente e astuto, pronto a esporsi in ogni azione, esempio e monito per gli uomini che aveva voluto con sé. Aveva idee radicali sulla guerra di liberazione. Ripeteva: 'Quando scenderemo a Genova, faremo fuori tutti quelli che hanno una divisa'.»

«Come abbiamo visto, era stata la 'Balilla' a compiere l'azione del 22 marzo, conclusa con l'uccisione di nove SS. Quando ci fu la rappresaglia dei tedeschi, 'Battista' ritenne che la fucilazione dei detenuti antifascisti fosse un messaggio diretto a lui e alla sua Volante, per bloccarne l'attività militare: 'D'ora in poi, non toccateci più, oppure...' E fu per questo che si apprestò a una contro-rappresaglia. Doveva far capire ai tedeschi che la 'Balilla' non si sarebbe fermata.»

«Dunque 'Battista' decise da solo», osservò Alberti.

«Sì e no. Mise ai voti la proposta e l'intera Volante si disse d'accordo. I dubbi emersero nel Cln di Bolzaneto. Si temeva l'inizio di una spirale di eccidi che avrebbe visto morire per mano tedesca altri antifascisti detenuti nelle carceri di Marassi, a Genova. E così quel Cln passò la patata bollente al comando della VI zona ligure.»

«Anche qui ci furono delle perplessità. Secondo Calegari, il più contrario si rivelò il comandante della 'Pinan Cichero', Aurelio Ferrando, 'Scrivia'. La missione britannica, invece, espresse 'un favore discreto'. E così 'Battista' ottenne di fare la contro-rappresaglia sotto la propria responsabilità, senza una decisione vera e propria del comando della VI zona. Per questo il volantino che annunciava la strage di Cravasco risultò firmato in modo generico: 'Il Comando dei Patrioti'. In seguito quell'eccidio divenne un tabù, di cui era meglio non parlare.»

«Sempre Calegari racconta che a Cravasco, uno dei partigiani, un ragazzo giovanissimo, non se la sentì di sparare sui prigionieri. Un secondo stette male subito e continuò a vomitare per parecchi giorni. Ma gli altri spararono, con gli Sten, con i Marlin e con un Bren, il fucile mitragliatore inglese di grande potenza. Fu una tempesta di fuoco su tutti quegli uomini che avevano fatto la marcia della morte sempre con le mani legate non con il fil di ferro, dice un testimone, ma con le corde leggere dei paracadute.»

«Non mi pare faccia una gran differenza», mormorò il vecchio Alberti.

Il calzolaio

«QUESTA è un'altra delle tantissime lettere che ho ricevuto dopo il 'Sangue dei vinti», spiegai all'avvocato Alberti. «Era firmata, con l'indirizzo del mittente e tutti i nomi in chiaro.»

«Ho parlato con chi me l'aveva inviata. E abbiamo convenuto di limitarci a stampare le iniziali del protagonista della storia, invece di rendere pubblico il suo nome completo. E si è deciso anche di omettere l'identità delle altre persone coinvolte nella vicenda.»

«Vedo che sono parecchi i casi in cui le chiedono di ricorrere a questo genere di riservatezza», osservò Alberti. «Immagino si sarà reso conto di quello che significa, no?»

«Certo. Significa che l'Italia non ha digerito del tutto la sua lontana guerra civile. E che sessant'anni non sono bastati a farci diventare un Paese pacificato. È un problema che tante famiglie degli sconfitti sentono ancora, spesso con grande sofferenza. Quando finirà questo uso cattivo della memoria da parte di chi ha vinto?»

«Non lo so», sospirò Alberti. «Forse non sarà finito

neppure quando io e lei saremo già scomparsi da un pezzo.»

Non posso dimenticare il giorno in cui mia madre, piangendo, mi disse per la prima volta di suo padre, il mio nonno materno, V.M. E mi narrò la storia che adesso racconterò a lei.

V.M. era nato il 20 novembre 1900 a Badia Polesine, in provincia di Rovigo. La sua era una famiglia come tante in quella zona di grande povertà, una famiglia di contadini e di braccianti. V. frequentò le scuole elementari e subito dopo cominciò a lavorare sui campi. Ma imparò anche un mestiere: il calzolaio.

Nell'ultimo anno della guerra 1915-1918 venne chiamato alle armi, in fanteria. Al momento del congedo, fu mandato a casa con il grado di caporale. La mamma ha conservato una sua foto da militare. Accanto a lui ci sono delle gabbiette con i piccioni viaggiatori, che allora servivano per trasportare messaggi da un comando all'altro.

Dopo il congedo, ritornò al paese. Badia non è lontana da Fratta Polesine, il luogo di nascita di Giacomo Matteotti. Anche a V. capitò di sentire i comizi del parlamentare socialista. Gli piaceva quel politico che parlava in difesa degli umili, dei contadini, di chi veniva sfruttato dai padroni delle terre. È anche probabile che lo abbia votato, ma non so se abbia preso o meno la tessera socialista.

Di certo, pure V. apparteneva alla grande schiera degli umili. E pure lui, come tanti altri polesani e veneti, fu costretto a emigrare per trovare un lavoro e una vita migliori. Si era alla fine degli anni Venti. E quello fu il periodo della prima, grande immigrazione veneta verso il Piemonte.

Nel 1929, V. arrivò a Castelnuovo Scrivia, un paese della pianura alessandrina, fra Tortona e il Po. Con lui c'erano la sua giovane moglie e le due figlie piccole. L'ultima era nata nel 1926 e sarebbe diventata mia madre.

A Castelnuovo cominciò a fare il contadino. Poi trovò un posto come custode del cimitero, alle dipendenze del comune. Ma il salario era troppo basso. E così V. si mise a fare il calzolaio in proprio. Lavorava in casa, riparando le scarpe e facendone di nuove. Quel mestiere, allora, era molto diffuso. Però di sicuro non ti garantiva il benessere. Tuttavia, era sempre meglio darsi da fare al deschetto che faticare sui campi al servizio di qualche padrone esoso.

Alla luce di quanto poi accadde, mi sono sempre domandato se, dagli anni Trenta in poi, mio nonno si sia scoperto fascista, come milioni di altri italiani. Di certo, se aveva preso la tessera del Pnf, non era un militante attivo. Secondo mia madre, non andava mai alle manifestazioni e non faceva vita di partito. Anche il suo carattere lo aiutava a tenersi in disparte. Era un uomo tranquillo, l'esatto opposto del tipo scaldato. Ed era anche un uomo buono, un pezzo di pane, dedito interamente alla famiglia.

Poi tutto precipitò nell'estate del 1944. Anche a Tortona si era costituita la Brigata nera. E un giorno, due militi, forse erano dei sottufficiali, si presentarono a casa del nonno. Cercavano un calzolaio per il reparto di Tortona. Offrirono a V. uno stipendio più che buono, purché andasse a lavorare nella caserma di via Bidone, in città. Lui accettò.

È probabile che V. si sia reso conto molto presto di aver fatto un errore. Ma ormai non poteva più tornare indietro. Forse avrà pensato di poter disertare, però non lo fece, temendo rappresaglie sulla famiglia.

Tuttavia, essere della Brigata nera comportava altri obblighi, al di là del riparare gli scarponi dei militi. Quando il reparto di Tortona cominciò a fare delle operazioni militari nelle vallate vicine, soprattutto in val Curone, anche V. fu costretto a parteciparvi.

Però non riesco a immaginarlo nel ruolo del rastrellatore. Del resto, la storia della guerra civile ci ha insegnato che i brigatisti non erano tutti uguali. C'erano i fanatici, e anche i sadici. Ma c'erano pure gli elementi che s'erano trovati a vestire la divisa quasi per caso. Ed era per l'appunto il caso di V.

Sempre nel 1944, o forse all'inizio del 1945, a mio nonno capitò un fatto che lo sconvolse. Un giorno tornò in licenza a Castelnuovo Scrivia, dove abitava la famiglia. E dove quasi tutti sapevano che era andato a fare il calzolaio presso la Brigata nera. Mentre si trovava all'osteria Sturla, in via Garibaldi, gli si presentò uno del paese. E gli disse: qui vicino c'è un tuo amico che ti vuole parlare.

V. seguì questa persona in una casa nel centro di Castelnuovo. E qui scoprì un altro milite della Brigata nera che era stato catturato dai partigiani. Lo avevano già torturato e pestato a morte. Tanto che quel milite spirò sotto i suoi occhi.

Raccontata oggi, sembra una follia. Ma in quella guerra civile erano molte le cose folli. Forse chi si era impadronito di quel milite, e lo stava uccidendo, aveva voluto avvertire mio nonno: guarda che potresti fare la stessa fine anche tu. Quando mi hanno riferito l'episodio, mi sono chiesto come mai quei partigiani, se erano tali, non abbiano trattenuto anche V. e non abbiano ammazzato subito pure lui. Però la storia è questa e io gliela riporto come l'ho saputa.

V. rientrò a Tortona e, per quel che so, non disse nulla al proprio comando. Forse temeva che quei partigiani potessero vendicarsi sulla sua famiglia. Lui aveva tre donne da proteggere: la moglie e le due figlie, che proprio in quel periodo si erano trasferite a Tortona per stargli vicino.

Il 25 aprile 1945, mio nonno si trovava in val Curone con un reparto della Brigata nera. Erano dei militi già demoralizzati, per la cattura del comandante Celeste Gianelli e di molti camerati, avvenuta a Garbagna poco più di un mese prima. Ci fu un fuggi fuggi generale. Anche mio nonno gettò la divisa. Dei contadini di Brignano Frascata gli diedero un abito da civile. E così vestito, lui tornò a Tortona e si nascose in casa.

Come tanti altri nella sua situazione, V. pensava di salvarsi. In fondo aveva fatto il milite calzolaio, non aveva mai sparato un colpo di fucile né picchiato nessuno, neppure durante le poche operazioni alle quali aveva dovuto partecipare. Ma qualcuno gli fece una spiata. E presto i partigiani di Castelnuovo bussarono alla sua porta.

In casa c'erano soltanto mia nonna e le due figlie. Furono costrette ad assistere impotenti a una perquisizione violenta dell'alloggio. Non avendo trovato V., i partigiani andarono a cercarlo nelle strade di Tortona. E lo incontrarono di fronte al municipio, dove V. si era recato per avere non so quale documento. Troppa imprudenza? Certo, davvero troppa per un milite della Brigata nera.

Ma immagino che, nelle sue ricerche per «Il sangue dei vinti», lei si sarà trovato di fronte a un'infinità di casi del genere: quelli di tanta gente presa e uccisa per aver continuato a muoversi in quei frangenti terribili come se niente potesse accadergli. Quando invece la voglia di vendicarsi poteva spazzare via anche le ultime ruote del carro, quelli che non avevano compiuto né violenze né crimini di guerra.

V. venne messo sopra un camion e portato a Castelnuovo. Qui i partigiani lo rinchiusero nella caserma dei carabinieri, vicino alla piazza. Per mio nonno cominciò una prigionia terribile. Gliene fecero di ogni colore. Venne pestato, cinghiato, frustato, tormentato in tutti i modi. Spesso, da un balcone posto al secondo piano, lo esponevano alla folla, che di sotto lo ingiuriava.

Una volta alla settimana, mia nonna e mia madre andavano a trovarlo, arrivando in bicicletta da Tortona. La mamma, che allora aveva 19 anni, restava fuori dalla caserma. La nonna entrava nell'edificio e, poco dopo, ne usciva terrorizzata per le condizioni in cui aveva trovato il marito.

Il calvario di V. durò un mese. Nell'ultimo incontro, aveva la faccia devastata dalle botte. Disse a mia nonna: «Abbi cura della piccola», intendendo la figlia minore. Forse si era reso conto che stava per arrivare il momento in cui l'avrebbero ammazzato.

Alla fine del maggio 1945, la moglie e la figlia, ritornate a Castelnuovo Scrivia per vederlo, non lo trovarono più. Allora domandarono a un comandante partigiano delle Garibaldi che fine avesse fatto il loro uomo. Ma lui si rifiutò di dirglielo. Non poteva non saperlo, però tenne la bocca chiusa. E quando in seguito ritornarono a chiederglielo, più di una volta, la risposta fu sempre un silenzio infastidito.

È possibile che V. sia morto in quella caserma per le percosse quotidiane. Però sono propenso a credere che sia stato soppresso in qualche luogo solitario, attorno a Castelnuovo Scrivia. Le mie sono soltanto congetture, perché ancora adesso non sappiamo dove e come sia stato giustiziato. Senza nessun processo, naturalmente. E condannando la sua famiglia a una pena senza fine: quella di non avere neppure un corpo da seppellire e da piangere.

Molti anni dopo, per attenuare il dolore di mia madre, ho acquistato un loculo nel cimitero di Tortona. E ci ho messo una lapide con la foto di V. e le date d'inizio e di fine della sua vita: 1900-1945. Ma quella tomba è vuota.

Penso che sia questo l'aspetto più barbaro della resa dei conti imposta ai fascisti sconfitti. Negare ai parenti la possibilità di rintracciare i resti dei loro morti è la crudeltà più dura da accettare. Anche da chi, cresciuto dopo, nell'Italia tornata alla libertà, si rende conto del clima di odio e di violenza cieca che imperava dopo la fine della guerra. E ne comprende le ragioni storiche e politiche.

Oggi mia nonna e mia zia non ci sono più. È scomparso anche mio padre. Soltanto mia madre è rimasta alle prese con quei ricordi tremendi. Ci sono cuori che sanguinano ancora. La crudeltà di troppa gente, in quei momenti, ha portato a negare a chi è sopravvissuto il ricordo delle persone care. Al di là dei bombardamenti, delle invasioni, delle privazioni, è questa la prova del male assoluto che la guerra porta con sé.

E qui voglio dirle un'ultima cosa. Entrambi i miei genitori, e io stesso, siamo sempre stati di sinistra. Intendendo per sinistra quel pensiero volto all'affrancamento dei poveri dalla miseria, alla piena realizzazione umana di tutti, in base alle proprie capacità, alla pace come condizione per un mondo migliore.

Sono certo che lei mi capisce, perché credo che siamo fatti della stessa pasta. E la ringrazio per avermi aiutato a non far dimenticare la storia di un semplice calzolaio, travolto da una guerra crudele. Molto più crudele e più grande di lui.

Che c'è di nuovo a Masone?

«QUESTA storia è un altro esempio di come il libro che stiamo leggendo», dissi ad Alberti, «sia il figlio del 'Sangue dei vinti'. In uno dei capitoli dedicati a Genova e alla sua provincia, avevo raccontato una serie di casi che riguardavano l'uccisione di civili fascisti o ritenuti tali. Fra questi ce n'era uno ricordato senza indicare i nomi delle vittime e con appena nove parole: 'Una coppia di Masone soppressa in strada, di notte'.»

«Confesso che non me lo rammento», replicò l'avvocato.

«La capisco: quella storia riassunta in una riga scarsa non me la ricordavo neppure io», ammisi. «Ma un lettore del mio libro, arrivato a pagina 177 e alle nove parole che le ho citato, ha avuto un colpo al cuore: la coppia di Masone uccisa per strada era quella dei suoi nonni paterni. Mi ha mandato una e-mail e ci siamo parlati al telefono. In seguito, ci siamo incontrati a Ovada e così ho conosciuto Vittorio Baretto, un manager nel settore pubblico. E lui mi ha inviato il testo che adesso vedremo.»

«Nella lettera che accompagnava la ricostruzione del

delitto, Baretto mi ha chiesto di poter ringraziare il dottor Piero Ottonello, di Masone, cultore di storia, 'che mi ha parlato pacatamente di questi avvenimenti, fornendomi documenti e preziosi consigli'.»

La vicenda che voglio raccontarle non può che cominciare con due lettere scritte nell'estate del 1945 da mio padre Attilio Baretto a sua madre Alma e a sua sorella Nora. Mio padre, classe 1914, era prigioniero di guerra negli Stati Uniti. Gli Alleati l'avevano catturato in Africa settentrionale verso la fine del 1942. L'anno successivo era stato trasferito al di là dell'Atlantico. Dapprima in New Mexico, poi nello Stato di New York alla fine del 1944 e, nel 1945, in un campo dello Utah. In quell'estate, la guerra in Europa si era già conclusa, ma il ritorno a casa dei militari prigionieri tardava.

Ecco la prima lettera, scritta da mio padre il 2 luglio 1945.

«Mia cara mamma,

attendo sempre un tuo scritto, ma fino adesso niente, però spero che sia come dicono le lettere e i telegrammi di Giulio e di Nora, cioè che state tutti bene. Per me non c'è male, non attendo che l'ora di poter ritornare in mezzo a voi, di modo che tu e papà possiate godervi un po' di meritato riposo. Cara mamma, non puoi immaginarti la mia ansia in questi giorni in cui attendo uno scritto da voi e spero che le notizie siano buone. E papà che fa? E Nora e Giulio? E Sergio? E lì a Masone che vi è di nuovo? Avete sempre molto da fare?... Attilio.»

La seconda lettera di mio padre è del 7 agosto 1945.

E questa è indirizzata a sua sorella Nora, che diventerà mia zia.

«Mia cara Noretta,
sono sempre in attesa di notizie, spero e mi auguro che stiate tutti in ottima salute, come posso dirti che è pure di me. Mi auguro che Sergio si trovi con voialtri. In una tua prossima fammi sapere come state e come vi trovate. E la mamma che fa? E papà? E Giulio?… E lì a Masone che vi è di nuovo?… Tanti baci cari a tutti in casa. E a te, mia cara, un grosso bacione. Attilio.»

Che cos'era successo di nuovo a Masone? Come stavano mamma e papà? Perché non rispondevano alle lettere di mio padre?

E zia Nora perché non lo informava? Ma come poteva informarlo, lei che tutto aveva visto e sofferto? Lei che l'aveva scampata, correndo con una macchina verso Roma, verso la salvezza. Avendo alle spalle e negli occhi quello che di nuovo era accaduto a Masone. Sussultando a ogni curva, nel buio. Chiusa per sempre in un silenzio che ancora oggi, a 85 anni, unica sopravvissuta, ha deciso di mantenere. Un mutismo che nemmeno io, suo carissimo nipote, sono riuscito a sciogliere.

Così prendo io la torcia per cercare di illuminare quella notte, per portare un poco di luce su quel 26 aprile 1945 a Masone, grosso borgo alle pendici del Turchino, immerso nei boschi e troppe volte calunniato per le sue irrefrenabili e famosissime piogge.

Io sono Vittorio Baretto, nipote di quel Vittorio Baretto, mio nonno, e di Alma Bandinelli, mia nonna, che hanno meritato un castigo tanto grande quanto nascosto, come una vergogna.

In quel tempo, i miei nonni e mia zia Nora vivevano a Masone, sulle sponde dello Stura, torrente che nomina la valle scendendo verso Ovada e il basso Piemonte. Vi abitavano circa quattromila residenti e tremila sfollati provenienti in massima parte dalla vicinissima Genova.

Era un paesone tranquillo, dove non albergavano grandi passioni politiche. Il regime era piuttosto ignorato e considerato soltanto per i gravi disagi provocati dalla lunga guerra, prolungata al nord dalla Repubblica sociale, e per la continua e sempre più intollerabile mancanza di garanzie alimentari. Masone attendeva con pazienza che quelle difficoltà terminassero. E che una nuova stagione si aprisse sui colli verdi, sulle cascine, sullo stradone che era la vena pulsante del paese.

In quell'attesa vivevano anche Vittorio e Alma Baretto. Erano stanchi, vecchi più del dovuto, con tre figli maschi prigionieri di guerra e lontani, una figlia, la primogenita, già sepolta anni prima giovanissima per una malattia contratta in Libia, mentre si trovava dagli zii. Conducevano per quel che potevano un albergo ristorante, con l'aiuto della seconda figlia, Nora, detta Noretta. L'hotel si chiamava «Nuova Italia».

Vittorio aveva 62 anni e Alma 56. Faticavano entrambi, lavorando dalla mattina alla sera. Ma per una condizione che veniva da tempi addietro, erano tra quei privilegiati che non subivano le difficoltà alimentari che invece affliggevano altri loro compaesani.

A causa dell'albergo ristorante, avevano quasi sicuramente intrecciato rapporti con i tedeschi e con un gruppo di bersaglieri la cui fureria era collocata nei fondi del palazzo accanto all'hotel. Bersaglieri che avevano lasciato tutt'altro che un buon ricordo a Masone, per le prepotenze e i saccheggi.

Tuttavia, non risulta né da voci di popolo, né dai rari documenti del Comitato di liberazione nazionale, dove pure ci sono verbali di interrogatori e accuse specifiche a esponenti fascisti del paese, che i Baretto fossero in qualche modo responsabili di azioni degne di nota.

Esistono invece documenti di una messa all'asta dell'albergo, poi faticosamente recuperato nel 1936, e di un successivo pignoramento di beni nel 1940. E ci sono anche lettere della nonna Alma, forse la più combattiva della coppia, che contengono reclami indirizzati al podestà per lavori arbitrariamente decisi dal comune a discapito dell'attività dell'hotel.

Per il 1944, durante l'occupazione, leggo di una denuncia a carico di Vittorio Baretto per macellazione clandestina, con sequestro di carne e bestiame: fatto che, inquadrato nel momento storico, non pare per niente eccezionale. E poi di una seconda denuncia per somministrazione di pasti a tedeschi di passaggio sprovvisti di tessera annonaria. Ma è difficile immaginare che fosse possibile rifiutarsi a simili richieste.

Insomma, per quante ricerche abbia condotto, non emergono fatti o documenti che possano indurci a pensare che Vittorio e Alma Baretto avessero tratto dei vantaggi dal Partito fascista o dal regime di Mussolini. Certo, si possono ricordare alcuni episodi mal tollerati durante il ventennio, legati a parenti dei miei nonni, ma ai quali loro erano del tutto estranei.

Comunque, a Masone pochi erano gli attivisti fascisti e pochi i dissidenti. Si ragionava più in termini di passioni famigliari e campanilistiche che politiche in senso stretto. Tutto questo almeno fino alla disfatta dell'8 settembre 1943 e al peso di una occupazione tedesca invisa alla popolazione. E che avrebbe prodotto l'orrore per i tanti fucilati del Turchino e per i tantissimi ragazzi massacrati nel rastrellamento della Benedicta.

Purtroppo, tutto ciò che poteva far pensare, a carico dei miei nonni, a una connivenza, vera o immaginata, con i tedeschi e i fascisti di Salò, anche solo la somministrazione dei pasti, veniva trasformato da uno specchio deformante. In più, episodi minori di violenza e di morte, con i quali Vittorio e Alma Baretto non avevano nessun rapporto, spingevano la gente a volere una resa dei conti contro qualcuno. Soprattutto contro chi, in quegli anni terribili, era vissuto un po' meglio degli altri. In paese molti stavano covando un desiderio sempre più forte di vendetta o di rivalsa. Capace di preparare lentamente, ma non troppo, quello che sarebbe accaduto dopo la fine della guerra.

Per tutte queste e altre ragioni, prevedendo quel che poteva succedere, il 24 aprile 1945 il comune di Masone, a firma del Comitato di liberazione nazionale, rende pubblica un'ordinanza che dice: «Si invita la popolazione alla massima disciplina. Non saranno perciò tollerate in modo assoluto rappresaglie o vendette personali. La situazione è completamente favorevole alle armi dei volontari della liberazione nazionale. Il coprifuoco viene stabilito per le ore 21. Si procederà con rigore contro gli inadempienti alle predette disposizioni». Purtroppo per i miei nonni, queste disposizioni sarebbero rimaste inascoltate.

Lo stesso giorno il Ciuta, uno di quei personaggi che soltanto nei paesi puoi trovare, incolto, bizzarro e saggio, aggiunge questa pagina al suo diario puntuale ed efficace, anche se scritto in uno stile sgangherato, da cronista inusuale di avvenimenti e cose: «24 aprile anno 1945, popollo di Masone fatto fossaribelli anno finire guerra...» Penso che si possa tradurre così: il 24 aprile 1945 la gente di Masone si riunì per chiudere con le forze d'occupazione dal momento che, per loro, la guerra era finita.

Il giorno successivo, Ciuta scrisse: «25 aprile sono venuti piuntanti ribelli dallo albergo Simone. Erano rabiati per anno pasato l'inverno bruttoooooooo mette paura». Provo di nuovo a interpretare: i partigiani sono arrivati, hanno requisito l'albergo «Simone», l'altro hotel del paese, attivo ancora oggi, vi hanno imprigionato parecchie persone ed erano molto arrabbiati per quel che avevano passato durante l'inverno, a causa delle rappresaglie dei tedeschi e dei fascisti, una rabbia che metteva paura.

Poi succede tutto. Poco prima delle 2 del mattino del 26 aprile, non so da chi e non so come, mio nonno Vittorio, mia nonna Alma e mia zia Nora, allora di 25 anni, vengono prelevati dalla loro casa, la stessa in cui, molto tempo dopo, ho giocato e ho studiato. E dalla casa sono portati sulla piazza di Masone.

Quali siano state le parole e le grida, o i silenzi, di quegli attimi concitati, non lo saprò mai. Quale fu la paura, lo sgomento, la violenza dei gesti, forse la supplica... E l'orrore di sapersi perduti. Con la giovane figlia a condividere l'estremo destino. E un pensiero per i figli maschi prigionieri oltre confine, Attilio e Giulio e Sergio: chi li avviserà?

Alma e Vittorio vengono sparati alla testa e al volto. Rimangono a terra per ore, morti, sino allo spuntare dell'alba, sino al momento in cui la vita del paese riprende. Devono restare lì, a memoria e monito per tutti. Bene in vista, come scrive ancora il Ciuta, il nostro singolare cronista: «26 aprile anno 1945, alla notte ore 2 hanno fucilato Baretino e sua moglie sulla piazza Vittorio Veneto, da vedere tutti, per memoria di Masone in tempo guerra...»

In tutta questa violenza, emerge, ingenua e fortissima, la delicatezza del semplice cronista in quel «Baretino», che pare affettuoso e salvifico, e anche indicatore di una condizione non certo possente né di un comportamento arrogante del povero Vittorio Baretto. Ma fuori dalle emozioni, colpisce il commento del Ciuta sulla necessità che tutti vedano quei due morti assassinati. Che tutti ne abbiano testimonianza. Che tutti sappiano cosa può ancora succedere.

Tornando all'ufficialità, il nuovo sindaco del paese, eletto quella stessa mattina, il 27 aprile stilava due verbali di rinvenimento di cadavere. Erano verbali identici nella forma, tranne che per i nomi, quelli di una coppia di albergatori domiciliati a Masone: «Dalle informazioni assunte e dalla dichiarazione del Comando della Brigata 'Buranello' apparisce essere l'anzidetta persona fucilata alle ore 2 in causa di spionaggio e intelligenza col nemico».

E Nora? Non spiava? Non era compromessa? Dov'è Nora? Un altro testimone di allora, che qui, per il momento, non posso citare, scrive di quell'omicidio: «Assieme al Vittorio Baretto e alla moglie, fu pure presa una loro figlia chiamata Nora, nobile Signora. E dopo qualche giorno dalla fucilazione dei suoi genitori venne rilasciata, ma ahimè per pochi giorni. Poi venne ripresa e condotta via non si sa dove... Prima dell'esecuzione sua e della moglie, il Vittorio Baretto offrì le proprie sostanze, le quali ammontavano a parecchi milioni... Non avendo ottenuto nulla, all'arrivo del nostro arciprete, don F.B., ambedue si confessarono e fecero la santa comunione».

Lo stesso sindaco di Masone, in una lettera inviata il 17 agosto 1945 al comandante della stazione dei carabinieri di Campo Ligure, scrive: «Mi risulta che un paio di mesi fa, durante la notte, la guardia M.O. e A.B., tutti e due di questo Comune, si presentarono al signor C.S. per chiedergli l'automobile, dichiarando essi che dovevano portar via d'urgenza da Masone un'ammalata. L'automobile fu consegnata. Ora a me consta che quella stessa notte fu portata via la ragazza Nora Baretto per destinazione ignota. La Baretto era diffidata a non allontanarsi dal paese. Di più: è quasi certo che l'organizzatore della fuga di detta Baretto ebbe un lauto compenso per la buona riuscita della cosa. Chi fu l'organizzatore? Perché tutto questo? Domande sulle quali il signor Maresciallo vorrà far luce».

Ma davvero fu elargito un lauto compenso? E quando? La notte stessa? Con tutta calma? Pare molto singolare questa lettera del sindaco. Chi lo spinge, dopo quasi quattro mesi, a promuovere un'inchiesta? A chi giova? A sentire i nostri cronisti, ingenui ma attenti (anche il Ciuta in un altro foglio del suo diario parla di «compensi», elargiti non si sa a chi per evitare qualcosa), un passaggio di denaro o vi è stato o è stato proposto o è stato richiesto. Indubbiamente zia Nora ha goduto, se si può dire così, di un trattamento che nemmeno lei in quei frangenti si sarebbe aspettato.

Non credo davvero che i miei nonni possedessero milioni e milioni di allora. Non ho notizie di grandi ricchezze, ma soltanto di un certo benessere, una condizione da collocare nel contesto dell'epoca e, comunque, non superiore a quello di altre famiglie masonesi del tempo. Forse qualcuno ha provveduto a Nora. E l'ha aiutata a fuggire da Masone. Pensando allo stato in cui si trovava, dopo aver visto uccidere i genitori e poi essere stata rapita, portata chissà dove, nelle mani di chissà chi. E di certo nelle mani di uomini capaci di qualunque atto su una ragazza senza difesa.

Chi ha deciso di aiutare Nora si deve essere mosso anche sapendo che i suoi tre fratelli erano lontani da Masone, prigionieri di guerra in tre parti diverse del mondo. Come ho già detto, Attilio, mio padre, stava nello Utah. Giulio era in Grecia. Sergio in Jugoslavia. E nessuno di loro era in grado di difenderla.

E se fossero stati a Masone, invece? La notte del 26 aprile sarebbe stata la stessa? È sbagliato dire che i miei nonni, forse, sono stati prelevati e giustiziati perché erano i più deboli tra i forti e il loro assassinio poteva servire da monito? Infatti, la morte esemplare di Attilio e Alma Baretto diventa anche uno strumento di pressione formidabile per chi, in paese, non era in linea, diciamo così, con i vincitori della guerra civile.

Ma è importante sottolineare che gli abitanti di Masone non hanno partecipato direttamente all'esecuzione. I responsabili dell'assassinio pare siano arrivati dal basso Piemonte: «Era una banda di Silvano d'Orba», mi è stato detto. Anche l'accusa che ha trovato spazio nel certificato di morte («Spionaggio e intelligenza con il nemico») è del tutto assurda, e persino ridicola.

Quei due anziani coniugi erano spie? E spie di che? Che cosa potevano sapere di più e di diverso da quello che chiunque nel paese già sapeva? E quel che sapevano a chi avrebbero dovuto raccontarlo? Anche l'accusa di «intelligenza con il nemico» è grottesca.

E obbliga a giudicare feroce e senza motivo l'assassinio di quelle due persone innocue, senza difese, eppure giustiziate subito, nottetempo, come fossero gli elementi più pericolosi o più spietati del paese. Un paese che non aveva brillato per zelo fascista durante il ventennio, ma neppure per zelo antifascista e resistenziale durante la guerra civile e alla liberazione.

A parte i venti componenti (dati ufficiali del 4 maggio 1945) della 3 squadra della 413ª Sap, a Masone non esistono partigiani del paese. Infatti, dopo un'ultima esecuzione notturna, quella del segretario comunale, il signor D'Atri, avvenuta il 20 maggio 1945, i masonesi si stancano. E, nauseati dalle violenze, convincono le autorità a prendere posizione per un definitivo ritorno all'ordine.

Nel frattempo, però, la casa dei Baretto è stata saccheggiata. Al ritorno dalla prigionia, i tre fratelli troveranno il nulla. A parte i genitori morti, la sorella sola e l'abitazione vuota. Per anni, ogni loro attività verrà impedita. E tutte le richieste al Cln e al comune, dirette a ottenere un risarcimento per le razzie e i beni rubati, cadranno nel vuoto.

Ma Nora dov'è? Il sindaco l'avrà poi trovata? E il maresciallo dei carabinieri di Campo Ligure sarà stato in grado di rispondere alle domande del nuovo capo dell'amministrazione comunale?

In realtà, Nora è sempre rimasta a Masone. È rimasta nella memoria di chi c'era, nei ricordi, nei racconti, fiera, «nobile signora», invitta, sicura di non aver sbagliato. Nora ti guarda dritta negli occhi. E c'è qualcuno che, ancora oggi, non regge il suo sguardo.

Dedico questa storia alla memoria di mio padre Attilio, che avrebbe tanto voluto leggerla.

Nella fossa di Cadibona

«ECCO una lunga lettera che ho ricevuto da un ingegnere romano, dirigente industriale in pensione, già comandante partigiano nel Savonese», dissi ad Alberti. «Rievoca un eccidio che di solito viene ricordato soltanto da fonti fasciste: quello della corriera di Cadibona. Ne avevo parlato in un mio libro, 'I figli dell'Aquila'. Ma in quel momento non avevo a disposizione fonti partigiane. Per questo la lettera presenta un doppio interesse.»

«Come si chiama l'autore?» domandò l'avvocato.

«Qui ci sono il nome e l'indirizzo. Ma lui mi ha autorizzato a pubblicare soltanto le sue iniziali: V.B. Le ricordo che in quella strage, compiuta l'11 maggio 1945 da elementi della polizia partigiana, furono uccisi trentotto, qualcuno dice quaranta, prigionieri fascisti prelevati dal carcere di Alessandria e destinati al carcere di Savona. Invece di consegnarli alla prigione savonese, i loro custodi pensarono bene di giustiziarli lungo la strada.»

«Chi erano gli assassinati?» chiese Alberti.

«Dieci erano militi della Brigata nera di Savona, uomini di mezza età, a parte un paio di giovani, uno di 17 anni. Sei appartenevano alla Gnr. Due erano marò della

'San Marco'. Poi c'erano dieci civili. Degli altri non sappiamo nulla. Nel racconto di V.B. c'è anche il caso di uno dei prigionieri che tentò di fuggire quando era già spogliato e pronto per essere soppresso. Vedrà che cosa gli accadde. Di lui si sa che era un sottotenente della Gnr e se ne conosce il nome: Mario Molinari, nato a Orte, in provincia di Viterbo.»

«Immagino che per quella strage, avvenuta due settimane dopo la fine della guerra, ci sia stato un processo», osservò Alberti.

«Sì. I cinque killer di Cadibona vennero tutti identificati e rinviati a giudizio per omicidio volontario aggravato. A uno di loro fu anche imputata l'uccisione di un marò della 'San Marco' che aveva soltanto 16 anni, compiuta negli stessi giorni. Il processo durò un'infinità di tempo. Nella seconda metà degli anni Cinquanta fu trasferito da Savona a Verona. Ma qui agli imputati venne concessa l'amnistia. E anche quella strage, classificata come atto di guerra, restò impunita.»

«Ma adesso ascoltiamo la testimonianza di V.B., interessante anche per la descrizione dell'aria che tirava a Savona nei primissimi giorni del dopoguerra. Un'aria, sono io a dirlo, davvero pessima. Che seguitò a spirare per mesi e mesi, propiziando la serie interminabile di delitti che ho rievocato nel 'Sangue dei vinti'. A cominciare da quelli della cosiddetta Pistola Silenziosa.»

Nell'aprile 1945 mi trovavo sul monte Camulera, sul versante di Calizzano, al comando del distaccamento «Nino Bori» della V Brigata Garibaldi «Baltera», inquadrata nella Divisione «Gin Bevilacqua». Ero ufficiale dell'esercito, avevo 22 anni e una invidiabile (si fa per dire) esperienza di guerra sia contro i russi che contro gli americani. Infine, non ero comunista, come non lo sono adesso, ma legato ai compagni di allora da un patto di reciproca lealtà.

Il giorno 25 mattina ricevetti l'ordine di spostarmi con il reparto a Osiglia, dove stavano confluendo gli altri distaccamenti della Brigata. Era ormai sera quando ci mettemmo in marcia per raggiungere Savona. Camminammo tutta la notte con brevi soste. E il mattino del 26, insieme con altre formazioni partigiane, ci ammassammo in corso Ricci, lungo il fiume Letimbro.

Mi conceda una breve digressione. Durante la notte, quando eravamo più o meno all'altezza di Altare, s'inserì nella colonna, proprio dietro il mio distaccamento, un reparto della Divisione fascista «San Marco». I marò erano disarmati, ma gli ufficiali portavano le pistole. Da questo dedussi che si erano consegnati ai partigiani senza combattere. Stimai che si trattasse di una compagnia al completo. Il capitano era affiancato da un comandante partigiano. Parlavano tra loro con tono pacato, quasi amichevole.

Poco dopo, durante una sosta, scambiai qualche parola con un ufficiale di quel reparto. Ci presentammo, era il tenente, o sottotenente, T., credo di Varese. Al momento di riprendere la marcia, l'ufficiale sfilò dal cinturone la fondina con la rivoltella e me la porse. «Prima o poi, la dovrò consegnare», disse. «Preferisco darla a te piuttosto che a quelli là.» Conservo ancora quell'arma. Poco prima di Savona, il reparto della «San Marco» fu dirottato verso un'altra località e io non ne seppi più nulla.

Torniamo al nostro arrivo in città, su corso Ricci. Più

316

avanti, sulla sinistra, c'era un ponte. Bastava attraversarlo e ci saremmo trovati vicini al centro di Savona. Invece restammo fermi per due o tre ore. Con il passaparola, ci fecero sapere che «avremmo proseguito non appena fossero stati eliminati i cecchini che sparavano dai piani alti degli edifici».

Personalmente ho sempre nutrito dei dubbi sulle vere ragioni di quella lunga fermata. Comunque, alla fine entrammo in città. I garibaldini sfilarono nelle strade in fila indiana, come si usava in montagna. Nel pomeriggio, un componente del Comitato di liberazione nazionale ci rivolse un caloroso saluto in piazza Mameli. E infine rividi la mia famiglia, che abitava a Savona.

La mattina del 27 aprile fui convocato al comando della mia Divisione, in corso Italia. Qui, dopo essere stato presentato ad alcuni membri del Cln (ricordo il nome dell'avvocato Astengo), fui nominato comandante della «Brigata dell'Ordine». Questa brigata, destinata a occuparsi del mantenimento della sicurezza e dell'ordine pubblico, avrebbe dovuto essere costituita da due distaccamenti partigiani: il mio e uno delle formazioni di Giustizia e libertà, quelle del Partito d'azione.

Di fatto, però, questo secondo distaccamento non si presentò mai, cosicché dovetti fare affidamento soltanto sui miei uomini. M'installai con il reparto negli uffici della questura di Savona, in piazza Marconi. I miei garibaldini furono muniti di un bracciale rosso-blu di riconoscimento.

Con gli uomini e i mezzi che avevo, potevo fare ben poco. Istituii dei servizi di pattugliamento a piedi e in motocicletta, che si rivelarono un buon deterrente. Inoltre diedi disposizione affinché tutti coloro che venivano condotti al carcere di Sant'Agostino «per iniziativa po-

317

polare» (eufemismo per quello che in buon italiano suona «a furor di popolo») fossero portati in questura per essere interrogati, allo scopo di accertare l'effettiva necessità della loro carcerazione.

Tale procedura fu estesa anche a elementi già in prigione, ma chiaramente vittime di errori o di valutazioni grossolane. I motivi di questi provvedimenti erano due. Il primo era che, dopo quasi tre giorni di attivissima caccia ai fascisti, alle spie e ai collaborazionisti d'ogni genere, erano ormai molti coloro che venivano condotti in prigione pur non avendo commesso alcunché di rilevante.

Il secondo stava nel fatto che il carcere di Sant'Agostino era saturo di prigionieri, ben oltre la sua capacità. E io non volevo istituire «prigioni del popolo», vere riserve di caccia per i violenti, non disponendo di forze adeguate per la sicurezza degli eventuali fermati.

Gli interrogatori venivano condotti la sera da me e dal commissario politico, ormai chiamato commissario di guerra, quando lui non era impegnato altrove. Non si facevano verbali, era un lusso che non potevamo permetterci. Ma dei fermati rimessi in libertà veniva annotato il nome e l'indirizzo, con l'ordine di tenersi a disposizione dell'autorità.

A proposito della «Brigata dell'Ordine», voglio aggiungere qualche notizia che potrà interessarla. Il 27 aprile 1945, su un quotidiano della città, apparve un comunicato del Cln, datato 25 aprile, che tra l'altro diceva: «Sono stati designati un commissario provinciale e un capo della polizia per il mantenimento della sicurezza e dell'ordine pubblico». Io non vidi mai questi signori. E credo che la costituzione della nuova brigata sia stata il tentativo *in extremis* per cercare di tamponare una situazione che l'avvocato Astengo considerava «molto critica».

Purtroppo la brigata, per la penuria di uomini e di mezzi, per la mancanza di addestramento specifico e per l'assoluta assenza di indirizzi operativi e di informazioni, non poté che cercare di limitare i danni. Con le pattuglie che avevano l'ordine di sparare, e non soltanto in aria, si ottenne insperatamente la drastica riduzione delle rapine, dei furti e dei saccheggi.

Anche le violenze sulle persone si ridussero, ma non in periferia, dove l'esiguità delle nostre forze non consentiva di esercitare alcun controllo. In definitiva, per le persone non potei fare altro che applicare la politica del «setaccio» che ho descritto.

Dei casi esaminati, soprattutto uno mi è rimasto ben impresso nella memoria. Il 27 aprile, a notte inoltrata, fu condotta nel mio ufficio una ragazzina esile, il volto pallido, impaurita, che in apparenza non aveva subito violenze. La interrogai, si chiamava Teresa P., aveva 15 anni, ma non li dimostrava. Era stata portata al carcere di Sant'Agostino dai suoi compagni di classe «perché in certe occasioni aveva dimostrato la sua simpatia per i fascisti».

Ero sbalordito, incredulo, ma soprattutto indignato. E decisi di risolvere all'istante quella situazione assurda. Telefonai al padre e gli dissi che, in questura, c'era sua figlia, che venisse a prenderla. Quando il padre mi fu davanti, gli raccomandai di tenere la ragazza in casa, o presso parenti fidati, sino a che non fosse passata la buriana. Di quella ragazza omisi di aggiungere il nome sulla lista dei rilasciati.

Ai primi di maggio, la «Brigata dell'Ordine» cessò di esistere. Il rientro in servizio da parte dei dipendenti della questura e l'arrivo di carabinieri e poliziotti ci consentirono di passare la mano. A proposito di questa forza pubblica, mi trovavo per caso in corso Cristoforo Colombo all'arrivo dei primi due camion di carabinieri. Il corso era affollato di gente, dopo una manifestazione. Quando giunsero, gli uomini della Benemerita furono accolti da una bordata di fischi, la più lunga e la più potente che io abbia mai sentito!

In quell'inizio di maggio, il mio distaccamento fu dislocato a Montemoro, una frazione a sette chilometri da Savona, in attesa della smobilitazione. Riponemmo le armi e ci concedemmo, finalmente, un po' di riposo. Eravamo contenti di ciò che avevamo fatto e fiduciosi nel futuro. Tuttavia, qualche giorno più tardi, un grave episodio offuscò la nostra serenità: il massacro della corriera di Cadibona.

Montemoro era un gruppo di poche case, disposte a semicerchio intorno a una piccola piazza. Qui passava la strada che da Savona porta ad Altare. Sinuosa e in leggera salita, la statale si snodava a mezza costa, sul fianco di una vallata. Dopo un paio di chilometri, raggiungeva l'entrata di un tunnel che la gente del posto indicava come il passo di Cadibona.

La mattina dell'11 maggio, andai in motocicletta al comando partigiano di Savona per il disbrigo di pratiche varie. Poi passai dalla mia famiglia e pranzai con loro. Quindi feci ritorno a Montemoro verso le tre del pomeriggio. Affidai la moto a un partigiano che voleva fare un salto a casa. E mi avviai verso alcuni garibaldini, seduti ai tavoli di un bar, sul margine della statale.

Fu in quel momento che avvertii dei colpi d'arma da fuoco, intervallati da brevi pause. Erano lontani e provenivano dalla valle. Ne parlai con i miei partigiani. Mi dissero che gli spari erano cominciati da qualche tempo, ma che nessuno vi aveva dato peso. In quei giorni, capitava spesso che, con tutte le armi e le munizioni che c'erano in giro, dei civili o dei partigiani si divertissero a fare il tiro a segno nelle campagne, o a sparare nei torrenti per dare la caccia alle trote.

Distribuii ai partigiani presenti il premio di smobilitazione che avevo prelevato al comando di Savona. Stavamo parlando delle ultime notizie raccolte in città quando sentimmo delle urla provenire dalla strada statale. Due uomini venivano di corsa giù per la discesa, i mitragliatori Sten imbracciati, gridando all'indirizzo di qualcuno verso la valle. Quasi subito, oltre il ciglio della strada, comparve un giovane seminudo, con le braccia alzate in segno di resa.

Chiesi ad alta voce che cosa stesse accadendo. Uno dei due armati mi rispose che si trattava di un prigioniero fuggito e che loro dovevano «riportarlo al camion». Protestai con forza: quella era la nostra zona e il prigioniero doveva essere consegnato a noi. Mi richiamavo così alle norme che regolavano i rapporti tra le formazioni partigiane in montagna. Anche se avevo ragione di ritenere che, ormai, quelle norme fossero del tutto disapplicate.

Sempre lo stesso dei due armati mi rispose con un ghigno e venne avanti, lo Sten puntato contro di noi. Quando ci fu vicino, apparve evidente che era ubriaco, ben carburato di vino. Noi eravamo disarmati. Restammo immobili, in silenzio, mentre il suo compagno si allontanava con lo Sten nella schiena del giovane seminudo. Quando loro scomparvero dietro la prima curva, pure chi ci aveva minacciato arretrò, sempre con il mitragliatore rivolto verso di noi. Poi se ne andò di corsa.

Ero infuriato. Volevo recarmi subito ad Altare, per protestare con il distaccamento dislocato in paese. E per capire qualcosa di quanto stava succedendo. Ma dovetti aspettare il ritorno dell'unica motocicletta disponibile, che arrivò quasi un'ora più tardi.

Partii subito, armato. E con un partigiano, anche lui armato, sul sellino. Dopo un paio di chilometri, stavo per affrontare una curva a destra, piuttosto stretta, quando il mio compagno mandò un grido. Mi fermai. All'esterno della curva, oltre il ciglio della strada, c'era uno spiazzo erboso, non molto grande. Al centro dello spiazzo vedemmo una fossa quadrata, di tre o quattro metri di lato, colma fino all'orlo di cadaveri. Dal cumulo di corpi emergevano gambe e braccia in pose scomposte.

Ci guardammo intorno. Il luogo era deserto. Non una casa o un traccia di vita nei dintorni. A qualche centinaio di metri si scorgeva l'imbocco del tunnel di Cadibona. C'era ancora luce, ma il sole era già scomparso dietro la montagna. D'un tratto mi resi conto che proseguire per il passo di Cadibona e Altare poteva rappresentare per noi un grave pericolo. Così decisi di ritornare a Montemoro.

Quella notte preparai un rapporto per il comando e la mattina seguente lo portai a Savona. Al comando erano presenti soltanto pochi uomini in sottordine. Misi il rapporto in una busta e ne affidai la consegna a un partigiano che mi era amico.

La sera successiva ritornai a Montemoro. E qui appresi che i garibaldini, su richiesta del parroco, avevano provveduto con l'aiuto di qualche civile al recupero, al trasporto e all'inumazione delle salme in una fossa comune del cimitero del paese.

Il trasporto era avvenuto con un carro agricolo. Mi dissero che un ufficiale americano, che passava sulla statale con una jeep, dopo aver visto il carro con i morti aveva preannunciato un rapporto al suo comando.

In un suo libro, «I figli dell'Aquila», lei ha parlato di confusione e di eccitazione al momento di quelle esecuzioni. Questo dettaglio mi lascia perplesso. In genere, le esecuzioni venivano eseguite in luoghi isolati, rapidamente, senza clamori e in assenza di estranei. Sarei invece propenso a credere che, se confusione ci fu, essa si verificò sul luogo della spoliazione dei prigionieri, prima di trasferirli dalla corriera al camion che doveva portarli sul posto della strage. Del resto, non ricordo resti della spoliazione intorno alla fossa, sul ciglio della quale i detenuti vennero uccisi.

Aggiungo che questa fossa non presentava terreno di scavo sui bordi. Ed era ben squadrata. Data la sua posizione, direi che si trattava di uno scavo, forse della «San Marco», per realizzare un caposaldo a difesa del tunnel di Cadibona. Seppi in seguito che, la mattina in cui presentai il rapporto a Savona, era il 12 maggio, il comando partigiano conosceva già il fatto.

Parte quarta

La fiaba di Nino

«Uno degli incontri che più mi è rimasto nel cuore è stato quello con Paola Autelli, figlia di Nino, poeta e prosatore piemontese. Lei non mi aveva scritto dopo il 'Sangue dei vinti': sono stato io a cercarla.»

«Perché?» chiese l'avvocato Alberti, che voleva sempre conoscere anche i dettagli di quanto gli andavo narrando, per comprendere sino in fondo come fosse nata ciascuna delle testimonianze.

«Perché mi aveva sempre colpito la fine di un uomo tranquillo come Autelli», gli risposi, «un letterato della mia regione, il Piemonte, uno scrittore tanto lontano dal sangue e dalla crudeltà della guerra civile. Non sapevo quasi nulla del suo assassinio. Allora sono andato ad Alessandria e lì ho scoperto che in un centro vicino, Spinetta Marengo, viveva sua figlia Paola.»

«Le ho telefonato, le ho spiegato perché volevo parlarle e lei mi ha risposto: 'Venga a trovarmi, anche oggi'. È stato così che ho incontrato Paola Autelli, in una casa con due biblioteche: quella del padre e la sua. Anche Paola ha vissuto e vive tra i libri. Si è laureata in Lettere classiche all'Università di Torino. E per molti anni ha insegnato lettere al Liceo scientifico 'Galileo Galilei' di Alessandria. È in pensione da pochissimo tempo, ma ha l'aspetto, la grazia e la vivacità di una giovinetta, si sarebbe detto una volta. Ecco il suo racconto.»

È successo tutto in questa casa, dove stiamo parlando. Ed è successo in un attimo, nella notte fra il 17 e il 18 maggio 1945. Un gruppo di uomini armati e mascherati ha sfondato il portoncino d'ingresso, è salito al primo piano e ha forzato anche la porta della camera da letto dei miei genitori. Accanto a loro dormivo io, avevo tre anni e mezzo. Hanno afferrato papà, l'hanno trascinato giù per le scale e portato nel piccolo giardino, quello che ha visto anche lei.

Qui gli hanno sparato al ventre e a un braccio, poi sono scappati. Papà è morto tre ore dopo. L'ultimo ricordo che ho di lui è poco più di un fotogramma: la sua mano che mi sfiora il capo, un piccolo toc-toc sui capelli, come per dirmi di non avere paura e di stare tranquilla.

Mio padre si chiamava Nino Autelli e quando l'hanno ucciso doveva ancora compiere i 42 anni. Quel che può ricordare una bambina tanto piccola non è molto. Nella mia memoria ci sono, per l'appunto, soltanto dei fotogrammi. Eccone uno: papà che torna a casa ogni sera con una caramella in tasca, si ferma sulla porta e mi dice, in piemontese, «Fugna», ossia fruga, cerca.

In un'altra immagine, lo vedo mentre scava una buca nel giardinetto per piantarci un susino, l'abbiamo poi messo noi, dopo la sua morte. Era l'aprile del 1945 e a sua madre, Ottavia Ricci, la mia nonna paterna, quella buca faceva paura. Era una premonizione? Non so dirlo.

In un terzo fotogramma, vedo mio padre a tavola mentre versa qualche goccia di vino in un bicchiere d'acqua, destinato a me che lo reclamavo come i grandi. Lui lo chiamava «il Rosa». Gli piaceva dare un nome alle cose. Aveva battezzato le mie mani Caterina e Carolina, e i piedi Federico e Romeo.

Ero la sua unica figlia e non avevo fratelli. Con me era dolcissimo, che cosa posso aggiungere d'altro? Legga questa cartolina, spedita da Verona il 16 aprile 1942: «Mia cara Paola, nel mio continuo andare per le strade del mondo, sei tu il mio pensiero più bello e la mia gioia più pura. Tuo babbo». Avevo sei mesi.

Lo guardi in questa fotografia, scattata pochi giorni prima della morte. La bambina bionda che tiene in braccio sono io. Ma questa foto mi piace soprattutto perché papà lo si vede bene com'era: alto, bello, i capelli neri, un volto perfetto e un sorriso aperto.

In questo ritratto è tranquillo. No, non aveva paura. Lui non si era nascosto, come hanno fatto tanti altri. Era un uomo buono, tollerante, generoso con il prossimo. Aveva molti amici. Dopo la sua morte, sono spariti tutti.

Era nato qui, a Spinetta Marengo, un sobborgo di Alessandria, il 17 agosto 1903. Suo padre Oreste aveva un negozio di alimentari con tabaccheria. Era un bravo studente e aveva frequentato il Liceo classico al «Plana» di Alessandria. Dopo la maturità, nel novembre del 1922, a 19 anni, si è iscritto alla facoltà di Medicina, all'Università di Torino.

Poi si è accorto che il sangue gli faceva impressione e ha deciso di abbandonare. Ha preso il diploma magistrale e ha cominciato a insegnare come maestro elementare.

Anche la mamma era maestra. Si chiamava Maria Maddalena Balbi ed era nata nel 1906 a Molinetto, una frazione di Alessandria.

La vera passione di papà, il suo centro esistenziale, era scrivere. Molti lo ricordano come un poeta, però è più esatto definirlo un poeta in prosa, di una prosa che ha ritmo. Frequentava a Torino il gruppo dei Brandé, ci andava in bici da Spinetta. Il brandé è l'alare del focolare. Tra gli alari brilla il fuoco della poesia…

Erano poeti e prosatori in piemontese. No, non parli di dialetto: per loro era una lingua, come e più dell'italiano. Un critico, Luigi Olivero, ha definito Autelli «la più alta voce della prosa fiabesca in piemontese di tutti i tempi».

Nel 1931 ha pubblicato il primo libro: «Pan d' cua», significa pane fatto con più farine. Il sottotitolo dice: «Leggende e racconti popolari piemontesi». Sei anni dopo, era il 1937, è uscito il suo secondo libro di prose poetiche: «Masnà», bambino. Lo illustravano i disegni di Felice Vellan, li vede incorniciati su quella parete.

Ha scritto anche dei racconti africani, apparsi su qualche rivista. Dovevano far parte di un libro mai terminato, «Legionario fanciullo». Poi più niente, perché l'hanno ucciso.

Papà scriveva a mano, con la penna. Aveva una grafia elegante, ordinata, molto leggibile. Anche la calligrafia è il suo ritratto di uomo e di letterato. Leggeva tantissimo. Dopo ogni viaggio, tornava a casa con sacchi di libri, soprattutto di letteratura. Sono ancora tutti qui. Vivo con loro. I miei libri sono accatastati, perché non c'è più posto.

Questa casa è stata costruita nel 1926 dai nonni paterni, quando sono andati in pensione. Allora la strada si chiamava via XXVIII Ottobre, la data della marcia su Roma. Oggi si chiama via Achille Perfumo, un caduto partigiano. È una villetta a due piani: quello terreno e il primo. I nonni l'abitavano con i due figli: mio padre e suo fratello Luigi, di cinque anni più giovane.

Anche mio zio era maestro elementare, insegnava a Tortona. Alla fine della guerra è stato picchiato in modo pesante, a Castelnuovo Scrivia. A pestarlo è stato un tale soprannominato «Stivalon». Costui se ne vantava dicendo: «Gliene ho date tante, ma tante!, al maestro Autelli!»

Papà si è iscritto al fascio quasi subito, nel 1922 o nel 1923. Lei mi domanda perché. Ho soltanto una risposta: perché ci credeva e ci ha creduto sino alla fine. Con tutta la sincera onestà della sua anima limpida, aveva identificato nel fascismo la legalità, l'ordine, l'onore, la difesa della Patria.

Non ha mai avuto cariche nel partito, nemmeno dopo l'8 settembre 1943, quando aveva aderito al Partito fascista repubblicano. Dalla sua fede politica non ha tratto nessun vantaggio. Ha sempre dato, in ultimo anche la vita, e mai ricevuto.

Ha fatto il servizio militare da soldato semplice. Nel marzo 1936 è andato volontario in Africa orientale, come soldato della Sussistenza, il servizio che distribuiva i viveri ai militari. Aveva 33 anni e non era ancora sposato. È rimasto in Africa sino al gennaio 1937. Alla guerra di Spagna no, per quella non è partito.

Da militare aveva scritto ai genitori: «Conservate le mie lettere africane, così potrò leggerle accanto al fuoco quando sarò nonno». E sempre dall'Africa aveva mandato a casa una sua fotografia con due altri soldati. La lettera che l'accompagnava diceva: «Quello lungo lungo, a destra di chi guarda, è quel ragazzo maturo, più buono che cattivo, magari un po' matto, che ha la disgrazia di avere la testa sempre piena di sogni».

Papà e mamma si sono sposati nel novembre del 1940, qui a Spinetta. E pochi mesi dopo, lui è stato richiamato alle armi. Dal momento che aveva frequentato Medicina, l'hanno messo nella Sanità, ancora da soldato semplice. Faceva la spola tra il fronte russo e l'Italia, sui treni ospedale che riportavano in Patria i nostri militari feriti.

Quando sono nata io, il 4 ottobre 1941, lui era a Kolozsvar, in Transilvania, una tappa di quei convogli. Scriveva alla mamma: «Sono stato assegnato alla vettura dei feriti gravi, tutti barellati. Sono contento di questo incarico perché avrò modo di essere più vicino a coloro che hanno vissuto la guerra e di esercitare verso di essi tutta la mia umana simpatia e il mio spirito di carità». Dopo due anni di servizio duro sui treni ospedale, papà si è ammalato ed è stato messo in congedo.

Lei mi domanda che cosa pensasse della guerra, ma io non lo so. Ero troppo piccola per saperlo. Quello che posso dirle è che mio padre non era un uomo violento, non lo è mai stato, mai. C'è un episodio che ho appreso dalla mamma. Dopo l'8 settembre 1943, mentre da Molinetto ritornava in bicicletta a Spinetta Marengo, si è imbattuto in un soldato sbandato che camminava sfinito sulla strada. L'ha caricato sulla canna, l'ha portato qui in casa, gli ha dato da mangiare e da dormire. Quando quel militare è ripartito, papà gli ha detto: «Potrei denunciarti, ma non lo farò».

Quando è nata la Repubblica sociale, lui si è iscritto al Partito fascista repubblicano. Anche qui non ha avuto cariche, mansioni speciali, gradi. Poi nel luglio 1944, il segretario del Pfr, Alessandro Pavolini, ha deciso di militarizzare il partito: tutti gli iscritti maschi, dai 18 ai 60 anni, dovevano arruolarsi in una formazione militare, le Brigate nere.

In questo modo, anche papà ha vestito di nuovo la divisa. Da semplice milite della Brigata nera «Attilio Prato», senza partecipare a rastrellamenti o a operazioni contro i partigiani. Frequentava la sede della federazione, ad Alessandria. Penso che facesse lo scritturale, addetto a qualche ufficio. E nient'altro.

Il 25 aprile la mamma è andata a prenderlo in bicicletta, portandogli un abito civile. Papà è ritornato a casa, in questa villetta. Non ha mai pensato di scappare. Stava qui, allora il cortile era aperto, non esisteva la recinzione che lei avrà notato. Lavorava nel giardino, si faceva vedere.

Che io sappia, non è mai stato minacciato. Si era presentato al Cln di Spinetta e gli avevano detto di stare tranquillo. Si sentiva la coscienza a posto. E non ha avuto paura neppure quando ha saputo che suo fratello Luigi era stato picchiato. Certamente si rendeva conto di quel che stava avvenendo un po' dappertutto: le vendette, le esecuzioni, le violenze, le stragi. Lo si capisce da un brano scritto sull'ultimo foglio di un suo taccuino segreto.

Diceva: «Il mio cuore piange in silenzio per le sorti della nostra terra. Voi no, voi non avete nessun dolore. Vi sento ridere, vi sento cantare per le strade. A voi nulla importa della nostra terra e avete vent'anni, giovani del mio paese. Voi non sapete che odiare. Il mio cuore, invece, è pieno d'amore per la nostra terra, le nostre case. Voi non sapete come è bello anche morire per questo amore».

Poi è arrivata quella notte. Nel nostro alloggio eravamo in quattro: il papà, la mamma, la nonna paterna e io. Nella casa abitavano altre tre famiglie di inquilini. Poco dopo l'una del 18 maggio, dopo aver sfondato il portoncino d'ingresso, una squadra di sconosciuti è salita al primo piano e ha fatto irruzione nella nostra camera da letto.

Quanti erano? Non lo so. Avevano le armi e il viso coperto da sciarpe rosse. Mi sono svegliata di colpo e ho cominciato a piangere. Ero troppo piccola, ma ho provato uno choc terribile. Nel tempo l'ho superato perché, stranamente, sono cresciuta abbastanza equilibrata.

Hanno afferrato mio padre e gli hanno ordinato di seguirlo. Lui si è limitato a dire: «Non ho fatto niente di male». E qui ho un altro fotogramma nella memoria. Vedo papà come in croce, un braccio tirato dagli armati che cercano di trascinarlo via, l'altro dalla mamma e dalla nonna che tentano di trattenerlo, gridando. Gli armati hanno minacciato la nonna con il fucile, per farla smettere di urlare, e hanno portato papà nel cortile.

Qui tutto si è svolto in un lampo, sempre sotto gli occhi della mamma e della nonna. Papà viene scaraventato a terra nel cortiletto d'ingresso e quelli gli sparano al ventre e al braccio, penso con un mitra e una rivoltella. Poi se ne vanno via di corsa, senza dir niente, sopra un'automobile che parte veloce.

Papà è stato riportato di sopra e messo sul letto. Aveva un braccio scorticato e il ventre squarciato dalle pallottole. Ma era ancora vivo. Mi ha dato quella carezza sulla testa. Poi ha voluto un prete. È arrivato don Anselmo Pianzola, il viceparroco di Spinetta. La mamma ha chiamato anche il medico condotto, il dottor Giuseppe Bensi. Lui s'è reso subito conto che non c'era più nulla da fare. Papà si è confessato, ha ricevuto l'estrema unzione. Alle quattro e mezza di mattina è morto dicendo: «Padre, perdonali, perché non sanno quello che fanno».

Quella stessa notte, a Spinetta, è stato ucciso un altro fascista: Giovanni Monferrino, più anziano di papà, un agricoltore sui 50 anni. A lui hanno riservato una fine anche più orrenda: preso in casa, legato a un'auto, trascinato per le strade del paese e poi finito con il colpo di grazia davanti al cancello del cimitero. Ma di questa vicenda non so altro.

I funerali di mio padre li abbiamo tenuti nella chiesa della Natività, qui a Spinetta. C'era pochissima gente. Dieci persone? Forse meno. Una scolara di papà mi ha poi detto che c'ero anch'io: «Avevi un vestitino azzurro». Però io non ricordo niente.

Lei mi chiede come sarebbe stata diversa la mia vita, se non mi avessero ucciso il papà. Forse avrei avuto dei fratelli, che ho desiderato sempre. E non avrei visto la mamma perennemente triste. Da quel giorno non l'ho più sentita ridere. Sempre vestita di nero o di grigio, non ha mai avuto dei colori addosso. Ha continuato a fare la maestra, nessuno l'ha epurata o perseguitata. Le avevano ammazzato il marito, e forse questo bastava...

Papà mi è mancato sempre, ogni giorno. Non mi sono mai vergognata di lui. E non ho mai avvertito ostilità nella gente. Le persone di Spinetta mi stimano. Anche di papà dicono che era una brava persona. Io non mi sono mai mossa da questa casa, ci vivo da quando sono nata.

Lei vuol sapere quando mi sono resa conto che l'assassinio di mio padre stava dentro un dramma politico collettivo. Le rispondo che me ne sono resa conto sempre, non appena sono stata in grado di capire quel che era avvenuto. Sentivo mia madre dare giudizi durissimi su chi aveva ucciso papà. E ho conosciuto presto altre storie simili alla nostra.

La mia santola, la mia madrina della cresima, era una maestra elementare, a Bottrighe, una frazione di Adria, nel Polesine. Suo marito era il tesoriere della Brigata nera alessandrina. Si chiamava Ermenegildo Crepaldi, aveva 46 anni, un altro maestro di scuola, pure lui di Bottrighe. Alla fine del maggio 1945, è sparito nella zona di Castelnuovo Scrivia e il suo corpo non è stato mai ritrovato. La moglie si è trasferita qui per indagare, per capire che fine avesse fatto. È morta senza aver saputo nulla.

Non m'intendo di politica, ma sto a destra. Ci sto per lui, per papà. Ricorda che cosa scrive Tertulliano? «Il sangue dei martiri è seme di nuovi cristiani.» Dunque, il sangue dei fascisti è seme di nuovi fascisti. So che nella guerra civile anche i fascisti ne hanno fatte tante. Ma da una parte e dall'altra c'erano sia brave persone che delinquenti.

Per l'assassinio di mio padre non c'è stato nessun processo. Hanno condotto delle indagini. E la mamma è stata chiamata a riconoscere i possibili assassini in un gruppo di persone che le sono state mostrate. Ma lei non ha identificato nessuno. I carabinieri l'hanno persino rimproverata. Però la mamma non era sicura, poteva sbagliarsi e accusare un innocente.

La mamma se n'è andata da poco. Negli ultimi tempi, quando si sedeva sul divano, sceglieva un posto diverso dal solito. Poi mi ha spiegato che il babbo stava proprio lì, la sera prima che lo ammazzassero.

Adesso mi resta da fare una cosa: mettere una lapide in memoria di mio padre. La metterò accanto alla porta di casa, dentro il cortiletto. Così non dovrò chiedere nessuna autorizzazione.

Ci scriverò queste parole: «Qui nella notte fra il 17 e il 18 maggio 1945 fu barbaramente trucidato Nino Autelli, poeta, scrittore, educatore, che cristianamente perdonò i suoi assassini. Nel sessantesimo anniversario la figlia ricorda quel padre grande e buono che Dio le ha dato e gli uomini le hanno tolto».

Assassinati per un ballo

«PRIMA di ascoltare il racconto di Rosanna Chiappori», spiegai all'avvocato Alberti, «le dirò qualcosa a proposito di un comandante partigiano che campeggia, vedrà in che modo, nella testimonianza di questa signora di Asti. Devo farlo per dare a chi la leggerà qualche elemento utile a rendersi conto del clima di quel tempo feroce, dove si poteva uccidere o morire per i motivi più assurdi.»

«Era un capo partigiano molto noto?» domandò Alberti.

«Nell'Astigiano certamente sì: noto con il nome di 'Gatto' e dalla fama assai discussa. Si chiamava Battista Reggio ed era nato a Belveglio, un comune di quella provincia, il 17 febbraio 1922, in una famiglia contadina benestante ed evoluta. Chi l'ha conosciuto, lo descrive come un giovanotto alto, molto robusto, biondo, dal temperamento ribelle, impulsivo, coraggioso al limite della spavalderia, un fegataccio. Insomma, il tipo ideale per la guerriglia sulle colline, fatta soprattutto di colpi di mano, azioni rapide, agguati ed esecuzioni senza pensarci troppo.»

«Era un comunista radicale, diremmo oggi. Ma anche

insofferente a qualsiasi disciplina. Voleva sempre fare di testa sua. E non aveva molte simpatie per i politici, neppure per quelli del Pci. Sosteneva che non partecipavano ai combattimenti e passavano il tempo in chiacchiere inutili.»

«Rispettava Davide Lajolo, 'Ulisse', il numero uno dei partigiani garibaldini della zona, ma con lui non aveva un buon rapporto. Forse perché Lajolo era stato un dirigente del Partito nazionale fascista e nella guerra civile spagnola aveva combattuto dalla parte di Franco. Divenne presto uno dei capi partigiani più temuti. Nel novembre 1944 prese il comando della 100ª Brigata Garibaldi. Al 25 aprile guidava l'VIII Divisione Garibaldi 'Asti'.»

«'Gatto' era uno di quelli che si ritenevano ancora in guerra anche quando la guerra era finita. Diceva: 'Dopo la liberazione, bisognerà sparare subito sugli inglesi!' Insomma, era deciso a continuare la lotta armata. E ce ne volle per convincerlo del contrario.»

«Era pure uno staliniano di ferro. Negli organismi di partito si lamentava spesso che, dopo la morte di Stalin e dopo il XX Congresso del Pcus, la stampa del Pci non desse spazio agli oppositori di Kruscev.»

«Da dove ha ricavato queste notizie?» mi domandò Alberti, sempre prudente.

«Tutte da fonti antifasciste e resistenziali», risposi. «Le risparmio il ritratto di 'Gatto' disegnato dalle fonti di destra. Il profilo che ne esce è ben più negativo: un sanguinario e basta.»

«Di Battista Reggio si parla anche in un libro scritto da un giornalista di valore, che era stato partigiano garibaldino sulle colline di Asti e aveva avuto modo di conoscere bene 'Gatto'. Il libro lo sentirà citare dalla signora Chiappori. Ma adesso ascoltiamo il racconto di Rosanna, una donna intelligente, volitiva e dalla memoria precisa e tenace.»

I protagonisti di questa storia sono tre: mio padre, mio fratello e un nostro conoscente, vittime della violenza senza ragione, ma potrei dire della furia sanguinaria, di un capo partigiano comunista che lei saprà certo descrivere meglio di me: il famoso «Gatto», nome di battaglia di Battista Reggio.

Mio padre era Virgilio Chiappori, nato a Genova il 19 novembre 1892. Possedeva un'industria vinicola a Montegrosso d'Asti, un paese di collina a quattordici chilometri dal capoluogo provinciale. Papà vi si era stabilito nel 1914 e aveva sposato una ragazza astigiana, Maria Fea. Dal matrimonio erano nati tre figli: Magda, nel 1923; Severino, detto Rino, nel 1924; e la sottoscritta, Rosanna, venuta al mondo quando nessuno mi aspettava più, nel 1936.

Papà era fascista e aveva condiviso la marcia su Roma che metteva fine a un biennio di disordine e di violenze. In seguito, era stato podestà di Montegrosso per molti anni: un podestà per niente fazioso, benvoluto dalla gente, soprattutto per il suo carattere calmo, tranquillo, buono, altruista. Era stato confermato anche durante il periodo badogliano. Dopo l'8 settembre 1943, aveva continuato a guidare il municipio, senza iscriversi al Partito fascista repubblicano.

Nell'estate del 1944, quando nella nostra zona il movimento partigiano si era esteso, papà decise di abbandonare l'incarico. Ma chi gli chiese di rimanere in municipio fu un capo dei partigiani autonomi, Piero Balbo, chiamato «Poli», di Cossano Belbo, già ufficiale della Marina militare e poi comandante della 2ª Divisione «Langhe». «Poli» non si limitò a pregarlo di restare in carica. Mandò a Montegrosso un suo distaccamento, guidato da Angelo Roasio, detto «Polo», che sarebbe rimasto in paese sino alla fine della guerra.

In questo modo, a Montegrosso si registrò una situazione singolare in quell'epoca di guerra civile: un podestà nominato ai tempi del regime fascista e protetto da un gruppo di partigiani azzurri, come li chiamavamo allora. Questi ragazzi si erano installati nelle scuole del paese, ma li vedevamo di continuo in casa nostra. Se si profilava un attacco dei tedeschi, non abbandonavano la zona, ma si trasferivano nelle grotte dell'azienda vinicola di mio padre. Le cantine servivano da rifugio anche alla popolazione civile ogni volta che suonava l'allarme aereo.

In paese c'erano molti sfollati. E anche parecchie famiglie ebree, che mio padre aveva aiutato per prime. Ma la guerra si faceva sentire soltanto da lontano e Montegrosso non fu mai toccato dai rastrellamenti. Di reparti fascisti non ce n'erano. Papà era riuscito a evitare che i tedeschi installassero un presidio nelle scuole e nel castello: li convinse che lì non si poteva portare acqua a sufficienza per la truppa.

In un solo caso i tedeschi presero due persone: mio zio e uno studente di medicina, che poi tornarono a casa grazie all'intervento di mio padre. Al 25 aprile 1945, lui disse che il suo compito era finito. Ma il comandante «Poli» e anche il Cln lo pregarono di occuparsi del paese ancora per qualche tempo.

Il secondo protagonista di questa storia è mio fratello

Rino. Nel 1944 aveva 20 anni e studiava agraria a Torino. Era un ragazzo alto, davvero bello, con grandi occhi azzurri, dal carattere deciso. Nel febbraio del 1944 venne chiamato alle armi dal cosiddetto bando Graziani. E come tanti ragazzi della sua leva, scelse di presentarsi per evitare rappresaglie alla famiglia.

Venne inviato a Moncalieri, vicino a Torino, alla Scuola allievi ufficiali. Da sottotenente dei bersaglieri rimase nell'esercito della Rsi sino all'agosto di quell'anno, senza partecipare a nessuna azione militare o di rastrellamento. Poi disertò, fece ritorno a Montegrosso e si arruolò nella formazione di «Poli». Il suo nome da partigiano azzurro era «Nembo».

Il terzo protagonista di questa vicenda, quello capitato per caso sotto la mannaia di «Gatto», si chiamava Filippo Bussi, aveva 56 anni, faceva il barbiere e suonava il contrabbasso alle feste danzanti. Era l'uomo più pacifico del mondo, piccolo e malandato di salute. Era stato socialista e in gioventù aveva ricevuto dagli squadristi del fascio la sua razione di olio di ricino. Aveva un figlio che si chiamava come lui, Filippo. Ed era cugino di Roasio, il comandante azzurro che guidava il distaccamento sistemato in paese.

Arriviamo così al maggio 1945. La guerra si era conclusa e tutti i tormenti di quei mesi balordi sembravano finiti. Papà aveva superato l'esame della commissione per l'epurazione e aspettava che qualcuno venisse a sollevarlo dal compito assolto con equità per molti anni.

Poi la sera del 13 maggio, una domenica, scoppiò il

finimondo e sa per che cosa? Per una festa da ballo. L'avevano organizzata i partigiani azzurri a Montegrosso basso, senza avere, così sembra, i permessi necessari. Nacque una lite tra i patrioti azzurri e quelli rossi che volevano interrompere la festa. Ci fu una scazzottata. Un partigiano rosso venne picchiato e così anche un membro del Cln.

C'era ancora molta rabbia in giro. E sotto la cenere covava l'astio che durante tutta la guerra civile aveva diviso le brigate autonome, di orientamento liberale e monarchico, da quelle garibaldine, comuniste. Per farla corta, sembra che il partigiano rosso che le aveva buscate sia andato da «Gatto» e gli abbia chiesto di vendicare l'offesa ricevuta.

Per tutto il 14 maggio non successe niente. Poi, poco dopo l'una di notte del 15 maggio, venimmo svegliati dal campanello del cancello d'ingresso alla nostra casa, collocata davanti alle cantine dell'azienda di papà. Erano tre squilli, il suono convenzionale dei partigiani autonomi. I due azzurri che dormivano da noi si alzarono per vedere che cosa accadeva. Ma mio fratello Rino li fermò, dicendo: «Restate qui che vado io».

Rino percorse il viale di ippocastani e di lillà che conduceva all'ingresso e qui si trovò di fronte a quattro partigiani comunisti armati: «Gatto», Valentino Ghione e altri due. «Gatto» imbracciava una pistola mitragliatrice tedesca e mio fratello fu costretto ad aprire il cancello.

I quattro ci entrarono in casa. Mia madre e mia sorella Magda si svegliarono. Papà stava ancora in piedi, perché era solito lavorare di notte. Di giorno, infatti, era assorbito dagli impegni in municipio e dalla continua processione di cittadini che lo cercavano perché li aiutasse a risolvere i loro problemi.

«Gatto» ordinò a mio padre: «Deve venire con me ad Asti, per un interrogatorio». Papà rimase di stucco: appena quindici giorni prima, aveva incontrato «Gatto» davanti alla stazione ferroviaria di Asti, si erano parlati a lungo e, alla fine, «Gatto» gli aveva stretto la mano. Ma quella notte comprese che era inutile discutere. E si mise a raccogliere le carte che aveva già mostrato, con successo, alla commissione per l'epurazione.

Attraverso il telefono interno, Magda cercò di avvisare nostro zio, fratello di papà, che abitava di fronte a noi, dentro l'azienda. Ma «Gatto» glielo impedì. Lei corse fuori e s'imbatté in Ghione. Lo conoscevamo bene perché sua mamma era stata la balia di nostro fratello Rino. Era anche lui del 1924, un tipo piccolo, magro magro, abitava a Mombercelli.

Magda gli chiese: «Perché portate via mio padre?» «Per la faccenda del ballo», rispose lui. «'Gatto' ha detto che oggi o domani Roasio o Chiappori saranno cadaveri in piazza.» Lei replicò: «Ma nessuno di noi è stato a quel ballo!» Il Ghione allora disse: «Se tu mi garantisci che nessuno di voi è andato a quella festa, le cose cambiano. Ci sarà soltanto un interrogatorio e io ti riporto a casa tuo padre tra un'ora al massimo. Non gli torcerò un capello: te lo giuro sul figlio che mi sta per nascere!»

Sempre seguito da «Gatto», papà entrò nella mia camera. La stanza era buia e «Gatto» gridò: «Luce!, accendete la luce!» Mi svegliai e cominciai a piangere. Avevo 9 anni ed ero spaventata. Vidi mio padre e alle sue spalle un omone che non conoscevo: enorme, sanguigno, il gelo negli occhi grigio-azzurri, il mitragliatore impugnato. Papà si chinò su di me, mi diede una carezza e disse: «Dormi, Nanin, dormi che torno presto». È l'ultimo ricordo che ho di lui.

Mentre portavano via mio padre, Magda sentì la mamma dire a Rino: «Non lasciare da solo papà, accompagnalo!» Ma Rino si stava già avviando, per stare con lui e proteggerlo. Eppure la mamma non se l'è mai perdonato. Mio fratello l'avrebbe fatto comunque, però quell'incitamento lei non l'ha più dimenticato. E ha continuato a perseguitarla sino alla fine dei suoi giorni.

Nel frattempo, gli uomini di «Gatto» erano andati a casa del barbiere Bussi. Cercavano suo figlio, ma lui non c'era. Allora prelevarono il padre. E dissero a «Gatto»: «Abbiamo preso il papà». «Gatto» rispose: «Fa lo stesso, andiamo via!»

La banda era arrivata su due auto: una 1100 e una Topolino decappottabile. Sulla prima salirono il Ghione, alla guida, con un partigiano accanto a lui. Dietro vennero messi mio padre, il Bussi e Rino, seduto al centro. «Gatto» si mise al volante della Topolino.

Invece di dirigersi verso Asti, presero la strada per Mombercelli. Dopo poco si fermarono. I tre sequestrati vennero fatti scendere e camminare nel buio per qualche metro. Poi «Gatto» li fece voltare e lui e i suoi cominciarono a sparare con i mitragliatori e le rivoltelle.

Mio padre morì subito. Lo stesso il Bussi. Mio fratello Rino era ferito, ma ancora vivo. Allora «Gatto» gli spaccò la testa con il calcio della pistola mitragliatrice. E gli fece saltare un occhio. Quell'occhio azzurro che non venne mai trovato.

Erano le due di mattina del 15 maggio. Il posto dell'assassinio era un campo di grano, vicino alla fornace di Montaldo Scarampi. I tre corpi vennero portati a Montegrosso lo stesso giorno. Il primo a rendergli omaggio fu il vescovo di Asti, monsignor Umberto Rossi.

Ai funerali partecipò tutto il paese. C'era una marea

di partigiani azzurri e anche qualcuno dei rossi. Furono gli azzurri a portare i feretri a spalle. La nostra famiglia rimase annientata, in tutti i sensi. Rimasi a Montegrosso fino alla quinta elementare. Poi andai a vivere ad Asti, dalla nonna.

Questa esecuzione immotivata e feroce sembrava destinata a non avere un seguito, come tante altre di quel dopoguerra. Ma il diavolo ci mise lo zampino. Nel nostro caso, fu uno zampino paradossale: la proposta, avanzata da non so chi, di conferire a «Gatto» la medaglia d'oro per i suoi meriti partigiani. Come prevede la legge, la procedura richiedeva un'inchiesta preliminare affidata ai carabinieri. E l'indagine riportò a galla quella strage impunita.

«Gatto» e Ghione vennero arrestati il 13 novembre 1952 e rinchiusi nel carcere di Asti sotto l'accusa di triplice omicidio. L'istruttoria si chiuse il 19 ottobre 1953 con il rinvio a giudizio di entrambi. Su richiesta della Procura generale di Torino, la Cassazione dispose che il processo si svolgesse dinanzi alla Corte d'assise di Padova.

Mentre si attendeva il dibattimento, successe di tutto. Anche con l'aiuto della stampa del Pci, mio fratello Rino venne diffamato in ogni modo, per dare all'eccidio una parvenza di giustizia politica. Dissero, e scrissero, che come ufficiale della Gnr, cosa non vera, aveva partecipato a dei rastrellamenti, altra falsità. Del resto, esisteva una prova schiacciante che non c'erano addebiti sul conto di mio fratello: «Gatto» non aveva mai pensato di sequestrarlo, voleva soltanto nostro padre.

I due killer cercarono di difendersi con la solita scusa: nel viaggio, l'auto si era guastata e, durante la sosta per rimetterla in moto, mio padre, Rino e il Bussi avevano tentato di fuggire. Dopo aver intimato l'alt, e non potendo raggiungerli, «Gatto» e Ghione erano stati costretti a sparare con le loro armi automatiche... Tutto falso anche questo.

Le perizie dimostrarono che erano stati uccisi con colpi sparati, quasi a bruciapelo, al torace e al viso, mentre stavano in piedi davanti ai due boia. Papà venne raggiunto da tredici proiettili. Rino da nove, compreso un colpo alla nuca. Il barbiere Bussi da sette. Poi i killer se ne andarono, senza nemmeno curarsi di seppellire le loro vittime.

Ma perché questo eccidio? La risposta dei magistrati fu che «Gatto» aveva deciso di ammazzare il partigiano azzurro Roasio, sempre per la scazzottata del 13 maggio. Poi aveva optato per una vendetta trasversale, contro mio padre e Bussi, amici di quel comandante. Una follia, persino peggiore di tante altre compiute in quel dopoguerra pazzesco.

Nel processo di Padova, «Gatto» e Ghione ritrattarono quasi per intero la versione della fuga dei tre sequestrati. «Gatto» dichiarò di aver avuto l'impressione che i tre volessero scappare. Secondo la cronaca del «Popolo nuovo» del 29 giugno 1954, disse alla Corte d'assise: «È stata un'impressione, signor Presidente. Ho creduto che stessero per fuggire. Forse mi sono sbagliato. Anzi, riconosco di essermi sbagliato. Ma in quel momento mi sono lasciato vincere dall'orgasmo». Ghione raccontò di aver sparato perché così aveva fatto il suo comandante.

Il pubblico ministero, Josè Schivo, rievocò la «figura esemplare» di mio padre, la giovinezza stroncata di mio fratello e il vecchio Bussi, «tre vittime di cui si era tentato di offuscare la memoria con argomenti capziosi, bugiardi e malvagi». Disse che «la strage non trovava giustificazione né davanti a Dio né davanti agli uomini» e aggiunse che a Montegrosso avrebbero dovuto erigere un monumento a Virgilio Chiappori per quanto aveva fatto a favore del paese.

A Padova, la pubblica accusa chiese l'ergastolo per «Gatto» e per Ghione. La Corte d'Assise li condannò a trent'anni di carcere ciascuno, ma ridotti soltanto a due per il gioco delle amnistie, concesse nella convinzione che avessero agito per motivi politici. Era il 9 luglio 1954.

«Gatto» e Ghione uscirono di prigione nell'ottobre di quell'anno. E tornarono sulle nostre colline, festeggiati dai comunisti come eroi. Con l'accompagnamento di articoli dell'«Unità» diretta da Lajolo, molto imbarazzanti per qualcuno se riletti oggi.

Poi ci fu il processo d'appello, a Venezia, innescato il 31 marzo 1955 dal ricorso dell'accusa. Secondo il pubblico ministero veneziano, non c'era nessun movente politico dietro il delitto. Ma soltanto «piccole, misere invidie e gelosie di paese, il desiderio basso di sopraffazione, lo smisurato prepotere del comandante 'Gatto', la sete di sangue non ancora estinta in lui e nei suoi accoliti».

Nella lite per il famoso ballo, l'azzurro Roasio aveva offeso Gatto nel «suo orgoglio di gran capo», poiché gli aveva dato del delinquente e dello sporcaccione. Al fondo, c'erano le vecchie ruggini sedimentate durante la guerra civile fra partigiani comunisti e autonomi.

Il processo d'appello a Venezia, con i due imputati in libertà, iniziò il 10 novembre 1955 e si concluse confermando la sentenza di Padova: trent'anni di carcere, sempre ridotti a due anni, già scontati. Infine si arrivò alla Cassazione che il 6 marzo 1959 respinse il ricorso di «Gatto» e Ghione, ribadendo il verdetto di Padova e di Venezia.

Tre sentenze, di gradi diversi, e ogni volta trent'anni di galera per chi aveva ucciso mio padre, mio fratello e un cittadino anche lui colpevole di niente. In quei processi, mia madre e mia sorella Magda si sono battute come leonesse. E almeno sulla carta l'assassinio dei miei non è rimasto privo di sanzione.

Di «Gatto» non ho più voluto saper niente. Mi hanno detto che Lajolo, il famoso «Ulisse», quando era direttore dell'«Unità» di Milano, l'aveva messo a occuparsi della diffusione del giornale del Pci. Ma «Gatto» viveva da queste parti, credo a Belveglio, il suo paese natale. E, bello come il sole, partecipava alla vita politica del suo partito.

Poi nel 1994 è uscito un libro di Ilario Fiore, «La stanza di Kerenskij», pubblicato dalla Nuova Eri, le edizioni della Rai. Fiore era stato partigiano garibaldino su queste colline e dopo il 25 aprile aveva diretto il giornale del Cln di Asti, il «Corriere astigiano». In seguito era diventato un giornalista noto e stimato, credo sia stato il primo corrispondente della Rai da Pechino.

Chi vuole valutare sino in fondo l'uomo che ha assassinato a freddo tre persone innocenti deve leggersi quel libro. Ci sono pagine rivelatrici su «Gatto», scritte da chi l'aveva conosciuto bene, durante e dopo la guerra civile. «Il micidiale 'Gatto', dal grilletto facile», «Quel bestione di 'Gatto'», «Un contadino selvaggio, diventato leader di una brigata partigiana non solo per la sua intelligenza, ma soprattutto per la sua violenza, fatta di viscere, senza pietà»: sono parole di Fiore.

Lei vuol sapere di me. Quando ci fu la sentenza della Cassazione, avevo 22 anni e qualche mese. Mi ero diplomata alle magistrali e aiutavo la mamma e lo zio nell'azienda vinicola, che andava come poteva. Nel 1961 mi sono sposata e ho avuto due figli maschi. Fino a quando non sono diventati adulti, non gli ho mai detto nulla dell'eccidio di Montegrosso. Temevo di seminare il germe della vendetta e di vederli diventare due teste calde.

E dopo? Dopo basta. «Gatto» non è vissuto molto. È morto il 27 gennaio 1983, quando stava per compiere 61 anni.

Il mistero di Borghetto

«QUESTA volta a scrivere è un figlio», precisai all'avvocato Alberti. «Un figlio che da anni tenta di scoprire chi abbia ucciso suo padre e dove ne sia stato sepolto il corpo. Ma dire che tenta di scoprire è troppo poco. Chi ha scritto, su mia richiesta, questa testimonianza, ha ingaggiato una battaglia ostinata per arrivare alla verità. Una battaglia che, purtroppo, non ha ancora raggiunto in pieno l'obiettivo.»

Mi chiamo Carlo Pocci e sono nato a La Spezia il 25 giugno 1935. L'8 settembre 1943, mio padre Giuseppe, anche lui spezzino, nato il 20 giugno 1907, prestava servizio nella Milizia antiaerea al Forte di Bramapane, sulle alture della città.

Come tanti altri italiani, se ne venne a casa, ma non andò a fare il partigiano. Non aveva idee rivoluzionarie, pensava soprattutto di dover procurare un piatto di minestra alla moglie e ai due figli piccoli. Tornò a vestire la divisa, questa volta per la Repubblica sociale. E fu destinato al Forte di Montalbano, anch'esso situato sulle colline di La Spezia.

Di qui, una notte di metà giugno del 1944, con un'autocolonna italo-tedesca, partimmo per Bagni di Lucca. Avevo 9 anni e ho ricordi cruenti di quel periodo. Soldati tedeschi coperti di sangue. Partigiani fucilati. Civili sepolti sotto le case sventrate dai bombardamenti anglo-americani. Ormai le sorti della guerra erano segnate. Mio padre, forse un po' in ritardo, cercò di toglierci da quella situazione. Così, verso la metà di agosto, ritornammo a La Spezia.

Per poter campare, papà sistemò una bancarella di frutta davanti a un ingresso dell'Arsenale militare, nei pressi di un rifugio antiaereo. A ogni allarme riusciva a vendere un po' di merce. Ma la nostra quiete finì presto. A poca distanza da noi abitava un maresciallo delle Brigate nere. Forse minacciò mio padre o lo convinse non so in che modo. Sta di fatto che rividi papà con la divisa da brigadiere della Guardia nazionale repubblicana. E destinato a prestare servizio in città.

Rimase qui sino a qualche giorno prima della Pasqua 1945, che cadeva il 1° aprile. Poi fu inviato al presidio della Gnr di Borghetto di Vara, un paese dell'alta val di Vara, a ventiquattro chilometri da La Spezia. In quella casermetta c'erano, in tutto, ventidue militi, compreso il tenente, Massimo Andreef, 21 anni, siciliano di Catania. Era un piccolo reparto, al centro di una vallata circondata da boschi, in un'area dove esistevano grosse formazioni partigiane della IV zona operativa ligure.

Arrivò il 25 aprile 1945. L'Arsenale militare di La Spezia sembrava un formicaio. Gli ultimi soldati tedeschi avevano fatto saltare attrezzature, capannoni e magazzini. Colonne di fumo si alzavano da ogni parte. Ai varchi c'era un viavai di gente. Molti civili uscivano trascinando carretti pieni di mobili, di macchinari, di sacchi con chissà cosa. Intanto, mia madre girava dappertutto, in cerca di notizie su papà. Di lui non sapevamo nulla.

Un giorno, dovevano essere i primi di maggio, mi trovavo a casa di due sorelle della mamma. Una di loro, la zia Adriana, che l'aveva accompagnata in città, rientrò sconvolta, urlando: «L'avevo detto che Beppe non doveva andare in mezzo a quei monti pieni di partigiani!»

Compresi subito il senso di quelle parole pronunciate fra le lacrime. Scappai e raggiunsi mia madre. La trovai in un pianto disperato. Gridava: «Papà è morto!» Qualcuno del Cln l'aveva informata che era stato ucciso a Borghetto. Punto e basta.

Stavo per compiere i 10 anni. In settembre la mamma mi mandò in collegio, a Monterosso al Mare, presso l'Orfanotrofio Padre Semeria. Tre anni di pane, pallone e latino: pochissimo pane, tanto pallone, tantissimo latino. Ogni notte sognavo mio padre che mi diceva: «Carlino, sono tornato! Sono vivo!» Mi svegliavo con un groppo in gola. E tanta rabbia contro tutto e tutti.

In collegio presi il diploma di scuola media: a 13 anni, ero il più piccolo e il migliore della mia classe. Mi iscrissero all'Istituto nautico. Nel frattempo, mia madre si era risposata con un profugo da Corfù che nell'autunno del 1948 emigrò in Argentina come muratore. L'anno successivo lo raggiungemmo. Appena arrivati a Mar del Plata, mi misero a lavorare in un negozio di frutta e verdura. Facevo le consegne agli chalet dei turisti ricchi venuti da Buenos Aires. Mangiavo, ero calzato e vestito. Però mi sentivo mortificato.

Nell'aprile 1953, quando stavo per compiere i 18 anni, la zia Ivana, sorella della mamma, si offrì di ospitarmi a La Spezia. Ritornai da solo in Italia e quattro anni dopo mi diplomai all'Istituto nautico. Avevo ottimi voti e venni ammesso all'Accademia Navale di Livorno, come allievo ufficiale di complemento. Nel 1963 ero capitano di porto a Salerno. Poi vinsi il concorso per passare al servizio permanente effettivo. Mi mandarono a La Spezia, quindi a Trapani. Nel 1971 lasciai il servizio.

Fu in quel periodo che iniziai le ricerche sulla fine di mio padre. Un avvocato rintracciò al Tribunale civile spezzino un fascicolo relativo alla «riesumazione di quattro cadaveri appartenenti ad ex Brigate nere fucilate dai partigiani». Di uno di quei corpi si diceva «essere verosimilmente quello di Pocci Giuseppe».

Il verbale spiegava: «Il cranio si presenta fratturato in più punti; i denti sono intatti». Ma mio padre aveva una protesi dentaria. E poi era della Gnr. Questo mi indusse a pensare che non si trattasse di lui e che fosse stato fucilato altrove. E l'azzeccai.

Ottenuto il congedo dalla Marina, dopo qualche tempo riuscii a farmi assumere dal comune di La Spezia come impiegato. In municipio conobbi un ex partigiano comunista. Diventammo amici e, dopo qualche tempo, cominciai a chiedergli dell'azione contro il presidio di Borghetto.

Per molto tempo non mi disse niente. Poi mi spiegò che lui operava in un'altra zona. Infine, poco per volta, mi narrò dell'attacco, avvenuto il 12 aprile 1945, poco dopo l'una del pomeriggio.

Secondo il suo racconto, dopo un'ora e mezzo di sparatoria, i militi della Gnr si arresero. Erano rimasti senza munizioni, e avevano anche perduto il maresciallo e il comandante del reparto. Quest'ultimo, il tenente Andreef, una volta ferito, era stato portato a braccia fuori dalla casermetta. Si lamentava e chiedeva di essere curato. Uno dei partigiani gli rispose: «Ora ti curo io». E lo freddò con una raffica di mitra.

I militi superstiti vennero catturati. Erano venti: un brigadiere, che era mio padre, e diciannove militi. Furono condotti a Brugnato, il paese vicino. Qui i partigiani li presero a calci e a pugni, poi li pestarono con i mitragliatori Sten. A uno dei prigionieri venne sfondato sulla testa un catino di metallo.

Il racconto di quel mio amico partigiano si concludeva qui. E siccome insistevo per saperne di più, tagliò corto: «Di quel pomeriggio del 12 aprile 1945 non ricordo più nulla».

Ma non potevo fermarmi lì. Nel 1990, riuscii a far pubblicare dalla «Nazione», nelle pagine di La Spezia, un articolo sulla vicenda. Chiedevo, a chiunque si fosse trovato nell'alta val di Vara in quell'aprile del 1945, di aiutarmi a trovare i resti di mio padre.

Ricevetti una telefonata anonima che mi suggeriva di cercare don Giovanni Battista Ravini, che durante la guerra era parroco a Torpiana, frazione di Zignago, non lontano da Brugnato. Lo rintracciai a Santo Stefano di Magra. E lui mi diede una copia del suo diario, nel quale descriveva la fucilazione dei prigionieri catturati in quell'assalto.

Don Ravini aveva scritto: «I poveretti furono portati in una località chiamata la Tana du Cadin du Mazendà. Uno per uno, vennero messi sull'apertura della tana, una specie di foiba. I partigiani sparavano e il prigioniero vi cadeva dentro ucciso. I giustiziati furono undici. Uno di loro tentò la fuga, ma una raffica di mitra lo raggiunse. Fu seppellito nelle vicinanze del torrente Carena».

Sempre secondo don Ravini, due dei militi rimasero soltanto feriti e furono in grado di uscire dalla tana. Il primo riuscì a percorrere un lungo tratto nei boschi. Ripreso dai partigiani nei pressi di Veppo, fece una fine orribile. Gli spararono nelle gambe, poi alle orecchie e infine gli spappolarono il cranio a raffiche di mitra. Si chiamava Leonardo Usai.

Il secondo fu ritrovato non lontano dalla tana, sfinito. Scrive quel prete: «Si lamentava. Chiedeva un po' d'acqua. Glie la rifiutarono, lo uccisero e lo gettarono nella fossa comune».

Era mio padre. Che fosse lui, lo conferma la testimonianza di una ragazza che faceva la pastora. Lei notò vicino alla tana un ferito che poteva avere quarant'anni. Mio padre era l'unico di quell'età. A parte Usai, gli altri militi erano ventenni o poco più grandi.

Ma non potevo accontentarmi di questo. Così decisi di andare a consultare l'archivio dell'Istituto storico della Resistenza a La Spezia. E qui scovai tre documenti per me molto importanti.

Il primo era una lettera diretta a vari comandi partigiani, scritta alle ore 12.40 proprio del giorno dell'assalto al presidio di Borghetto. In quella lettera veniva precisato: «Si ripete che non si debbono fare prigionieri». La firma era del comandante della 1ª Divisione «Liguria - Picchiara».

Il secondo era una circolare del comandante della IV zona operativa ligure, datata 15 aprile 1945. Diceva, tra l'altro: «Al fine di determinare il disgregamento dei reparti nazifascisti, si riconosce al comando della IV zona ogni ampia facoltà circa il trattamento da usare nei confronti del nemico durante il periodo delle operazioni». In calce al documento c'era una nota scritta a mano dal comandante della zona: «Comando 1ª Divisione assicuri di aver liquidato la pratica Gnr di Borghetto».

Il terzo documento era la lista dei fucilati di Torpiana. Scritta a mano e senza firma. Il titolo diceva: «Elenco dei fucilati nei pressi di Torpiana alle ore 13 del giorno 15 aprile 1945». Il primo della lista era il brigadiere della Gnr Pocci Giuseppe: mio padre.

Chi poteva aver redatto la lista? Lo scoprii dopo una giornata di ricerche in quell'archivio. E lo scoprii scovando una lettera scritta dalla stessa mano e con la firma, quella di un comandante partigiano.

Questo comandante era ancora in vita e riuscii ad avere un incontro con lui. Ci vedemmo alla Biblioteca Beghi, dove avevo trovato la lista e la lettera. Con me c'era don Mario Perinetti, parroco di molti paesini della val di Vara, che mi aveva aiutato nelle ricerche. Quel comandante mi dichiarò subito: «Sì, ho scritto io questo elenco. Ma non ho avuto il piacere di conoscere queste persone e perciò non me ne dolgo».

Gli replicai: «Lei mi deve dire dove, quando e perché ha scritto questa lista!» Lui mi rispose, in modo vago, di non aver assistito alla fucilazione. Ci lasciammo bruscamente.

Tempo dopo, come tra poco racconterò, leggendo i verbali dei partigiani interrogati dalla Procura generale di Genova, mi resi conto che parecchi di loro sostenevano che quel comandante non solo era stato presente alla fucilazione, ma aveva coordinato tutta l'operazione, sia pure eseguendo ordini superiori.

Cercai di incontrarlo di nuovo. Ci provai per mesi, ma senza risultato. Allora gli telefonai: «Lei ha il dovere di raccontarmi tutta la verità sul massacro che avete fatto a Torpiana!» Mi rispose: «Le ho già spiegato tutto. Stia attento a ciò che scrive sui giornali». Gli ribattei: «Io scrivo quello che mi pare. Mi quereli e così andremo in tribunale». Lui replicò: «Eh, bisogna vedere chi riesce a portarmi in tribunale!»

Fu allora, nel 1996, che sulla fucilazione di Torpiana presentai due denunce a carico di ignoti. Una al Tribunale militare e l'altra al Tribunale civile di La Spezia. Il primo si dichiarò incompetente a giudicare gli appartenenti alle formazioni partigiane. Il pubblico ministero del Tribunale civile nel 1997 concluse con una richiesta di archiviazione. E la spiegò così: gli omicidi erano stati commessi nell'ambito della «lotta contro il fascismo».

Ma a sentire il mio avvocato, quel pubblico ministero aveva commesso un errore. C'è una sentenza della Cassazione che afferma: «Non può configurarsi come episodio della lotta antifascista l'uccisione di un gruppo di individui che, trovandosi rinchiusi in un carcere, non siano in grado di svolgere alcuna precisa attività di offesa e non possono quindi assumere la figura di parti nella lotta contro il fascismo». Ed era questo il caso dei fucilati di Torpiana, ormai disarmati e prigionieri.

Infatti la Procura generale di Genova avocò a sé il caso suscitato dalla mia denuncia. Nel maggio 1998, venni interrogato come «persona informata dei fatti». Quindi cominciò una lunga inchiesta della polizia giudiziaria, condotta con pazienza e perizia da un ispettore, Michele Schembri.

Lo accompagnai nella boscaglia dove si trova la tana dell'eccidio. E lo condussi nella villetta che, più di cinquant'anni prima, era stata la sede del presidio. Il proprietario fu prodigo di particolari: «Qui c'era la stanza del tenente Andreef. Su questo tavolo rimase incompleta la lettera che stava scrivendo alla fidanzata. In questa camera i militi consumavano il rancio. E lì ci sono ancora i buchi dei proiettili».

Nel marzo 2000, l'ispettore consegnò un rapporto di sessantatré pagine, fondato anche sugli interrogatori di ex partigiani. Per quattro anni non seppi più nulla. Infine, nell'aprile 2004, venni a sapere che anche la Procura generale aveva archiviato la mia denuncia. E che gli indagati, ben trentotto, non potevano essere processati. Motivo? Il reato era da considerarsi prescritto.

La mancanza di un processo ha impedito di avvicinarsi alla verità. Sotto un certo aspetto, la fine del presidio di Borghetto parrebbe un mistero irrisolto. I giustiziati sembrano diciassette: i dodici fucilati e infoibati a Torpiana, più quattro uccisi a Suvero e uno massacrato a Veppo.

Ma dei cinque riesumati a Suvero e a Veppo, quattro (Giuseppe Pocci, Carlo Azzolini, Antonio Masia e Leonardo Usai) stanno nell'elenco degli uccisi di Torpiana. Forse, allora, gli assassinati sono tredici. L'enigma rimane.

Dopo anni di ricerche, che cosa mi è rimasto dentro? Sempre rabbia, tanta rabbia.

Amor di Patria

«NEL novembre 2004, quando andai a Udine per presentare il mio 'Prigionieri del silenzio'», raccontai ad Alberti, «nel dibattito con il pubblico, uno dei presenti fece un intervento che mi colpì.»

«Affrontava il tema eterno della disparità tra vincitori e vinti anche nel ricordo. Dei primi si parlava sempre, dei secondi mai. Chi aveva perso, era condannato a non lasciare memoria di se stesso. E in qualche modo si vedeva costretto a diventare un prigioniero del silenzio. Un silenzio obbligato, imposto dal sistema politico vittorioso e dalla cultura dominante.»

«Alla fine dell'incontro ci presentammo. Quel signore si chiamava Antonio Cellante, era stato segretario generale di camere di commercio e adesso era un giudice tributario. Il fratello maggiore, Francesco Cellante, aveva combattuto nelle file della Rsi e, alla fine della guerra, era scomparso nel nulla. Tanto che il suo corpo non venne mai ritrovato.»

«Lei gli ha parlato del libro che stava preparando», m'interruppe Alberti, «e gli ha chiesto di scrivere una testimonianza su Francesco.»

«Sì. Antonio Cellante ha accettato Ecco il suo racconto.»

Fu tradito dal suo amore per la Patria? È la domanda che mi pongo da quando mio fratello Francesco Cellante, volontario della Repubblica sociale italiana, venne fatto sparire, a guerra già terminata, nella zona di Oderzo. Qui mi proverò a dare la risposta che, giorno dopo giorno, mi appare sempre la più plausibile.

Francesco era nato a Padova il 25 aprile 1926. Dieci anni dopo, la nostra famiglia si trasferì in Friuli e lui, a Udine, frequentò tutte le scuole che, nel 1943, lo portarono all'ultimo anno del Liceo classico «Stellini». La sua formazione era avvenuta nell'onda di grande euforia che ebbe il culmine il 9 maggio 1936, giorno in cui Mussolini proclamò la fondazione dell'Impero. Allora l'Italia appariva abitata da un popolo ben organizzato e diretto da una sicura guida politica. Diciamo la verità: quel giorno, in Italia, gli antifascisti erano assai pochi!

In quel clima di entusiastica unità nazionale, Francesco apprese i valori di un orgoglioso vivere civile. E imparò che, per un buon cittadino, prima di tutto c'era l'amor di Patria, con precisi doveri e diritti. Poi, qualche anno dopo, vennero la guerra, i rovesci militari, la caduta del regime fascista e l'8 settembre 1943.

Francesco visse come una tragedia l'armistizio e il cambiamento di fronte decisi dal re e da Badoglio. All'improvviso, gli alleati tedeschi diventavano nemici e i nemici anglo-russo-americani nuovi amici. E la parola data al primo alleato? Fu la domanda che serpeggiò al

Liceo «Stellini», nei giorni seguenti l'armistizio. Qui molti ragazzi avvertirono subito la puzza insopportabile del tradimento.

Nelle settimane successive, sempre in quel liceo accadde un fatto che bisogna ricordare. Per molte mattine, attraverso gli altoparlanti installati in tutte le classi, risuonò un incitamento rivolto agli studenti: «Giovani, la Patria è in pericolo. È necessario che andiate a salvarla! Arruolatevi nella Repubblica sociale!» Fu così che Francesco, come tanti altri ragazzi italiani, si presentò volontario, indossò la divisa e giurò fedeltà all'Italia e a Mussolini. Accadde qualche giorno prima del Natale 1943. Lui aveva 17 anni e sette mesi.

Francesco andò in guerra lasciando una lettera che iniziava in questo modo: «Mamma carissima, parto oggi per Ferrara con gli amici Mozzi, miei compagni di classe. Ogni giorno sentivo dentro di me, preponderante, il dovere di fare qualcosa anch'io per la nostra povera Patria. Da molto tempo, quest'idea mi tormentava. E se qualcosa mi tratteneva era il pensiero del grande dolore che tu e papà avreste provato. Ora però i ragazzi del 1926 che sono fuori dal Litorale Adriatico cominciano ad affluire nelle caserme e ho sentito veramente che era giunta l'ora».

«Era mia intenzione aspettare la fine dell'anno scolastico. Ma se avessi fatto così, non avrei potuto andare al corso per Allievi ufficiali che s'inizia in questi giorni. Ti assicuro però che è ferma intenzione mia e dei Mozzi di fare gli esami... Mamma carissima, pensa solo che mi anima lo stesso spirito che animava il papà quando nel 1916, a 17 anni, partì volontario...»

E ancora: «Credilo, mamma: quello di correre in aiuto alla Madre Patria è un dovere che anche Iddio ci impone. Tu sai che, fin da piccolo, ho avuto il culto della

Patria. Perciò non credere che siamo dei fanatici fascisti o dei filo-tedeschi. Ti affermo che saremmo pronti a scagliarci anche contro i Germanici se essi dovessero fare un atto anti-italiano. Siamo soltanto dei giovani innamorati della loro Patria, tali e quali le schiere di cui fece parte papà...»

Francesco raggiunse Ferrara. Di qui fu poi trasferito a Verona, quindi venne assegnato alla caserma Piave di Udine e infine alla Tito Livio di Padova. Ogni tanto ritornava in famiglia, per una brevissima licenza. Una sera, arrivato di sorpresa da Verona, trovò a casa nostra un suo caro amico: era Gianni Garlato, che aveva scelto di fare il partigiano e, con il nome di «Luciano», militava nelle formazioni bianche della Osoppo.

Quel pomeriggio Gianni era stato riconosciuto e inseguito per le vie di Udine da una pattuglia tedesca. Ma era riuscito a far perdere le proprie tracce, utilizzando l'entrata secondaria della nostra casa in via Codroipo, attraverso una vecchia lavanderia.

Mio fratello era in divisa, ma fra i due ragazzi non ci fu il minimo imbarazzo. Anche le nostre famiglie erano amiche. Francesco e Gianni stettero bene insieme, confrontandosi sulle scelte diverse che avevano fatto. Quella notte, lasciai il mio letto a Gianni. E dalla camera accanto li sentii parlare a lungo, con toni preoccupati, della situazione paradossale e grave dell'Italia.

La mattina seguente si separarono con un abbraccio commosso, dopo essersi scambiati consigli e auguri. Prima uno e poi l'altro uscirono dalla nostra casa. Francesco ritornò a Verona e Gianni risalì in montagna. Accompagnati soltanto dalla loro grande e drammatica amicizia.

Poi, il 5 settembre 1944, successe il fatto di Povoletto, un paese di pianura a nove chilometri dal capoluogo. Noi stavamo sempre a Udine, in via Principe Umberto, l'attuale via Volontari della Libertà. Avevo 12 anni e, dal poggiolo di casa, vidi fermarsi un camion con quindici militi delle Brigate nere.

Dall'autocarro scesero tre giovani. Due si diressero verso una drogheria, forse per comprare qualcosa. Il terzo era Francesco, che aveva approfittato della sosta per venirci a salutare. Ci disse che erano diretti a Povoletto, perché si era saputo che i ribelli stavano portando via il grano dai magazzini dell'ammasso. Ci abbracciò e ritornò subito sul camion che si mosse verso Chiavris.

Alle nove del mattino seguente, sentimmo bussare alla porta: era Francesco, ferito, che perdeva sangue. Ci disse che, all'alba, era partito da Povoletto a piedi diretto a Udine, da noi. Mentre la mamma lo medicava, lui ci spiegò che cosa era accaduto.

Ricordo bene il suo racconto: «Quando siamo entrati sul camion a Povoletto, tutto era tranquillo e silenzioso, troppo. Arrivati al centro della piazza, dove ci aspettavano i militi della polizia annonaria, d'improvviso si sono aperte porte e finestre e i ribelli hanno cominciato a spararci addosso, anche dal campanile. Ci siamo difesi per ore, fino a quando la sparatoria è cessata, forse i ribelli non avevano più munizioni. Ero ferito e mi sono nascosto nel fienile di una casa. Sono venuti a cercarmi, ma non mi hanno trovato. Mi sono fermato lì per tutta la notte. E all'alba, attraverso i campi, ho preso la strada per Udine».

Francesco venne ricoverato nell'infermeria della caserma Piave di Udine. Andavo a trovarlo quasi ogni giorno. E sentivo che lui e i suoi camerati parlavano di continuo dell'imboscata di Povoletto. Erano molto preoccu-

364

pati per la sorte di alcuni amici che non erano tornati. Tra loro c'erano due ragazzi, Aldo Celano, di 15 anni, e Luigi Sciacca, di 18, che pochi giorni prima di quello scontro avevano trascorso il pomeriggio con Francesco nel tinello di casa nostra.

Ma quei giovani facevano anche discorsi diversi. Sulla difficoltà di difendere il confine orientale dai comunisti di Tito. E sull'Italia che bisognava salvare in quella guerra che vedeva il mondo combattersi, e nel nostro Paese anche italiani contro italiani.

Nelle loro parole c'erano tanto patriottismo e tanta generosità. D'altra parte, erano stati cresciuti così. E a scuola li avevano indottrinati anche alcuni docenti che poi, a guerra finita, si fecero passare per antifascisti della prima ora.

Soltanto parecchio tempo dopo, si seppe che Aldo e Luigi, una volta catturati dai ribelli, erano stati condotti al cimitero di Forame, sopra Attimis, poco lontano da Pórzus. Qui vennero costretti a scavare la loro fossa e, prima di essere uccisi, gridarono: «Viva l'Italia, viva il Duce!»

Sulla loro fine, conservo la testimonianza scritta di un partigiano della Osoppo, Pietro Comelli, detto «Dino». Poco prima dell'esecuzione, durante una sosta a una fontana nei pressi del camposanto, aveva tentato di salvarli nell'unico modo possibile: convincendoli ad abiurare la loro fede fascista. I due ragazzi rifiutarono. E a «Dino», rimasto fuori dal cimitero, non rimase che sentire il rumore dei picconi e dei badili, e il loro ultimo grido, soffocato dalle raffiche dei fucili mitragliatori.

Sempre sull'azione di Povoletto, ho un secondo ricordo. L'ho ricevuto soltanto nel 1998 da un altro partigiano della Osoppo: l'avvocato Antonio Comelli, zio di mia moglie e presidente della regione Friuli-Venezia Giulia, che me lo confidò sette mesi prima di morire.

Quel giorno, lui era appostato sul campanile. A scontro finito, venne chiamato all'ingresso della vecchia caserma dei carabinieri. Steso per terra, c'era un giovane tenente fascista, che stava rantolando: Carlo Canacci. Il partigiano Comelli si chinò su di lui e gli chiese se aveva qualche messaggio da mandare ai famigliari. Con molta fatica, il tenente gli spiegò che la sua famiglia era già preparata al peggio. E aggiunse: «È a te che voglio chiedere qualcosa: fate voi per la nostra Patria quello che non siamo riusciti a fare noi».

Una volta guarito dalle ferite riportate a Povoletto, mio fratello continuò il suo servizio militare nelle Brigate nere. A sessant'anni da quei tragici eventi, mi domando ancora quali pensieri possano averlo accompagnato mentre, giorno dopo giorno, si avvicinava la fine della guerra e della stessa sua vita.

Lo ricordo molto angosciato nel constatare che una parte sempre più grande degli italiani non sentiva più il dovere di onorare la parola data. Lui, invece, non volle tradirla. E non mancò di coerenza neppure nel momento della prova estrema.

Il 25 aprile 1945, giorno del suo diciannovesimo compleanno, al Tempio Ossario di Udine, Francesco aveva fatto parte del picchetto d'onore per le esequie del generale Gino Covre, deceduto per cause naturali. Dopo

366

la cerimonia, passò a salutarci, prima di ritornare alla caserma di Padova.

Papà e mamma cercarono in tutti i modi di fermarlo. Avevano saputo che gli americani erano alle porte di quella città e presto avrebbero raggiunto Udine. Mio padre disse a Francesco: «Sei a casa e rimani a casa. Nessuno ti rinfaccerà il mancato rientro a Padova». Lui gli rispose: «Noi del picchetto d'onore abbiamo garantito i nostri camerati di Padova che saremmo rientrati dopo la cerimonia di Udine. Non possiamo tradirli».

Lo accompagnai io sul viale Venezia, dove lo aspettava un camioncino di fortuna, che andava a carbonella, e sul quale bisognava viaggiare in piedi. Prima di salire, Francesco mi guardò negli occhi e mi disse soltanto: «Vedi di te», ossia «Abbi cura di te stesso».

Mi abbracciò forte e salì sul veicolo. Credo che in quel «Vedi di te» ci fosse tutto il suo timore di lasciarmi in balia di un mondo che lui, in pochissimo tempo, aveva dovuto scoprire quanto fosse perverso.

Avevo compiuto da poco i tredici anni e fui assalito da un presentimento atroce: e se Francesco non fosse tornato più? Ho ancora negli occhi la sua figura, vista di spalle, mentre andava verso il piccolo camion. Una volta a bordo, si voltò verso di me. E con la mano mi mandò un saluto che ancora oggi, quando di anni ne ho più di settanta, sento come definitivo.

Fedele alla parola data, arrivò alla caserma Tito Livio di Padova e vi rimase sino al 28 aprile. Quel giorno il comando, alla vigilia dell'ingresso degli americani in Padova, ordinò il rompete le righe. Chi si sentiva in grado di farlo, poteva ritornare a casa. Per gli altri erano pronti dei veicoli per unirsi ai tedeschi che, in modo ordinato, stavano ripiegando verso il nord. Ma i veicoli furono presto intercettati dai partigiani e nessuno dei militi fascisti a bordo si salvò: vennero tutti uccisi.

Francesco aveva scelto di ritornare a casa. A Padova viveva la sua santola, la sua madrina di battesimo. Era passato da lei, ma l'aveva scoperta spaventata. La caccia al fascista era già cominciata, il terrore contagiava tutti e Francesco non voleva comprometterla. Allora mio fratello, come abbiamo ricostruito dopo, decise di andare a Pordenone, presso la famiglia dell'amico Gianni, il partigiano della Osoppo. Di qui avrebbe proseguito per Udine.

Ma a Pordenone non arrivò mai. Forse sulla sua strada incontrò degli assassini come quelli che lei ha descritto nel capitolo del «Sangue dei vinti» dedicato agli orrori della Cartiera Burgo di Mignagola. Sta di fatto che di lui non sapemmo più nulla.

Tuttavia non eravamo ancora alla disperazione. Lo pensavamo nascosto nella casa della sua santola, a Padova. Poi, all'inizio di giugno, ricevemmo un telegramma da questa signora. Diceva soltanto: «Francesco partito alla volta di Pordenone».

Quel telegramma dette il via alle nostre ricerche in tutto il Triveneto. In ogni chiesa appendemmo un biglietto con la fotografia di Francesco e la richiesta di avere sue notizie. Visitammo uffici pubblici e municipi per controllare i documenti e gli oggetti che mani pietose avevano raccolto sui cadaveri degli uccisi. Fu una ricerca curata particolarmente da mia madre e da mia sorella Elena.

Non era facile interpellare le persone. Erano terrorizzate dalla carneficina seguita al 25 aprile. Venivano ancora ammazzati molti fascisti o sospettati di esserlo, nonché cittadini indifesi, come vecchi e donne. Nel volgere di un paio di mesi di ricerche, vidi i capelli di mio padre cambiare colore, dal nero corvino al bianco totale. E vidi gli sforzi di mia madre, per nascondere agli altri tre figli lo strazio per la perdita del primogenito.

Passarono gli anni. Nel 1957, quando lavoravo a Milano nell'ufficio studi della Rinascente, incontrai una cugina, suora laica, che dopo aver saputo delle nostre inutili ricerche, mi indirizzò a padre Mason, un sacerdote della chiesa di San Fedele. A sentir lei, questo prete conosceva tutto della fine di mio fratello.

Andai a trovarlo. Questo sacerdote mi disse che poteva raccontarmi quel che sapeva soltanto dopo essere stato autorizzato da un certo ingegnere della zona di Oderzo. Trascorso qualche giorno, ritornai da lui. Ma quel prete non doveva aver ricevuto il permesso di parlarmi. Mi dovetti accontentare di mezze parole, di mezze informazioni. Queste mi convinsero che Francesco aveva trovato la morte nelle vicinanze di Oderzo. Ma sul come e il dove, ancora dodici anni dopo, pesava un impenetrabile silenzio.

Pensai per molto tempo a luoghi di orrore. Oltre alla cartiera di Mignagola, la villa Dal Vesco, a Breda di Piave, una foiba grande sul Cansiglio, il Bus de la Lum, posta al confine tra la provincia di Pordenone e quella di Treviso, o la radura a Ponte della Priula, e altri ancora.

Poi, incrociando le informazioni scovate da me e dalle mie sorelle Elena e Lidia con le parole a mezza bocca di quel prete, sono arrivato alla conclusione che Francesco sia stato soppresso nella villa Dal Vesco o gettato nella foiba in Pian del Cansiglio.

Comunque sia, lì dove sono stati uccisi Francesco e tanti altri come lui, lì è anche finita un po' di Patria.

Vieni fuori, fascista!

«Lei sa chi è Nicola Matteucci?» chiesi ad Alberti.

L'avvocato mi scrutò sornione: «Sta scherzando, naturalmente. Per chi mi ha preso? Non sono soltanto un leguleio da scartoffie, qualche libro l'ho letto. E rifiuto di rispondere alla sua domanda».

Mi resi conto d'aver fatto una gaffe. Ma Alberti non mi concesse il tempo di scusarmi e continuò: «Comunque, per non dargliela vinta, le dirò che il professor Matteucci è un intellettuale importante, un politologo liberale, è stato uno dei fondatori della rivista 'Il Mulino', ha insegnato per molti anni all'Università di Bologna, mi pare sia stato anche preside della facoltà di Scienze politiche. Le basta? Quello che non so», ammise l'avvocato, «è che cosa c'entri il professor Matteucci con le vicende che andiamo rievocando...»

«Questo lo capisco», convenni. «E adesso cercherò di raccontarglielo in breve, per poi arrivare al secondo tempo di una storia che comincia con la guerra civile e si estende sino a oggi. Dunque, nel 1945 Nicola Matteucci era uno studente di 19 anni e viveva con la famiglia a

Roncrio, una località di Bologna. Il padre, Lionello, detto Nello, era ingegnere e ufficiale di complemento della Marina militare. E aveva dei poderi a Massa Lombarda, in provincia di Ravenna.»

«Verso la fine del 1943, quando la Repubblica sociale era sorta da poco, l'ingegner Matteucci venne convocato a Venezia dal ministero della Marina. Qui gli chiesero di tornare in servizio per la Rsi. Lui rifiutò, spiegando che aveva già giurato fedeltà al re e non aveva nessuna intenzione di servire la repubblica fascista. Tornò a Bologna e per tutti i venti mesi della guerra civile non volle avere nessun rapporto con Salò.»

«Secondo il racconto del figlio Nicola, pubblicato il 30 dicembre 2003 sul 'Corriere della sera' da Goffredo Buccini, frequentava soltanto un paio di amici, entrambi antifascisti. Uno era il colonnello Imbergamo che, dopo la liberazione, sarebbe diventato il comandante della piazza militare di Bologna. L'altro era Tito Carnacini, membro del Cln, che nel dopoguerra sarebbe stato il rettore dell'università bolognese.»

«La tragedia dei Matteucci iniziò a guerra finita, la mattina del 7 maggio 1945. Quel giorno, Nello Matteucci, che aveva 50 anni, partì in bicicletta da Roncrio. Voleva andare a Massa Lombarda per rendersi conto dei danni causati alle sue proprietà dagli scontri fra i tedeschi e gli Alleati. Nello era anche il presidente di una cooperativa di frutticoltori, molto conosciuto e stimato in quella zona. Per questo era partito alla volta di Massa Lombarda senza nessun timore. Sarebbe rimasto lì qualche giorno, per poi ritornare a casa.»

«Non so dirle», continuai, «se l'ingegner Matteucci sia mai arrivato a Massa Lombarda. Sta di fatto che, l'8 maggio, un amico avvisò sua moglie che era scomparso. Proprio così: sparito nel nulla, senza lasciare traccia. Fu subito chiaro che era stato ucciso, ma da chi? Il Cln di Massa Lombarda stampò un manifesto per sostenere che Nello Matteucci era stato soppresso dai fascisti. Però chi poteva credere a una favola tanto idiota? La moglie, Giuseppina, un'antifascista dura e decisa, corse subito al paese e cominciò le ricerche. Ad aiutarla furono il parroco e anche dei membri del Cln. Una fatica orribile e inutile. Il corpo di Nello non venne trovato, né allora né mai.»

«Su questa vana ricerca», dissi all'avvocato Alberti, «alla fine dell'ottobre 2003 ho ricevuto una lettera da una signora di Imola, cugina di Nicola Matteucci. Ascolti che cosa racconta.»

«'All'indomani della liberazione, mia zia Giuseppina, madre di Nicola, venne a Imola, dove la nostra famiglia risiedeva, e chiese una bicicletta per recarsi alla vicina Massa Lombarda. La zia era molto angosciata per il mancato rientro a Bologna del marito, lo zio Nello, da quella località. Io, allora quindicenne, la accompagnai. Ci fermammo a pochi chilometri da Massa Lombarda, nel primo dei due fondi agricoli di proprietà della famiglia Matteucci. Sapevamo che lo zio sarebbe andato dapprima in questo podere e da questo nel secondo, dove aveva un appuntamento con un tecnico del comune.'»

«'I coloni del primo fondo ci dissero, mi parve con molta reticenza, che lo zio si era fermato da loro per poco e poi si era avviato verso il secondo fondo, dove non giunse mai. Mia zia si recò al Cln di Massa Lombarda sperando di avere notizie e per consegnare un Crocefisso da mettere tra le mani del marito, nel caso la salma fosse stata trovata. Capimmo che non se ne sarebbero occupati. Un esponente del Cln disse alla zia: "Signora, non si fidi di nessuno, nemmeno di me".'»

«'Anche mia madre chiese un colloquio con un esponente importante della Dc di Imola, che in seguito divenne deputato. E anche lei capì che questa persona non avrebbe fatto nulla. Otto o dieci giorni più tardi, il fattore di mio zio, che stava indagando sulla sua scomparsa, fu prelevato in casa. Venne picchiato e ucciso assieme ad altre persone.'»

«E dopo che cosa accadde?» domandò Alberti.

«A Massa Lombarda», risposi, «c'era un maresciallo dei carabinieri che prese a cuore il dramma dei Matteucci. Seguiamo il racconto del professor Nicola a Buccini: 'Con grande coraggio, sposò la nostra causa, indagò e arrestò il colpevole dell'uccisione di mio padre. Era un manovale che si dichiarava partigiano e comunista. Venne processato e condannato a Firenze. Dopo un po' di carcere, fu amnistiato e uscì'.»

«Dice ancora Matteucci a Buccini: 'Sì, sapevo il suo nome. Certo, lo so, ma non voglio più saperlo... Andavo spesso a Massa Lombarda, lui era in giro per il paese, libero, e io non volevo trovarmelo davanti. Credo abbia avuto ordini dal partito. Perché il vero movente del delitto è che mio padre era un proprietario terriero, era certamente anticomunista e aveva un seguito tra la gente. E loro, come mi disse nel 1945 un partigiano comunista, stavano facendo la rivoluzione... Abbiamo sospeso le ricerche anche per mia volontà. Alcuni dicono che mio padre sia stato bruciato e sepolto in quella campagna che lui tanto amava'.»

«Ecco una storia che non conoscevo, una delle tante», mormorò Alberti. «Ma adesso vorrei saperne il seguito: lei mi ha detto che arriva sino ai nostri giorni.»

«Il seguito è molto meno drammatico», gli spiegai. «Non vi scorre un fiume di sangue, bensì un torrente di faziosità politica. Da Massa Lombarda dobbiamo spostarci alla vicina Lugo. E trasferirci dal 1945 al 2003, ben cinquantotto anni dopo.»

«Devo farle una premessa che mi riguarda. Ogni anno vado a Lugo per presentare in pubblico il mio ultimo libro. Ci vado per iniziativa di un vecchio amico: Paolo Galletti, deputato dei Verdi per due legislature, un antifascista coerente, ma soprattutto un vero laico, tollerante nell'animo e nei comportamenti, insomma un uomo libero.»

«Negli anni precedenti avevo presentato a Lugo le mie rievocazioni storiche: sullo sterminio degli ebrei, sulla nascita dello squadrismo fascista, sulla guerra civile narrata dal punto di vista di un giovane che si era arruolato con la Rsi. E tutte le volte l'incontro aveva goduto del patrocinio del comune di Lugo. Lo stesso patrocinio era stato concesso per il dibattito sul 'Sangue dei vinti', sempre organizzato da Galletti e a cura dell'Università popolare di Romagna, dell'Università per adulti e dalla libreria Alphabeta.»

«Ma nel 2003 è successa una cosa che prima non era mai accaduta», spiegai ad Alberti. «Dopo aver dato il patrocinio all'incontro, il comune di Lugo, amministrato da una giunta di centro-sinistra, senza i Verdi, con un sindaco dei Ds, trascorso qualche giorno lo ha ritirato. Perché? Galletti, i suoi amici e io abbiamo pensato a un intervento di qualche vecchio partigiano dell'Anpi, con-

374

trario a una discussione pubblica sul dopo 25 aprile nell'Italia del nord e anche a Lugo, una zona di cui si parla molto in quel mio libro. Insomma, doveva essere emerso un divieto secco, al quale il sindaco non aveva voluto o potuto sottrarsi.»

«Era davvero questo il motivo?» domandò l'avvocato.

«No, per lo meno non ufficialmente. L'abbiamo capito dopo l'incontro pubblico, gremito di gente, avvenuto la sera del 21 novembre, nell'aula magna del liceo classico di Lugo. Il sindaco Maurizio Roi ha dichiarato a un quotidiano: 'Non condivido la versione romanzata scelta da Pansa per parlare di questi fatti. Inoltre, l'autore non mi ha contattato, evitando così di raccogliere la reale versione dei fatti. Ho quindi ritenuto opportuno negare il patrocinio'.»

«Questo Roi è un ex partigiano in grado di testimoniare sul dopoguerra a Lugo?» chiese Alberti.

«Macché. È un giovane nato dopo la guerra. E di professione non fa lo storico, bensì il dirigente politico, che oggi, concluso il mandato di sindaco della città, si occupa di teatro. Ma la faccenda del patrocinio concesso e poi negato non ha nessuna importanza. È importante, invece, quanto è successo al termine dell'incontro.»

«Uno dei presenti mi ha consegnato un plico, dicendo che lo faceva per conto del professor Matteucci. Si è anche presentato: 'Mi chiamo Giovanni Dovadola e abito a Massa Lombarda'.»

«Che cosa conteneva il plico?»

«Le carte del famoso seguito di cui le ho parlato e che le riassumerò. Nell'ottobre 2003, era stato presentato all'ufficio comunale delle pubbliche affissioni di Massa Lombarda un manifesto destinato a ricordare, in occasione del 2 novembre, giorno dei defunti, ventuno persone uccise dai partigiani a Massa Lombarda quando la guerra era già finita.»

«Il manifesto non era per niente anonimo, altrimenti non sarebbe stato accettato per l'affissione. E si presentava così. In cima una croce e la scritta 'Ricordate'. Poi l'elenco dei morti: nome, cognome, età. Sul fondo le parole: 'Onorateli. Ebbero qui i loro carnefici'.»

«Dopo aver passato il vaglio dell'ufficio, il manifesto con l'elenco era stato affisso sui muri di Massa Lombarda il 14 ottobre, con molto anticipo rispetto alla data prevista. A quel punto, per una coincidenza non voluta da nessuno, ma forse dal fato sì, il manifesto dei fascisti soppressi nella resa dei conti era apparso sui muri accanto a un altro che ricordava una strage nazifascista, quella alle case Baffè Foletti, avvenuta il 17 ottobre 1944. Quel giorno erano stati sterminati i membri di una famiglia e altre tredici persone. E sulle macerie della casa incendiata era apparso un cartello che diceva: 'Qui abitava una famiglia di partigiani e di assassini'.»

«Due manifesti e due vicende opposte, l'uno accanto all'altro!» esclamò l'avvocato Alberti. «Sembra una metafora della guerra civile...»

«Sì, ma una guerra da ricordare soltanto per metà: la metà dei vincitori e non quella degli sconfitti. Però il peggio deve ancora venire. Il manifesto dei morti nella resa dei conti, tra i quali era indicato anche Lionello Matteucci, ha fatto imbestialire la sinistra post-comunista di Massa Lombarda.»

«Il 16 ottobre la giunta comunale ha diffuso un comunicato per esprimere 'la più profonda indignazione per l'anonima e vile provocazione di chiara matrice fascista apparsa sui muri della città, alla vigilia dell'anniversario della strage alle case Baffè Foletti'. La provocazione, naturalmente, era quella 'dell'insultante manifesto che testimonia solamente la viltà di chi l'ha scritto senza avere neppure il coraggio di firmarsi'.»

«Ma ancora più esasperata è stata la reazione dei Ds, anzi dell'Unione comunale di Massa Lombarda dei Democratici di sinistra. Un loro manifesto, o volantino, diffuso dopo il comunicato della giunta, intimava: 'Vieni fuori fascista, abbi il coraggio di firmare i tuoi manifesti con cui cerchi di cambiare la storia. Vieni fuori fascista, abbi la dignità di commemorare quei morti che hai riportato nell'elenco. Tu sostieni che essi furono vittime di quei carnefici morti per mano dei nazifascisti, per la democrazia e per quella libertà che oggi ti permette di pubblicare simili offese... Puoi venir fuori fascista, nessuno ti picchierà con i manganelli, nessuno ti sparerà con le armi, nessuno ti brucerà nella tua casa insieme ai tuoi figli. Le nostre armi saranno il pensiero, le parole e la voce della democrazia...'»

«Mi fa rabbrividire lo stile di queste risposte: uno stile ancora da guerra civile», dissi all'avvocato Alberti. «Desidera fare un commento?»

«Assolutamente no», rispose lui, disgustato.

Primavera a Massa Lombarda

«LA vicenda del manifesto di Massa Lombarda ha un seguito», dissi all'avvocato Alberti. «Quando decisi di scrivere il libro che stiamo esaminando, cercai al telefono Giovanni Dovadola, il messaggero che mi aveva portato a Lugo il plico di cui le ho parlato. E gli chiesi se aveva qualche altra notizia su quello che era accaduto dopo la liberazione a Massa Lombarda.»

«Che risposta le diede?» domandò l'avvocato.

«Mi disse di avere un memoriale che descriveva una serie di fatti avvenuti in quel tempo a Massa Lombarda. Compresa la scomparsa nel nulla dell'ingegner Lionello Matteucci.»

«Il memoriale era firmato?» chiese Alberti.

«No. Però so da dove viene. E poi mi sono informato. Dovadola è una persona stimata, dirigente di una industria alimentare. Ha un profilo politico preciso: è di Alleanza nazionale. Ma lei sa che le appartenenze politiche non m'interessano, quando so che la fonte è buona e non racconta fatti inventati. Leggiamo insieme questo documento.»

378

Il 9 aprile 1945 gli aerei anglo-americani bombardarono quasi a tappeto Massa Lombarda, che allora aveva 7800 abitanti. Ma i tedeschi erano già in ritirata verso Bologna, di notte e in ordine. La mattina del 13 aprile, alle sei, cominciarono a transitare per il centro le truppe neozelandesi. Dapprima la popolazione fu incerta. Poi, più Alleati arrivavano e passavano, più si capiva che la guerra stava finendo. Ed era tutto un festeggiare.

Alle dieci di mattina cominciò la festa vera. I partigiani nascevano come funghi, armati fino ai denti come dei Pancho Villa. Erano tutta gente del paese, ben conosciuti. A gruppetti più di tre che di due, cominciarono con l'andare a casa di Elsa Mazzini, di 24 anni, operaia alla fabbrica di conserve Esperia. Aveva il suo bambino in braccio, ma la uccisero con una mitragliata. Il figlioletto si salvò. Ricevette soltanto un proiettile al piede e adesso zoppica. La colpa addebitata a Elsa era di aver avuto una relazione sentimentale con il segretario del Fascio repubblicano, Giovanni Dal Pozzo, già assassinato il 19 maggio 1944, all'età di 30 anni.

Sempre la mattina del 13 aprile, un partigiano si affacciò dentro il bar detto «Di Fiori», dove nella parte più interna c'era un rifugio antiaereo. Fra quelli accampati lì fece fuori a colpi di pistola i coniugi Carlo Camorani, di 35 anni, e Lea Proietti, di 31. Avevano quattro bambini. Il Camorani era operaio alla fabbrica di conserve Massalombarda.

Poi andarono nella povera casa di Elio Forni, 37 anni, operaio al macello. Avvisarono la moglie che il marito poteva uscire, non c'era pericolo, anzi che andasse subito al macello perché avevano una bestia da squartare. La moglie non sembrava tanto persuasa. E allora un partigiano, uno di quelli che si erano piazzati nella casa vicina, già sede del Fascio, la tranquillizzò: il marito non aveva nulla da temere.

Fu così che il povero Forni uscì e si apprestò a raggiungere, a piedi, il lavoro al macello. Ma trovò la morte lungo la strada, dietro l'angolo dell'albergo «Veronica», dove in tre lo freddarono. Aveva cinque bambini.

A casa di Elettra Antolini, 35 anni, fervente fascista, la banda fu più rapida. Era a letto e vi rimase morta stecchita, con quattro colpi di pistola al petto. Sul tabaccaio Enrico Formigatti, 43 anni, non c'è fonte certa di come quella mattina l'assassinarono, ma così è stato. A suo carico c'era l'essere stato iscritto al Pnf e di aver esultato quando, anni prima, fascisti violenti avevano rullato di botte un comunista, poi partigiano.

Subito dopo, due vendicatori andarono nella bottega del falegname Giuseppe Foschini, 70 anni, e l'uccisero: aveva un figlio nella Brigata nera. Trovarono anche Mario Mondini, 39 anni, anche lui della Brigata nera, attivo nel Pfr, uno degli otto in tutto che nel 1944-1945 tenevano banco. Non ebbe scampo. Rimase per terra immerso nel sangue.

Venne ucciso anche Aldo Mondini, 43 anni, fascista sin dal 1923, capo dei sindacati fascisti locali fino al 1928. Furono soppressi due giovani arruolati nella Gnr: Giorgio Manaresi, 20 anni, e Giulio Pattuelli, 19 anni. Lo stesso giorno fu giustiziato Adolfo Gianstefani, 60 anni: era stato il primo iscritto al fascio il 1° gennaio 1921, uno dei caposquadra dei trenta squadristi del paese, membro del direttorio, consigliere comunale e infine, nel 1938, commissario per le onorificenze agli squadristi.

Identica fu la sorte di Ermenegildo Calderoni. Era un agente agricolo, o forse un possidente. In quel momento era ricoverato nel piccolo ospedale di Massa Lombarda, perché ferito dallo scoppio di una granata. Tre partigiani entrarono nell'edificio, trovarono il Calderoni e lo uccisero nel suo letto, a colpi di rivoltella.

Sempre il 13 aprile assassinarono Alfonso Minzoni. Aveva 86 anni, anche lui era un possidente agrario. Si era iscritto al fascio di combattimento nel 1922, poi era stato presidente del direttorio del partito e assessore comunale. Non aveva mai preso la tessera del fascio repubblicano.

Quattro partigiani si presentarono a casa sua. Non lo conoscevano e gli chiesero come si chiamasse. Quindi lo uccisero davanti all'ingresso. Dopo averlo ammazzato, gli portarono via i mobili e dei gioielli. In quel momento non c'era il figlio Arrigo, di cui parlerò fra poco.

Merita di essere ricordato, anche se scomparve l'8 aprile 1945, Odoardo Casadio, 30 anni, un dirigente dello zuccherificio locale. Quella sera non ritornò a casa e nessuno lo vide più. Il suo cadavere fu ritrovato soltanto nel febbraio 1946, disintegrato nella calce, all'interno dello stabilimento.

A farlo scoprire fu un partigiano, stanco di sentire i lamenti dei famigliari che andavano alla ricerca del congiunto. È interessante ricordare che l'orologio del povero Casadio era apparso subito al polso di un partigiano, garzone di macellaio. La faccenda era troppo sporca e l'orologio venne messo in vendita. In seguito finì come prova al tribunale di Ravenna. Poi scomparve e addio indagini!

Sempre questo partigiano, che chiameremo X.Y., compare in uno degli omicidi del maggio 1945, la seconda fase della mattanza di Massa Lombarda, quella più atroce. Fu allora che venne ucciso l'ingegner Lionello Matteucci, che qui possedeva dei fondi agricoli.

L'8 maggio Matteucci era appena arrivato da Bologna per riavviare l'attività nei suoi poderi, quando quel partigiano, forse in combutta con altri, lo indusse a visitare un fondo per rendersi conto di alcuni lavori che si dovevano fare. E qui l'ingegnere sparì nel nulla. I partigiani comunisti affissero un manifesto di ricerca, nel quale si diceva che lo scomparso era stato prelevato da fascisti della Brigata nera, rimasti alla macchia e ancora con le armi in mano.

Anche al processo, svoltosi a Firenze, non si riuscì a capire dove fosse finito il corpo dell'ingegnere. La storia orale racconta che la salma venne sezionata per farla passare attraverso la bocca di un forno da pane, dove fu incenerita.

Il forno stava in una casa di campagna in fondo alla via Santa Lucia, verso il comune di Mordano, allora abitata da una donna detta «la Mora». Stranamente, quella casa fu presto abbandonata, lasciata vuota a marcire e poi demolita, nonostante all'epoca ci fosse una grave penuria di alloggi.

La sera del 18 maggio, fra le ore 22 e le 23, i soliti partigiani in coppia, stavolta in veste di polizia partigiana, penetrarono nella casa di Aldo Guerrini, passando dal cortile sul retro, meno protetto. Il Guerrini era un impiegato dell'ufficio anagrafe del comune di Massa Lombarda, già sospeso dal nuovo sindaco. Aveva 38 anni e due bambini. I partigiani gli dissero che era atteso d'urgenza in municipio, per rimettere ordine nell'archivio.

La moglie e la suocera cercarono di trattenerlo, sostenendo che quel lavoro avrebbe potuto farlo il giorno dopo. Ma il Guerrini rispose che non aveva nulla da temere. L'avevano indagato in aprile, subito dopo la liberazione del paese, ed era stato prosciolto. In questo modo seguì docilmente gli assassini che lo accopparono subito. La sua colpa? Da impiegato all'anagrafe, si era occupato dei registri della leva militare.

La stessa trafila toccò a Ferruccio Dalla Valle, 44 anni, ragioniere del comune che nel 1928 era stato membro del direttorio del fascio locale. Nel 1930 era stato vittima di un agguato a fucilate, andato a vuoto. Nel 1939 aveva avuto il diploma da squadrista. I partigiani andati a prelevarlo gli dissero che al Cln avevano bisogno di chiarimenti sul suo lavoro in municipio. Lui li seguì senza reagire e quello fu il suo ultimo viaggio.

Fu ucciso anche Armando Conti, 45 anni, padre di tre figli, che era il fattore dello scomparso Matteucci. Per farlo uscire di casa, i partigiani usarono lo stesso sistema seguito per Guerrini e Dalla Valle. Gli dissero che al comitato avevano un urgente bisogno di chiarimenti sulla fine dell'ingegnere. Sembra che gli ordinarono di portare con sé una somma importante, destinata a pagare chi conosceva la sorte di Matteucci. Lo ammazzarono e si presero i soldi.

Sempre il 18 maggio, perse la vita Oreste Piso, 48 anni, già vigile urbano del comune. Era stato sospeso perché aveva firmato delle sanzioni per frode alimentare a carico di un oste e di un barista, entrambi comunisti. I poliziotti partigiani usarono con lui la solita tecnica: era convocato per chiarimenti. Piso forse pensò che, essendo stato epurato, non poteva capitargli più nulla. Inoltre era trascorso più di un mese dalla fine della guerra. Invece lo uccisero.

La stessa sera squillò il campanello di Armando Bordini, 41 anni, tre figli, ragioniere nella fabbrica di conserve Massalombarda. Era stato caposquadra della milizia, segretario amministrativo del fascio locale e comandante dei giovani fascisti. I soliti due incaricati lo arrestarono senza fronzoli e lo fecero sparire.

L'ultima vittima di quella serata fu Arrigo Minzoni, 54 anni, possidente terriero. Il 13 aprile gli avevano assassinato il padre Alfonso e depredato la casa. Per questo, dapprima, gli avevano promesso salva la vita. Invece la sua ultima ora era suonata. Era stato nel Pnf, membro del direttorio e segretario del fascio nel 1930. In quell'anno aveva subìto un attentato ed era rimasto ferito a un ginocchio. Anche lui venne assassinato.

I sei uccisi del 18 maggio 1945 furono costretti a seguire tutti la medesima trafila. Prelevati nei loro alloggi, vennero condotti in quella che era stata la Casa del fascio, in quel momento occupata dai partigiani comunisti. Qui trovarono la morte fra i tormenti, frustati con una catena di bicicletta e poi strozzati con lo stesso ferro.

Da una finestra i cadaveri furono gettati sul cassone di un camion. Poi un viaggio di qualche chilometro tra i campi, fino a San Patrizio, in fondo alla via Bagattine. Qui c'era il fossato di una postazione antiaerea. Era il nascondiglio ideale per far sparire questi scomodi morti. Alla fine tutto fu ben spianato sui poveri corpi, affinché nulla rivelasse il segreto di quella buca.

Si arrivò agli ultimi giorni di giugno. Per calmare le

domande della gente e le ricerche disperate condotte da mogli e figli, qualcuno si decise a dire dove erano stati sepolti quei morti assassinati. La riesumazione fu un rito tra i più dolorosi, tanto le salme erano scomposte. Infine, com'era accaduto per le vittime del 13 aprile, la paura tenne la cittadinanza lontana dal partecipare al lutto.

Storia di Rosina

«NEL dicembre del 2003», raccontai all'avvocato Alberti, «andai a Bologna per presentare il 'Sangue dei vinti'. Alla fine dell'incontro, venne a salutarmi una signora non più giovane, ma dall'aspetto energico. Mi chiese se volevo conoscere qualche vicenda in più rispetto alle tante che avevo narrato nel libro. Gli risposi di sì: poteva scrivermi oppure dirmi dove abitava, perché sarei andato a incontrarla.»

«Che cosa è successo dopo?» chiese Alberti.

«La signora, un'insegnante in pensione, mi ha mandato la storia che adesso vedremo. Quando l'ho letta, sono rimasto stupito: era un testo perfetto, che aveva bisogno di ben poche correzioni. Conosco anche il nome e l'indirizzo della signora, ma lei mi ha pregato di non pubblicarli.»

Quando ci siamo parlati alla fine della presentazione a Bologna del «Sangue dei vinti», le ho detto che c'erano altre storie di persone uccise senza motivo nei giorni successivi alla fine della guerra. Lei mi pregò di scriverle e di raccontarle quello che sapevo. Lo faccio adesso, consegnandole la vicenda di una ragazza, Rosina Atti, una tragedia quasi sconosciuta.

Anche le mie fonti sono ignote ai più. Sono soprattutto due. La prima è un opuscolo intitolato «Ricordando Rosina Atti», pubblicato il 5 maggio 1995 e scritto da un sacerdote oggi scomparso: don Bruno Salsini, parroco di Sant'Andrea a Maccaretolo. La seconda è un testo inedito che rievoca anche le vicende del paese durante l'occupazione tedesca e nei giorni violenti della liberazione. Il titolo recita: «Da Monte Sole a Stagni iridati. Briciole». Qui non c'è indicazione dell'autore, ma si tratta sempre di don Salsini, come appare evidente dal testo.

Maccaretolo è una frazione di San Pietro in Casale, paese della pianura bolognese, nella parte che guarda verso Ferrara. Negli anni della guerra, San Pietro in Casale contava all'incirca diecimila residenti. Aveva ben nove frazioni, abitate per lo più da mezzadri, piccoli contadini, artigiani e commercianti.

Il 26 agosto 1916, a Maccaretolo nacque Rosa Atti, chiamata Rosina. I genitori erano Alfonso Atti e Scolastica Dovesi, che avevano messo al mondo dieci figli, cinque maschi e cinque femmine. Conducevano un podere a mezzadria, erano persone semplici, con un forte buonsenso e una grande fede cristiana.

I loro ragazzi, al mattino, mentre rigovernavano il bestiame nella stalla, si rispondevano ad alta voce nelle preghiere. Si pregava anche a tavola, prima di mangiare. E la sera veniva sempre recitato il rosario.

Per il loro tempo, gli Atti erano persone speciali. In casa volevano che i figli parlassero in italiano e non in dialetto. E questa scelta, dettata dal desiderio di miglioramento culturale, aveva suscitato in paese un po' d'ilarità. Ma gli Atti si distinguevano dagli altri anche per un motivo ben più importante: per l'amore verso i poveri e i diseredati. Quando in paese passavano gli zingari, la gente li mandava dagli Atti, ci avrebbero pensato loro ad aiutarli.

Compito particolare di Rosina era prendersi cura dei bambini degli zingari. Ormai era una bella ragazza bruna, dal sorriso dolce e fermo, una cattolica convinta e molto generosa. Accoglieva quei bambini nella cascina dei genitori, li lavava, li sfamava e poi li metteva a dormire nello «stanziolo», un piccolo ambiente che serviva come deposito temporaneo del foraggio per il bestiame.

Alfonso Atti era un mezzadro bravo, che conduceva con perizia il fondo affidatogli. Lui e la sua famiglia, tutti cattolici credenti e praticanti, dovevano essere di orientamento moderato. Uno dei figli, Antonio, si era schierato con il regime fascista. Don Salsini scrive che era stato chiamato a Roma, come rappresentante dei contadini presso la Camera dei fasci e delle corporazioni.

Rosina, invece, non voleva avere a che fare con il fascio e con altre ideologie. Secondo don Salsini, «aveva orrore della politica e non intendeva assolutamente esserne implicata. Avrebbe volentieri dato la vita per la religione, ma non per un partito». Questo rifiuto sarebbe diventato ancora più forte nei mesi della guerra civile. Al punto di non voler neppure commentare i fatti di sangue che stavano accadendo attorno a Maccaretolo.

La sua religiosità era così profonda che aveva cominciato a portare il cilicio, anche durante il lavoro nei campi. Una delle sorelle, Licia, si era fatta suora. E Rosina avrebbe voluto seguirla. Poi fu costretta a rinunciare perché la mamma era stata colpita da un ictus e lei doveva accudirla.

Non tollerava le parole sconce o irriguardose verso la religione. Un giorno rimproverò con fermezza un gruppo di giovani del paese che bestemmiavano. Il parroco scrive: «Si dice che anche questo episodio abbia pesato, per ritorsione, sulla sua fine».

L'8 settembre 1943 segnò anche a Maccaretolo l'inizio di un periodo orribile, di lutti e di violenze per entrambe le parti in lotta. Rosina era la presidente della Gioventù femminile di Azione Cattolica della parrocchia di Sant'Andrea e seguitò a rifiutare qualsiasi scelta politica. Ma per altri della famiglia, non schierarsi fu impossibile.

Il fratello Antonio, ritornato con la famiglia a vivere nella casa paterna, era conosciuto come fascista. Un cognato di Rosina divenne reggente di San Pietro in Casale. Penso che reggente, la parola che usa don Salsini, volesse dire podestà o commissario prefettizio.

Un giorno, i partigiani della zona gli tesero un agguato per ucciderlo. Ma lui si salvò in modo fortunoso. Allora i partigiani si scatenarono contro gli Atti e diedero fuoco alla loro casa. Per qualche tempo, Rosina trovò ospitalità presso le famiglie vicine. In quell'occasione il suo confessore, il canonico Nicola Mattioli, parroco nella frazione di Gavaseto, che insegnava al seminario regionale di Bologna, le offrì un rifugio sicuro. Ma lei rifiutò l'aiuto, dicendo: «Non ho lasciato la famiglia per

389

farmi suora perché dovevo badare alla mamma ammalata. Non la lascerò nemmeno adesso per salvarmi la vita».

Nel frattempo, anche in quella zona la guerra civile non conosceva soste. Nel settembre 1944, don Salsini venne informato da un commissario politico partigiano che la sua formazione intendeva distruggere l'archivio dello stato civile di San Pietro in Casale, trasferito per prudenza nell'asilo infantile di Maccaretolo.

L'azione era diretta a impedire che i fascisti potessero rintracciare i giovani di leva che non si erano presentati. Il parroco espresse le sue riserve, per la possibile rappresaglia dei repubblichini. «Mi fu risposto cinicamente», scrive il sacerdote, «che il popolo non si muoveva se non vedeva il sangue.»

L'archivio fu incendiato. E nel pomeriggio della domenica 17 settembre, la Brigata nera, che aveva arruolato molti ragazzi tratti dal carcere minorile di Bologna, piombò sul paese, sparando alla cieca per le strade e nelle valli. Scrive il parroco: «Caddero Alessandro Fanti, marito della maestra Nadalini, Giuseppe Setti e altri di Pegola, una frazione del vicino comune di Malalbergo. Il cardinale Nasalli Rocca mi inviò parole di conforto, invocando la pietà cristiana. Ma la guerra civile si era già scatenata».

Mentre il fronte si stava avvicinando, Maccaretolo, ricorda il parroco, «venne letteralmente occupato dalle truppe tedesche che si erano accantonate nelle case. L'asilo era stato trasformato in ospedale da campo e le scuole in sede della sussistenza. Erano le suore a portare, più di tutti, il peso dell'occupazione, essendo impegnate l'intero giorno a lavare gli indumenti dei soldati...»

«Le perquisizioni erano tantissime. Una sera, sul finire della guerra, sentii picchiare furiosamente alla porta della parrocchia. Erano le SS della 'Hermann Göring', armate di tutto punto, con a tracolla collane di proiettili. Divisero gli uomini dalle donne e cominciarono a frugare dappertutto, anche in cantina, sotto i tini e le damigiane. Cercavano delle armi che erano state trafugate. Non trovarono nulla. Allora proposi: andiamo a vedere in chiesa. Uno di loro mi rispose: 'No, in chiesa no, è la casa di Maria...' Altre case furono perquisite, persone innocue vennero rastrellate e poi rilasciate, i partigiani furono braccati.»

«I tedeschi, intanto, non si fidavano più di nessuno. E per spezzare la nostra resistenza, abilmente insinuavano delle soffiate, che poi, come patate bollenti, venivano ricacciate da una persona all'altra. La diffidenza e l'odio raggiunsero il parossismo», scrive ancora il parroco.

Tutta la zona di Maccaretolo era diventata una polveriera sul punto di esplodere. Un medico, attirato dai partigiani in un'imboscata, scomparve. Il 28 febbraio 1945, la sua infermiera Elsa Bergami e la maestra elementare Elide Varotti, entrambe delegate dell'Azione cattolica e molto amiche di Rosina, vennero rapite sulla strada di Bologna e non tornarono più a casa. I corpi non furono mai trovati. Anche loro vittime dei partigiani? Don Salsini ritiene di sì.

«La guerra stava per finire», racconta il parroco. «Si era scatenata la battaglia del Senio e il fronte incalzava. I tedeschi si apprestavano a fuggire. Per andarsene si servirono persino dei carri trainati dalle ultime mucche nascoste dai nostri contadini negli anfratti del cimitero. La mattina della domenica 22 aprile, poche persone vennero alla prima messa. C'era aria di incertezza, forse la gente sapeva più di me. Alle dieci i guastatori della 'Göring' cominciarono a far saltare i depositi di munizioni accatastati nelle case...»

«I partigiani attaccarono i tedeschi. Ci furono scontri furibondi. Ricordo che cadde un comandante partigiano, Ruffillo Tolomelli, che pochi giorni prima, davanti alla chiesa di Rubizzano, un'altra frazione di San Pietro, mi aveva rincuorato: 'Don Bruno, presto saremo liberi!' Quella domenica, mentre si apprestava al combattimento, Ruffillo fu sorpreso alle spalle da un tedesco che lo sgozzò.»

«Verso le dieci di sera, sentimmo la voce di Carluccio, il campanaro. Gridava: 'Signor curato, gli inglesi!' Non credevamo ai nostri occhi: davanti alla chiesa si era fermato un grosso carro armato degli Alleati. Erano neozelandesi.»

Anche a Maccaretolo cominciò il dopoguerra. Ma la gente seguitò a morire. La domenica 29 aprile, fu la volta di Enrico Varotti, presidente dell'amministrazione parrocchiale e priore della Compagnia del Santissimo. Per lui non valsero i meriti acquisiti in tanti anni. Quella sera, i partigiani lo prelevarono che stava già a letto. Venne fatto uscire in pigiama e, a poche decine di metri da casa, fu ucciso con un colpo alla nuca.

Trascorse un'altra settimana e toccò alla Rosina. Era la domenica 6 maggio. La ragazza andò alla prima messa, si confessò con don Salsini e si comunicò. Ritornò in chiesa per la funzione delle undici. Si celebrava la liberazione esponendo la Madonna della Rondine. Lei cantò con la sua bella voce, sostenendo il coro. Scrive il parroco: «I partigiani, in divisa e incolonnati lungo la navata, ascoltano e osservano. Certamente alcuni sono ignari di quel che di lì a poco avverrà. Ma altri hanno l'occhio torbido».

Rosina andò in chiesa la terza volta per il vespro, anche per i suoi compiti di presidente delle ragazze cattoliche. «Finita la funzione, tutti la videro in ginocchio, a terra, davanti all'immagine della Madonna, immobile per lungo tempo, col capo coperto da un velo.» Aggiunge il parroco: «Niente più attraeva Rosina su questa terra, anche perché era perseguitata da un partigiano, un giovane del paese».

Don Salsini ne fa il nome, ma io lo chiamerò X.Y. Il sacerdote aggiunge: «Dopo aver inutilmente frequentato la casa di Rosina, attratto dalla fresca giovinezza della nipote Anita, costui si era accanito contro la famiglia Atti. Poco tempo prima, aveva dato fuoco alla loro casa, facendo sibilare le pallottole sopra la testa di quelli che cercavano di mettere in salvo il bestiame».

Rosina rientrò in famiglia. Tutto sembrava tranquillo. Ma a tarda sera, picchiarono alla porta. Andò ad aprire il fratello Giovanni e si trovò di fronte alcuni giovani con le armi. Avendo capito che cosa stava per accadere, disse: «Prendete me». Gli risposero: «Vogliamo tua sorella Rosina!» «Ma Rosina sta dormendo.» «Ci pensiamo noi.» Lo spinsero indietro, salirono alla stanza della sorella e ordinarono a Rosina di seguirli.

Lei replicò: «A quest'ora venite a prendere una ragazza? Vergognatevi! Andate giù, che almeno mi possa vestire!» La sorella Maria si mise di mezzo e li implorò: «Lasciate stare la Rosina». Le replicarono, beffardi: «Non siamo assassini. Tra poco la rivedrai a casa». Rosina abbracciò la sorella e li seguì.

Venti minuti dopo, si udirono delle raffiche di mitragliatore. Venivano dalle vicine Valli delle Tombe. Rosina era stata assassinata, insieme a un uomo del paese, Paolo Buggini. Era stato appena eletto presidente della cooperativa muratori, ma era inviso al Cln che a quell'incarico aveva destinato un altro. Anche lui era stato prelevato in casa quella sera, davanti alla moglie e ai cinque figli che urlavano disperati.

Buggini e la Rosina furono sepolti l'una sopra l'altro, ai margini della valle. Ma i becchini lavorarono male e in fretta. Una gamba della Rosina usciva dal terreno. E dovettero interrarla di nuovo. Poi il corpo della ragazza venne fatto sparire. In agosto avrebbe compiuto i 29 anni.

Il delitto venne coperto dal silenzio. Ma poi qualcuno cominciò a parlare. Uno degli assassini raccontò che, prima di essere uccisa, Rosina disse: «Questa mattina mi sono comunicata. Fate quello che volete. So dove vado». Intendeva: vado in Paradiso. Un altro dei giustizieri, sconvolto dal rimorso, ammise: «Sparai. Lei mi guardava con occhi così aperti che venni preso dal terrore e scappai via». E un terzo: «Benché crivellata di colpi, Rosina non cadeva a terra. Dovemmo rovesciarla».

Nessuno volle mai dire dove il corpo della ragazza fosse stato nascosto. Nessuno pagò mai per quel delitto. Nessuno spiegò mai perché l'avessero uccisa. Era soltanto una ragazza buona che amava il prossimo e che credeva in Dio.

Faccetta Nera

«ANCHE questa storia mi è stata segnalata da un lettore del 'Sangue dei vinti'», spiegai all'avvocato Alberti. «Con un biglietto di poche righe che diceva: 'A Trasacco, in Abruzzo, subito dopo la fine della guerra hanno linciato una ragazza che si era messa con un tedesco. Veda un po' di saperne di più'. Ho provato a cercare e mi sono imbattuto in una vicenda che mi ha lasciato il gelo addosso. Adesso gliela racconterò.»

«Quali sono le sue fonti?» mi domandò Alberti.

«Sono partito da un paio di articoli scritti nel settembre 2003 da Mirco Marchiodi dell''Alto Adige', quotidiano di Bolzano. E sono approdato a una meticolosa ricostruzione di un altro collega, Alvaro Salvi, un bravo giornalista di Avezzano, pubblicata nel 1983. La sua inchiesta ha per titolo 'L'olocausto di Faccetta Nera', ed è il racconto più completo di questa tragedia.»

«Chi era Faccetta Nera?» chiese l'avvocato.

«Tra un istante glielo dirò. Prima voglio ricordare qualcosa su Trasacco. È un comune abruzzese, nella provincia dell'Aquila, che durante la guerra aveva all'incirca cinquemila abitanti, più un certo numero di sfollati.

395

Sta ai margini della Conca o Piana del Fucino, a settecento metri d'altezza e gravita su Avezzano, ma non è
lontano dal confine con il Lazio. Qui viveva una ragazza,
figlia di gente modesta e perbene: Adalgisa Antonia Carlesimo, nota come Maria, e anche come Faccetta Nera.
In paese la chiamavano così per via della pelle ambrata e
dei capelli corvini. Era una bella figliola che nel 1943
aveva 22 anni, viveva in famiglia e non era fidanzata con
nessuno.»

«Dopo l'8 settembre, pure a Trasacco s'installò un reparto tedesco. Erano pochi uomini, comandati da un sottufficiale. Su questo militare anche Salvi non ha scoperto molto, tranne che di cognome faceva Hervin e doveva
essere giovane. Lui e i suoi si occupavano soprattutto di
requisizioni. Prendevano ai contadini il bestiame da in-
viare in Germania o da macellare sul posto. Sembra che
non gli sfuggisse nulla. Requisivano anche cavalli e asini. E possiamo immaginare quanto astio li circondasse a
Trasacco e nei paesi vicini.»

«Un certo giorno, Hervin conobbe Faccetta Nera. E
tra i due iniziò una storia d'amore. In seguito si dirà che
la ragazza era solita accompagnarsi anche con altri militari tedeschi, ma si tratta di una calunnia. Maria amava soltanto Hervin e, come si dice nei romanzi rosa, gli
si era data completamente. Al punto da rimanere incinta. Infatti nel maggio 1944 il medico condotto del paese, il dottor Giuseppe Dalla Montà, accertò in modo sicuro la gravidanza.»

«Verso la fine di quel maggio», continuai, «anche il
presidio tedesco di Trasacco si preparò a partire. Ormai
il fronte era vicino e di lì a qualche giorno gli americani
avrebbero liberato Roma. Ma prima di andarsene, i militari di Hervin commisero un eccidio. Senza un motivo,

catturarono cinque uomini del paese. Erano Pasquale Aponte, di 50 anni, Sabatino Tauro, di 70, Giuseppe Lucarelli, di 64, Domenico Paponetti, di 42, e Agostino Cardinale, un ragazzo di 17 anni.»

«I cinque vennero condotti nella palestra della scuola. E qui si trovarono di fronte a 'Mimmo il Siciliano', che da tempo collaborava con i tedeschi. Costui accusò Tauro di essere in contatto con gli inglesi e gli altri tre adulti di non aver consegnato gli asini ai soldati della Wehrmacht che li volevano requisire.»

«Subito dopo, i prigionieri furono trascinati alla periferia di Trasacco, in una località chiamata Tre Portoni, uccisi a raffiche di mitra e poi gettati in un canale vicino. L'unico a essere risparmiato, e a salvarsi, fu il ragazzo Agostino Cardinale.»

«Per quale motivo li uccisero?» domandò Alberti.

«Non lo so. Nelle guerre, i motivi per ammazzare il prossimo sono sempre tanti e spesso molto diversi. Erano giorni di ferocia, la vita umana non valeva più niente, forse quei tedeschi volevano vendicarsi su qualcuno della sconfitta che li obbligava a ritirarsi. Sembra che a sparare sia stato 'il Siciliano'. E che i tedeschi abbiano esploso i colpi di grazia. Ma perché ammazzare proprio loro e non altri? La *vox populi* disse subito che erano stati segnalati ai tedeschi da Faccetta Nera. Che non soltanto si era concessa al nemico, ma faceva pure la spia.»

«È possibile che sia andata così?»

«Assolutamente no. Maria, o Faccetta Nera, era una ragazza buona e semplice, già alle prese con un problema non da poco, quella gravidanza ritenuta immorale. Non ce la vedo a mettersi in guai ben più grossi, indicando dei paesani da uccidere. Ma il peggio doveva ancora accadere. E accadde ventiquattr'ore dopo l'eccidio di Trasacco.»

«Il 1° giugno 1944, sempre i tedeschi del sottufficiale Hervin andarono in un paese vicino, Collelongo, e vi rastrellarono quattro civili, subito portati anche loro nella scuola di Trasacco. Erano il macellaio Rocco Sansone, l'ex guardia di Finanza Damaso Di Loreto, che non voleva lavorare per i tedeschi, Gioacchino Pascale, un soldato che all'8 settembre s'era sbandato ed era rimasto lì, e infine Guerino Moro, mugnaio, che si era rifiutato di consegnare ai tedeschi la propria motocicletta.»

«Questi fu l'unico a salvarsi, perché il fratello Zenone pagò a 'Mimmo il Siciliano' un riscatto di 18.000 lire, una somma importante per l'epoca. Gli altri tre furono uccisi e malamente sepolti in un campo.»

«Qualche giorno dopo, i tedeschi abbandonarono Trasacco. E Faccetta Nera partì anche lei, per seguire il suo Hervin.»

«Ma è possibile che la ragazza abbia lasciato tutto, la famiglia, la casa, il paese, soltanto per amore?» si chiese Alberti, un po' scettico. «Può darsi che non avesse la coscienza a posto e temesse una punizione, dopo la partenza del presidio tedesco…»

«Non credo alla coscienza sporca», replicai. «Nella sua inchiesta, Salvi fa un'osservazione che taglia la testa al toro: se fosse stato così, Maria non sarebbe mai ritornata a Trasacco, come invece volle fare. Ma di questo parleremo fra poco. Qui dobbiamo prendere per buono il motivo più probabile alla base della partenza di Faccetta Nera: lei aspettava un bambino dal tedesco Hervin e decise di restare accanto a lui anche nel ripiegamento. Le sembra davvero così strano? A me no.»

«Da quel momento si persero le tracce della ragazza», continuai. «Faccetta Nera ricomparve soltanto quasi sei mesi dopo, e in un posto molto distante da Trasacco: in provincia di Bolzano. E ricomparve con una figlia di un mese, Bernarda Carlesimo, nata il 24 ottobre 1944, non si sa se a Mantova o a Bolzano stessa.»

«Il 28 novembre 1944, con la bambina in braccio, Maria bussò alla porta di un convitto di suore, la Casa di San Francesco, sull'altipiano di San Genesio, la frazione capoluogo del comune di La Valle, in tedesco Wengen, a mille metri d'altezza e a un'ottantina di chilometri da Bolzano. Affidò la figlia alle monache con una somma di denaro. E se ne andò, spiegando che doveva raggiungere il padre della piccola, un militare tedesco.»

«Ma le suore non erano in grado di accudire alla neonata. E la passarono a una povera famiglia di contadini della zona, gli Hoeller, che accettarono di tenerla. Trascorsero altri mesi. Faccetta Nera sembrava svanita nel nulla. Ma nella primavera del 1945, la ragazza riapparve di nuovo, all'improvviso.»

«Sempre a San Genesio e per riprendersi la figlia», osservò Alberti.

«Sì e no. Alla fine di quell'aprile, quando la guerra stava per terminare, Maria ritornò dalle monache e chiese della piccola Bernarda. Le suore la indirizzarono dagli Hoeller. E a questa famiglia la ragazza disse: 'Vi prego di tenere mia figlia ancora per un mese. Poi verrò a prenderla e la porterò con me a Roma'.»

«Lasciò dell'altro denaro e sparì. Bernarda rimase

con gli Hoeller che, di lì a poco, l'affidarono a un'altra famiglia di San Genesio, i Durcher, gente che stava meglio e viveva in una fattoria più grande.»

«E il padre della bambina, il sottufficiale Hervin?» indagò Alberti.

«Di lui non si sapeva né si seppe più nulla. Svanito nella fornace della guerra. Forse ucciso in combattimento. O forse prigioniero degli Alleati, in qualche campo sconosciuto. A riapparire per la terza e ultima volta fu soltanto la madre, ossia Faccetta Nera. In una data fatale per lei: il 22 maggio 1945.»

«Secondo l'inchiesta di Salvi, quella mattina Maria ricomparve ad Avezzano, in piazza Cavour, nei pressi dell'Osteria del Vecchio Alpino. Aveva con sé una borsetta e una valigia. A vederla, e a riconoscerla, fu un carrettiere di Collelongo, Orazio Cianciusi. Arrivata ad Avezzano da chissà dove, la ragazza aspettava un passaggio per Trasacco. E lo trovò sul carro di un compaesano, Amato Panunzi, detto Amatuccio.»

«Questi cercò di farle capire che, per lei, era pericoloso rientrare a Trasacco. Ma Faccetta Nera non intese ragioni: 'Non ho mai fatto del male ad anima viva e ho la coscienza tranquilla. Voglio rivedere la mia famiglia'.»

«Ma durante una sosta all'Osteria di Spaccapera a Luco dei Marsi, un paese a poca distanza da Trasacco, Faccetta Nera scomparve di nuovo. Quando la rividero era già alle porte del suo paese, arrivata lì non si sa come. La scorse un contadino che si precipitò ad avvisare i carabinieri, perché la prendessero sotto la loro protezione. Fu così che la ragazza entrò in Trasacco affiancata da due militi. E venne condotta alla caserma della Benemerita, che stava sulla piazza principale.»

«La voce che Faccetta Nera si trovava a Trasacco si

sparse in un baleno. In Abruzzo la guerra era già finita da quasi un anno. Ma i rancori, le rabbie e i veleni del tempo delle armi non si erano per niente dissolti. Soprattutto in quella parte della gente che riteneva Maria una puttana al servizio dei tedeschi e la spia che aveva fatto arrestare e fucilare dei compaesani. Fu così che, in piazza, si radunò una folla sempre più eccitata, che chiedeva la consegna di Faccetta Nera.»

«Il sindaco di Trasacco, Alfredo Areta, tentò di calmare la gente, ma senza riuscirci. La campana della chiesa di San Cesidio prese a suonare a martello. La folla premeva contro i carabinieri che furono costretti a sparare in aria. In quel frangente, accorsero nella caserma il presidente del Comitato di liberazione, Aristotile D'Amato, un insegnante, e uno dei membri del Cln, Tito Calabrese.»

«Volevano interrogare la ragazza per capire se fosse coinvolta o no nell'eccidio dei Tre Portoni. Maria si difese con disperazione: 'Non ho niente a che fare con la strage, altrimenti non sarei ritornata in paese. Mettetemi a confronto con chi mi accusa!'»

«La ragazza piangeva in preda al terrore. Disse a Calabrese: 'Sor Tito, aiutatemi! Non merito di essere uccisa. Ho una bambina e mi sono sposata. Ecco la fede'. Cercò nella borsetta la vera nuziale e la consegnò a Calabrese...»

«Che storia orrenda, un vero schifo», ringhiò l'avvocato. «Avrei potuto trovarmi anch'io davanti alla tragedia di Faccetta Nera...»

«Certo. E anche lei, forse, non avrebbe saputo impedirne la conclusione vergognosa. Mentre la folla aggirava la caserma e forzava la porta sul retro dell'edificio, Maria fu rinchiusa nella camera di sicurezza per proteggerla dalla furia della gente che, sempre più eccitata, urlava: 'A morte la spia dei tedeschi!' Ma non ci fu niente da fare.»

«Con una scure, qualcuno spaccò il lucchetto della cella. Cento mani afferrarono Faccetta Nera per i capelli e la trascinarono fuori dalla caserma. Lei piangeva, implorando: 'Fatemi almeno confessare da un prete'. Le risposero rabbiosi: 'Agli innocenti fucilati ai Tre Portoni voi non gli avete concesso di confessarsi!' Poi qualcuno tramortì la ragazza con un pugno sulla faccia.»

«Quel che accadde dopo», continuai, «lo descrive la sentenza della Corte d'Assise dell'Aquila che, in seguito, processò alcuni dei responsabili del linciaggio. La cito dall'inchiesta di Salvi: 'La Carlesimo fu spogliata e colpita con la scure e con altro mezzo. Legata poi a una gamba con una corda, venne sospesa all'albero di olmo esistente nella piazza, quando ancora si muoveva. In quella condizione fu ancora colpita con arma da punta e da taglio da una persona salita sull'albero. Rimase così appesa, con le sole mutandine e reggiseno, fino al sopraggiungere dei carabinieri di Avezzano'.»

«Ma la ragazza, a quel punto, era già morta», osservò Alberti.

«Sì. Sempre la sentenza dice che 'la morte era avvenuta per frattura della base cranica con spappolamento della materia cerebrale, cagionata da corpi contundenti e da arma da taglio'. Ossia da pietre, mazze, coltelli, accette. Qualcuno aveva proposto di legare Maria alla coda di un asino, per trascinarla attraverso tutto il paese. Ma poiché il somaro non era a portata di mano, Faccetta Nera, ancora viva e in preda a convulsioni, era stata issata per un piede al grande olmo, l'unico albero della piazza di Trasacco.»

402

«Più tardi, il padre di Maria, Cesidio Carlesimo, aiutato dai figli, riuscì a seppellire il corpo straziato della figlia, in una tomba scavata alla meglio nel cimitero del paese. Ma neppure da morta, la ragazza poté riposare in pace. Salvi racconta che la fossa venne profanata più volte. Qualche sciagurato si accanì sulla piccola lapide e sulla foto di Maria. Tanto che i famigliari si videro costretti a trasferire la salma in una tomba senza nome.»

«Quale conclusione ha questa storia orrenda?» chiese Alberti.

«È presto detto. Per anni, Trasacco rimase diviso fra una maggioranza di innocentisti e una minoranza di colpevolisti. Al processo tenutosi all'Aquila gli imputati furono soltanto quattro. Il 26 gennaio 1948 la Corte d'Assise li condannò a dieci anni di carcere, di cui cinque condonati. La sentenza fu confermata dalla Cassazione il 21 febbraio 1949.»

«Dal processo emerse che Faccetta Nera non aveva mai fatto la spia e non era stata presente alla fucilazione dei Tre Portoni. Due anni prima, il responsabile di quell'eccidio e dell'esecuzione di Collelongo, 'Mimmo il Siciliano', aveva già ricevuto l'ergastolo.»

«Il grande olmo della vergogna, come lo chiama Salvi, rimase svettante sulla piazza di Trasacco, davanti alla chiesa di San Cesidio, sino al 1950. Poi il sindaco Francesco Ippoliti, democristiano, ordinò che venisse sradicato.»

«E la bambina di Faccetta Nera?» domandò l'avvocato.

«Anni dopo, venne rintracciata a Bolzano dal fratello della mamma. Ma non volle andare a Trasacco. Bernarda è rimasta lì, con la famiglia che l'aveva allevata. Oggi è una signora di 61 anni. So che si è sposata e pare che non abbia figli. Ho pensato più volte di andare a cercarla. Poi ho deciso di lasciarla in pace.»

Enrica e Lino

«QUANDO ho pubblicato 'I figli dell'Aquila', ho conosciuto un ex marò della Divisione 'San Marco': Antonio Sagaria», spiegai all'avvocato Alberti. «Ci siamo parlati più volte al telefono, senza mai incontrarci di persona. E ho capito che è un uomo intelligente e buono. Un giorno mi ha narrato la storia di suo fratello e di sua sorella: una vicenda che sembra inventata per far comprendere quanto sia stata imprevedibile e assurda l'epoca della guerra civile. Quando ho deciso di scrivere questo libro, ho domandato ad Antonio Sagaria di mettermela per iscritto. Eccola.»

È difficile, dopo sessant'anni, descrivere i fatti che riguardano la tragica e misteriosa fine di mia sorella Enrica, di 23 anni, e quella invece accertata, ma non priva di aspetti oscuri, di mio fratello Lino, che di anni ne aveva appena 18.

Oltre a Enrica, avevo una sorella più giovane, che al

tempo della guerra civile aveva 21 anni. Si chiamava Anna e nel 1948, dopo aver sposato un militare inglese di stanza a Milano, era andata a vivere in Gran Bretagna, nella contea di Essex, vicino a Londra. Qui mancò nel 1995.

Con mia moglie e con il più giovane dei miei fratelli, Salvatore, andai al suo funerale. Il mio stato d'animo lo può immaginare! Le dico questo per farle capire che, dopo la morte di nostra madre, nel 1930, erano state le nostre due sorelle a prendersi cura di noi. Soprattutto la più grande, Enrica, che per me è stata un'indimenticabile, cara mamma.

Nel 1942, abbandonati gli studi, all'età di 18 anni mi arruolai volontario nella Regia Marina. Ma dopo l'8 settembre 1943, come tanti altri militari, decisi di tornarmene a casa. Non a Milano, bensì in un piccolo paese della val Trebbia dove i miei famigliari erano sfollati.

Come lei sa, la val Trebbia è una valle appenninica, per una metà piacentina e per l'altra metà genovese. Lungo la vallata, corre la statale 45 che collega Genova a Piacenza. Il paese del nostro sfollamento era un borgo molto piccolo: Confiente, una frazione di Corte Brugnatella, comune piacentino collocato fra Bobbio e Ottone. Un posto bellissimo e solitario, in mezzo ai boschi, dove il torrente Aveto si getta nel Trebbia.

Fu proprio a Confiente che Lino, classe 1926, decise di andare con i partigiani. Lo decise all'insaputa di tutti, di nostro padre e di noi fratelli. Con l'aiuto di un amico, Vittorio Ballarin, detto «U Carega», nativo del posto e uomo di montagna, insieme ad altri giovani si unì a un gruppo dislocato nei pressi di Bobbio, il centro più importante della val Trebbia, nel Piacentino.

Il gruppo si chiamava «Stella Rossa» ed era comandato da uno di Marsaglia, un'altra frazione di Corte Brugnatella. Ma tanto Lino che Vittorio si resero conto presto che di quella banda non potevano condividere niente: non le idee, non il comportamento e tanto meno il disordine. Così decisero di cambiare zona. E con l'aiuto di altri partigiani, nella primavera del 1944 presero contatto con un gruppo garibaldino, comandato da «Bisagno».

«Bisagno» era Aldo Gastaldi, un genovese di 22 anni, già sottotenente del Genio, uno dei primi a salire in montagna dopo l'8 settembre. Dal suo gruppo sarebbe poi nata la 3ª Brigata Garibaldi «Cichero», dislocata sui monti della val Trebbia e nelle zone circostanti.

Questo comandante era un cattolico e i suoi commissari politici erano tutti comunisti. La loro convivenza non risultò facile, soprattutto nella fase finale della guerra civile. E qualche settimana dopo il 25 aprile, «Bisagno» morì in un incidente stradale che, ancora oggi, suscita molti interrogativi.

Mio fratello Lino e Vittorio Ballarin incontrarono «Bisagno» a Rovegno. E lui li prese nella sua formazione. A questo punto, sento il dovere di ricordare Ballarin, «Carega», il fedele amico e compagno di Lino. «Carega», il suo nome di battaglia, era di qualche anno più anziano di Lino. Nel 1976, durante un soggiorno in val Trebbia, lo cercai. La gente del posto mi disse che lavorava all'Anas. E che, dalla casa cantoniera, curava la manutenzione della strada statale fra Marsaglia e Losso, una frazione di Ottone.

In un mattino di sole, lo rividi. I suoi capelli, un tempo neri e folti, erano diventati bianchi. Il viso era scarno. E gli occhi profondi, ma stanchi. Ci guardammo increduli, erano passati tanti anni! Poi, finalmente, parlammo a lungo, entrambi molto commossi. Mi raccontò di Lino, della loro forte amicizia, dei loro giorni in montagna, dei pericoli scampati durante i rastrellamenti tedeschi. Poi, felice di poterlo fare, mi regalò una foto di Lino, che conservo tuttora nella Sacra Bibbia.

Vittorio, un ragazzone, il contadino nato e vissuto nell'antico rustico di Confiente, molto legato alla sua terra e a un paio di vitelli che portava al pascolo ogni giorno all'alba, provava, forse come me, la stessa pena del tempo veloce lasciato dietro di noi. Caro Vittorio, com'era verde la nostra valle, allora... Ci lasciammo con un abbraccio. Non l'ho più rivisto.

Mentre Lino stava con i partigiani, io vivevo con i miei a Confiente. Abbastanza spesso, e sempre di notte, mio fratello tornava a trovarci di nascosto. Me le ricordo ancora quelle notti, avvolte in una pace apparente. Tutto sembrava dormire in tranquillità, fra i campi coltivati e i boschi della val Trebbia. Il silenzio era totale. Si sentiva l'acqua correre di sasso in sasso, lungo il corso del fiume, vicinissimo a noi.

In quel silenzio, udivo i passi di Lino e quando entrava in casa ci salutavamo con un abbraccio forte. Eravamo una famiglia molto unita e ci volevamo bene. Lui era ancora un ragazzo. Una notte tornò con un cucciolo di cane, un bastardino dal pelo corto e marrone, lo aveva trovato in alta montagna, verso Capanne di Pei, sotto il monte Lesima. Lo chiamammo Leo.

La mia pace finì all'inizio del marzo 1944. Una mattina, mentre scendevo in bicicletta a Marsaglia per comprare il pane, venni fermato da un paio di carabinieri. Mi chiesero i documenti e si resero conto che ero del 1924, una classe che il mese precedente era stata chiamata alle armi dalla Repubblica sociale. I carabinieri mi dissero che dovevo presentarmi, altrimenti sarebbero stati costretti a intervenire contro la mia famiglia.

Il mattino successivo lasciai il paesino di Confiente, mio padre Francesco, le mie sorelle e il più piccolo di noi fratelli, Salvatore. Tutti mi abbracciarono piangendo. Lino, che quella notte era ritornato a casa, volle accompagnarmi fino alla statale della val Trebbia, per aspettare con me la corriera che doveva portarmi a Bobbio e poi a Piacenza.

Prima di salutarci, parlammo a lungo. Quando la corriera arrivò, sollevando una nube di polvere sulla statale ancora sterrata, mi abbracciò stretto. Aveva gli occhi lucidi, ma il suo carattere forte gli impedì di piangere. Mi disse soltanto: «Stai attento. Stai molto attento!»

A sessant'anni di distanza, lo rivedo come se tutto fosse successo ieri. Un bel giovane, alto, bruno, con il viso in ombra sotto l'ala del cappello nero. E rivedo me stesso sulla corriera. Lino mi sorrideva, ma c'era una grande amarezza nel suo sorriso.

Provò a dirmi ancora qualcosa, che però non riuscii a capire. Risposi di sì con un cenno del capo, e forse avrei dovuto rispondere no. Forse per questo mio fratello sorrise. Chissà, chissà perché sorrise... Quella fu l'ultima volta che lo vidi.

Mi presentai a Vercelli, al Centro costituzione grandi unità, creato per organizzare l'afflusso delle reclute del 1922, 1923 e 1924, destinate alle quattro divisioni della Rsi da formare nei campi tedeschi: San Marco, Monterosa, Littorio e Italia.

Venendo dalla Marina militare, fui inserito nella Divisione «San Marco». Come tutti gli altri arruolati in quell'unità, il 21 marzo mi fecero partire per la Germania, diretto al campo di addestramento situato a Grafenwöhr, in Baviera. Qui entrai a far parte del III Gruppo esplorante, il reparto di punta della divisione, comandato dal maggiore Vito Marcianò. Ero marconista, addetto alla radio da campo.

Il 27 luglio 1944 i marò della «San Marco» iniziarono il ritorno in Italia. Il III Gruppo esplorante venne dapprima inviato nella Liguria di Ponente e in seguito fu dislocato nell'entroterra ligure, in direzione delle Langhe, un'area dove i partigiani erano tanti e molto agguerriti.

Mentre rientravo in Italia, non potevo immaginare quello che, di lì a poco, sarebbe successo a mia sorella Enrica. E adesso le racconterò ciò che seppi molti mesi dopo da mio padre.

Nei primi giorni di agosto, Enrica aveva deciso di tornare per un breve periodo nella nostra casa di Milano. C'era un motivo che l'aveva spinta a farlo. Aveva saputo che nostro fratello Lino doveva trovarsi in un distaccamento partigiano nei pressi di Cerignale, sempre in provincia di Piacenza, sotto il monte Lesima, a settecento metri d'altezza.

Senza avvertire né il papà né la sorella, Enrica aveva stabilito di andare a trovarlo per portargli della biancheria pulita e, soprattutto, degli indumenti pesanti, per affrontare le notti in montagna, già molto fredde.

Enrica ripartì da Milano il 13 agosto 1944 e da quel momento scomparve. Scomparve nel senso letterale della parola. Di lei non si è mai saputo più niente. La nostra cara Enrica era svanita. Aveva 23 anni e 8 mesi.

In seguito, si fecero molte ipotesi sulla sua fine. Si immaginò che Enrica potesse trovarsi su un treno che, in quel giorno o in quei giorni, mentre attraversava il Po sul ponte di Piacenza era stato bombardato dagli aerei anglo-americani. Qualche vagone e dei carri merci erano precipitati nel fiume. Ma le confesso che, ancora oggi, mi sembra una spiegazione inverosimile.

Si è anche immaginato che, nell'andare da Piacenza verso Cerignale su dei mezzi di fortuna, Enrica possa essere incappata in qualche gruppo di banditi che l'abbiano fermata, rapinata della valigia e poi uccisa. La verità è che nessuno ha mai saputo dirci niente sulla sua fine.

Mio padre, schiacciato dal dolore e impegnato a tentare di tutto per trovare notizie di Enrica, decise di non farmi sapere nulla, per non gettare anche me nell'angoscia. Quello che era successo lo venni a conoscere molti mesi dopo, nel febbraio 1945. E in circostanze che potrebbero sembrare inverosimili se non fossero vere.

In quel periodo, il III Gruppo esplorante della «San Marco» si trovava dislocato in val Bormida, tra le province di Savona e di Alessandria. Una sera, durante una libera uscita, andai in un'osteria di Carcare, a poca distanza da Altare dove stava il comando della Divisione. Volevo mangiare e bere qualcosa.

Appena entrai nel locale, scorsi sopra uno dei tavoli un numero della «Domenica del Corriere». Il giornale era aperto sulla pagina di una rubrica che, se non ricordo male, s'intitolava «Chi l'ha visto?» ed era destinata alla ricerca di persone scomparse.

Gettai un'occhiata alla pagina e, con una stretta al cuore, vidi la fotografia di mia sorella. Ho conservato il ritaglio di quella rubrica. Diceva: «Il 13 agosto è scomparsa dalla propria abitazione a Milano la signorina Enrica Sagaria, 23 anni, alta 1,60, occhi e capelli castani.

Chi ne sapesse qualcosa è pregato di scrivere al padre, Francesco Sagaria, via Mompiani 9, Milano».

Rammento di aver letto e riletto quelle poche righe almeno una decina di volte. Mi sembrava di sognare, alle prese con un incubo notturno. Ma la fotografia era proprio di Enrica e nel testo scritto si parlava di lei, di nostro padre, del nostro indirizzo di Milano.

Riuscii a farmi dare una breve licenza e, ai primi di marzo del 1945, su dei mezzi di fortuna raggiunsi Milano. Prima ancora di arrivare a casa, m'imbattei in un amico d'infanzia. E fu lui a darmi un'altra notizia terribile: non soltanto mia sorella Enrica era dispersa, ma mio fratello Lino era morto. Ucciso non in montagna, ma proprio a Milano. E in circostanze anch'esse quasi assurde che tra un istante le racconterò.

Dopo l'incontro con quell'amico, mi misi a correre verso casa, con la testa in fiamme e gli occhi che quasi non vedevano. Mentre stavo per salire la scala che portava al nostro appartamento, mi venne incontro mia sorella Anna. Come si accorse di me, si mise a piangere, disperata.

Mi abbracciò stretto, gridando: «Non te ne andare più, Antonio! Non te ne andare più!» Tentai di dirle qualcosa, ma non fui in grado di parlare. Restammo a guardarci in silenzio, sempre abbracciati. Poi le mormorai: «Non piangere Anna, sono a casa, so tutto, di Enrica, di Lino, so tutto, non piangere…»

Quello che era accaduto a Lino me lo raccontò mio padre, lentamente, con fatica. Nella prima metà del no-

412

vembre 1944, i partigiani con i quali stava mio fratello vennero a sapere che si stava preparando un rastrellamento dell'intera area della VI zona ligure, che comprendeva la val Trebbia. Era un'operazione in grande stile, con l'impiego di truppe tedesche e mongole, la famosa Divisione «Turkestan».

Il comandante «Bisagno» decise una tattica difensiva basata su un sistema di buche scavate in alta montagna e mascherate in modo da essere invisibili. In ogni buca potevano trovar posto quattro o cinque partigiani, con le armi, le munizioni e dei viveri.

Ma le buche non potevano bastare per tutti gli uomini della «Cichero». E allora «Bisagno» stabilì che chi era in grado di ritornare a casa, o di nascondersi da qualche altra parte, poteva farlo. Si sarebbero ritrovati tutti in montagna a rastrellamento concluso o alla fine dell'inverno.

Lino decise di rientrare a Milano e, attraverso peripezie che non sto a descriverle, riuscì a raggiungere casa nostra, in via Mompiani. La mattina del 22 gennaio 1945, disse a nostro padre che aveva bisogno di recarsi al Distretto militare. Aveva trovato in casa la cartolina di chiamata alle armi della classe 1926 e doveva chiarire la sua posizione. E papà stabilì di accompagnarlo.

Le riporto il racconto di mio padre Francesco. «Era una mattina fredda e cadeva la neve. Prendemmo insieme il tram della linea 22 al capolinea di Corvetto in direzione di piazza del Duomo. Ma arrivati in piazza Missori, nel pieno centro di Milano, sul tram già molto affollato salirono alcuni militi della Brigata nera o della Legione Muti. Lino sedeva di fronte a me, però io non lo vedevo, per la presenza di altre persone che stavano in piedi fra noi due.»

«All'improvviso si sentì uno sparo. Uno solo, per un

colpo esploso dal mitra impugnato da uno di quei militi. Il proiettile colpì Lino. Le persone vicine a lui mi riferirono poi che si era piegato su se stesso, con un debole lamento. Scendemmo tutti dal tram. Lino era stato portato giù dalla vettura da alcuni passeggeri e stava disteso sul selciato, in una pozza di sangue, sotto la neve che continuava a cadere. I militi si erano già allontanati, senza dire una parola.»

«Aiutato dalla gente, trasportai Lino al Policlinico, che era poco distante. Lo adagiammo su una barella del Pronto Soccorso e un medico di guardia venne quasi subito a visitarlo. Poco dopo, il dottore tornò da me e mi disse: 'Rimanga qui, suo figlio non ne avrà per molto, ha una grave emorragia addominale, ogni intervento è impossibile'.»

«Mi sedetti accanto alla barella. Lino era cosciente, mi guardava, voleva dire qualcosa, ma non gli riusciva più di parlare. Pensai subito alla sua vita in montagna. Forse sapeva qualcosa di sua sorella Enrica e immaginai che volesse dirmelo in quel momento, prima di morire. Gli chiesi di Enrica. Lui fece un gesto che non dimenticherò più. Con una fatica enorme, alzò lentamente la mano destra e portò il dito indice vicino al naso, come per dire: silenzio, silenzio! Poi chiuse gli occhi e per lui fu la fine.»

Lino avrebbe compiuto 19 anni l'11 agosto 1945. Che cosa era accaduto su quel tram? Ce lo siamo chiesti tante volte e per tanti anni, mio padre, io, mia sorella Anna, mio fratello Salvatore. Ma anche in questo caso, come per la fine di Enrica, senza trovare una risposta. Alla vista dei militi fascisti sul tram, Lino aveva tentato di alzarsi per scappare e quelli l'avevano freddato? Oppure si era trattato di uno sparo accidentale? Ecco un altro mistero che non smetterà mai di tormentarmi.

Parte quinta

Domande su Reggio Emilia

«QUESTO testo rievoca l'assassinio dell'ingegner Arnaldo Vischi, il direttore generale delle Officine Reggiane, compiuto la sera del 31 agosto 1945 lungo la strada che da Reggio Emilia conduce a Lemizzone, una frazione di Correggio», dissi all'avvocato Alberti.

«Il delitto, le circostanze in cui venne commesso e il suo contesto politico, sono noti ed è inutile che qui stiamo a rievocarli nei dettagli. Sarà sufficiente ricordare che quel crimine aprì nell'area di Reggio Emilia il secondo tempo della guerra civile, con uno scopo preciso: preparare il terreno per un colpo di forza comunista, premessa per la conquista del potere politico in Italia.»

«Da dove viene il testo?» domandò Alberti.

«Dal figlio di Arnaldo Vischi, l'ingegner Giorgio Vischi, un dirigente industriale ormai in pensione, un ottantenne energico e abituato a scrivere bene. Mi ero preparato a intervistarlo. Però lui mi ha preceduto, consegnandomi le pagine che adesso leggeremo.»

«Come vedrà, non contengono soltanto un ricordo di quel delitto, ma altre cose che ci obbligano a riflettere anche sui tempi d'oggi. E a farci qualche domanda su Reggio Emilia e sulla società emiliana.»

La Balilla rossa

Era seminascosta fra un mucchio di arnesi, sotto il portico di una vecchia barchessa. Sapete, una di quelle costruzioni con un bel tetto di cotto, un po' di pilastri e niente pareti, che un tempo sorgevano di fianco alle case dei contadini emiliani.

Mi ero fermato a mangiare un boccone alla «Bruciata», nella periferia di Modena. Faceva caldo e sotto il sole brillava l'oro dei campi di grano. Mi è sempre piaciuta la placida, sonnolenta estate della Bassa, con le rane che gracidano nei fossi e il cuculo che fa sentire il suo melanconico richiamo.

Quando sono uscito dalla trattoria, ho fatto due passi per sgranchirmi le gambe. È stato allora che l'ho vista, la vecchia automobile color rosso scuro, senza ruote, vicina a un calesse. Mi sono avvicinato, curioso. Un uomo anziano se ne stava seduto all'ombra. Gli chiesi: «Mi sa dire che auto è quella sotto il portico della sua barchessa?»

L'uomo rispose: «Ah, quella Balilla! La comprò tanti anni fa mio padre. Era appartenuta a un ingegnere, il capo delle Officine Reggiane. Durante la guerra, mio padre aveva lavorato per lui. Lo stimava molto e gli voleva bene».

Il mio cuore cominciò a battere forte. L'uomo parlò ancora e non ebbi più dubbi. Era proprio la vecchia Balilla rossa dell'ingegner Vischi. Senza ruote, ma con la carrozzeria intatta e il volante che mio padre dovette stringere, disperato, quando si rese conto di quello che gli riservava la malvagità degli uomini.

Risalii in fretta sulla mia macchina. Ora guidavo con le mani che mi tremavano. A casa non dissi nulla a mia moglie. Il mattino dopo sentii il bisogno di mettere sulla carta qualche ricordo e qualche giudizio su quelle lontane, dolorose vicende. In memoria dei miei genitori, Maria e Arnaldo Vischi: vittime innocenti di persone senza rispetto per quel miracolo che è la vita dell'uomo.

Chi era mio padre

Arnaldo Vischi era nato a Mirandola, in provincia di Modena, nel 1890 da una famiglia modesta, il padre impiegato statale e la madre casalinga che abitavano in una casa di loro proprietà con annesso un podere. Il papà si trasferì per lavoro a Padova e Arnaldo completò gli studi in quella città, laureandosi in Ingegneria. Richiamato alle armi durante la prima guerra mondiale, combatté sino all'armistizio del 4 novembre 1918. Di quegli anni da militare resta il ricordo di un bauletto di legno, dove riponeva le sue cose e che portava inciso il suo nome.

All'inizio degli anni Venti, entrò alle Officine Reggiane di Reggio Emilia, dove avrebbe lavorato sino alla sua morte. Nel frattempo, s'era sposato con la figlia di un medico condotto, anche lui originario di Mirandola. Papà e mamma abitavano a Reggio in un appartamento modesto, quello dove sono nato io, primo di tre figli. Poi si trasferirono in uno più grande e infine in una villetta dentro la proprietà delle Reggiane.

Papà era un ingegnere modello, appassionato del proprio lavoro che svolgeva con scrupolo e serietà. Uomo piuttosto riservato, era benevolmente severo con i figli. Era molto innamorato della mamma, e lo fu ancora di più quando lei cominciò a soffrire di disturbi nervosi.

Si sentiva legato alla propria terra d'origine. E una volta salito di grado nella gerarchia delle Reggiane, investì i risparmi nell'acquisto di alcuni poderi nella campagna di Mirandola. Dopo il suo assassinio, il reddito di quei poderi consentì alla nostra famiglia di vivere e a noi tre fratelli di completare gli studi.

Di papà ho il ricordo di un signore un po' all'antica, dall'apparenza un tantino burbera, assolutamente onesto e sincero nella sua professione e nei rapporti con il prossimo. Durante tutto il periodo fascista poté condividerne alcuni aspetti formali, però mai le idee e la gerarchia. Infatti non ebbe nessuna carica nel partito.

Il papà non è tornato a casa

Nell'agosto 1945, la nostra famiglia viveva in una villetta affittata a Lemizzone, che è una frazione di Correggio, a una ventina di chilometri da Reggio. Eravamo sfollati lì durante la guerra, per sfuggire ai bombardamenti. Tutti i giorni mio padre andava in fabbrica e rincasava alla sera guidando una Balilla rossa, sempre da solo.

Io ero un giovanotto e facevo una vita diversa. Dopo essere sfuggito alla deportazione grazie a un lavoro nell'Organizzazione Todt, ero ritornato a Reggio con una gran voglia di divertirmi. Si andava a ballare quasi tutte le sere. C'erano tante ragazze carine, desiderose di rifarsi degli anni bui della guerra, che ci avevano colpito nel pieno della giovinezza.

Cercavo di stare in città il più a lungo possibile, lontano dalla campagna che mi appariva triste. E quando rientravo nella villetta di Lemizzone, quasi sempre in ritardo, dovevo aspettarmi il rimprovero di papà e mamma per la mia mancanza di disciplina.

La sera del 31 agosto 1945, la campagna reggiana era bagnata da una luce tranquilla e serena. E io pedalavo sulla bicicletta più in fretta che potevo diretto a casa, cercando di immaginare qualche scusa per aver saltato la cena in famiglia.

Vidi invece mia madre corrermi incontro angosciata: «Il papà non è ancora arrivato!» Dapprima ci fu lo stupore, poi una paura che cresceva minuto dopo minuto e stringeva i nostri cuori in una morsa sempre più dolorosa. Ricordo che, nella notte ormai incipiente, camminavo su e giù per la strada che veniva da Reggio alla nostra casa, sperando di veder apparire i fari della Balilla.

Ma il tempo passava, passava. A un certo momento, guardando il cielo stellato, provai per la prima volta nella vita l'angoscia di una terribile solitudine, in un mondo crudele e indifferente alle nostre sofferenze. E questa sensazione di essere di fronte a un tragico destino non mi ha più abbandonato.

Trovato in un fosso, assassinato
Le ricerche di mio padre continuarono per tutta la notte e la mattina seguente. A condurle eravamo noi, con

l'aiuto di alcuni amici e di collaboratori e dipendenti delle Reggiane, legati a papà da stima e affetto. Non ho il ricordo di una grande partecipazione delle cosiddette autorità locali. E tanto meno della gente di quelle campagne, che teneva ben chiusi la bocca e il cuore, anticipando un atteggiamento omertoso che non è mai cambiato.

Mi rivedo su un argine, la mattina del primo giorno di settembre, sotto un sole splendente. Ecco venirmi incontro un mio compagno di scuola. Aveva sul volto un'espressione che non consentiva dubbi. In quell'istante compresi che mio padre era morto. E che la mia giovinezza era finita per sempre.

Nel frattempo, mia madre era stata portata a Reggio, a casa della vedova di un direttore delle Reggiane, deceduto qualche anno prima. Con tutte le cautele, le dicemmo che papà era stato ucciso. Ricordo le sue grida disperate, il suo dolore. I miei genitori erano ancora molto innamorati, e anche pieni di nuove speranze dopo gli anni difficili della guerra.

Con la morte di mio padre, la nostra famiglia non fu più la stessa. Per quanto riguarda me, rimasi ferito da un terribile esaurimento nervoso. Quel male mi martoriò per anni e mi lasciò paure e fobie per tutto il resto della vita. Per fortuna, l'intelletto rimase forte e così il carattere, anticonformista sin da ragazzo. Fu questo carattere che mi consentì di andare avanti, ben deciso, nell'arena della vita.

I funerali, fra commozione e ipocrisia
L'assassinio di mio padre ebbe enorme risonanza nel-

la città di Reggio. I funerali, ai quali non fu presente mia madre, furono seguiti da una grande folla. In prima fila c'erano le autorità locali. Molte di loro erano legate, più o meno direttamente, agli ambienti da cui erano venuti gli assassini di Arnaldo Vischi. I muri della città furono ricoperti di manifesti che facevano sfoggio di frasi dettate da un'ipocrisia senza limiti.

Una grande commozione, dunque? Un grande segno d'affetto e di stima dei reggiani verso mio padre? Alla luce di quanto successe poi, penso che in quei giorni l'emozione – che in molti emiliani dilaga e impedisce una solida capacità di ragionare su uomini e cose – prevalesse di gran lunga sulla commozione dei sentimenti profondi.

Sta di fatto che queste manifestazioni esteriori – da parte di autorità, politici, popolazione e anche di alcuni settori dell'azienda per cui mio padre aveva sacrificato la vita – finirono presto. Mia madre e noi tre figli, di cui uno ancora ragazzino, ci trovammo quasi subito soli con il nostro dolore e i nostri problemi di sopravvivenza. E portando dentro di noi una domanda che non ha avuto mai, dico mai!, una chiara risposta: chi era stato a uccidere papà? Quali erano i mandanti del delitto? Qualcuno avrebbe pagato per questo assassinio del tutto ingiustificato?

A differenza di tanti altri delitti compiuti dopo la fine della guerra nelle province rosse dell'Emilia, per l'uccisione di Arnaldo Vischi non esisteva alcuna motivazione politica. C'era soltanto un feroce odio di classe, che mi ricorda certi delitti odierni in paesi lontani in preda al fanatismo ideologico o religioso. È il fanatismo più pericoloso, perché troverà sempre qualcuno che vorrà spiegarlo, giustificarlo, perdonarlo.

Un muro di omertà mafiosa

Se un assassinio come quello di mio padre, con tutto quello che ne seguì, fosse stato compiuto in Sicilia, il marchio «mafioso» sarebbe stato impresso con forza sull'intera vicenda. Le indagini sui colpevoli e sui mandanti, sempre infruttuose, durarono anni. Con un'infinità di depistaggi sapienti. E con il corollario di qualche altro delitto collegato al primo.

Non è forse tipico della mafia favorire certi delitti da parte di una manovalanza assassina e poi liquidarla per evitare che parli e possa nuocere agli uomini e alle istituzioni di potere?

La nostra famiglia cercò aiuto nelle formazioni politiche che erano in contrapposizione con quella dal cui interno, secondo l'opinione di tutti, erano venuti gli assassini di mio padre. Andammo a Roma per incontrare Giuseppe Dossetti, in quel tempo capo della sinistra democristiana e figura di spicco a Reggio. Non cavammo un ragno dal buco. Tante promesse iniziali, e poi silenzio, silenzio, silenzio.

Il muro dell'omertà reggiana, e non solo reggiana, era calato sul delitto. A nessuno interessava, e soprattutto conveniva, la verità. A differenza di quello di Berlino, il muro di Reggio non è mai stato abbattuto. Eppure, sembra che a Reggio molti fossero a conoscenza dei nomi degli assassini e dei mandanti. Ma nessuno mai parlò, chi per interesse, chi per ignavia, molti per totale mancanza di senso civico nella cosiddetta «civilissima» Emilia.

Nemmeno dall'azienda delle Reggiane venne l'aiuto

che speravamo. Si sapeva che certi dirigenti remavano contro mio padre. A guerra finita, l'ingegner Vischi proponeva di ridimensionare le attività dello stabilimento. La sua opinione era che si dovevano abbandonare le costruzioni aeronautiche, promosse dalla guerra fascista. E ritornare a quelle produzioni di pace, i treni, i mulini eccetera, che da sempre erano state proprie delle Reggiane. Non ho elementi per formulare accuse documentate sull'operato di alcuni dirigenti. Ma di sicuro il loro atteggiamento non contribuì a rasserenare certi animi esagitati tra i dipendenti.

Mezzo secolo dopo...

Nel novembre del 1998, ricevetti da un Comitato democratico costituzionale di Reggio Emilia un invito stampato a partecipare a un convegno intitolato così: «Le nostre Reggiane. Uomini – Tecnica – Politica. Il Direttore ing. Arnaldo Vischi». L'incontro era fissato per il sabato 28 novembre all'Hotel Astoria - Mercure.

Ne parlai con mio fratello Franco e convenimmo che la manifestazione aveva uno scopo essenzialmente propagandistico. E nasceva da dispute interne tra fazioni dell'ex Partito comunista e delle associazioni di ex partigiani a quelle fazioni connesse. Decidemmo perciò di ignorare l'invito. Andò invece mia figlia, Anna Maria Vischi Ghisetti.

Come si svolse quel convegno, lo testimoniò Anna. Dopo aver ascoltato con pazienza interventi di tutti i tipi, alle cinque del pomeriggio salì sul palco per dire, a una platea allibita e disorientata, quanto fu poi riportato dalla

«Gazzetta di Reggio»: «Mio padre Giorgio non è venuto proprio perché sospettava che sarebbe andata così. A noi interessavano soltanto due cose: conoscere nome e cognome degli assassini e nome e cognome di chi li ha coperti. Lo abbiamo saputo, per caso, solo dalla relazione di un signore, Antonio Rangoni, di Correggio, ex archivista del Pci. Per il resto, vedo che l'Italia non è cambiata. E neppure il vostro partito».

Quindi Anna scese dal palco e abbandonò la sala. Mia figlia mi raccontò poi che l'atteggiamento dei promotori del convegno era quello di ammettere certe colpe, ma di chiedere in cambio stima e rispetto!

Passarono altri cinque anni e, dopo l'uscita del suo libro «Il sangue dei vinti», mia figlia Anna scrisse al «Corriere della Sera» una lettera che iniziava così: «Sono la nipote di uno dei 'vinti' di cui parla Pansa: mio nonno, l'ingegner Arnaldo Vischi, direttore generale delle Officine Meccaniche Reggiane, fu ucciso il 31 agosto 1945 da tre sicari. Lo sdegno e l'esecrazione furono unanimi e al funerale parteciparono diecimila persone. La colpa fu dapprima data ai fascisti».

«L'ingegner Vischi, per l'intelligenza delle situazioni e la competenza professionale, era ritenuto l'unico capace di ricostruire le Reggiane danneggiate dalla guerra. E la sua nomina a direttore generale fu confermata, in un referendum, dall'ottanta per cento delle maestranze. Pochi giorni dopo venne assassinato... Perché hanno ucciso Arnaldo Vischi, benché non fosse fascista? Ora il libro di Pansa mi ha dato la risposta: fu ucciso come nemico di classe, con un colpo alla nuca, come più tardi fecero le Brigate Rosse in nome della giustizia proletaria, sofisma verbale e ideologico che servì da alibi per tante uccisioni negli anni Settanta.»

La lettera proseguiva dicendo: «Anche i comunisti usciti dalla Resistenza usarono l'assassinio e la violenza nel tentativo di conquistare il potere, prima in Emilia, poi in tutto il Paese. I suoi massimi dirigenti emiliani coprirono sempre i responsabili degli omicidi, spesso facendoli fuggire in Cecoslovacchia, usando gli stessi metodi di una cosca mafiosa. Ma le conclusioni di quel convegno nel 1998 furono un capolavoro di opportunismo e di propaganda: che importanza poteva avere il nome degli assassini del direttore delle Reggiane di fronte alla gloriosa storia di un partito che, nonostante gli 'errori', inseguiva la più nobile delle utopie e che ha sempre voluto il bene dell'umanità? La logica di questa conclusione mi sfugge ancora adesso... Lasciai Reggio Emilia con l'amara consapevolezza che rivelare la verità sull'omicidio Vischi (e su tanti altri) era vietato, o perlomeno sconveniente. Ho scritto questa lettera in omaggio a mio nonno Arnaldo Vischi, ucciso due volte: una dai suoi assassini, l'altra da chi ha sempre nascosto la verità e ingannato la giustizia».

I germi della tragedia

Voglio concludere con un giudizio molto personale sulla regione nella quale sono nato. Quella emiliana, almeno fra Reggio e Modena, è una società chiusa, allergica e poco interessata a quanto avviene al di fuori delle sue città e delle sue campagne. Chi non concorda con questa diagnosi, e per esempio cita la Ferrari, il marchio famoso che sbanca sempre la Formula Uno, sbaglia, perché quella è un'isola dove i comandanti sono quasi tutti stranieri, scelti da una sapiente regia. Questa chiusura spiega la realtà di una politica ingessata da più di mezzo secolo, caso quasi unico sulla faccia della terra.

Del resto, anche mio padre, che pure amava le campagne dove aveva visto la luce, si era reso conto che qualcosa proprio non andava nell'ambiente di Reggio. Poche settimane prima di morire, ci aveva comunicato la decisione di trasferirsi con noi a Milano, pur restando sempre nel gruppo industriale di cui le Reggiane facevano parte. Poi lo uccisero e la nostra storia famigliare andò come sappiamo. Anch'io, appena ho potuto, me ne sono andato via da Reggio Emilia.

A rendere più ferrea la chiusura della mia regione è stata poi una rigida divisione in classi durata sino a pochi anni fa. In cima alla piramide sociale c'era una borghesia agraria benestante ed egocentrica che ragionava come se i secoli non fossero passati. Nei primi anni dopo la fine della guerra, a Mirandola sentivo ancora dei padroni parlare così: «Hai visto che, domenica mattina, la figlia del nostro mezzadro si è messa le scarpe e persino un paio di calze di seta?», «Il tuo mezzadro ti ha portato le regalie, i polli, le uova, i salumi, il formaggio, il burro che ti deve, se non per contratto, certamente per vecchia e giusta tradizione?»

Per la borghesia agraria sembrava legittimo che fosse il povero a dare al ricco, e non viceversa. Oggi le cose sono cambiate. L'istituto medievale della mezzadria non esiste più e anche le campagne sono diverse. Ma in quegli anni lontani, se io fossi nato non in una famiglia di piccoli proprietari, bensì da una coppia di mezzadri, qualche pensierino sovversivo l'avrei fatto. E forse, nonostante la mia voce stonata, avrei addirittura cantato qualche volta «Bandiera rossa»…

428

Anche il fascismo ha le sue gravi responsabilità. Non è mai stato dalla parte dei contadini che, sotto il regime di Mussolini, hanno continuato a vivere poveri e senza cultura. Ai fascisti interessavano di più i militari e gli impiegati dello Stato. Che io a Reggio, da ragazzo, vedevo passeggiare impettiti per le strade della città.

Gli operai che la guerra fascista aveva fatto affluire nelle Officine Reggiane venivano in gran parte dalle campagne. E si può comprendere quali sentimenti e risentimenti qualcuno di loro nutrisse nel suo animo.

Insomma, la società reggiana di quegli anni portava dentro di sé i germi della tragedia. Come quella che, per una crudele ingiustizia, travolse mio padre e la nostra famiglia.

La penna di Eugenio

«Sɪ rammenta del Solitario?» domandai all'avvocato Alberti.

«Sì, è un personaggio che lei ha rievocato nel libro precedente. Un partigiano bianco di Reggio Emilia che, alla fine della guerra, aveva cominciato a indagare sui delitti dei partigiani rossi dopo la liberazione. E proprio per questo era stato vittima di un attentato che, sia pure in modo indiretto, ne aveva causato la morte. Vuole riparlare di lui?»

«No. Voglio ricordare un altro partigiano di Reggio, che aveva ingaggiato la stessa battaglia per la verità: Eugenio Corezzola, un figura quasi sconosciuta rispetto a quella del suo amico, ma altrettanto importante per comprendere il clima del dopoguerra in un'area cruciale come il Reggiano.»

«Anche quella di Eugenio», spiegai ad Alberti, «è una storia esemplare della seconda guerra civile. La guerra più sporca, perché vedeva come prede non i fascisti sconfitti, ma degli antifascisti: cattolici, liberali, socialisti, insomma chi era stato a fianco dei comunisti nella Resistenza. Tutta gente che doveva essere tolta di mezzo perché si opponeva al progetto di creare in Italia un nuovo regime totalitario, non più nero ma rosso.»

«D'accordo, mi dica che cosa ha scoperto.»

«La prima sorpresa», cominciai, «mi è venuta incontro in un ritratto del Solitario, ossia di Giorgio Morelli, scritto da Luciano Bellis, che apre un opuscolo stampato nel 1983 dall'Associazione liberi partigiani italiani, l'Alpi, e intitolato 'Ricordi e testimonianze della Resistenza'. Le dico subito che Luciano Bellis era lo pseudonimo di Corezzola, quasi un gemello di Morelli, suo compagno di lotta partigiana e poi di lotta politica.»

«Corezzola scrive che nei primi mesi del 1947, lui e Morelli ricevettero una comunicazione della Commissione regionale per il riconoscimento della qualifica di Partigiano e Patriota. Questa nota diceva: 'Esaminato il foglio notizie, ecc. ecc... si ritiene di non poter procedere al riconoscimento della qualifica per il seguente motivo: indegno di essere annoverato tra i Volontari della Libertà perché denigratore persistente del Movimento della Resistenza del quale fece parte'.»

«Ecco un esempio di stile che non mi pare del tutto tramontato», osservò Alberti, con una smorfia di fastidio.

«Sì. In più, Corezzola osservava che il documento, se possiamo chiamarlo così, conteneva macroscopici vizi di forma, come la mancanza di data e di firme. Ma c'era anche un vizio di fondo. Chi aveva compilato quel pezzo di carta ignorava, o voleva ignorare, la realtà dei fatti, la logica e le più elementari norme del diritto. Infatti, non rientrava nelle competenze di quella commissione esprimere giudizi sugli atteggiamenti politici dopo la liberazione.»

«Che bestialità!» esclamò Alberti. «Due partigiani dichiarati inesistenti soltanto perché si opponevano ai giustizieri comunisti. Ma chi era Corezzola?»

«Era nato a Reggio il 18 maggio 1926, tre mesi dopo il Solitario. Il padre era disegnatore tecnico al Genio Civile. La madre insegnava alle elementari. Nell'aspetto fisico, Eugenio era l'opposto di Morelli: tracagnotto, di pelle scura, quasi olivastra, gli occhi piccoli e stretti. Il suo carattere mi è stato descritto da Corrado Rabotti, giornalista e poi dirigente di banca, che l'ha conosciuto bene. Corezzola era un coraggioso, al limite dell'incoscienza, sempre calmo e sereno, indifferente alle intimidazioni, quasi fatalista. Era anche un uomo disinteressato, non attaccato al denaro. Un po' disordinato, viveva alla giornata: se c'erano i soldi bene, se non c'erano se ne faceva a meno.»

«Le sue passioni erano altre: la politica e il giornalismo. Quand'era ancora molto giovane, aveva letto Benedetto Croce e ne era rimasto affascinato. Si definiva un crociano, mi ha detto Umberto Bonafini, giornalista anche lui, che sarà poi per diciotto anni il direttore della 'Gazzetta' di Reggio Emilia. E proprio partendo da Croce, Eugenio avrebbe poi aderito al Partito liberale: un partito piccolo a Reggio e sempre all'opposizione di un Pci anno dopo anno più potente.»

«Ma Corezzola, dicono sia Rabotti che Bonafini, era soprattutto un giornalista. Aveva il giornale nel sangue. Sapeva sempre quello che accadeva in città, aveva un modo tutto suo, discreto e attento, di cercare le notizie e di curare le proprie fonti. Ed era anche colto, appassionato di letteratura, di cinema, di teatro.»

«Questo sommario identikit di Corezzola», spiegai ad Alberti, «ci fa già intuire quale sarebbe stato il suo itinerario dopo la guerra: crociano, liberale, decisamente antifascista e, con altrettanta decisione, anticomunista. Viene di qui l'energia culturale e politica che lo porterà a fondare un giornale di battaglia. Quello che lo avrebbe fatto incontrare di nuovo con il Solitario.»

« Eugenio e Giorgio si erano conosciuti prima della guerra partigiana, quando frequentavano la scuola d'avviamento commerciale, stesso corso, ma in sezioni diverse. Si rividero sull'Appennino reggiano, nella primavera del 1944, entrambi diciottenni e partigiani nelle Garibaldi. Durante il grande rastrellamento del luglio-agosto di quell'anno, rimasero insieme per giorni e si parlarono a lungo. Quel che si dissero lo raccontò poi Eugenio. E la sua testimonianza è importante per comprendere le ragioni che, dopo la liberazione, avrebbero spinto lui e Morelli verso un nuovo impegno politico e morale.»

«Scrisse Eugenio, ricordando i giorni del rastrellamento: 'Eravamo delusi della vita partigiana. Non per la sconfitta in quel rastrellamento, che era inevitabile, ma per il modo col quale era stata condotta la battaglia. Se le formazioni partigiane avevano dato nel combattimento una prova di insufficienza, questo non era dovuto soltanto a errori tattici, ma al fatto che i comandanti non si erano mai curati di creare l'affiatamento necessario fra gli uomini'.»

«'Nel Comando Generale vi erano capi preoccupati soprattutto di costituire le condizioni necessarie alla vittoria del Partito Comunista… Di qui la creazione di comandanti di Distaccamento, di Battaglione e di Brigata assolutamente incapaci. Di qui il tentativo di allontanare dalle cariche militari tutti gli elementi non fidati, anche se più idonei a rivestire incarichi di responsabilità. Di qui l'assoluta mancanza di disciplina. Di qui il rancore, troppo spesso giustificato, che la gente della montagna andava sempre più manifestando contro i partigiani'.»

«'A tutto questo si aggiunga il fatto che, in mezzo a questa massa incontrollata di uomini, per lo più molto giovani, si rendeva possibile il verificarsi di episodi di brigantaggio, di violenza e di arbitrio... Queste, in sintesi, le idee che ci scambiammo allora. Non arrivavamo ancora a dubitare che alcuni dei fatti da noi biasimati potessero essere preordinati per scopi di carattere politico...'»

«Corezzola, e insieme a lui Morelli», osservò Alberti, «aveva cominciato presto a rendersi conto di una realtà brutale, che si stava affermando non soltanto nel Reggiano. L'ho vista emergere anch'io, da partigiano in Liguria. Era la convinzione ferrea che, prima di ogni altra cosa, venisse il Partito: una sicurezza arrogante che avrebbe generato guai terribili. E dopo che accadde?»

«Nel dicembre 1944», raccontai, «Corezzola e Morelli ritornarono a Reggio. Ma all'inizio del 1945 ripresero la via della montagna, non più nelle Garibaldi, bensì in una formazione cattolica, nata nel settembre 1944. Era la Brigata Fiamme Verdi 'Italo', comandata da un sacerdote, don Carlo Orlandini, e con un nume tutelare: Giuseppe Dossetti, che nel dopoguerra diventerà il leader della sinistra democristiana.»

«Fu nella sede del comando di quella brigata, a Costabona, frazione del comune di Villa Minozzo, sull'Appennino reggiano, che nell'aprile 1945, Eugenio e Giorgio diedero vita a un giornale partigiano. Ne uscirono

434

quattro numeri, tutti tirati al ciclostile, di sei pagine e l'ultimo di quattro. Le date sono il 1° aprile, l'8, il 15 e il 22. La testata era semplice e bella: 'La Penna'. La penna dei reparti alpini, ma anche la penna per scrivere, un'arma pacifica di battaglia.»

«Alla liberazione, il Solitario fu il primo partigiano a entrare a Reggio Emilia, su una bicicletta da donna. Senza immaginare che stava per incamminarsi lungo una strada nuova, molto impervia, che lo avrebbe portato alla fine della sua brevissima esistenza. Aveva appena compiuto i 19 anni e Corezzola stava per compierli. Quello che fecero me l'ha raccontato a Reggio un loro amico di quel tempo, Romolo Fioroni.»

«Fioroni oggi è un maestro elementare in pensione che abita a Villa Minozzo. Nato nel 1928, era andato con i partigiani nel maggio 1944, quando non aveva ancora compiuto i 16 anni. Prima nelle Garibaldi, come tutti, poi con le Fiamme Verdi. Mi ha detto: 'Io mi iscrissi alla Dc ancora con la divisa da partigiano, e con la tessera provvisoria che mi avevano rilasciato alla sede reggiana del partito. Il Solitario, invece, si occupava dell'Ogi, l'Organizzazione giovanile italiana, che doveva essere il contraltare del Fronte della gioventù. La sede dell'Ogi stava in via Boiardi, nell'appartamento della famiglia Degola'.»

«Ho chiesto a Fioroni se il Solitario fosse democristiano. Lui mi ha risposto: 'Sentiva molto il fascino intellettuale di Dossetti. Penso che anche Morelli considerasse la Dc un partito di centro che guardava verso sinistra. Ma Morelli guardava più a sinistra che al centro. Corezzola era già un liberale convinto, ben deciso anche lui a non farsi sopraffare dal Pci, che a Reggio era un partito chiuso, con una corrente militarista pronta a tutto, reso forte da una maggioranza straripante. Noi democristiani avevamo qualcosa soltanto in montagna: appena tre comuni, contro i quarantacinque amministrati dal Pci nella provincia'.».

«I liberali non avevano neppure quello», osservò Alberti.

«Sì, penso che fosse proprio così», replicai. «Ad Albinea, vicino a Reggio, ho ascoltato anche l'ingegner Giorgio Degola, un costruttore edile, senatore democristiano per tre legislature. Degola è del 1923 ed è stato partigiano nelle Fiamme Verdi. Con il fratello di Dossetti, Ermanno, e con il medico Pasquale Marconi, fondatore dell'ospedale di Castelnovo ne' Monti, aveva fatto parte del Comando unico delle formazioni reggiane. E con Morelli, Ermanno Dossetti e i fratelli Fioroni era entrato per primo a Reggio, nel pomeriggio del 24 aprile 1945.»

«Degola mi ha detto: 'Noi democristiani eravamo sempre i vice di qualche comunista. Marconi era il vice di Didimo Ferrari, Eros, il commissario politico. Io mi occupavo dell'intendenza, che ripartiva anche le armi lanciate dagli Alleati, ma l'intendente generale era un militante del Pci. Dopo la liberazione, nel Reggiano emerse un clima terrificante. C'erano continui omicidi. Nei paesi dominava un giustizialismo fortissimo. Per noi la situazione era molto deludente'.»

«Degola aggiunge: 'Questo clima l'avevamo già intravisto al Comando unico. E sapevamo che una buona parte dei comandanti comunisti voleva una seconda fase della guerra, quella rivoluzionaria. Non la voleva di certo Cesare Campioli, un esponente del Pci clandestino, il primo sindaco di Reggio dopo la liberazione. Ma molti altri sì. Noi democristiani ci siamo messi di traverso. Eravamo preoccupati per i nostri iscritti nelle campagne, si temeva che diventassero i bersagli delle rappresaglie comuniste'.»

«E i due gemelli, Corezzola e Morelli, che cosa stavano facendo?» chiese l'avvocato Alberti.

«Mentre Morelli si occupava dell'Ogi, a Corezzola era stata assegnata una precaria collaborazione al settimanale dell'Anpi reggiana, 'Il Volontario della Libertà'. La stessa offerta era arrivata al Solitario, ma lui l'aveva rifiutata. Poi Eugenio se ne andò quasi subito dal giornale dell'Anpi. Prese la maturità al liceo scientifico e il 24 agosto 1945 fece uscire come numero unico 'La Penna'. Aveva per sottotestata la dicitura 'Organo della Brigata Italo - Fiamme Verdi del Cusna', che è un monte dell'Appennino».

«Dopo quel numero unico, il 23 settembre 1945 nacque 'La Nuova Penna', periodico indipendente, sempre diretto da Corezzola. Ho chiesto sia a Bonafini che a Rabotti chi sia stato a finanziare la nascita del giornale. Le risposte sono state abbastanza simili: Eugenio si aiutò da solo, chiedendo soldi ad amici benestanti e cercando qualche aiuto da persone abbienti, agricoltori e imprenditori moderati, avversari del Pci.»

«Oggi sarebbe un'impresa impossibile per un ragazzo non ancora ventenne», osservò Alberti.

«Nell'Italia odierna certamente sì. Ma lei sa meglio di me che tempi fossero quelli: con la libertà, era tornata la lotta politica. E Reggio, allora, era una città dove i contrasti politici arrivavano al calor bianco, anche se il campo sembrava dominato soltanto dai comunisti.»

«E poi, alle spalle di Eugenio, c'era suo fratello Renzo, di qualche anno più anziano di lui: un giovane alto, magro, con gli occhiali, poi insegnante di lettere al Liceo scientifico 'Spallanzani' di Reggio, un altro protagonista di quella battaglia per la libertà. Bonafini sostiene che la vera mente del giornale era lui, liberale e anticomunista.»

«La 'Nuova Penna' fu subito un foglio d'attacco, che rivelava tutta la grinta di Eugenio. Corezzola era un giornalista instancabile e anche un inchiestista, diremmo oggi, un cronista bravo e testardo, in grado di seguire una pista per settimane pur di scoprire quello che era vietato portare allo scoperto. Scriveva bene, con uno stile elegante e chiaro, capace di andare subito al nocciolo del problema: un altro piccolo miracolo per un ventenne. Aveva delle fonti sue, diverse da quelle che poi avrebbero sostenuto il Solitario. Tanto che il Pci reggiano, o meglio la sua ala militarista, cominciò subito a considerarlo un nemico pericoloso.»

«A questo punto», precisai ad Alberti, «è bene mettere in chiaro un dato di fatto: il lavoro d'indagine del Solitario sui delitti politici nel dopoguerra reggiano è giustamente passato alla storia. Ma un altro fatto incontestabile è che, se Corezzola non avesse fondato 'La Nuova Penna', nessun altro giornale avrebbe avuto il coraggio di pubblicare gli articoli di Morelli. Insomma, il destino aveva messo insieme una coppia di giovani coraggiosi che, divisi, non sarebbero stati in grado di lasciare il segno profondo che invece hanno lasciato.»

«Eugenio ricorda che il Solitario arrivò al giornale nel dicembre 1945: 'Scrisse l'intera prima pagina e parte della terza. Da allora non smise più. Anzi, la sua penna diventò sempre più prolifica, tanto da essere costretto a usare anche altri pseudonimi, 'Dano Vasiri' e 'Soliani'.»

«Le inchieste di Morelli e di Corezzola, e anche il tono del giornale, non avevano nulla di denigratorio nei confronti della Resistenza. D'altronde, scrisse poi Eugenio, sarebbe stato come tradire se stessi. Al contrario, volevano difendere la purezza dei valori che avevano animato la lotta per la libertà. E 'difenderla contro coloro che l'avevano infangata con i loro atti, con le loro incitazioni alla violenza, con le loro connivenze e con le loro non meno colpevoli assenze'.»

«Vorrei tornare al tema delle fonti alla base delle inchieste pubblicate dalla 'Nuova Penna'. Chi dava le notizie a Corezzola e a Morelli?» domandò Alberti.

«Le persone più diverse. Per loro, tutte le fonti erano buone, purché fossero credibili e gli trasferissero fatti veri. Ma Fioroni mi ha detto che le fonti più importanti erano i parenti delle vittime, chi aveva sofferto dei crimini che il giornale di Corezzola denunciava. Fioroni ha usato un'immagine che mi ha colpito: il Solitario era un'àncora a cui questi infelici si aggrappavano. Molti di loro avevano per lui una venerazione.»

«Fioroni mi ha citato un caso: quello di don Giuseppe Jemmi, un prete partigiano nato a Montecchio Emilia e parroco di Felina, un paese dell'Appennino, frazione di Castelnovo ne' Monti. Il 19 aprile 1945, don Jemmi era stato assassinato a 26 anni da due partigiani garibaldini, per odio religioso o sociale. La 'Nuova Penna' aveva aperto quest'ennesima inchiesta il 21 febbraio 1946. Con le notizie date a Morelli dalla madre del sacerdote. Bisogna rammentare questa data. Perché un mese prima, come ho raccontato nel 'Sangue dei vinti', un killer rosso aveva tentato di uccidere il Solitario, sparandogli sei colpi di rivoltella mentre ritornava a casa di sera.»

«Questo assassinio non riuscito fece capire a chi voleva capirlo che la 'Nuova Penna' era davvero un ferro di lancia puntato contro le bande che insanguinavano il Reggiano. Il giornale di Corezzola dava sempre più fastidio al Pci parallelo di Reggio Emilia, quello della seconda guerra civile o dei morti ammazzati in tempo di pace.»

«Il presidente dell'Anpi, Didimo Ferrari, 'Eros', aveva bollato la 'Nuova Penna' come l'organo dei 'nemici del popolo', meritandosi una sarcastica replica. I tipografi che stampavano il giornale venivano minacciati. Era stata devastata una delle tipografie. Tanto che la confezione della 'Nuova Penna' fu spostata a Parma. Anche i diffusori del foglio erano stati messi all'indice. Tutto senza risultato, in questa lotta tra un Davide bianco e un Golia rosso.»

«Come sappiamo, il Solitario poi morì per i postumi di quell'agguato. Spirò il 9 agosto 1947, a 21 anni e 7 mesi. Corezzola scrisse l'addio all'amico sulla prima pagina della 'Nuova Penna', nell'edizione del 27 agosto. Cominciava così: 'Giorgio è morto. Aveva 21 anni. Il Solitario non scriverà più le sue prose capaci di commuovere chi le leggeva per l'entusiasmo, la sincerità, la profonda umanità che sapeva trasfondervi... Erano lo sfogo della sua giovinezza travagliata, erano la ribellione del suo animo contro una realtà vergognosa... Nei suoi occhi brillava il vero significato dello spirito della Resistenza'. Credo che quello sia stato l'ultimo numero del giornale. L'avevano stampato a Parma, nella Scuola Tipografica Benedettina.»

«Che storia perversa!» esclamò il vecchio Alberti. «Non certo per Corezzola e per il Solitario. Ma per quelli che erano convinti di costruire il regno della felicità comunista, accoppando chi non la pensava come loro.

Mi resta una domanda: perché tanta tenacia in quei due giovani partigiani bianchi?»

«Come posso risponderle?» sospirai. «Gli esseri umani sono la realtà più insondabile. Le ragioni possono essere tante. Un personaggio che li aveva conosciuti bene me ne ha offerta una che giro a lei. Eugenio e Giorgio avevano visto quello che i comunisti erano stati capaci di fare nel Reggiano durante e dopo la guerra civile. E avevano intuito quel che avrebbero potuto fare in seguito, se avessero vinto la partita del potere politico in Italia. Per questo si erano dati come missione di fermarli con l'unica arma di cui disponevano: la verità. Proprio così: cercare la verità, scriverla, farla conoscere anche a rischio della vita.»

«Un'altra spiegazione ce l'ha lasciata Corezzola, parlando del Solitario, ma anche di se stesso: 'Giorgio soffriva di quella catena orribile di delitti che si era proposto di svelare e raccontare. Voleva amare e doveva odiare. Credeva nel bene e doveva affondare le mani nelle piaghe più orribili dell'abiezione umana. Ma non poteva farne a meno, perché non era un vile. E per trovare la sua pace e la sua tranquillità, la pace della propria coscienza, non poteva reagire al male ignorandolo, ma combattendolo a viso aperto'.»

«Mi par di capire», osservò Alberti, «che dopo la morte di Morelli, morì anche 'La Nuova Penna'. Forse la vita del giornale era legata all'esistenza di quella coppia di amici, uno cattolico, l'altro liberale. Chi aveva ordinato di sparare al Solitario ne sarà stato contento: l'obiettivo era stato raggiunto, anche se con un po' di ritardo...»

«Sì. Tuttavia, Corezzola non perse la voglia di creare dei giornali. Rabotti mi ha raccontato che il 16 gennaio 1948, alla vigilia della sfida elettorale del 18 aprile, fece uscire un numero unico, chiamato, non per caso, 'Il Pennaiolo'. Accanto alla testata c'era scritto: 'Chi combatte il comunismo oggi, si sarà conquistata una possibilità di vita domani. La nostra è la vostra battaglia. Aiutateci'.»

«Poi pubblicò 'La Settimana di Reggio', di cui apparvero soltanto tre numeri. Nel 1957, con Rabotti direttore, stampò per un anno 'Il Tricolore', settimanale liberale. E infine, dal giugno 1965 al maggio 1966, ancora con Rabotti, 'Reggio oggi'. Sempre nel 1966, Corezzola scrisse un libro sull'assassinio dell'ingegner Vischi: 'La Balilla del direttore'. Lo firmò con lo pseudonimo che aveva cominciato a usare da partigiano e poi sulla 'Nuova Penna': Luciano Bellis.»

«Qualcuno cercò di fargli pagare quel che era andato scrivendo?» domandò Alberti.

«Sì, e quasi subito, l'anno successivo alla morte del Solitario. Secondo Rabotti, avvenne il 14 luglio 1948, il giorno dell'attentato a Togliatti. Corezzola frequentava la sede dell'Alpi, l'associazione dei partigiani bianchi. Una squadra di comunisti inferociti andò a cercarlo lì. Lui non c'era. Poco convinti, i mazzieri del Pci salirono al piano superiore dello stabile e lì s'imbatterono in uno studente di legge che, per sua sfortuna, in qualche modo assomigliava a Eugenio. Lo presero e lo scaraventarono giù dalle scale, ferendolo in modo serio.»

«E dopo?» chiese l'avvocato.

«Dopo, la vita di Corezzola non conobbe molta fortu-

442

na. Fece il funzionario del Pli di Reggio Emilia e per qualche tempo, nel 1973, ne fu anche il segretario provinciale. Gli era stato offerto un posto da redattore al 'Giornale di Vicenza', ma lo rifiutò: voleva rimanere nella sua città. Si sposò con una ragazza greca, però non ebbero figli. Quando lei morì, si ritrovò solo. Poi scomparve anche suo fratello Enzo e per lui fu un'altra pena.»

«Era diventato un uomo introverso, sempre più chiuso in se stesso, che passava di mestiere in mestiere: gestore di circolo, agente di viaggi, investigatore privato. Ebbe un infarto. Gli amici gli trovarono un posto di custode notturno allo stabilimento della Lombardini Motori, a Pieve Modolena, allora periferia di Reggio. Morì il 10 maggio 1998, quando stava per compiere i 72 anni.»

«Corezzola ha lasciato qualche scritto inedito sulla sua battaglia nel dopoguerra?» domandò Alberti.

«Pare di sì. Un giorno Corezzola rivelò a Rabotti di aver steso un memoriale corposo su quel tempo feroce. Ma nessuno l'ha mai trovato. O forse nessuno l'ha mai cercato.»

La lezione del lager

«Penso sia inutile spiegarle chi sia l'avvocato Odoardo Ascari», dissi ad Alberti.

«Sì. Però qualcosa su di lui dovrà ricordarlo ai lettori di questo libro.»

«D'accordo. Ascari è uno dei grandi penalisti italiani. È stato avvocato di parte civile nei processi per il Triangolo della morte, il disastro del Vajont, la strage di piazza Fontana, l'omicidio del commissario Luigi Calabresi, il sequestro della nave 'Achille Lauro' compiuto da terroristi palestinesi, per due dei poliziotti uccisi dalle Brigate Rosse nel sequestro di Aldo Moro e nel maxi-processo di Palermo per i carabinieri assassinati dalla mafia. Ha difeso Edgardo Sogno e Giulio Andreotti. E qui mi fermo anche se potrei continuare.»

«Come mai ha cercato Ascari?» domandò Alberti.

«Sono andato nel suo studio di Modena per chiedergli di raccontarmi dei processi sugli omicidi dopo la liberazione. E anche per sapere qualcosa sulla sua vita di italiano. Ascolti quel che mi ha detto.»

444

Sono nato il 19 aprile 1922 e dunque, mentre stiamo parlando, sto per compiere 83 anni. Il luogo della mia nascita è Modena, ma soltanto per ragioni ospedaliere. In realtà, il paese della mia famiglia, che è anche il luogo dove sono cresciuto, è Cavezzo, un comune della Bassa modenese, verso Mirandola.

Quando avevo 4 anni, ho perso la mamma e ad allevarmi è stata la nonna paterna, Nicolina Meloni vedova Ascari. Mio padre, Augusto Ascari, classe 1891, era avvocato ed esercitava la professione a Modena, a San Prospero e a Mirandola. Quando scoppiò la guerra, papà si trovava in Africa orientale, aveva aperto uno studio ad Harar, in Etiopia. Venne richiamato alle armi come capitano d'artiglieria e poco tempo dopo fu preso prigioniero dagli inglesi.

Finito il liceo a Modena, mi iscrissi alla facoltà di Giurisprudenza. A quel tempo, si potevano assolvere i propri doveri militari continuando a frequentare l'università, per non avere successivi obblighi di leva che facevano perdere tempo prezioso. Il «servizio» veniva gestito dalla Milizia universitaria, nella quale militavano i membri del Guf, il Gruppo universitario fascista.

Nei primi due anni, da ottobre a maggio, nel pomeriggio di ogni sabato si seguivano corsi teorici. In particolare, gli insegnanti dell'Accademia militare di Modena ci tenevano lezione per tre ore sulle stesse materie studiate dagli allievi dell'accademia.

In altri due anni si frequentavano i corsi allievi ufficiali che duravano sei mesi: tre nell'estate del terzo anno di studi e tre in quella del quarto. La domenica mattina, invece, venivamo addestrati sul piano pratico da ufficiali della Milizia: marcia, corsa, istruzioni sulle armi da tiro e via dicendo.

Mi ero iscritto all'università nel 1939, a 17 anni e mezzo, e frequentai il primo corso nell'inverno 1939-1940, quando l'Italia aveva scelto il non intervento, e il secondo nell'inverno 1940-1941, quando eravamo già entrati in guerra. Poiché avevo chiesto di essere assegnato al corpo degli alpini, nell'estate del 1941, sempre da studente universitario, frequentai per tre mesi la scuola allievi ufficiali degli alpini a Bassano del Grappa.

Avrei dovuto frequentare gli altri tre mesi nell'estate successiva. Ma dopo quelli iniziali, ci fecero sostenere gli esami per diventare ufficiali: avevano abbreviato il termine perché c'era la guerra. Superai tutti gli esami teorici e pratici. Compreso quello di attitudine alpina, che consisteva nel raggiungere quota 3200 metri a Cima d'Asta con lo zaino affardellato, pesante trenta chili.

Diventai così sottotenente e, il 1° ottobre 1941, a 19 anni e mezzo, presi servizio al 1° Reggimento Alpini, al quale fui assegnato perché si seguiva l'ordine alfabetico. Mi mandarono alla Decima compagnia che era, per così dire, alloggiata a San Michele Mondovì, in un vecchio e grandissimo mulino sulla sponda sinistra del torrente Corsaglia, affluente del Tanaro.

Un giorno dell'inverno 1941-1942, passò per San Michele il generale Emilio Battisti, comandante della Divisione alpina «Cuneense». Il capitano che comandava la compagnia, Lino Ponzinibio, poi insignito di medaglia d'oro, mi presentò come «l'ufficiale più giovane, certamente della Compagnia e forse del Battaglione». Non avevo ancora 20 anni e la mia faccia era davvero da ragazzino. Il generale Battisti mi rivolse queste parole che non dimenticherò mai: «Ricordati, Balilla, che il coraggio è l'aspetto più intelligente della prudenza».

Nel luglio del 1942 partii per il fronte russo con l'Armir, sempre nella «Cuneense». Fu un'esperienza di vita decisiva per la mia crescita morale e civile. Poiché non è l'argomento del nostro incontro, le dirò soltanto tre cose. Ho vissuto tutta l'epopea tragica delle nostre truppe alpine sul fronte russo. Mi sono fatto la terribile ritirata dal Don. E sono rientrato in Italia il 29 marzo 1943, quando stavo per compiere i 21 anni, lasciandomi alle spalle tantissimi commilitoni morti, dispersi o prigionieri.

Ma la guerra aveva in serbo per me un'altra sorpresa. Nel luglio 1943, dopo la caduta di Mussolini, chiesi di frequentare un corso per ufficiali carristi e fui trasferito in Alto Adige, a San Michele di Appiano, sopra Bolzano. La sera dell'8 settembre i tedeschi fecero sapere che sarebbero venuti nella nostra caserma e chiesero che tutti i militari italiani si consegnassero a loro. Il comandante della caserma domandò al comando di Corpo d'Armata quale comportamento tenere. Gli fu risposto: «Fermate i tedeschi, ma non fate uso delle armi». Proprio così!

I tedeschi arrivarono cantando e tutti si arresero. Io fuggii dal retro della caserma, tentando di raggiungere le zone di lingua italiana, perché in quelle di lingua tedesca la gente aiutava la Wehrmacht. Vagai per tre giorni, cercando di evitare la cattura. Una sera commisi l'errore di addormentarmi in un fienile che sembrava abbandonato. Mi svegliai con due mitra alle tempie. Un contadino altoatesino, con al braccio il nastro bianco dei collaboratori, era andato a chiamare i tedeschi che così mi presero.

Era l'11 settembre 1943. Quel giorno cominciò la mia vita di deportato. Con molti altri ufficiali italiani, dapprima venni condotto in Renania, a Limburg. Dopo dieci giorni, ci mandarono sino a Deblin Irena, sul fiume Vistola, nella Polonia orientale. Quindi a Biala Podlaska, a est di Brest Litovsk, e di qui a Sandbostel, a sud di Brema. E infine a Wietzendorf, negli ultimi giorni del gennaio 1945, dove venni liberato dagli scozzesi del maggiore Cooley. Mio padre lo diceva sempre: «Figliolo, tu nella vita farai molta strada...»

Bisogna ricordare che, mentre i soldati potevano essere obbligati al lavoro, agli ufficiali internati veniva rivolta una specifica richiesta: potevi accettare o rifiutare. Man mano che avvenivano le adesioni alla Repubblica sociale o al lavoro, il numero degli ufficiali italiani prigionieri nei lager diminuiva. Sicché, alla fine, eravamo ristretti in due soli campi nella zona di Brema. Io sono stato tra quelli che non hanno firmato né per la Rsi né per il lavoro. A Sandbostel, dove rimasi dal marzo 1944 al gennaio 1945, incontrai degli uomini speciali, che dissero sempre no. Ne cito due: il pittore Giuseppe Novello e lo scrittore Giovanni Guareschi.

Decidere per il no, e non firmare, significava andare incontro alla prigionia più dura e al rischio di morire di fame. Abbiamo fatto anche noi la Resistenza. Anzi, siamo stati i più resistenti di tutti. Ma ancora oggi molti non ci riconoscono come tali, per ignoranza della storia o per faziosità politica.

Quando non ero ancora prigioniero dei tedeschi, morì

mio padre. Lui stava in Kenia, in un campo di militari catturati dagli inglesi, e si era ammalato. Attorno al marzo-aprile 1943, l'Italia e la Gran Bretagna si accordarono per il rimpatrio di prigionieri in cattive condizioni di salute. Gli italiani vennero imbarcati sulla nave «Sontay Express».

Arrivati nello stretto di mare fra l'isola di Zanzibar e l'Africa, alcuni dei nostri si aggravarono. Poiché non ce la facevano a continuare il viaggio, la nave attraccò a Zanzibar e i malati più seri furono sbarcati. Tra questi c'era mio padre, che morì quasi subito e venne sepolto lì.

Ho saputo della fine di mio padre quando ero appena ritornato dalla Russia e stavo a Cavezzo in licenza. Decisi di non dire niente alla nonna Nicolina, sua madre. Lei doveva aver capito qualcosa, però non mi chiese mai nulla. Poi, eravamo nel novembre 1943, la nonna si spense, credo per il dolore. Io ero prigioniero dei tedeschi. Il suo figliolo più amato, mio padre, lo sentiva morto. Lei era già vedova. Che senso aveva per lei la vita?

Anche mia nonna era una donna speciale. Il 5 luglio 1942, prima di partire per il fronte russo, mi fu concesso un breve permesso per andare a salutarla. Il tragitto tra San Michele Mondovì e Cavezzo, in provincia di Modena, non era certo agevole. Quando stavo per lasciarla, mi abbracciò sulla porta di casa e mi disse, commossa: «Fa' di tornare, ma non a ogni costo». Una frase letteralmente sublime.

Rimasi nel lager di Wietzendorf sino alla fine della guerra. Liberato il 16 aprile 1945, rientrai in Italia il 23 luglio. E andai a Cavezzo, nella casa della povera nonna. Mi accolsero come un figlio il fratello di mio padre e sua moglie. Stavo lì da qualche settimana, quando venne a trovarmi una delegazione del Pci locale. Erano in tre, un po' più vecchi di me. Sapevano chi ero. E sapevano pure che nel lager mi ero rifiutato di aderire alla repubblica di Mussolini.

I tre mi chiesero di iscrivermi al Pci. Gli risposi di no, che non volevo e non potevo. Mi domandarono perché. Gli replicai: «Voi descrivete la Russia comunista come un paese di Bengodi. Ma io sono stato in Russia, ho parlato con i contadini ucraini, ho visto in che condizioni vivevano. Come posso venire nel vostro partito?»

Il mio rifiuto fu immediato, senza incertezze. Ero un bastian contrario, un crociano. E i totalitarismi mi facevano schifo. In più, c'era lo stato d'animo che le ho già ricordato: eravamo noi, gli internati in Germania, i veri resistenti. Ma per i comunisti noi non eravamo nessuno. Soltanto loro avevano fatto la Resistenza.

In quel periodo, Cavezzo era un paese tutto rosso, di un rosso speciale. Il comunismo emiliano, infatti, era diverso da quello di altre regioni. In Emilia il leader imperante era Pietro Secchia, che aveva come proconsole Ilio Barontini, uno dei capi dell'ala militarista del Pci. Erano sicuri di prendere il potere con le armi. E pensavano che tutta l'Italia sarebbe diventata come l'Emilia.

Molti delitti commessi dai partigiani comunisti erano impuniti. A Cavezzo, per esempio, una donna, Pia Morselli, incontrava per strada tutti i giorni gli assassini dei suoi fratelli Alberto e Tina. La notte che erano stati sequestrati in casa, lei aveva visto e riconosciuto con certezza i killer. Ma dopo la fine della guerra civile, doveva fingere di non scorgerli e tacere.

450

Anch'io sentivo molta ostilità. Una sera, mentre tornavo a casa da solo, qualcuno sparò dei colpi di fucile in aria, per intimorirmi. Ma avevo imparato molto dagli alpini della «Cuneense», semplici valligiani dell'alto Piemonte. La loro lezione superiore era questa: nessuno sa mai come si comporterà nell'ora del grande pericolo, lo sa soltanto dopo. È una lezione che mi è servita anche nel dopoguerra.

Invece di iscrivermi al Pci, mi sono messo a studiare come un forsennato. In pochi mesi ho dato i sei esami che mi mancavano e il 9 dicembre 1945 mi sono laureato in Giurisprudenza. Ho iniziato quasi subito a lavorare a Modena, dapprima nello studio di un civilista, poi da un anziano avvocato socialista, Mario Malavasi. Ma la mia fortuna è stata d'incontrare Carlo Alberto Perroux. Era stato molto amico di mio padre. Non mi fece entrare nel suo studio, però mi associò a molti processi.

Perroux aveva all'incirca 50 anni ed era un penalista puro. Un uomo molto alto e grasso, senza barba, con un difetto di pronuncia: inzizzolava con la zeta. Non era di grande scienza, però aveva un'intelligenza e un intuito formidabili. Guardava in faccia i giudici e capiva chi erano e come si sarebbero condotti.

Una volta, a Lucca, aveva di fronte un collegio che non conosceva. Chiese di posticipare al pomeriggio la trattazione della causa, perché voleva vedere come il tribunale si comportava negli altri processi. La Corte rinviò il nostro alle tre del pomeriggio. Fu allora che, avendo intuito che quei giudici ci avrebbero dato torto, Perroux finse di sentirsi male e mandò in udienza me con un certificato medico.

I processi importanti per delitti compiuti dai partigiani durante e dopo la guerra civile si sono svolti tutti negli anni successivi al voto del 18 aprile 1948. Prima era impossibile celebrarli. Chi poteva condurre le indagini? I carabinieri non erano in grado di fare niente. La polizia era piena di partigiani comunisti, inseriti d'autorità. E alcuni di questi, in seguito, sarebbero stati condannati a pene durissime per gli omicidi commessi prima e dopo la liberazione.

Poi arrivò il 18 aprile, con la vittoria della Dc di Alcide De Gasperi. E la situazione lentamente migliorò. Sono sempre stato convinto che il Pci avrebbe perso le elezioni, nonostante l'etichetta del Fronte Popolare, con la faccia di Garibaldi. Nei paesi i preti si davano da fare e molto. Ed era chiaro che, in Italia, la Chiesa cattolica non sarebbe mai stata sconfitta. A quel punto si aprì una pagina, una pagina sporca di sangue, che, prima di allora, nessuno aveva potuto o voluto leggere.

Per quel che riguarda il mio lavoro di penalista, a partire dall'inizio degli anni Cinquanta ho assistito alcuni parenti delle vittime di omicidi e di eccidi perpetrati, in gran parte, nelle province di Modena e di Reggio Emilia. Qui eravamo di fronte a una quantità di casi che si possono suddividere in tre gruppi.

C'era un primo gruppo di delitti, compiuti sino al luglio-agosto 1945, da ricondurre all'ambito tragicamente crudele della guerra civile. Un secondo gruppo riguardava delitti commessi per lucro, per lussuria o peggio, e spacciati per crimini compiuti nella lotta contro il fascismo. Infine esisteva un terzo gruppo di delitti commessi sino a tutto il 1946.

Qui eravamo su un terreno diverso: quello di chi ammazzava gli avversari politici dei comunisti, in vista della sperata rivoluzione. A fare le spese di questa strategia dell'assassinio, soprattutto nei paesi della Bassa emiliana, furono specialmente coloro che non si piegavano alla totale egemonia del Pci: esponenti della borghesia agraria e professionale, sacerdoti, democristiani, liberali, socialisti, partigiani bianchi, e anche comunisti dissidenti.

Lei mi chiede in quanti di questi processi ho sostenuto la parte civile, ossia l'accusa privata, nell'interesse dei parenti delle vittime. Penso in una ventina, tutti per omicidio. È stato Perroux a introdurmi in questo lavoro. A lui potevano dire: sei stato fascista! Ma a me no, mi ero fatto venti mesi di lager in Germania ed ero anch'io un resistente, più di tanti partigiani. Anche per questo, i processi più duri sono toccati a me.

Credo di essere l'avvocato che ne ha fatti il maggior numero. In giro per l'Italia, come le spiegherò. Ma sempre per vicende radicate a Modena e a Reggio, e qualcuna anche a Bologna, come l'omicidio di don Giuseppe Preci. Era un sacerdote di 62 anni, parroco di Montalto, una frazione di Montese, sull'Appennino, ucciso a rivoltellate la notte del 23 maggio 1945.

Perché ho fatto tanti di questi processi? Perché, dopo l'esperienza nel lager tedesco, mi ero guadagnato la fama di uno che non aveva nessuna intenzione di piegare la testa. O di dire di sì per convenienza. O di non fare una certa cosa per timore delle conseguenze. E poi bisogna ricordare che, nell'Emilia rossa, non se ne trovavano molti di avvocati disposti a mettersi contro una potenza come il Pci.

Il partito era in grado di procurarti molti clienti e, dunque, di fare la fortuna di uno studio legale. Anch'io,

453

in quel tempo, avevo già il mio studio, stava dove sta oggi, nel centro di Modena. Ma non ho mai fatto conto sull'aiuto di nessuno, tanto meno su quello di una parte politica che ho sempre considerato un avversario.

Le ho appena detto di aver girato mezza Italia. E adesso le spiego il perché. Quando cominciò la serie dei processi contro i partigiani comunisti che avevano commesso delitti efferati, risultò subito chiaro che non era possibile celebrarli in Emilia. Per il clima politico e, a volte, per lo stato d'assedio della gente che tifava per gli imputati. Dunque, fu necessario rivolgersi alla Corte di Cassazione. Allo scopo di ottenere che i processi fossero trasferiti in altre Corti d'assise, per legittima suspicione.

Per questa ragione, ho fatto processi a Torino, a Bergamo, a Viterbo, ma soprattutto a Perugia, Ancona, Macerata. Ricordo l'equilibrio e il distacco dei giurati umbri e marchigiani. Non erano né fascisti né antifascisti. E dunque, in via pregiudiziale, né contro né pro gli imputati. Forse perché quelle regioni non avevano conosciuto gli orrori della guerra civile. Però anche a Bergamo ho trovato una situazione tranquilla. E a Torino non c'era niente di paragonabile all'Emilia.

Ma anche nelle sedi più lontane arrivavano i supporter degli imputati. Sui pullman organizzati dal Pci a Reggio, a Modena e nei paesi della Bassa. Erano davvero come dei tifosi al seguito della squadra di calcio in trasferta. A tenerli su di giri provvedeva «l'Unità», scrivendo falsità.

Una volta arrivati nell'aula della Corte d'Assise, cominciavano a vociare. E quando deponeva qualche teste sfavorevole agli accusati, esplodevano in grida d'indignazione. Comunque, non ho mai subito aggressioni. Offese sì, ma soltanto dal quotidiano del Pci.

454

Le voglio leggere un passo dell'«Unità» sul mio conto. La data è il 21 gennaio 1954, l'edizione quella piemontese. Sta in una cronaca del processo in Corte d'Assise d'appello a cinque partigiani modenesi, accusati di un delitto a Piumazzo, uno dei paesi del Triangolo della morte. Qui, il 19 maggio 1946, era stato ucciso il dottor Umberto Montanari, il medico condotto. I killer del Triangolo l'avevano assassinato perché, a sentir loro, era stato partigiano per convenienza e ce l'aveva con i comunisti.

Ascolti questa vecchia cronaca giudiziaria: «L'avvocato Ascari, rampollo prodigio della reazione emiliana, ha cercato in ogni modo, con arzigogoli e giochetti oratori, di creare l'ambiente, di supplire alle prove di cui mancava, con pennellate coloristiche sull'ormai sgonfiato Triangolo della morte... Nel pistolotto finale, il giovane avvocato emiliano ha voluto toccare i vertici della retorica più sfruttata, di squisita marca 'Candido'...» Il «Candido» era il settimanale diretto da Guareschi, l'inventore dei trinariciuti e il disegnatore delle vignette sul «Contr'ordine compagni!» Era stato lui a chiamare l'Emilia dei morti ammazzati «il Messico d'Italia».

Devo confessarle che questo genere di attacchi non soltanto non mi preoccupava, ma mi colmava di autentica soddisfazione. Come sostiene un detto latino, dispiacere alla gentaglia è la lode migliore. Processo dopo processo, cominciai a sentire il gusto dell'impopolarità. Me ne accorsi durante la causa penale contro gli assassini del possidente Alberto Morselli e della sorella Tina, sequestrati in casa a Motta di Cavezzo nella tarda serata del 10 aprile 1945 e scomparsi nel nulla.

Lui era un borghese che, con un gesto di coraggio raro in quel tempo, nel 1924, dopo l'assassinio di Giacomo Matteotti, si era dimesso dal Partito nazionale fascista. Anzi, aveva stracciato la tessera davanti al segretario della sezione di Cavezzo. Da quel giorno non si era più occupato di politica. Dopo l'armistizio aveva aiutato la Resistenza. E nel 1944 aveva consegnato ai partigiani comunisti una somma importante, centocinquantamila lire, affinché arrivasse al Cln provinciale di Modena.

Dopo aver saputo che un terzo della somma era sparito, Morselli aveva minacciato di far punire chi se l'era tenuta in tasca. Per questo venne rapito e ucciso con la sorella. Prima di morire, Tina Morselli, una donna molto bella, venne stuprata da alcuni dei sei partigiani sequestratori, ai quali si erano uniti due disertori tedeschi. Al processo, sostenni l'accusa privata con tutta la tenacia e la diligenza di cui sono capace. E debbo confessare che gli insulti dell'«Unità» e degli assassini mi riempirono di orgoglio.

Gli avvocati difensori erano scelti dal Partito comunista e pagati, molto poco, sempre dal partito. A volte erano anche bravi penalisti, ma si vedevano costretti a recitare delle parti che io non avrei mai accettato d'interpretare. Avevano l'obbligo di difendere non gli imputati, bensì il delitto.

Di solito, la loro linea difensiva era la seguente: sì, possono essere stati i nostri assistiti a compiere quel tal delitto, ma il crimine non era un crimine, perché gli uccisi erano fascisti torturatori, spie dei tedeschi, sporchi figuri già condannati da un tribunale partigiano e via di questo passo. Oppure attribuivano il delitto ai pochi fascisti ancora in circolazione, soprattutto alle Sam, le Squadre d'azione Mussolini: un'assurdità, a cui non credevano neppure loro.

Un giorno, durante un processo a Perugia, l'avvocato

Perroux e io invitammo a cena il difensore degli imputati, un avvocato bolognese molto noto, di profonda convinzione comunista. In quel dibattimento lui aveva presentato ben diciannove testimoni palesemente falsi, gli ultimi erano stati sentiti nel pomeriggio.

In via confidenziale, Perroux gli domandò se non sentisse vergogna per le deposizioni ignobili di quei testi, che avevano cercato d'infangare la memoria di una donna violentata dai partigiani in modo barbaro.

Quasi piangendo, l'avvocato ammise che quei testimoni facevano schifo anche a lui. Ma aggiunse che considerava necessaria quella condotta processuale «nell'interesse del partito». Naturalmente, anche i testi falsi si prestavano a dire bugie in aula per fede politica.

Lei mi domanda che impressione mi facessero gli imputati dei delitti più orrendi. Che cosa posso rispondere? Dopo la duplice esperienza della guerra sul fronte russo e della prigionia in un lager tedesco, non avevo più stupori di fronte alle perversioni di chi abita questo mondo. Sentivo di non appartenere al loro tipo umano, di essere di un altro genere, di venire da un pianeta diverso.

Senza meravigliarmi, li ascoltavo spacciare le bugie che gli avevano insegnato a dire. No, non erano, o non sembravano, impauriti dal processo. E io non mi sentivo coinvolto dalla loro miseria morale. Talvolta, nell'ascoltarli, pensavo agli uomini speciali che avevo conosciuto nel lager. Gente che aveva detto sempre di no ai tedeschi, per orgoglio, per rabbia, per odio verso il nazismo. Ero uno degli ufficiali più giovani di quel campo. E anch'io non avevo firmato, avevo pronunciato il mio no. Che cosa vuole che m'importasse degli assassini che avevo di fronte in gabbia?

Vede, quando in un processo si sostiene la parte civile, l'importante è mantenersi sopra la causa, non sposarla mai, non farsi coinvolgere emotivamente, conservare il giusto distacco. Soltanto così si è davvero efficaci. In questo mio atteggiamento un po' di superbia c'è. Non è vanità, ma superbia sì. Però anche questa mi viene dall'aver superato la prova del lager.

Che idea mi sono fatto della Resistenza? Che non esisteva una motivazione sola. C'era Edgardo Sogno, che combatteva la sua guerra senza bandiera. E c'erano altri che avevano la bandiera della loro passione politica o della loro fazione partitica. Mi lasci tornare ancora una volta al lager tedesco. Anche lì c'erano tre tipi di no. Per cominciare, il no ideologico del comunista Alessandro Natta, che era mio vicino nel letto a castello. Poi veniva il no più diffuso, quello degli ufficiali effettivi e dei carabinieri che avevano giurato fedeltà al re, ed era l'unico no che i tedeschi capivano.

Infine c'era il no dei figli di don Chisciotte, come me, come Novello, come Guareschi, come Enrico Allorio, poi grande giurista. Era il no di chi diceva ai nazisti: non vengo con voi neanche morto. In più, io avevo dentro di me il risentimento per quello che avevo visto sul fronte russo, per come si erano comportati i tedeschi con noi italiani, loro alleati.

C'era in gioco anche il giudizio sul fascismo che ci aveva portato in guerra. Il 24 maggio 1943, qualcuno ebbe l'idea pazza di far sfilare a Mondovì i reduci della «Cuneense», rientrati dalla Russia. Dico idea pazza per due motivi. Perché gli uomini che sfilavano erano un decimo di quelli che erano partiti. E poi perché a guardarci c'erano alcune madri dei tanti che non erano tornati, dei moltissimi dispersi nella steppa.

Queste donne ci assalivano per chiedere notizie dei loro cari. E spesso noi non sapevamo e, talvolta, non volevamo rispondere. Sul più bello della sfilata, da una compagnia del Battaglione Pieve di Teco si levò un coro rabbioso: «Abbasso Mussolini / assassino degli alpini!»

So benissimo che la Resistenza è stata molto composita. E sono d'accordo sul fatto che fosse necessario schierarsi contro i tedeschi e contro i fascisti della Repubblica sociale che li appoggiavano. Ma che la Resistenza dovesse diventare l'anticamera della dittatura del proletariato, questo no, non mi è mai piaciuto.

E non mi piace per niente questa moda dell'antifascismo odierno di considerare tutti i partigiani dei santi. Guardi questo numero del periodico «Resistenza oggi», edito dall'Anpi provinciale di Modena. La data è il 2 aprile 1998. Tra i necrologi, c'è quello di chi aveva stuprato e poi assassinato Tina Morselli. Ed era stato condannato a trent'anni di reclusione per l'omicidio di Emilio Missere, segretario della Dc di Medolla, in provincia di Modena, assassinato il 13 giugno 1945.

Legga che cosa scrive l'Anpi a proposito di questo signore, e siamo nel 1998! «Indomito combattente della libertà, dopo la liberazione è stato vittima delle persecuzioni antipartigiane, senza mai attenuare il proprio impegno in difesa dei valori della Resistenza e dell'antifascismo.»

Lo trovo disgustoso

Sta' zitto o crepi

«QUESTA è una lettera che mi è arrivata da Ravenna», dissi all'avvocato Alberti. «E riguarda un tema di cui abbiamo già parlato: la seconda guerra civile contro chi era stato partigiano, ma tentava di resistere ai colpi di mano dell'ala militare del Pci.»

«Chi le ha scritto?» mi domandò Alberti.

«Un militante del Partito repubblicano, che avevo conosciuto durante la Prima Repubblica. E rievoca una vicenda che oggi ben pochi ricordano e un personaggio ingiustamente dimenticato.»

Caro Pansa, il «Sangue dei vinti» si ferma troppo presto, alla fine del 1946. Lei avrebbe dovuto continuare la sua ricerca almeno per altri due anni, sino alla fine del 1948. Quello fu un tempo cruciale nel dopoguerra italiano. E adesso le racconterò una storia sulla quale riflettere.

Partiamo dall'inizio del 1947. In febbraio nasce il terzo governo De Gasperi, composto dalla Dc, dal Pci, dal Psi e da qualche indipendente. Passano poche settimane e, il 5 maggio 1947, Alcide De Gasperi dice a Palmiro Togliatti e a Pietro Nenni che la formula del tripartito non funziona più.

Il 13 maggio De Gasperi si dimette. E ventiquattro ore dopo l'ambasciatore italiano a Washington, Alberto Tarchiani, si sente dire dal presidente americano Harry Truman che gli Stati Uniti continueranno ad appoggiare i governi di De Gasperi a una condizione: che ne siano esclusi i comunisti.

Detto fatto, il 31 maggio De Gasperi vara il suo quarto ministero, con democristiani, liberali e indipendenti. Ne restano fuori il Pci e anche il Psi. Gli votano contro comunisti, socialisti, repubblicani, socialdemocratici e il Partito d'azione. Alla fine dell'anno, però, il Pri di Randolfo Pacciardi e il Psli di Giuseppe Saragat entreranno nel governo.

Nel paese l'aria si arroventa. Soprattutto i comunisti si agitano, in molte città italiane. Il Pci si prepara alla rivincita. E nel dicembre del 1947 si accorda con il Psi per affrontare insieme le prossime elezioni parlamentari, previste per la primavera del 1948.

All'inizio dell'anno, il 4 gennaio, si apre a Milano il congresso del Pci che si concluderà con la decisione di costituire, insieme ai socialisti, il Fronte democratico popolare. Sarà questa alleanza, così credono le sinistre, a sconfiggere la Dc di De Gasperi.

Proprio il giorno d'apertura del congresso comunista, in Romagna viene ucciso un giovane sconosciuto in Italia. Si chiama Marino Pascoli, è nato a Santerno, una frazione di Ravenna, sta per compiere 25 anni ed è un attivo militante del Pri, partito di massa in quella regione.

461

Nato in una famiglia umile d'impronta mazziniana, con il padre calzolaio e mutilato della guerra 1915-1918, Pascoli è stato partigiano prima dell'8° Gap di Forlì e poi nella 29ª Brigata Garibaldi «Gastone Sozzi», operante nella pianura forlivese.

Dopo la guerra, si è messo a commerciare in legname, ma dedica molto tempo al lavoro di partito. È un giovane intelligente, volitivo e di grande coraggio. Scrive bene, con vigore e lucidità politica. E sulla «Voce di Romagna», il giornale del Pri di Ravenna, pubblica articoli polemici nei confronti dei comunisti della zona. Che sono davvero forti, una macchina organizzativa formidabile, un treno in corsa, capace di travolgere chiunque.

Se vuole documentarsi su di lui, legga un libro di Gianfranco Stella, «Il caso Marino Pascoli e vicende del dopo-liberazione in Romagna», pubblicato a Rimini nel 1992 con la prefazione di Oddo Biasini, uno dei leader del Pri, un politico perbene che lei ha di certo conosciuto nel suo lavoro di giornalista. Ma esiste anche uno studio più recente, forse il più completo, stampato nel 2003 da Longo Editore per iniziativa dei repubblicani di Ravenna: «Marino Pascoli» di Sauro Mattarelli.

Gli obiettivi degli articoli di Pascoli sono molto espliciti. Come tutti i repubblicani romagnoli, il secondo partito dopo il Pci, vuole contenere l'egemonia comunista in quell'area. Ma la sua azione di contrasto si colloca su uno sfondo ben più ampio.

Se ho capito bene, sono tre i cardini della battaglia politica di Pascoli: la denuncia degli eccessi compiuti dai partigiani rossi durante e dopo la guerra civile, la critica al massimalismo politico e sindacale del partito di Togliatti, la difesa del sistema politico occidentale contro l'Unione Sovietica.

In più, negli articoli e nell'azione politica di Pascoli c'è la rivendicazione di una verità che a lui sembra lampante: essere anticomunisti non vuol dire essere di destra o fascisti. Che cosa ne pensa? Lei sa meglio di me che, anche oggi, nel Duemila, questo falso assioma (anticomunista uguale fascista) viene riproposto di continuo da molti post-comunisti. Con una marmorea incapacità di autocritica. E con un'insistenza che a me suona grottesca.

Ma immagini di ritornare a quell'epoca, e in Romagna. Avrà ben chiara l'asprezza della risposta comunista agli articoli di Pascoli. Non si trattava soltanto di repliche stampate sui giornali. Contro di lui si aprì una violenta campagna di denigrazione politica e morale. Lo accusarono di non essere mai stato partigiano, anzi, di aver fatto la spia per conto dei fascisti di Salò.

Non era vero, naturalmente. Però le calunnie non cessarono. E si accompagnarono anche a minacce di morte, che però non riuscirono a zittire il giovane dirigente repubblicano. Neppure quando, nell'ottobre 1947, alla periferia di Ravenna, proprio dove comincia la strada per Mezzano, qualcuno gli sparò un paio di rivoltellate, senza colpirlo.

Tanto nel libro di Mattarelli che nel lavoro di Stella, è citato un articolo di Pascoli pubblicato sulla «Voce di Romagna» del 6 dicembre 1947. È questo lo scritto che, forse, gli costerà la vita. Era intitolato «Il Partigianato». Le riproduco il brano d'inizio.

«Prima di tutto dobbiamo distinguere i partigiani veri dai partigiani falsi», scrisse Pascoli. «I partigiani veri sono coloro che hanno corso sul serio dei rischi, che hanno combattuto con fede per la liberazione dell'Italia e questi, a dir il vero, sono pochi. I partigiani falsi, che purtroppo sono la maggioranza, sono coloro che hanno fatto i teppisti mascherati, i collezionisti di omicidi e che andarono in giro col mitra quando non vi era più pericolo a fare gli 'eroi'.»

Pascoli continuava così: «Questa gente, anche se è riuscita a munirsi di un brevetto o di un certificato, anche se oggi milita indebitamente nelle file dei partigiani, non bisogna avere nessuna esitazione a chiamarla teppa. Teppa da reato comune, macchiata di sangue, di prepotenze e di ricatti».

E rivolto al partigiano vero, Pascoli chiedeva: «Per quale fede ti sei battuto? Per una fede semplice e primordiale: credevi di batterti per difendere la libertà del tuo paese. Attenzione, partigiani veri, partigiani onesti, partigiani italiani e rimasti italiani, a non seguire coloro che vogliono vendere l'Italia allo straniero, altrimenti il vostro sacrificio sarebbe stato vano».

Non le sembra di leggere uno degli articoli di un personaggio che lei ha rievocato nel «Sangue dei vinti»? Parlo di Giorgio Morelli, il Solitario, anche lui partigiano, che i killer comunisti di Reggio Emilia avevano tentato di uccidere a rivoltellate?

Anche per Pascoli qualche banda rossa della sua zona decise una sentenza di morte. E mentre l'agguato a Morelli era in parte fallito, non fallì quello a Pascoli. La sera della domenica 4 gennaio 1948, sceso dal treno di Ravenna alla stazione di Mezzano, il giovane stava ritornando a càsa in bicicletta, con la fidanzata Wanda Gulminelli, il fratello minore Sauro e la sua morosa.

Un gruppo di fuoco lo aspettò sulla strada fra Mezzano e Ammonite. Erano da poco passate le ore 18, faceva già buio e c'era la nebbia. Ma i killer, questa volta, non fallirono il bersaglio. Appostati sulla sinistra, dietro una siepe, spararono con le rivoltelle contro Pascoli: cinque colpi, uno dopo l'altro.

Lui rovinò a terra ferito. Perdeva sangue dal ventre. Disse al fratello: «Sauro, non credo di farcela». Sauro cercò di rincuorarlo: «Fatti forza, non sembrano ferite gravi». Pascoli svenne sull'auto che lo trasportava all'ospedale di Ravenna. Quando ci arrivarono era già in coma. E qualche minuto dopo morì.

Ai suoi funerali partecipò una grandissima folla. Prima che il corteo si mettesse in moto, dal balcone della Casa del Popolo di Ravenna parlò il deputato Aldo Spallicci, un medico di 62 anni, uno dei leader repubblicani di Romagna. Disse che il sacrificio di Pascoli doveva servire a spegnere tutti gli odi di parte. Ma questo sarebbe potuto avvenire, ammonì Spallicci, soltanto se i mandanti e gli esecutori del delitto fossero stati consegnati alla giustizia.

Spallicci concluse il discorso così: «Noi diciamo agli uomini della giustizia e della legge: riaprite i fascicoli delle istruttorie, ricominciate da capo. Il popolo di Ravenna non può restare sotto questa pesante atmosfera di ansia, di dubbio, di terrore. Bando alle reticenze, testimoni paurosi!, bando all'omertà».

Ma la verità sull'uccisione di Pascoli restò un'araba fenice. Un ostacolo non da poco fu la campagna di disinformazione messa in atto dai giornali del Pci, a cominciare dall'«Unità» di Milano e da «Milano Sera». Fu un fuoco di batteria senza vergogna, dove anche l'Anpi di Santerno fece la propria parte. Si arrivò ad accusare di complicità con gli assassini il fratello di Pascoli, Sauro.

Poi il fango fu gettato sulla fidanzata. Quindi contro Guerrino Ravaioli, uno dei dirigenti romagnoli del Pri.

Alla fine del gennaio 1948, vennero eseguiti due arresti: il segretario dell'Anpi di Santerno e un ex partigiano comunista. Fu indiziato anche il segretario del Pci di Santerno, poi prosciolto in istruttoria. Ma tutto sbollì con un'assoluzione, perché il testimone chiave, un operaio agricolo, si rimangiò la deposizione.

Qui finisce la storia che volevo raccontarle per sommi capi. Qualcuno osserverà che manca il famoso contesto, che anche l'assassinio di Pascoli va spiegato con lo spirito del tempo... Ma qual era il contesto? Io penso che fosse uno soltanto: la voglia di gruppi di comunisti, per fortuna minoritari nel loro partito, di continuare nella seconda guerra civile cominciata dopo il 25 aprile.

Poi vennero le elezioni del 18 aprile 1948. Vinse la Dc di De Gasperi, perse il Fronte popolare, nonostante la faccia di Giuseppe Garibaldi. In Italia l'aria cominciò a cambiare. Anche l'attentato a Togliatti, il 14 luglio di quell'anno, non provocò il terremoto politico-sociale che a sinistra molti si auguravano.

Ma la violenza non sparì del tutto in Italia. Le rammento un esempio soltanto. Il 4 novembre 1948, sempre in Emilia, a San Giovanni in Persiceto, in provincia di Bologna, venne ucciso un giovane dirigente delle Acli e dei sindacati bianchi, Giuseppe Fanin. Lo assassinarono a colpi di spranga tre attivisti comunisti. Ma questa è una vicenda troppo nota perché il sottoscritto abbia l'ardire di ricordarla proprio a lei.

Gli smemorati di Castelfranco

«CHE opinione si è fatta di questo libro?» domandai all'avvocato Alberti.

«Non lo so», mormorò lui. «Devo rifletterci. Abbiamo lavorato per un giorno intero, dalla mattina fino a tarda sera. Sono abituato a studiare montagne di carte ben più complicate di quelle che ho letto oggi. Ma le storie che lei mi ha scaraventato addosso mi hanno mandato al tappeto. Tutto questo sangue, questo dolore, questi ricordi che si aprono come ferite mai rimarginate... La memoria dei vinti è persino più pesante delle tragedie che precedono il ricordo.»

«Certo, la memoria. Può essere una prigione, come ci spiega una delle testimoni che ho ascoltato», osservai. «Ma per molti la memoria vale poco, pochissimo. Può essere rifiutata, respinta, gettata nel guardaroba dei cani. Oppure, semplicemente, può non esistere. Come dimostra la vicenda che adesso le racconterò.»

«Sembra una storia di ieri», dissi ad Alberti, «e invece è una storia di oggi. Riguarda i partiti politici, la formazione culturale dei loro dirigenti, i criteri di scelta per gli incarichi ai vari livelli. E i guai che possono nascere dall'assenza di memoria.»

«La storia di ieri», cominciai, «risale agli anni che abbiamo appena ripercorso. Fra il 1945 e il 1946, in provincia di Modena emerge il Triangolo della morte, un'area compresa fra Castelfranco Emilia e due delle sue frazioni, Manzolino e Piumazzo. Come ho raccontato nel 'Sangue dei vinti', anche qui la guerra civile è stata un tempo di ferro e di fuoco. Molti giovani hanno fatto il partigiano. E al ritorno della pace, la maggior parte di loro ha ripreso con tranquillità la vita non facile di tutti i giorni.»

«Soltanto un gruppo ha deciso di non gettare le armi e di aprire una seconda guerra, questa volta tutta comunista. È una banda numerosa, con due capi spietati. Cominciano a uccidere il 16 maggio 1945 e smetteranno di farlo soltanto un anno dopo, il 19 maggio 1946, per l'intervento dei carabinieri. Il loro fatturato è orrendo: trentanove delitti, forse di più. Quasi tutte le loro vittime non sono figure del fascismo sconfitto. La banda ammazza per una miriade di motivi abietti: per odio sociale, per vendetta personale, per procurarsi denaro e armi, per coprire i delitti già commessi, e anche per puro sadismo.»

«Se non ricordo male», m'interruppe Alberti, «c'è un crimine di questa banda che rivela da solo la sua perversione: l'assassinio non di un fascista, ma di un partigiano, per di più comunista.»

«Sì, è una vicenda che ci riporta al clima di omertà e di paura che allora soffocava Castelfranco, dove ribellarsi alla banda poteva costare la vita. E l'assassinato è un giovane di 26 anni, Renato Seghedoni, che aveva fatto la Resistenza in una formazione Garibaldi ed era iscritto al Pci. Un giorno del marzo 1946, Seghedoni, in un caffè di Castelfranco, critica davanti a tutti i due boss del Triangolo. Poi straccia la tessera del partito e annuncia che andrà dai carabinieri a raccontare ciò che sa.»

«Passa qualche giorno e il 12 o il 13 marzo la banda sequestra Seghedoni, lo trascina in aperta campagna, sulla strada per San Giovanni in Persiceto, e lo uccide con una raffica di mitra nella schiena. Quando il cadavere viene scoperto, due degli assassini si presentano a casa di Seghedoni. Porgono le condoglianze alla famiglia, si offrono di portare a spalla la bara e dicono che a uccidere il povero Renato possono essere stati soltanto dei fascisti. Anche la sezione dell'Anpi di Castelfranco avvalora la pista nera. Tenga presente questo dettaglio: sarà bene rammentarselo quando arriveremo all'ultimo capitolo della storia.»

«Un volta chiuso il mattatoio del Triangolo, cominciano i processi. Ma a quello più importante mancano proprio i due capi della banda. Quando ho scritto il 'Sangue dei vinti' conoscevo i loro nomi, ma ho preferito chiamarli Alfa e Beta: m'interessavano le loro figure, non i dati anagrafici.»

«Alfa, 24 anni, viene arrestato e rinchiuso nel carcere di Bologna, ma riesce a evadere e ripara all'estero, forse in Cecoslovacchia, con l'aiuto del Pci. Beta, 23 anni, fugge in Jugoslavia, sempre con l'appoggio del partito. E arriva a Fiume, come hanno già fatto e faranno molti altri partigiani ricercati per delitti che non hanno nulla a che vedere con la lotta contro il fascismo. Approda a Fiume, ormai chiamata Rijeka, anche un altro partigiano di Castelfranco. Ma sarà Beta, una volta superata la soglia degli ottant'anni, a trasformare la storia di ieri in una storia di oggi.»

«Che vita ha fatto Beta a Fiume?» indagò Alberti.

«Soltanto lui potrebbe raccontarcelo per davvero e, soprattutto, per intero. Prima di fare il partigiano, era stato seminarista e quindi aveva preso la licenza liceale. Nella Fiume diventata jugoslava comincia a insegnare in una scuola elementare di lingua italiana, sostituendo i maestri che hanno preferito affrontare l'esodo per non sottostare al regime comunista.»

«Poi, dopo la rottura fra Tito e Stalin del giugno 1948, pare venga arrestato dalla polizia politica, come altri comunisti italiani accusati di essere cominformisti legati a Mosca. Ma non rimarrà in carcere a lungo. Mentre alcuni dei suoi compagni passeranno anni durissimi nelle prigioni jugoslave o nei gulag come quello di Goli Otok, Beta torna presto in libertà, lui sostiene dopo sette mesi.»

«Per quale motivo esce di prigione?» chiese Alberti.

«Il motivo può essere soltanto uno: Beta si schiera con Tito. Succede in tutti i regimi totalitari: se sei fedele campi, se non sei fedele muori o stai ai ferri. Beta è uno di quelli che campano tranquilli nella Jugoslavia titoista. Prenderà una laurea a Zagabria e continuerà a insegnare, sino a diventare docente di materie economiche. Incarico che terrà sino alla pensione.»

«Alle sue spalle, tuttavia, ci sono tre condanne per omicidio, tutte per delitti all'interno del Triangolo. Le ha ricevute, in contumacia, nell'ottobre 1947, nell'aprile 1951 e nel gennaio 1952. L'ultima è una condanna all'ergastolo e proprio per l'omicidio del partigiano Seghedoni. Anni dopo, nel 1967, viene amnistiato. E alla fine degli anni Settanta, o all'inizio degli Ottanta, così

470

affermano le cronache, riceve il diploma di partigiano dal presidente della Repubblica, Sandro Pertini. Bisogna precisare che Beta si è sempre dichiarato innocente ed estraneo a tutti i delitti del Triangolo. E, come vedremo, continuerà a dirsi tale.»

«Verso la fine degli anni Novanta, il pensionato Beta ritorna a fare capolino a Castelfranco Emilia, dove ha dei parenti, per qualche giorno di vacanza estiva. Vacanza dopo vacanza, nel 2003 o nel 2004, la data è incerta, chiede di iscriversi all'Anpi e lo accettano. Chiede anche di iscriversi ai Ds, sempre a Castelfranco, e lo prendono pure lì. Dovrei aggiungere: a occhi chiusi. Ecco gli smemorati di questa storia. Non si rendono conto dell'errore che fanno. O forse se ne rendono conto, però non lo ritengono un errore.»

«La gaffe, impensabile in un partito di solito accorto come i Ds, emerge alla fine di aprile del 2005», continuai. «Un'emittente televisiva modenese, Telemodena, sta preparando dei servizi sul sessantesimo anniversario della liberazione. Il direttore, Alessandro Smerieri, dice a una sua giornalista, Maria Elena Mele: 'Vedi un po' se riesci a rintracciare Beta, quello di Castelfranco Emilia'. La redattrice si dà da fare, conosce il nome di Beta, scova il suo telefono a Fiume e lo chiama.»

«Sulle prime, Beta sembra restio a farsi intervistare. Poi si mette tranquillo e parla. Dice anche di aver preso la tessera dei Ds, presso la sezione di Castelfranco. L'intervista, con tanto di nome e cognome, va in onda il 29 aprile, nel telegiornaie della sera e poi in una delle trasmissioni di Telemodena sulla Resistenza.»

«Molti non fanno caso alle parole di quell'ex partigiano di 83 anni, che da tanto tempo abita in Croazia. Ma alla redazione di Modena del 'Resto del Carlino' sì. Il responsabile dell'ufficio, Eugenio Tangerini, fa un salto sulla sedia: come?, i Ds hanno ripreso nel partito uno dei capi del Triangolo della morte, espulso per indegnità tanti anni prima, proprio per quel che aveva commesso a Castelfranco e dintorni?»

«Un giornalista svelto, questo Tangerini», osservò l'avvocato Alberti.

«Sì, uno che ha il fiuto per la notizia, come dicevano un tempo i vecchi capi cronisti dei quotidiani. E difatti il 'Carlino' di Modena comincia subito il tormentone che è una delle armi del nostro mestiere: un articolo, poi un altro, poi un altro ancora.»

«Nasce in questo modo il caso di Beta, un fantasma in carne e ossa ricomparso dopo tanti anni nell'Anpi e nei Ds della zona che lo aveva visto con il mitra in pugno, trionfante e terribile, nell'anno di sangue tra il maggio 1945 e quello del 1946. Ma è un caso che, sulle prime, non sollecita la curiosità di altri quotidiani nazionali.»

«A Modena, invece, è già scoppiato il finimondo. Per lo meno in casa dei Ds e all'Anpi. Tenga conto», dissi ad Alberti, «che nel Modenese la Quercia ha un numero di iscritti e di voti che ha pochi eguali in Italia. Dunque, l'affare Beta si rivela ogni giorno più grosso anche per le dimensioni dell'ambiente nel quale scoppia.»

«Come reagiscono in casa Ds?» domandò Alberti.

«Sulle prime, qualcuno della Quercia finge di cadere dalle nuvole e borbotta: ma chi è questo Beta?, chi lo

472

conosce?, non è un nostro iscritto... Poi interviene il segretario provinciale, Ivano Miglioli. L'ho incontrato nel novembre del 2004 quando sono andato a Modena per intervistare in pubblico Piero Fassino. È un dirigente abile. E anche uno scafato, uno smaliziato, che sa come muoversi quando in casa si rompe il tubo dell'acqua. Miglioli annuncia che Beta non può stare nei Ds e che verrà avviato subito il meccanismo statutario per la sua espulsione.»

«Il 5 maggio mi chiama da Bologna un caporedattore del 'Carlino', Pierfrancesco De Robertis. E mi chiede un'intervista sul caso Beta. A una domanda di De Robertis replico: 'Mi stupisce molto che i dirigenti dei Ds a Castelfranco Emilia abbiano potuto accogliere nel 2004 la domanda d'iscrizione di una persona così chiacchierata. I trascorsi processuali di Beta sono noti a tutti. E dubito che i capi della Quercia a Castelfranco non sapessero chi fosse questo personaggio. Meno male, per i Ds, che poi i dirigenti provinciali hanno subito preso atto dell'errore'.»

«L'intervista esce il 6 maggio. Lo stesso giorno, sempre sul 'Carlino', compare una dichiarazione del segretario dell'Anpi di Castelfranco. È il cavalier Gildo Guerzoni, che due anni prima aveva accolto l'iscrizione di Beta. Adesso dice: 'L'avevo visto solo una volta. E non sapevo delle sue condanne. Non credo possa restare iscritto all'Anpi. Sarei per radiarlo'.»

«Una figura da cioccolatai, direbbero nel suo Piemonte», commentò Alberti, sarcastico.

«Forse anche peggiore», replicai. «Comunque, lo stesso 6 maggio, il 'Corriere della Sera' pubblica il servizio da Modena di un bravo inviato, Aldo Cazzullo. Da quell'articolo esce un quadro allarmante di un segmento della Quercia in preda all'ignoranza della storia e al dilettantismo politico. Cazzullo racconta quel che gli hanno detto alla federazione modenese dei Ds: 'Il segretario di Castelfranco è una ragazza di 25 anni. Come poteva sapere?'»

«Mi sembra una difesa suicida!» esclamò l'avvocato.

«È quello che ho pensato anch'io. E le confesso che sono state proprio quelle parole a spingermi a scrivere un Bestiario per 'l'Espresso'. Titolo: 'Gli smemorati di Castelfranco'. Lo preparo il 10 maggio. Racconto che nella sinistra di Castelfranco questi smemorati cascano dal pero. Che cosa è successo in quel tempo di sangue? Non lo ricordo, non lo so, non l'ho mai saputo, non sappiamo niente!»

«Certo, tutti hanno il diritto di non sapere», dissi ad Alberti. «Tutti tranne alcuni. E sono proprio quelli messi a dirigere organismi di partito o associazioni di reduci con una forte connotazione politica. Aveva il dovere di sapere tutto la giovane segretaria dei Ds di Castelfranco. Invece ha mangiato, tranquilla, la mela avvelenata che qualcuno le ha presentato. Forse Piero Fassino dovrebbe riaprire la mitica scuola di partito delle Frattocchie o quella di Albinea. O almeno regalare ai giovani funzionari della Quercia un sussidiario di storia sulle aree che vanno a dirigere.»

«In quella rubrica», continuai, «aggiungevo che gli stessi guai affliggono l'Anpi. Questa associazione si è ridotta a una piccola chiesa ideologica pronta a scomunicare chi pecca di revisionismo. Un giorno sì e l'altro pure, rimprovera con asprezza chi non scrive quello che fa comodo ai suoi tesserati. E intanto si prende in casa, a occhi chiusi, un vecchio capo del Triangolo degli assassini, fidandosi delle sue scontate dichiarazioni d'inno-

474

cenza. Salvo poi, a babbo morto, strillare: 'È stato un atto di leggerezza!'»

«Chi è stato a strillarlo?» domandò Albertı.

«Secondo il 'Corriere della Sera' del 7 maggio, la presidente dell'Anpi provinciale di Modena, Aude Pacchioni Guerzoni. E visto che è una signora, non farò commenti. Del resto, il commento l'ha già fatto lei: una figura da cioccolatai.»

«Negli stessi giorni, il 'Carlino' manda a Fiume un inviato, Beppe Boni. Bravo anche lui, scova Beta e lo intervista. Il colloquio viene pubblicato il 7 maggio. Le domande di Boni sono quelle giuste, ma le risposte di Beta sono quelle prevedibili. È innocente. Non ha ucciso don Giuseppe Tarozzi, né il maresciallo Attilio Vannelli e nemmeno il partigiano Seghedoni. Gli ultimi due non sa neppure chi fossero. Forse ha sbagliato a fuggire in Jugoslavia e a non difendersi davanti ai giudici. Parla e piange, prendendosi la testa tra le mani.»

«Dopo una certa età, quasi tutti hanno la lacrima facile. Capita anche a me, che pure non ho accoppato nessuno», ringhiò Alberti. Poi chiese: «Ha avuto qualche replica quel suo Bestiario?»

«Sì. E proprio dall'astuto Miglioli. Intervistato da Tangerini per il 'Carlino' del 14 maggio, il segretario modenese dei Ds prende le difese dei due giovani segretari di Castelfranco, la ragazza che abbiamo già citato e il suo predecessore. E lo fa con un argomento sorprendente, che ci rimanda proprio al tema della memoria.»

«Dice Miglioli: quei due dirigenti non ancora trentenni 'non avevano l'obbligo di conoscere a fondo che cosa e accaduto sessant'anni fa. E poi i quadri di un partito vengono scelti pensando all'oggi, non al passato... A quel che risulta, i due segretari non avevano elementi sufficienti per giudicare'. Che cosa ne pensa?»

«Penso che mi sono stancato di questo caso», replicò lui. «Mi dica com'è andata a finire e chiudiamola qui.»

«È finita che, poco dopo la metà di giugno, il partitone ha cacciato per la seconda volta Beta. Immagino avrà fatto la stessa cosa l'Anpi. Pratica chiusa, dunque. Con l'invito di guardare al futuro e non al passato. Lei crede che qualcuno dirà la stessa cosa per questo libro?»

«Certo, ci può scommettere. Chissà quanti le domanderanno: perché va a rimestare in storie vecchie di sessant'anni? Lasciamoli domandare. A noi che ce ne importa?» conclude Alberti, con un sorriso rilassato.

«Già: a noi che ce ne importa?» dissi al mio vecchio avvocato, ricambiando il suo sorriso.

Finito di stampare nel dicembre 2005
presso la Mondadori Printing S.p.A.
Stabilimento N.S.M. di Cles (TN)
Printed in Italy

«SAGGI»
Storia

GIAMPAOLO PANSA

SCONOSCIUTO
1945

SPERLING & KUPFER EDITORI

MILANO

SCONOSCIUTO 1945

Proprietà Letteraria Riservata
© 2005 Sperling & Kupfer Editori S.p.A.

ISBN 88-200-3967-2
92-I-05

VI EDIZIONE

Indice

Parte seconda

Parte terza

Parte quarta